Amos Funkenstein
Jüdische Geschichte und ihre Deutungen

Aus dem Englischen von
Christian Wiese

Jüdischer Verlag
Frankfurt am Main

Titel der Originalausgabe:
Perceptions of Jewish History

Der Autor hat die Übersetzung autorisiert.

Erste Auflage 1995
© 1993 by The Regents of the University of California
© der deutschsprachigen Ausgabe
Jüdischer Verlag im Suhrkamp Verlag
Frankfurt am Main 1995
Alle Rechte vorbehalten
Satz und Druck:
Allgäuer Zeitungsverlag, Kempten
Printed in Germany

Inhalt

Vorwort zur deutschen Ausgabe 7

1 Einführung 9

Kollektives Gedächtnis und Geschichtsbewußtsein . . . 11
Geschichte, Gegengeschichte und Erzählung 34

2 Biblische und nachbiblische Wahrnehmung
  von Geschichte 55

Die Leitbilder der historischen Erzählung 55
Die historische Novelle als reflexive Literatur 61
Geschichte als Vorherbestimmung:
  die Mentalität der Apokalyptik 69

3 Exegese, Recht und Geschichtsbewußtsein
  im Mittelalter 91

Geschichte und Akkommodation: Ibn Ezra 91
Nachmanides' symbolisches Geschichtsverständnis . . . 102
Das Bild des Herrschers in jüdischen Quellen 119

4 Polemik, Apologetik und Selbstreflexion 133

Antworten auf Gegnerschaft 133
Geschichte, Apologetik und Humanismus 140

5 Die Schwelle zur Moderne 153

Die politische Theorie der jüdischen Emanzipation . . . 153
Haskala, Geschichte und
  die mittelalterliche Tradition 172
Reform und Geschichte:
  die Modernisierung der westeuropäischen Juden . . . 186

6 Franz Rosenzweig und das Ende
der deutsch-jüdischen Philosophie 197

Auf dem Weg zum System:
»Urformel« und »Urzelle« 199
Eine Flucht aus der Geschichte:
Rosenzweig über das Schicksal des Judentums 211

7 Theologische Antworten auf den Holocaust 227

Der Holocaust als Strafe und Zeichen 227
Antijudaismus und Antisemitismus 233
Die dialektische Theologie der Sinnlosigkeit 254

8 Jüdische Geschichtsschreibung in der Krise 267

Gelehrsamkeit und Leben in Europa 268
Lernen und Leben in Israel 273
Woher und Wohin 276

Anmerkungen 285
Bibliographie 333

Vorwort
zur deutschen Ausgabe

Historisches Nachdenken und Geschichtstheorien beschäftigen mich seit langem. Meine vor über fünfundzwanzig Jahren entstandene Dissertation befaßte sich mit der in diesem Bereich herrschenden Vielfalt während des Mittelalters. Seither sind die meisten Essays, die in diesem Buch zusammengestellt sind, entstanden. Obgleich sie eindeutig ein zusammenhängendes Werk darstellen, legen sie auch Zeugnis von einem Wandel der Auffassungen, Schwerpunkte und des Geschmacks ab. Ich habe auch dort, wo meine Position heute anders aussieht, die Substanz der Aufsätze unangetastet gelassen, sie allerdings nach bestem Vermögen auf den neuesten Stand gebracht.
Ich schulde vielen Freunden und Kollegen Dank, mit denen ich über Jahre hinweg die hier behandelten Fragen diskutiert habe: Robert Alter, Keith Baker, Sabine MacCormack, Jehuda Elkana, Gad Freudenthal, François Furet, Carlo Ginzburg, David Hartman, Susannah Heschel, Robert Kirshner, Yemima und Hanina Ben-Menachem, Jürgen Miethke, Richard Popkin, Aviezer Ravitsky, Monika Richarz, Peter Reill und Hayden White. Sie haben einige bzw. alle diese Aufsätze gelesen. Ihre Anmerkungen waren von unschätzbarem Wert, gerade dort, wo sie nicht mit mir übereinstimmten.
Besonderen Dank schulde ich Saul Friedländer. Mehrere der hier veröffentlichten Aufsätze erschienen erstmals in von ihm herausgegebenen Bänden über verschiedene Themen oder in der gleichfalls von ihm herausgegebenen Zeitschrift *History and Memory*. Er hat mich nicht nur angeregt, sie zu schreiben: er bemühte sich sehr, dazu beizutragen, daß sie so klar und plausibel wie möglich wurden. Er ist ein wahrer Freund. Abraham Shapira von der Universität Tel Aviv und den Am Oved Publications gab die hebräische Fassung dieses Buches heraus: die Idee, diese Aufsätze zu einem zusammenhängenden Ganzen zu formen, stammt von ihm, seine Energie überwand alle Hürden. Thomas Sparr, der die Übersetzung des Buches ins Deutsche anregte und das Buch im Jüdischen Ver-

lag herausgab, sowie dem Übersetzer, Christian Wiese, gilt besonderer Dank.

Meine früheren und gegenwärtigen Studenten der jüdischen Geschichte an fünf Universitäten – UCLA, Tel-Aviv, Stanford, Écoles des Hautes Études, Berkeley – haben meine Kenntnis und mein Urteil bereichert: Jody Ackerman, Rachel und David Biale, Stephen Benin, Nina Caputo, Isaia Dimant, Gil Graf, Martin Kohn, Bat Zion Araki-Klorman, Josef Mali, Marc Lee Raphael, Perrine Simon-Nahum, Amnon Raz-Krakockin, Joel Rembaum und Steve Zipperstein. Sie werden in diesem Buch viele Gedanken entdecken, die wir gemeinsam diskutierten, und viele Ideen, die sie selbst entwickelt haben. Ich bin sehr dankbar für das Privileg, ihr Lehrer zu sein.

Ohne die Förderung und Unterstützung meiner Frau, Esther Micenmacher, hätte ich niemals den Mut gefunden, das Material dieses Buches und seiner kürzeren hebräischen Fassung zu sammeln und zu überarbeiten. Sie half mir zudem, vielen meiner Gedanken eine klarere Gestalt zu geben. Auch meiner Schwester, Moria Brautbar, schulde ich großen Dank für ihre Unterstützung.

Das Buch ist meinen Kindern Daniela und Jacob gewidmet. Die Jahre, in denen ich sie aufzog, waren glücklich und voller Sinn.

I
Einführung

Wenige Kulturen sind so stark mit ihrer eigenen Identität und Unterschiedenheit beschäftigt wie die jüdische. Sie behauptete ihre Einzigartigkeit und machte sie in jeder Form schöpferischen Ausdrucks geltend, nicht zuletzt in der Liturgie, die eine tägliche Danksagung an den Schöpfer einschließt – dafür,»daß er uns nicht gleich den Völkern der Länder erschaffen und uns nicht den anderen Geschlechtern der Erde gleichgestaltet hat, daß er unser Erbe nicht gleichgemacht hat dem ihren und unser Los nicht gleich dem all ihrer Menge«.[1] Die Einzigartigkeit des Volkes wurde als Voraussetzung seines Überdauerns verstanden – sei es in theologischen Begriffen oder, seit der Krise der Säkularisierung, in alternativen Ausdrucksformen. Sie diente als eine Erklärung für die den Juden zugefügten Leiden und als Begründung für das Leiden, das sie zuweilen anderen zufügten. Sie stand im Zentrum der jüdischen Selbstreflexion.

Eine Kultur oder eine Gesellschaft kann ihre Existenz und ihre unverwechselbaren Merkmale als eine Selbstverständlichkeit oder als einen vorgegebenen Teil der Beschaffenheit der Welt betrachten, als eine natürliche Gabe. Keins von beiden traf mit Blick auf die jüdische Kultur seit der biblischen Zeit zu. Das ständige Behaupten und Geltendmachen ihrer Identität und ihres Vorzugs deutet bereits darauf, daß sie nicht als selbstverständlich vorausgesetzt wurde. Eine Kultur, die sich selbst nicht als selbstverständlich betrachtet, ist per definitionem eine sich selbst reflektierende Kultur. Jüdische Selbstreflexion nahm die Gestalt historischen Bewußtseins an. Ich möchte nicht behaupten, daß Juden irgendwelche Zweifel hinsichtlich ihrer Stellung in der Welt oder ihrer zukünftigen Existenz hegten, zumindest nicht bis ins neunzehnte Jahrhundert; beides war als göttliche Verheißung und Voraussetzung garantiert. Und dennoch stellte ihre Existenz für sie eine Quelle ständigen Erstaunens dar: sie wurde niemals als eine natürliche Gegebenheit verstanden, sondern blieb immer auf Erklärung angewiesen. Allein schon das Auftauchen Israels als einer jungen

Kultur unter den älteren Kulturen in »geschichtlicher« Zeit verlangte nach einer Erklärung, die die biblische Darstellung gab. Die Eroberung eines bereits von anderen bewohnten Landes erforderte ebenfalls eine Rechtfertigung. Die Bindung Israels an das Heilige Land, so sagte einmal Rabbi Abraham Hakohen Kook, ist »anders als die natürlichen Bande, durch die jedes Volk und jede Sprache an ihr Land gebunden sind«, sie ist nicht organisch gewachsen, sondern gestiftet.[2] Jede weitere Wendung in der Geschichte Israels mußte eine Deutung erfahren, keine erschien selbstevident – weder in guten Zeiten noch natürlich in Zeiten der Bedrängnis.

Die entscheidende Differenz zwischen einer unbestimmten, mehr oder weniger immer gegenwärtigen kollektiven Erinnerung und historischem Bewußtsein ist vielleicht folgende: bei der letzteren handelt es sich um eine Antwort auf eindeutig gestellte Fragen. Insofern es eine solche Antwort bietet, kann es nicht einfach Ereignisse aufzählen, sondern muß sie zu einer sinnstiftenden Erzählung verweben, die sich wieder und wieder interpretieren läßt. Die Vielfalt der Wahrnehmungen jüdischer Geschichte durch die Zeiten – des jüdischen Geschichtsbewußtseins – ist Thema dieses Buches. Die darin versammelten Essays wurden einzeln und über einen langen Zeitraum hinweg verfaßt und können natürlich unabhängig voneinander gelesen werden. Sie sind dennoch durch ihr Thema und durch einige methodische und inhaltliche Voraussetzungen miteinander verbunden, die der Leser im voraus kennen sollte. Einige der aufgeworfenen Fragen entstehen immer dann, wenn historisches Erzählen und Argumentieren zum Gegenstand der Untersuchung werden: wo liegt der Unterschied zwischen kollektiver Erinnerung und Geschichtsbewußtsein? Welchem Wandel unterlag die Wahrnehmung von Geschichte, die nunmehr eine integrale Dimension unserer Kultur darstellt? Läßt sich Geschichte – lassen sich die tatsächlich geschehenen Ereignisse – völlig auf die historische Schilderung reduzieren? Diese und ähnliche Fragen werden in den folgenden einführenden Essays, in den ersten beiden Kapiteln des Buches behandelt. Darauf folgen einige Detailstudien. Viele relevante und interessante Themen werden entweder überhaupt nicht oder lediglich en passant behandelt; sie leisten jedoch ihren

Beitrag zur Hauptthese des Buches: zur Erkenntnis, daß lange vor der Krise der Säkularisierung – eigentlich seit Juden über sich nachdachten – ihre Identität, ihre Existenz und ihr Schicksal niemals eine selbstverständliche Angelegenheit waren und weder von ihnen selbst noch etwa von ihrer Umwelt jemals als solche erachtet wurden.

Kollektives Gedächtnis und Geschichtsbewußtsein

Das kollektive Gedächtnis

»Die Geschichte«, schrieb Hegel in seiner Philosophie der Geschichte, »verbindet in unserer Sprache sowohl die objektive als auch die subjektive Seite. Sie meint die *res gestae* (das Geschehene) und die *historia rerum gestarum* (die Erzählung des Geschehenen).« »Dies ist kein Zufall«, fährt er in seiner Erklärung fort, denn ohne Erinnerung an die Vergangenheit gibt es keine Geschichte im Sinne von Ereignissen, die für das Kollektiv von Bedeutung sind, Ereignissen, die bewußte Erfahrungen eines Kollektivs darstellen. Das kollektive Bewußtsein setzt ein Kollektivgedächtnis voraus. Ohne dieses gibt es keine Gesetze und keine Gerechtigkeit, keine politischen Strukturen und kollektiven Absichten. Ohne »Geschichte« gibt es keine Geschichte und keinen Staat.[3] Hegel bleibt vermutlich absichtlich vage. Bezog er sich auf die Geschichtsschreibung? Wenn ja, dann bewahrte er unbewußt die auch von den antiken und mittelalterlichen Autoren geteilte Voraussetzung, es gebe keine Geschichte ohne ihre schriftliche Konservierung, jedes Ereignis, das »der Erinnerung wert sei« (*dignum memoriae*), sei gewiß von einem Zeugen, den sie als den besten Historiker betrachteten, verschriftlicht worden.[4] Oder bezog sich Hegel auf jenes schwer definierbare Phänomen, das heute als »Kollektivgedächtnis« bekannt ist? Wo hat dieses seinen Ort, wie drückt es sich aus und wie unterscheidet es sich von der Geschichtsschreibung oder vom Nachdenken über die Geschichte? Wir schreiben natürlich historisches »Bewußtsein« und historische »Erinnerung« den menschlichen Kollektiven zu – der Familie und dem Stamm, dem Volk und dem Staat. Man geht davon aus, daß Völker ihre Helden »für immer« in Erinnerung behalten; die Erinnerung an eine Person zu bewahren heißt, sie im kollektiven Gedächtnis zu verwurzeln, das vielleicht nur das Scheitern und die Sünden vergißt. In einigen Sprachen – einschließlich des Hebräischen – existiert ein besonderer Begriff für diesen Akt der Erinnerung (*verewigen, immortalize, lehantsiach*). Beim weiteren Überlegen ist diese Vorstellung verwirrend. Bewußtsein und Erinnerung lassen sich im Grunde nur Einzelnen zuschreiben, die handeln, über Bewußtsein verfügen und sich erinnern. Wie ein Staat weder essen noch tanzen kann, so vermag er auch nicht zu reden oder sich zu erinnern. Beim Erinnern handelt es sich um einen mentalen und daher absolut persönlichen Akt. Selbst wenn wir zu der extremen Annahme neigten (wie es einige mittelalterliche Denker taten), daß wir alle, insofern unsere Vorstellungen und Aussagen einleuchtend sind, am gleichen Intellekt partizipieren,[5] müßten wir nach wie vor zwischen den persönlichen Erinnerungen differenzieren. Die Erinnerungen von Menschen, die eine gemeinsame Erfahrung gemacht haben, sind selbst dann nicht identisch, wenn wir die »Einheit des Intellekts« voraussetzen; bei jedem von ihnen ruft die konkrete Erinnerung verschiedene Assoziationen und Gefühle hervor.

Von diesen Vorbehalten einmal abgesehen, ist der Begriff des »kollektiven Gedächtnisses« weder falsch noch irreführend. Man muß ihn einfach in klarer Eingrenzung verwenden. Das Erinnern, sei es an persönliche Erfahrungen oder an Ereignisse in der Vergangenheit einer Gesellschaft, stellt die geistige Aktivität eines Subjekts dar. Erinnerung kann sogar Selbstbewußtsein konstituieren, da eine Eigenidentität Erinnerung voraussetzt. Andererseits läßt sich selbst die persönlichste Erinnerung nicht aus ihrem sozialen Kontext herauslösen. Wenn ich mich (nicht allzu freudig) an meinen ersten Schultag erinnere, denke ich an die Stadt, an die Institution und die Lehrer zurück – alles durch und durch soziale Erscheinungen oder Konstrukte. Meine eigene Identität wurde gleichermaßen mit Blick auf gesellschaftliche Objekte, Institutionen, Ämter, Wertehierarchien und Ereignisse geformt. Selbst der bloße Akt der

Herausbildung eines Selbstbewußtseins ist keineswegs isoliert von der Gesellschaft zu verstehen. Wiederum erinnern wir uns an Hegel, der wohl als erster zeigte, daß Selbstbewußtsein aufgrund seiner bloßen begrifflichen Erfassung eines sozialen Kontextes bedarf. Die philosophische Literatur vor Hegel behandelte das Selbstbewußtsein so, als wäre es in seiner eigenen Welt eingeschlossen und möglicherweise sogar »fensterlos«, ob sie es nun als Substanz (Descartes, Leibniz) oder als Funktion, d. h. als Schnittpunkt für die rationale Organisation der Welt verstanden wie Kant. Hegel gab diese Tradition in einem berühmten Kapitel seiner *Phänomenologie des Geistes* auf, indem er feststellte, daß das Selbstbewußtsein »*an und für sich* ist, indem und dadurch, daß es für ein anderes an und für sich ist; d. h. es existiert nur als ein Anerkanntes«. Hegel unterscheidet aufgrund des Paradoxes in der Beziehung des Selbstbewußtseins zu sich selbst zwischen zwei Polen des Bewußtseins, von denen ein jeder sowohl anerkennendes Bewußtsein als auch anerkanntes Bewußtsein sein muß; er benutzt das Wort *Anerkennen*, das (im Gegensatz zum bloßen *Erkennen*) eine eindeutig soziale Implikation besitzt.[6] Die Beziehung dieser beiden Typen des Bewußtseins – die eigentlich eins sind – stellt sowohl einen begrifflichen als auch einen historischen Prozeß dar, einen Prozeß, der beide zu beenden und zu eliminieren droht, wenn nicht in einer Beziehung »zwischen Herrn und Sklave« ein zeitweiliges Gleichgewicht erreicht wird.

Hegel begünstigte auf diese Weise eine Richtung der Auslegung, die – entgegen seinen Absichten – in der jüngst erhobenen Forderung gipfelte, die Vorstellung eines Selbst oder Subjekts, das als Mittler der Welt agiert oder das ihr und unserer Sprache einen Sinn verleiht, zu dekonstruieren. Sie sollte, so sagen einige, der viel relativeren Vorstellung vom Subjekt als eines von überpersönlichen Strukturen abhängigen Konstrukts weichen, denn jede Struktur gibt und zerstört – offen oder heimlich – Sinn.[7] Trifft dies für das Selbstbewußtsein zu, so um so mehr für die Erinnerung. Keine Erinnerung, nicht einmal die intimste und persönlichste, läßt sich von ihrem sozialen Kontext, von der Sprache und dem System von Symbolen trennen, die von der Gesellschaft über die Jahrhunderte hinweg geprägt wurden.

Wir sollten daher das Konzept des kollektiven Gedächtnisses nicht aufgeben, sondern die Beziehung zwischen kollektivem Gedächtnis und dem individuellen Akt persönlicher Erinnerung neu formulieren. Die folgende Analogie mag dabei helfen. Die moderne Linguistik hat eine – erstmals von dem Schweizer Linguisten de Saussure eingeführte – Unterscheidung zwischen »Sprache« (*langue*) und »Sprechen« (*parole*) entwickelt. Bei der Sprache handelt es sich um ein System von Symbolen und Regeln für ihr Funktionieren: um den Bestand an Phonemen, Wörtern, Buchstaben, Deklinationsregeln und syntaktischen Regeln, der dem Sprechenden zu allen Zeiten zur Verfügung steht. Doch eine Sprache existiert nicht als unabhängige Abstraktion; sie erhält ihre Existenz dadurch, daß sie in jedem einzelnen Sprechakt aktualisiert wird. Und weil jeder dieser Akte sich vom anderen unterscheidet, obgleich seine linguistischen Komponenten absolut identisch sind, verändert jeder Sprechakt in gewisser Weise auch die Sprache.[8]

Das kollektive Gedächtnis läßt sich wie die »Sprache« als ein System von Zeichen, Symbolen und Praktiken definieren: Gedenktage, Namen von Plätzen, Denkmäler und Triumphbögen, Museen und Texte, Bräuche und Umgangsformen, stereotype Vorstellungen (etwa in Ausdrucksformen) und sogar die Sprache selbst (nach der Begrifflichkeit de Saussures). Die Erinnerung des Einzelnen – d.h. der Akt des Erinnerns – stellt, analog zum »Sprechakt«, eine Aktualisierung dieser Symbole dar; kein Akt der Erinnerung ist wie der andere. Den Ausgangspunkt und Bezugsrahmen der Erinnerung bildet das von ihr benutzte System von Zeichen und Symbolen.

Bemerkenswert ist, daß das Wort *zikaron* oder *zecher* (Erinnerung) in den Anfängen der hebräischen Sprache – und in seinen Analogien in vielen anderen Sprachen – beide Bedeutungen in sich vereinigt. Neben der subjektiven Bedeutung (Erinnerung als geistiger Akt) – »Aber der oberste Schenk dachte nicht an Joseph (*ve-lo zachar*), sondern vergaß ihn« (Gen. 40, 23) – finden wir auch den objektiven Sinn – »Das ist mein Name auf ewig und dies die Erinnerung (*zichri*) an mich von Geschlecht zu Geschlecht« (Ex. 3,15). Erinnerung steht hier synonym für »Name« oder »Zeichen«[9]; bisweilen läßt sich nur schwer zwischen beiden Bedeutungen unterscheiden. Das

Wort, das im Hebräischen (*zachar*) und im Aramäischen das männliche Geschlecht bezeichnet, ist etymologisch mit der Erinnerung (*zecher*) verwandt, wie man es in einer patriarchalischen Gesellschaft erwartet, in der »Volk«, »Gemeinschaft« oder »Versammlung« immer unter Ausschluß der Frauen gedacht sind.[10] Allein der Mann (*zachar*) erhält die Erinnerung (*zecher*) am Leben.

Wiederum in Analogie zur Sprache, die relativ abgeschlossene Bereiche beruflicher oder statusbezogener Sprachen verschiedener Gruppen umfaßt, bewahrt das kollektive Gedächtnis Symbole und Denkmäler, die die meisten Mitglieder einer Gesellschaft an nichts mehr »erinnern«. Wenn sich die Sprache bewußt manipulieren läßt,[11] dann trifft dies in erhöhtem Maße auch auf das kollektive Gedächtnis zu: es war keine anonym-organische Entwicklung, die zu dem Umstand führte, daß in den Straßennamen von Paris nach wie vor aller Siege Napoleons, aber keiner einzigen seiner Niederlagen gedacht wird: Wagram und Marengo, Jena und Austerlitz, Borodino und Aboukir. Angesichts des zuletzt genannten Straßennamens sollen wir uns vermutlich lediglich an den Sieg der kontinentalen Kräfte gegen die Türken, nicht jedoch an Nelsons Sieg erinnern.

Die Analogie zwischen Sprache und Erinnerung ist jedoch keine vollständige. Wir können nicht zwischen unvermittelten und vermittelten Ebenen der Sprache reden, während das kollektive Gedächtnis in gewisser Hinsicht teilweise direkt und unvermittelt ist, wenn sich nämlich Einzelne gesellschaftlich bedeutsamer Ereignisse entsinnen, die sie selbst erfahren haben. Eine ganze Generation kann eine gemeinsame Erfahrung gemacht haben.[12] Obgleich auch hier die Erinnerung durch Zeichen, Symbole und Sinngebungen unterstützt wird, die z.T. eine öffentliche Heroisierung erfahren haben, können wir dennoch von einem *relativen* Fehlen von Vermittlung reden. Andererseits stellt die persönliche Erinnerung – wie erstmals Augustinus von Hippo gezeigt hat – ebenfalls niemals eine reine Erinnerung dar. Die meisten unserer persönlichen Erinnerungen sind schon in ihrer bloßen Existenz auch die Erinnerung an Erinnerungen.[13]

Augustin hat in der Tat der westlichen Literatur die erste eingehende Analyse der Erinnerung geschenkt, wonach diese auf

Wissen, Hoffnung und persönliche Identität bezogen ist. Wie Plato erblickte Augustin in jedem Stück Wissen einen Akt der Erinnerung (*anamnesis*); doch die platonische Erinnerung richtet sich auf reine, zeitlose Formen, nicht auf zeitliche Gebilde. Nach Augustins Auffassung erinnern wir uns in erster Linie an unsere Seelenzustände, d. h. an innere, zeitgebundene Ereignisse. Deshalb stellt die Erfahrung der Erinnerung auch einen Zeitmaßstab dar (Zeit ist nicht nur, wie Aristoteles glaubte, »das Maß der Bewegung«). Die Vergangenheit ist erinnerte Gegenwart, wie es sich bei der Zukunft um die vorweggenommene Gegenwart handelt: Erinnerung leitet sich immer von der *Gegenwart* und von dem ab, was gegenwärtig die Seele beschäftigt.

Dies war auch die – wenn auch in soziologischer Terminologie ausgedrückte – grundlegende Erkenntnis des französischjüdischen Soziologen Maurice Halbwachs. Niemand, der über das Geschichtsbewußtsein forscht, kann es sich leisten, sein Werk zu ignorieren, in dem das kollektive Gedächtnis erstmals systematisch behandelt wurde. Halbwachs betonte die Verbindung zwischen dem kollektiven und dem persönlichen Gedächtnis und stellte beide der historischen Erinnerung gegenüber – d. h. der Rekonstruktion der Vergangenheit durch Historiker, die aufgrund ihrer Fertigkeiten von den anerkannten Vorstellungen abweichen bzw. sie in Frage stellen.[14] Sowohl das persönliche als auch das kollektive Gedächtnis stellen primär eine Projektion der Gegenwart und ihrer Strukturen dar, die sich aus den Inhalten und Symbolen des Hier und Jetzt zusammensetzt. Das kollektive Gedächtnis ist beinahe per definitionem eine »monumentale« Geschichte im Sinne Nietzsches – und es bedarf der »plastischen Kraft« des Kollektivs, um lebendig zu bleiben.[15] Der Historiker verlangt, man solle die Gegenwart und ihre Sinngebungen soweit wie möglich ignorieren und Anachronismen bzw. die Tendenz, »unsere Konzepte auf die Bedingungen der Vergangenheit zu projizieren«, vermeiden. Das kollektive Gedächtnis steht im Gegensatz dazu den Unterschieden zwischen Perioden und »Eigenschaften der Zeit« vollkommen gleichgültig gegenüber; sein Zeitempfinden ist monochrom, seine Interessen sind durch und durch topozentrisch. Anstatt daß Menschen, Ereignisse

und historische Institutionen der Vergangenheit in ihrer Einzigartigkeit erkannt werden, dienen sie dem kollektiven Gedächtnis lediglich als Prototypen.
Halbwachs hypostasiert jedoch zuweilen das kollektive Gedächtnis, obgleich er sich bewußt ist, daß einzig der Einzelne *sensu stricto* erinnert. Die Neigung, der kollektiven Mentalität, dem »Volksgeist« oder der Sprache selbst, die gleichsam mittels des Einzelnen denkt, eine unabhängige Existenz zuzuschreiben, stellt eindeutig ein Erbe der Romantik dar. Damit wird die Tatsache ignoriert, daß jeder Wandel der Sprache oder des symbolischen Systems bzw. der Funktionen, die die kognitive Organisation der Welt umfassen (sei es in der hohen oder in der lokalen volkstümlichen Kultur), seinen Anfang mit dem redenden, handelnden und erkennenden Einzelnen nimmt. Halbwachs war sich, wie Durkheim, dessen bewußt, daß allein der Einzelne denkt oder erinnert; dennoch beschreibt er (wie bis zu seiner Zeit Durkheim oder die Mitglieder der Schule der *Annales*) das kollektive Gedächtnis mit Attributen, welche die konkrete historische Erzählung transzendieren.
Halbwachs übersieht die Tatsache, daß die historische Erzählung – die vollendete Schöpfung des Historikers bzw. ein Teil davon – selbst zum integralen Bestandteil des kollektiven Gedächtnisses werden kann, wie das Beispiel der Schriften Homers zeigt. Man könnte nun argumentieren, daß die Geschichtsschreibung bzw. jede Form historischen Nachdenkens vor dem Aufkommen des Historismus und der Etablierung der Geschichtswissenschaft als Fach naiv und wesentlich näher bei der kollektiven Erinnerung gewesen sei, während die Historiographie seit dem neunzehnten Jahrhundert Kritikfähigkeit, Nachdenklichkeit und ein starkes Bewußtsein für die Einzigartigkeit von Zeiten und Perioden entwickelte. Daß Halbwachs dem kollektiven Gedächtnis Kennzeichen der vorkritischen Geschichtsschreibung (wie etwa das christliche typologische Denken) zuordnete, ist bezeichnend. Der Übergang von der vorkritischen Historiographie zum Historismus vollzog sich, so revolutionär er war, nicht unvermittelt. In dem vermutlich naiven Geschichtsbewußtsein, das ihm vorausging, einschließlich der Unterscheidung zwischen dem einen und dem anderen »Zeitgeist« (in der mittelalterlichen Sprache:

qualitas temporum), lassen sich mehrere Anzeichen für sein Kommen entdecken.[16] Und selbst die antiken Autoren waren sich verschiedener Sprachgewohnheiten bewußt: »Vorzeiten sagte man in Israel, wenn man ging, Gott zu befragen: Kommt, laßt uns zu dem Seher gehen! Denn die man jetzt Propheten nennt, die nannte man vorzeiten Seher« (1. Sam. 9,9). Der Dichter, teilt uns Cicero mit, mag sich sprachlicher Archaismen bedienen.[17]

Andererseits verläßt selbst der moderne Historiker – entgegen seiner eigenen Forderung – selten vollständig den Horizont seines kollektiven Gedächtnisses, da er nicht vorschnell gesellschaftliche Normen zerstören möchte, am wenigsten jene, deren er sich überhaupt nicht bewußt ist. Meistens spiegeln die Schriften des Historikers die von der Vergangenheit geprägten Vorstellungen wider, die auch seine Gemeinschaft – Menschen seiner Generation und lokalen Herkunft – teilt, Vorstellungen, die er ausschmückt und denen er das Ansehen der Gelehrsamkeit verleiht.

Um weder eine unüberbrückbare Kluft zwischen kollektivem Gedächtnis und der Aufzeichnung von Geschichte zu behaupten noch die zwischen ihnen herrschenden Unterschiede zu verwischen, bedürfen wir eines zusätzlichen dynamischen Interpretationsmodells, das erklärt, wie das zweite *aus* dem ersteren erwächst. Anders als im Falle der Beziehung zwischen »Sprache« und »Sprechen«, ja, sogar im Widerspruch dazu, verursacht die Reflexion über die Inhalte des kollektiven Gedächtnisses eine wachsende *Freiheit* seiner individuellen Aktualisierung. Mit anderen Worten, je eher eine Kultur dem Darstellenden mit Blick auf die Inhalte, Symbole und Strukturen des kollektiven Gedächtnisses bewußte Veränderungen und Variationen gestattet, desto komplexer und weniger vorhersagbar wird die Geschichtsdarstellung. Die liturgischen Beschwörungen der Reihe der Stammesführer in einer sakralen Zeremonie unterscheiden sich von der Poesie des Homer oder der Erzählung des Richterbuches; diese beiden unterscheiden sich wiederum vom Buch der Könige oder von Herodot. Ich führe den Begriff des »Geschichtsbewußtseins« in dieser präzisen Bedeutung ein, als ein solches dynamisches heuristisches Konstrukt – als den Grad an schöpferischer Freiheit bei der

Interpretation der Inhalte des kollektiven Gedächtnisses. Dieser ist zu verschiedenen Zeiten in derselben Kultur bzw. in unterschiedlichen gesellschaftlichen Umgebungen zur jeweiligen Zeit innerhalb derselben Kultur verschieden.
Die Ideen von Halbwachs wurden in jüngster Zeit von Yosef Hayim Yerushalmi in seinem faszinierenden Essay über jüdische Geschichtsschreibung und kollektives Gedächtnis wiederaufgegriffen. Auch er stellt die Geschichtsschreibung dem kollektiven Gedächtnis und diese beiden Erscheinungen wiederum der Arbeit der historischen Interpretation seit den Anfängen der *Wissenschaft des Judentums* im neunzehnten Jahrhundert gegenüber. Er geht von der Frage aus, warum die Geschichtsschreibung in der Zeit zwischen Flavius Josephus und dem neunzehnten Jahrhundert buchstäblich aus der jüdischen Kultur verschwand, obgleich diese voller geschichtlicher Erinnerungen war, und trotz der Tatsache, daß schon in der Bibel in dem Gebot, zu »gedenken«, *Zachor*, die liturgische Erinnerung angelegt war.[18] Die kurzzeitige Blüte historiographischer Kreativität im siebzehnten Jahrhundert stellt seiner Auffassung nach eine Ausnahme dar. Zudem sei das Interesse an der Geschichte niemals identisch mit geschichtlicher Erinnerung gewesen. Bis zum neunzehnten Jahrhundert waren die Juden niemals an der Geschichte *qua* Geschichte interessiert. Das politische Geschehen ihrer Zeit erschien den Juden der Diaspora uninteressant. Die Schrift diente ihnen als archetypisches Muster für alle Ereignisse der Gegenwart, für sie selbst und alle kommenden Generationen. Paradoxerweise ereignete sich der Bruch zwischen kritischem historischem Bewußtsein und kollektivem Gedächtnis genau zur Zeit der Anfänge der Judaistik, als Geschichtsbewußtsein und -forschung zum Rückgrat der neuen methodischen Erforschung des Judentums wurden.

Das Geschichtsbewußtsein

Das Geschichtsbewußtsein in der jüdischen Kultur und in ihrer Umwelt ist Thema dieses Buches. Es läßt sich anhand der Aspekte zusammenfassen, bei denen ich mit Yerushalmis Perspektiven nicht einverstanden bin.

Erstens polarisiert Yerushalmi, da ihm die vermittelnde Kategorie des Geschichtsbewußtseins (die sich keineswegs nur auf die Historiographie beschränken läßt) fehlt, wie schon Halbwachs vor ihm, unvermeidlich den Gegensatz zwischen historischer Erzählung und »Kollektivgedächtnis«. Meine Behauptung lautet, daß das schöpferische Nachdenken über die – vergangene oder gegenwärtige – Geschichte, mit oder ohne Historiographie im eigentlichen Sinne, zu keiner Zeit aufgehört hat. Die jüdische Kultur wurde und blieb durch ein, wenn auch zu verschiedenen Zeiten unterschiedliches, akutes historisches Bewußtsein bestimmt. Anders gesagt, die jüdische Kultur verstand sich niemals als selbstverständlich.

Zweitens verlieh das jüdische Geschichtsbewußtsein in unendlichen Variationen der Unterschiedenheit Israels Ausdruck. Polemische und apologetische Bedürfnisse im Zusammenspiel mit der bewußten Begegnung mit neuen Kulturen schärften diese Wahrnehmung. Ein stärker säkular geprägtes Zeitalter übersetzte sie aus einer göttlichen, transzendenten Prämisse und Verheißung in eine immanent-geschichtliche Sprache. Sich einzig auf das liturgische Kollektivgedächtnis zu konzentrieren hieße, dieses Hauptthema jüdischen historischen Nachdenkens, das unablässige Staunen über die eigene Existenz, zu übersehen.

Drittens standen Geschichtsbewußtsein und Kollektivgedächtnis einander nie völlig fremd gegenüber, nicht einmal im achtzehnten und neunzehnten Jahrhundert. Im Gegenteil: damals wie auch früher spiegelte das Nachdenken über die Geschichte die Stimmungen und Empfindungen der Gesellschaft wider, in der es sich vollzog.

In der Antike entstand aus den kollektiven Erinnerungen ein neuer Typus historischer Vorstellungen: er bestand nicht nur in der Erinnerung an die Vergangenheit, mit deren Hilfe eine kollektive Identität gestiftet und bewahrt werden sollte, sondern zugleich in dem Versuch, die Vergangenheit zu verstehen, nach ihrem Sinn zu fragen. Daß sich ein Geschichtsbewußtsein in diesem präzisen Sinne erstmals im antiken Israel und in Griechenland entwickelte, ist kein Zufall: beide Kulturen erblickten ihren Ursprung eher in geschichtlicher als in mythischer Zeit; beide bewahrten die Erinnerung an relativ junge Ursprünge, der eine nomadische Vorgeschichte vorausging

(»Ein wandernder Aramäer war mein Vater« wurde sogar zur liturgischen Formel).
Aus der Sicht antiker oder primitiver Kulturen, in denen Alter oder ein weit zurückreichender Stammbaum die wahre Aristokratie ausmachten, war Jugendlichkeit ein Zeichen der Minderwertigkeit, und die Erinnerung an die Jugendlichkeit erforderte kompensatorische Elemente, insbesondere wenn sie mit der Erinnerung an Sklaverei oder andere Formen der niedrigen sozialen Stellung verbunden waren. Israel kompensierte sein Gefühl der Jugend durch die Überzeugung, es sei ein von einem monogamen Gott zu seiner einzigen Familie erwähltes Volk: Israel ist Gottes »Territorium« und »Eigentum«, Gott nimmt aktiven Anteil an Israels Schicksal. Die Vorstellung eines *erst kurz zurückliegenden* Anfangs in geschichtlicher Zeit und das Bewußtsein der Erwählung, der Unterschiedenheit von anderen, älteren Völkern, sind in der ganzen Bibel miteinander verknüpft.
Auch die Griechen litten unter dem Bewußtsein der Jugendlichkeit und bewunderten, wie wir sowohl bei Herodot als auch in Platos *Timaeus* erfahren, die Zivilisationen, die älter und reicher als ihre eigene waren, etwa die ägyptische. Auch die Griechen kompensierten dieses Unterlegenheitsgefühl durch ein Gefühl der Überlegenheit gegenüber anderen: sie besaßen keine kulturelle oder religiöse, sondern eine politische Überlegenheit. Sie unterschieden sich von der Masse der versklavten orientalischen Völker durch ihre Freiheit, eine Freiheit, die nur im Rahmen der *polis* möglich war.[19]
Sowohl die israelitische als auch die griechische Kultur führten die Geschichtsschreibung auf die Höhe einer Kunst der Reflexion. Es wäre in gewisser Weise irreführend, wenn man sagte, das Ziel der einen habe darin bestanden, der Geschichte einen »Sinn« zu geben, während es das Ziel der anderen gewesen sei, die »Ursachen« zu entdecken: Ursachen und Sinn beschäftigten beide. »Sinn« nach der biblischen Bedeutung meint das Werk der Vorsehung in der Geschichte; nach griechischer Vorstellung besteht er in der Aufdeckung jener Mechanismen der menschlichen Gesellschaft, die – wie auch die menschliche Natur – immer gleich bleiben. Die griechische Geschichtsschreibung – oder in diesem Fall die griechische Wissenschaft – sprach erstmals von der Fähigkeit, »abseits zu stehen« und zu beobachten,

ohne offen Partei zu ergreifen, sowie zwischen der *quaestio facti* und der *quaestio iuris* zu unterscheiden.
Auch das Bewußtsein einer Einheit der gesamten Geschichte hat ihren zweifachen Ursprung in Israel und Griechenland. Die Vorstellung einer geschichtlichen *Zeit* im Sinne genau definierter geschichtlicher »Perioden« stammt aus der jüdischen apokalyptischen Literatur. Die apokalyptische Literatur, sei sie nun sektiererisch (wie die Schriften vom Toten Meer) oder nicht, betrachtete diese »Welt« (αἰών) als eine vorübergehende Zeitspanne, die mit der Sünde Adams begonnen habe und in einer kosmischen Zerstörung gipfeln werde, und erhoffte eine völlig neue Welt, in die lediglich einige auserwählte Seelen entkommen würden. Sie sah die Welt am Rande des Endes der Zeit und suchte dafür einen Beweis in der Struktur und im Verlauf der Geschichte, einer Struktur, die sich sowohl mittels einer eigenartig aktualisierenden »Entschlüsselung der Schrift« als auch in eigentlichen Apokalypsen, d. h. *vaticinia ex eventu*, offenbarte. Das Bild eines Theaters der Geschichte – d. h. eines historischen *Raumes* – als eines Ganzen, dessen Teile interagieren, stammt ursprünglich aus dem philosophischen und historischen Denken der hellenistisch-römischen Antike. Genauso wie die Stoa die ganze Welt als einen Staat (*cosmopolis*) betrachtete, so beschrieb auch Polybius die Geschichte der *oikumene*, die Geschichte der bewohnten Welt, als einen allmählichen Prozeß der Vereinigung der Welt unter der besten und ausgeglichensten aller Herrschaftsformen.[20]
Seit dem dritten Jahrhundert haben einige christliche Kirchenväter diese beiden Vorstellungen von der Einheit der Geschichte, der zeitlichen wie der räumlichen, in ihr Denken integriert. Von Beginn an war die christliche Apologetik mit mehreren einander widersprechenden Aufgaben konfrontiert: in der Auseinandersetzung mit den Juden mußte sie den Unterschied des Neuen Testaments gegenüber dem Alten beweisen; den Heiden außerhalb und den Häretikern innerhalb der eigenen Reihen (Marcion, Gnosis) gegenüber hatte sie den Nachweis für die Kontinuität zwischen Neuem und Altem Testament – im Sinne einer kontinuierlichen Offenbarung des einen Gottes – zu führen. Außerdem schärfte die Kirche ihren eigenen Mitgliedern ein, sie müßten in der heidnischen Kultur

und ihren Institutionen wie »ansässige Fremde« (*peregrini*) leben,²¹ während sie mit Blick auf die Herren des Reiches eine wahre politische Theologie entwickelten, wonach das Reich und das Christentum füreinander bestimmt seien.
Aus diesen gegensätzlichen Perspektiven erwuchsen verschiedene Formen der Geschichtsdeutung. Die christlichen Autoren entlehnten der apokalyptischen Literatur die Methode der »Entschlüsselung« alter Weissagungen, um sie en détail auf die Gegenwart beziehen zu können. Sie entwickelten ebenfalls ein typologisches Verständnis der Geschichte – identifizierten also Institutionen, Ereignisse und Personen des Alten Testaments als Präfiguration ihrer Parallelen im Neuen Testament. Sie machten sich die Geschichte Israels bis zum Kommen Christi insofern zu eigen, als sie diese als allmähliche »Vorbereitung« verstanden: Gottes vorhersehende Handlungen, behaupteten sie, sind an das unterschiedliche Fassungsvermögen der Menschen zu verschiedenen Zeiten »angepaßt«, so daß man sie erkennen und ihnen folgen kann. Seit Eusebius von Caesaräa wurde auch die Profangeschichte, die Geschichte des Reiches, in ähnlicher Weise im Sinne einer Vorbereitung auf das Evangelium angeeignet.
Bei der Gegenüberstellung der jüdischen (oder christlichen) und der griechischen Geschichtswahrnehmung charakterisieren einige Gelehrte die erste als »linear«, die zweite als »zyklisch«. Weder das eine noch das andere ist zutreffend. Auf der Einzigartigkeit der geschichtlichen Ereignisse – oder der Einzigartigkeit der Geschichte als einer Gesamtheit – wird vermutlich nicht vor Augustin ausdrücklich bestanden. Augustin hielt im Gegensatz zu Origenes Lehre von den aufeinander folgenden Welten (Äonen), die jeweils nach der Zerstörung der vorherigen auftauchen und in welchen der Erlöser je neu erscheint, mit Paulus daran fest, daß Christus ein für allemal gekommen sei.²² Wenn dies für das zentrale Ereignis der Geschichte zutrifft, dann auch für die gesamte Geschichte des »auf der Erde wandernden (*peregrinans*) Gottesstaates«, eine Geschichte, die sich »wie eine große Symphonie« entfaltet.²³
Augustins Betonung der Einzigartigkeit der Geschichte läßt sich auch mit seiner Zeitvorstellung in Zusammenhang bringen. Die aristotelische Vorstellung von der Zeit war die eines

Physikers – die Zeit mißt äußere, sich wiederholende Prozesse wie etwa die Bewegung der Sphäre der Fixsterne; Aristoteles definiert sie als »das Maß der Bewegung entsprechend dem Vorherigen und dem Späteren«. Für Augustin mißt die Zeit im Gegensatz dazu sowohl die Bewegung als auch die Ruhe – sie ist nicht der Index der Bewegung, sondern jener der Erfahrung und der Erinnerung, vergleichbar der *durée* Bergsons.[24] Bei der Zeit Augustins handelt es sich um die innere Zeit: wie die Erfahrung bezieht sie sich nicht auf sich wiederholende Ereignisse oder Prozesse, sondern vielmehr darauf, was aufgrund seiner Neuheit und Einzigartigkeit Individualität besitzt. Kant war vermutlich der erste, der diese beiden Zeitvorstellungen miteinander verband.

Ich werde zu zeigen versuchen, wie im Christentum diese beiden Arten historischen Denkens – das typologische und das akkommodative – im zwölften Jahrhundert aus ihrem ursprünglich rein exegetischen Kontext herausgenommen wurden und sich zu Formen der Interpretation der jüngsten und der gegenwärtigen Geschichte entwickelten. Bis ins zwölfte Jahrhundert hinein betrachtete das christliche Europa das Zeitgeschehen nicht als wichtiges Geschehen innerhalb der *sacra historia*: man meinte, die Welt zwischen dem Urchristentum und dem zweiten Kommen Christi, seiner zweiten »Gegenwart« (*parousia*) befinde sich in ihrem sechsten Zeitalter, in einem Zeitalter, in dem nichts anderes geschehe, als daß sie »altere«. Die Theologen und Historiker des zwölften Jahrhunderts machten die Entdeckung, daß die Ereignisse ihrer Zeit voller Bedeutung und nicht weniger der »Interpretation« würdig waren als jene des Alten und Neuen Testaments. Kein anderes Jahrhundert des Mittelalters brachte einen größeren Reichtum an historischer Spekulation und historiographischer Kreativität hervor als das zwölfte.

In der Antike und im Mittelalter nahm die Geschichtsschreibung – ob es sich um sakrale oder säkulare Geschichte handelte – stillschweigend an, die historische Tatsache sei einfach vorgegeben: sie mußte, abgesehen von der tieferen theologischen Ebene (*spiritualis intelligentia*), nicht *interpretiert* werden, um einen Sinn zu ergeben. Der Augenzeuge erschien als der vertrauenswürdigste Historiker.

Irgendwann zwischen dem sechzehnten und dem achtzehnten Jahrhundert ereignete sich eine Revolution, die nicht minder radikal war als die gleichzeitig stattfindende Revolution der exakten Wissenschaften. Sie brachte ein neues *kontextuelles* Geschichtsverständnis mit sich, wonach eine geschichtliche Tatsache einzig aufgrund des Zusammenhangs, in dem sie eingebettet ist, »verständlich« oder sinnvoll sei. Dies trifft auf historische Texte und andere Zeugnisse der Vergangenheit gleichermaßen zu. Der Historiker muß den Kontext rekonstruieren, diese Rekonstruktion jedoch ist immer untrennbar mit dem »Blickwinkel« der Gegenwart verbunden.

Das oben erwähnte mittelalterliche Konzept der Akkommodation nahm in gewisser Weise diese kontextuelle Wahrnehmung, die ebenfalls einige Institutionen als »geeignet« oder »ungeeignet« für ihre Zeit erachtete und verschiedene Perioden entsprechend der verschiedenen »Eigenschaften der Zeit« (*qualitas temporis*) unterschied, vorweg. Doch erst im siebzehnten Jahrhundert wurde dieser Gedanke aus dem religiösen in den säkularen Bereich übertragen. Die Geschichtswissenschaft wurde erst im neunzehnten Jahrhundert zur wichtigsten Disziplin aller Humanwissenschaften.

So stellt sich mir in groben Umrissen das Entstehen des historischen Bewußtseins in Europa dar. Das jüdische Geschichtsbewußtsein war Teil dieser Entwicklung, wies jedoch zugleich wesentliche Unterschiede dazu auf.

Traditionelles und modernes jüdisches Geschichtsbewußtsein

Es ist eine Tatsache, daß es dem Judentum von der Kanonisierung der Heiligen Schrift bis ins neunzehnte Jahrhundert hinein an einer kontinuierlichen Tradition der Geschichtsschreibung fehlte. Die Bücher der Hasmonäer [Makkabäer] bildeten eine Ausnahme. Flavius Josephus schrieb für eine fremde Leserschaft; eine fragmentarische lateinische Paraphrase (Hegesippus) wurde erst im zehnten Jahrhundert ins Hebräische übersetzt (das Buch des Josippon). Yerushalmi erklärt dieses Fehlen einer Geschichtsschreibung damit, daß die biblische

Geschichte den *tana'im*, den *amora'im* und den ihnen folgenden Generationen mehr als genügend archetypische Denkmuster bereitgestellt habe, mit denen sie das Geschehen ihrer Zeit verstehen konnten. Diese Generationen, mindestens bis zu Ibn Vergas *Das Szepter des Juda*, erblickten in ihrem Zeitgeschehen keine spezifische Bedeutung oder Eigenart. Sie betrachteten die Gestalten der Schrift als überzeitlich – ein weiteres Zeichen typologischer Wahrnehmung.[25]

Doch bis ins elfte Jahrhundert unterschieden sich in dieser Hinsicht geschichtliche Vorstellungen im Horizont jüdischen Denkens nicht wesentlich von denen des Christentums. Die christliche Geschichtsschreibung der Antike stellte – mit wenigen Ausnahmen (etwa Orosius) – ebenfalls kaum mehr als eine im Dienste des Nachweises der »Kette der Tradition« oder der apostolischen Sukzession verfaßte Chronologie der Kirche dar. Echte historische Schilderungen waren auch im frühen Mittelalter noch verhältnismäßig selten. Die meisten Verfasser von Annalen betrachteten bis ins elfte Jahrhundert das Zeitgeschehen, abgesehen von der Kirchengeschichte, nicht als wirklich *digna memoriae*.[26] Erst vom elften Jahrhundert an finden wir neue Versuche, sakrale und jüngste profane Geschichte in *einer* Vision der Verhüllung eines göttlichen Plans miteinander zu verknüpfen. Und während Juden in ihrer gegenwärtigen Erniedrigung in der Zerstreuung eine eindeutige göttliche Absicht erblickten, Israel von seinen Sünden zu läutern, hatten Einzelheiten nur geringes Gewicht – sie trugen lediglich zusätzlich dazu bei. Die Profangeschichte, d.h. die Geschichte der politischen Entwicklungen, für sich betrachtet war nicht von Interesse, nicht einmal die profane Geschichte der biblischen Zeit. Rabbi David Kimchi teilt uns mit: »Die Chroniken der Könige Israels waren in einem Buch aufgezeichnet. Doch dieses Buch wurde nicht Teil der Heiligen Schrift, weil das [nördliche] Königreich Israel nicht erhalten blieb und auch in der Zukunft nur das Königtum des Hauses Davids wiedererstehen wird.«[27]

Außerdem war säkulare Geschichtsschreibung in Europa bis ins neunzehnte Jahrhundert zunächst und in erster Linie politische Geschichtsschreibung; sie konzentrierte sich eindeutig auf die Träger politischer Macht, auf Herrscher und ihr Handeln. Hier erlebten sich die Gemeinden Israels in »arabischer Knechtschaft«, in der Diaspora wie in Israel, eher als Objekte denn als Subjekte der Politik. Daher erschienen ihnen die politischen Ereignisse in der Entwicklung ihrer eigenen Geschichte nicht als »der Erinnerung wert«: es handelte sich dabei nicht um *ihre* Geschichte.

Doch trotz – vielleicht sogar wegen dieser Tatsache – neigten die mittelalterlichen Juden nicht zu der typologischen Vorstellung und zu den extremen typologischen Deutungen, die in ihrer christlichen Umwelt geläufig waren. Yerushalmi übertreibt bei der Hervorhebung des typologischen Elements im traditionellen jüdischen Geschichtsbewußtsein[28]: es begegnet hauptsächlich in der Analogie zwischen der Ursprungszeit des vereinigten Königreichs und dem messianischen Zeitalter. In der jüdischen Liturgie finden wir im Gegensatz zur Fülle in der christlichen Literatur nur wenige Typologien (der neunte Ab, Purim). Eine berühmte Ausnahme bestätigt die Regel: Ramban (Nachmanides) entwickelte in seinen exegetischen Werken eine detaillierte typologische Geschichtsvorstellung.[29] Doch trotz der ungeheuren Popularität seines Kommentars ahmte kaum jemand seine Methode nach.

Obgleich die traditionelle jüdische Literatur kaum Geschichtsschreibung enthielt und der Midrasch sogar ein Musterbeispiel vollkommen ahistorischer Deutungen lieferte, existierte dennoch an anderer Stelle ein Ansatz von geschichtlichem Bewußtsein – nämlich im Bereich rechtlicher Argumentation. Ich meine nicht Moses Maimonides' historisch-akkommodative Interpretation der »Gründe der Gebote«[30], sondern die halachische Diskussion selbst, wie sie durch die Jahrhunderte hindurch stattfand. Hier finden wir durchgehend klare Unterscheidungen von Zeit und Ort: Unterscheidungen hinsichtlich der Bräuche und ihres Kontextes, genaue Kenntnis der örtlichen und zeitlichen Herkunft der Boten und Lehrer der Halacha, des geschätzten Geldwertes von Münzen, die in den Quellen erwähnt sind, der Bedeutung von Institutionen der Vergangenheit. Im Bereich der Halacha war jedes »Ereignis« – einschließlich der Minderheitsauffassungen – wert, bewahrt zu werden.

Wiederum sollten wir in all dem nicht vorschnell eine eigene, besondere jüdische Errungenschaft erblicken. Die Interpreten des römischen Rechts seit der Antike schenkten den *circumstantiae* der Rechtstexte, ihrer Zeit, ihrer lokalen Herkunft und dem über die Zeiten hinweg sich wandelnden Wortgebrauch große Aufmerksamkeit; ihre Methode mag mit Rhetorik und Philologie begonnen haben. Entsinnen wir uns, daß Aristarchus von Samothrake forderte, man solle »Homer allein mit der Hilfe von Homer verstehen«[31], und daß heidnische Polemiker (wie Porphyrius) die Wahrnehmung von Anachronismen benutzten, um die Authentizität jüdischer und christlicher heiliger Schriften in Frage zu stellen. Das Maß an Geschichtsbewußtsein, über das die Kommentatoren und Schöpfer der Halacha verfügten, entsprach in etwa dem Maß des historischen Bewußtseins auf seiten der Interpreten des römischen Rechts im Mittelalter vor der Entwicklung des *mos gallicus*. Um genauer zu sein: das geschichtliche Bewußtsein der Weisen der Halacha beschränkte sich im wesentlichen auf die im rabbinischen Recht vorfindlichen *Realia* und auf Fragen der Echtheit (wie etwa der Authentizität des Zohar).

Ich will nicht behaupten, rechtliche Argumentation stelle *ipso facto* historisches Nachdenken dar. Einige ihrer Elemente vertieften das unterscheidende Bewußtsein für historische Umstände, andere nicht. Ein Hindernis für eine wirkliche Wahrnehmung von Anachronismen bestand in der Überzeitlichkeit rechtlicher Auffassungen: bei der rechtlichen Diskussion handelte es sich um eine die Generationen übergreifende Diskussion, in der sich alle Teilnehmer, vergangene und gegenwärtige, auf einer Ebene beständiger Gegenwart trafen. Die homiletische Vorstellungskraft brachte diese Überzeitlichkeit zum Ausdruck, indem sie sogar einige der Vorfahren Abrahams zu Häuptern von Akademien machte.[32]

Ein weiterer Aspekt rechtlicher Argumentation, der für die Wahrnehmung von Geschichte, der in ihr wirksamen Bräuche und Mißbräuche relevant war, bestand im absichtlichen Gebrauch rechtsgeschichtlicher Fiktionen. Eine dieser bewußten Fiktionen begegnet ganz am Anfang der Sprüche der Väter: »Moses empfing die Tora am Sinai und gab sie an Josua weiter, und Josua gab sie an die Ältesten weiter, die Ältesten an die Propheten und die Propheten an die Mitglieder der Großen Versammlung.« Und wo sind die Priester? Werden nicht die Priester durch die Schrift als die bevollmächtigten Kommentatoren des Rechts gekennzeichnet – »Und du sollst dich an die Priester und Leviten wenden und an den Richter, der in jenen Tagen im Amt ist« (Dtn. 17,9)? Doch die Interessen der *tana'im* verlangten nach einer Traditionskette von Laien, welche die Auslegung des Rechts trugen.

Nicht weniger aufschlußreich ist ein weiteres Beispiel:

An jenem Tag [an dem Rabban Gamaliel vom Vorsitz am Gerichtshof von Jabne abgesetzt wurde] kam Jehuda, ein ammonitischer Proselyt, und bat darum, in die Gemeinde aufgenommen zu werden. Rabbi Gamaliel sprach zu ihm: »Es ist dir verboten, wie gesagt ist: ›Kein Ammoniter oder Moabiter darf in die Gemeinde Gottes kommen.‹« Rabbi Joshua [b. Chananja] sprach zu ihm: »Befinden sich denn die Ammoniter und Moabiter noch an ihrem Ort? Sanherib kam und mischte alle Völker durcheinander, wie gesagt ist: ›Und ich werde die Grenzen zwischen den Völkern aufheben und ihre Vorräte plündern.‹«[33]

Es war in der Zeit kurz nach der Zerstörung des Tempels. Jabne strebte danach, seine rechtliche Autorität zur Geltung zu bringen und die inneren Schranken zwischen den Gruppen auf ein Minimum zu reduzieren – so etwa die Forderung nach der von Priestern erwarteten ethnischen Reinheit, damit sie Mischehen mit nichtpriesterlichen Familien eingehen dürften. »Die Priester stimmen der Schaffung von Ferne, nicht aber dem Näherbringen zu.«[34] Um der Aufhebung von Schranken willen war Rabbi Joshua b. Chananja bereit, ausdrückliche Schriftbeweise zu ignorieren, etwa die Forderung Esras, moabitischen und ammonitischen Frauen den Scheidebrief auszustellen – ein Vorgang, der sich, wie Joshua b. Chananya sicherlich wußte, nach Sanheribs Zeit vollzog.

Jenseits dieser Beispiele bleibt die grundlegende Tatsache eindeutig: das normative Judentum bewahrte keine kontinuierliche Aufzeichnung über politische Ereignisse in Gestalt von Chroniken oder historischen Studien auf. Es bewahrte allerdings eine stetige und chronologische Aufzeichnung rechtli-

cher Neuerungen auf, und bis ins neunzehnte Jahrhundert erblickten Juden die raison d'être ihres Volkes in der Halacha. Neuerungen der Halacha stellten echte »historische« Ereignisse dar, und der Begriff »Neuerung« (chidusch) selbst weist darauf hin, daß jede halachische Entscheidung einer historischen Legitimation bedurfte, selbst wenn diese fiktiv war.
Mein Hauptziel in diesem kurzen Überblick besteht darin, Argumente dafür vorzubringen, daß geschichtliches Bewußtsein durch die Zeiten hindurch dem kollektiven Gedächtnis nicht widerspricht, sondern eher seine entwickelte und systematische Form darstellt. Dasselbe trifft auch auf die Geschichtsschreibung selbst zu. So wahr es ist, daß die Historiographie im Laufe des neunzehnten Jahrhunderts zu einer Sache der Fachleute und dadurch für die lesende Öffentlichkeit in geringerem Maße zugänglich wurde, so wahr ist es auch, daß dem Historiker zur gleichen Zeit eine besondere Stellung als Hohepriester der Kultur zuteil wurde, der für die Legitimation des Nationalstaates verantwortlich war. Selbst ausgesprochen fachspezifische historische Studien spiegelten häufig die Identitätsprobleme des Nationalstaats und andere Wünsche und Ziele der Gesellschaft wider, in welcher der Historiker verwurzelt war. Alexis de Tocqueville wollte die Kontinuität der französischen Geschichte seit dem *ancien regime* nachweisen und auf diese Weise die Revolution wieder in die französische Geschichte integrieren; deutsche Historiker diskutierten darüber, ob Heinrich der Löwe, Herzog von Sachsen, recht daran tat, die Teilnahme am Italienzug Kaiser Friedrichs des Ersten zu verweigern, oder ob Heinrich IV. tatsächlich durch Papst Gregor VII. in Canossa besiegt wurde.
Im Nationalstaat des neunzehnten Jahrhunderts wurde das »kollektive Gedächtnis« teilweise von Historikern entwickelt und fand durch Textbücher, Reden, Vorträge und Symbole seinen Weg in die Gesellschaft. Selbst die meta-theoretische Diskussion über die Grenzen und einzigartigen Erkenntnismethoden der Geisteswissenschaften – empathisches »Verstehen« im Gegensatz zu kausal-rationalem »Erklären« – spiegelte das Gefühl wider, daß Geschichtsschreibung am besten aus dem Inneren heraus, d.h. unter emotionaler Beteiligung vollzogen werden könne, während man in den exakten Wissenschaften

nicht etwa ein Dreieck sein müsse, um die Theorie des Pythagoras zu beweisen. Die Krise des Nationalstaates im und nach dem Ersten Weltkrieg war zugleich eine »Krise des Historismus«.³⁵
Dasselbe gilt für die jüdischen Studien seit dem neunzehnten Jahrhundert. Wie tiefgreifend trennte die radikale Historisierung des Judentums die Gelehrten von dem »kollektiven« jüdischen Gedächtnis? Yerushalmi meinte, diese Trennung sei nahezu vollständig. Ich bezweifle das. Das kollektive Gedächtnis der Gemeinschaft, in welcher die *Wissenschaft des Judentums* verwurzelt war, weist in seinen Befürchtungen und Bestrebungen ein hohes Maß an Übereinstimmung auf. Auch wenn wir zugestehen, daß die Mehrheit der traditionellen Juden in Frankreich, Österreich und Deutschland sich der vollen Tragweite der Errungenschaften der *Wissenschaft* nicht bewußt war, spiegeln ihre Ergebnisse trotz allem die Sehnsüchte und das Selbstbild der nach Emanzipation strebenden Juden wider, die Stimmung der »Verwirrten zwischen den Zeiten«. Die überwiegende Mehrheit der deutschen und französischen Juden wollte die Kultur ihrer Umwelt annehmen und gleichzeitig – im Sinne einer Subkultur – ihre Eigenart bewahren.³⁶ Was war dieser Sehnsucht angemessener als eine Darstellung der Geschichte Israels als der »Geschichte ein und derselben Idee – der Idee des [ethisch-rationalen] reinen Monotheismus«? Im Bewußtsein der Juden bis zum neunzehnten Jahrhundert bestand das, was sie einzigartig unter den Völkern der Welt machte, in ihrem Unterschieden-Sein von anderen: ihnen alleine war das offenbarte Gesetz gegeben worden, sie alleine waren daran gebunden, alle Vorschriften zu beachten. Ihr Unterschieden-Sein sicherte ihre Existenz, die »Ewigkeit Israels«. Während andere Völker den Gesetzen und Wechselfällen der Natur unterworfen sind, »besitzt Israel keinen Leitstern«. Der vorletzte Essay in diesem Buch versucht zu zeigen, wie im neunzehnten Jahrhundert dieses Bewußtsein auf den Kopf gestellt worden war; für die Generationen der allmählich emanzipierten und säkularisierten Juden wurde die *Universalität* des Judentums zum Inbegriff seiner Einzigartigkeit. Die gelehrten Studien der Historiker spiegelten den Wunsch der Gemeinschaft wider und formten zuweilen die »Sprache« selbst.

Sowohl Geigers *Urschrift* als auch das Reform-Gebetbuch – d.h. sowohl Geschichtsschreibung als auch »kollektives Gedächtnis« – spiegelten genau dieselbe Mentalität und genau dasselbe Bild der Vergangenheit wider, das darauf zielte, das zeitgenössische Judentum – und das Judentum aller Zeiten in der Vergangenheit – als bürgerlich-liberale, der Umwelt wie dem Wandel gegenüber offene Ideologie zu verstehen. Wenn Geiger den Konflikt zwischen Sadduzäern und Pharisäern als die Konfrontation einer national-konservativen Aristokratie und einer dem Wandel gegenüber offenen demokratischen Partei interpretierte (deren Erbe auch Jesus war), macht einzig sein gelehrter Scharfsinn seine Interpretation für uns heute interessanter als die einigermaßen lächerliche Homilie, in welcher »unser Erzvater Jacob« als »das Vorbild eines Stadtverordneten« erscheint.

Der Nationalstaat ersetzte die geheiligte liturgische Erinnerung durch säkulare liturgische Erinnerung – Gedenktage, Fahnen und Denkmäler. Der nationale Historiker, der sich im neunzehnten Jahrhundert der Stellung eines Kulturpriesters erfreute und dessen Werk trotz seines fachspezifischen Charakters von einer breiten Schicht der gebildeten Öffentlichkeit gelesen wurde, ließ die Symbole konkret werden. Einige von ihnen schuf er sogar, manche beinahe aus dem Nichts, so etwa die Sage vom Cheruskerhelden Hermann. Eine umfassende Studie zu den heute in Israel und außerhalb Israels auf das jüdische kollektive Gedächtnis bezogenen Symbolen und Zeichen muß noch geschrieben werden. Der bahnbrechende Aufsatz von Saul Friedländer[37] über das Gedenken an den Holocaust und den Neubeginn stellt einen guten Ausgangspunkt für solche Studien dar. Sie werden, so glaube ich, zu der Schlußfolgerung führen, daß die Distanz zwischen säkularen Juden (oder säkularer israelischer Kultur) und traditionellem Judentum nicht durch den Mangel an geschichtlichem Wissen und Symbolen, sondern durch ihre Entfremdung von Texten und ihren Botschaften, von der *Halacha* und dem *Midrasch* entstand. In jedem Fall spiegelte die Historiographie bei der Geschichte des Zionismus und der jüdischen Besiedlung Palästinas ebenfalls die allgemein anerkannten Normen und Ideale der Gesellschaft wider, der sie diente.

Damit sollen nicht die kritische Funktion des Historikers in der modernen Gesellschaft bestritten oder seine kritischen Leistungen als bloße Lippenbekenntnisse verstanden werden. In seltenen Fällen schwimmt der Historiker gegen den Strom und bekämpft verzerrte »kollektive« Bilder von der Vergangenheit; noch seltener gelingt es ihm, einen neuen Diskurs jenseits seiner fachspezifischen Domäne in Gang zu bringen. Dennoch kann auch das kritische Argument selbst ein Muster des »kollektiven Gedächtnisses« werden, wie es etwa beim marxistischen oder beim psychoanalytischen Idiom geschah. Selbst der bewußteste und kritischste Historiker ist durch Vorannahmen gebunden, deren er sich nicht in jedem Fall vollständig bewußt ist.

Die Tatsache, daß der Historiker oder die Historikerin immer durch die Perspektive der Zeit und des Ortes, von der sie sich nicht völlig lösen können, beeinflußt werden, verhindert nicht notwendigerweise historisches Verstehen. Manchmal wird dadurch eine Dimension hinzugefügt, die im Horizont der Diskurse der Zeit, welche der Historiker verstehen möchte, vollständig fehlte: die mittelalterliche Zeit schrieb z. B. nicht ihre eigene Wirtschaftsgeschichte nieder. Historisches Bewußtsein nimmt seinen Anfang bei den Gegebenheiten der Gegenwart; der Gegenstand historischer Interpretation ist niemals »durchgängig bestimmt«, und jede Interpretation, die nicht der Grundlage von allgemein anerkannten Fakten widerspricht, trägt zu unserem »Verstehen« bei.

Doch dies ist nicht der Ort für die Entfaltung einer umfassenden Erkenntnistheorie historischer Interpretation. Ich habe lediglich versucht, kurz die Beziehung des historischen Bewußtseins zum kollektiven Gedächtnis und zur Geschichtsschreibung zu untersuchen und auf diese Weise zur Entmystifizierung kollektiver Wesenheiten beizutragen. Und ich habe zugleich angedeutet, was nach meiner Überzeugung unter Juden das Hauptthema historischer Reflexion ausmacht: die Begründung ihrer Einzigartigkeit *durch* das Verstehen von Geschichte.

Geschichte, Gegengeschichte und Erzählung

Es ist eine Sache, im Sinne einer Gegenwirkung gegen die Hypertrophie der Analyse an den im wesentlichen narrativen Charakter der Geschichtsschreibung zu erinnern. »Historia scribitur ad narrandum, non ad probandum«, so schrieb Burckhardt in einem seiner Briefe in Anlehnung an ein Zitat Quintilians, und fügte hinzu: »aber wenn sie dann durch ihre bloße Wahrheit der Darstellung beweist, so hat sie um so größeren Wert.«[38]

Es ist jedoch eine vollkommen andere Sache, zu behaupten, der Geschichte entspreche allein die Erzählung, die Geschichte als *res gestae* falle völlig mit der Geschichte als *narratio rerum gestarum* zusammen. In einer Hinsicht ist diese Behauptung richtig – insofern nämlich die Distinktion zwischen Ereignissen und der Erzählung, die sie widerspiegelt, unhaltbar ist, jedenfalls zumindest keine absolute Geltung besitzt. In einer anderen Hinsicht ist diese Behauptung, wenn man sie ins Extrem wendet, auf groteske Weise falsch: wenn wir sie nämlich so verstehen, als gebe es kein Kriterium, mit dessen Hilfe sich eine wahre von einer unwahren bzw. eine genaue von einer ungefähren Darstellung unterscheiden ließe; bei der Beurteilung historischer Erzählungen ließen sich allein literarische oder soziale Kategorien anwenden. Hayden White, dessen Werk ich bewundere, hat diese Position mehr oder weniger deutlich vertreten.[39] Damit möchte ich mich, bevor ich zu meinem eigentlichen Thema komme, zunächst ausführlicher auseinandersetzen.

Es gibt tatsächlich eine Perspektive, aus der Geschichte, sogar schon die persönliche Geschichte, *eo ipso* ein Narrativ ist. Mein Handeln in der Welt – sei es in der sozialen Welt oder in der Welt der Natur, die immer schon »humanisierte Natur« ist,[40] – vollzieht sich beständig im Entwerfen einer Erzählung. Das Handeln in der Welt betrifft ständig meine Identität und legt sie aus, und meine Identität ist eine Erzählung. In dem gleichen Sinne wie das Mitteilen meiner Erzählung einen Sprechakt darstellt, sind auch meine Handlungen, meine Beteiligung an dem Weltgeschehen ein Sprechakt, die Entwicklung einer kontinuierlichen Geschichte. »Ich wünschte, ich wäre eine Beethovensche Symphonie oder sonst etwas, was geschrieben ist«, schrieb der junge Rosenzweig in einem seiner Briefe; »das geschrieben werden tut weh.«[41] Diese Dialektik von Erinnerung und Geschichte, Identität und absichtsvollem Handeln hatte Hegel in jener berühmten Stelle seiner »Philosophie der Geschichte« vor Augen, in der es heißt, das Wort *Geschichte* besitze sowohl eine subjektive als auch eine objektive Bedeutung. »Es meint die *res gestae* und die *historia rerum gestarum*, und dies ist kein Zufall«, denn es gibt ohne geschichtliche Erinnerung keine Geschichte.

Sind die Erzählungen, die wir – durch das Wort oder die Tat – mitteilen, willkürlich? Die Neurologen zeigen uns, daß Patienten, die unter der Korsakov-Krankheit leiden, einen geradezu unheimlichen, phantastischen Einfallsreichtum an den Tag legen. In rascher Folge wechselt der Patient seine Identität – vom Fleischer zum Pfarrer und zum Wissenschaftler; jede Identität wird mit überzeugenden Einzelheiten erzählt, es handelt sich gewissermaßen um eine »dichte Schilderung«:

Doch Mr. Thompson, gerade aus dem Krankenhaus entlassen – seine Korsakov'sche Krankheit war vor drei Wochen ausgebrochen, er bekam Fieber, phantasierte und erkannte seine gesamte Familie nicht mehr –, begann immer noch zu kochen, befand sich nach wie vor in einem nahezu rasenden, konfabulatorischen Delirium (der Art, die man gelegentlich als »Korsakov-Psychose« bezeichnet, obwohl es sich dabei eigentlich keineswegs um eine Psychose handelt) und schuf sich ständig eine Welt und ein Ich, um das zu ersetzen, was beständig vergessen und verloren war. Eine solche Raserei vermag Erfindungsreichtum und eine brillante Phantasie hervorzubringen – ein wahres Genie der Konfabulation –, denn ein solcher Patient muß buchstäblich in jedem Augenblick sich selbst (und seine Welt) erschaffen. Jeder von uns verfügt über eine Lebensgeschichte, eine innere Erzählung – deren Kontinuität, deren Sinn unser Leben ausmacht. Man kann sagen, daß jeder von uns eine »Erzählung« entwickelt und lebt, und daß wir diese Erzählung verkörpern, daß sie unsere Identität ausmacht.[42]

Man kann einwenden, Sacks Mr. Thompson und ähnliche, von Luria besprochene Fälle litten unter einer Krankheit, weil sie nicht an *einer* Erzählung festzuhalten vermochten. Doch selbst wenn sie dies täten, wer könnte sagen, ob sie echt wäre? Schizophrene Menschen halten häufig an einer falschen Identität fest. Sie ist deshalb falsch, weil sie ihnen keine Orientierung gestattet, weder in unserer noch in ihrer Welt. Sowohl die konfabulierten erzählerischen Sequenzen der Korsakov-Patienten als auch die beständigen falschen Identitäten der Schizophreniekranken sind entfernt von der Wirklichkeit. Im ersten Falle führt dies zur Indifferenz (»Ausgleich«), im zweiten zur Angst; beide Male wird der Welt ein künstlicher, falscher Sinn zugeschrieben. Erzählungen sind dann historisch, wenn sie nicht willkürlich sind, wenn sie wahr, d. h. historisch sind. Die »Wahrheit« oder Authentizität einer historischen Erzählung ist, wenn wir die subjektiven Kategorien und Perspektiven des Erzählers ablösen – wie das »je ne sais quoi« der Theoretiker der Ästhetik aus dem achtzehnten Jahrhundert oder wie Kants »Anschauung« –, schwer zu fassen, unmöglich herauszufinden, jedoch immer gegenwärtig; ausgelöst – wir wissen nicht wie – durch die »Dinge an sich«, für die wir keine Definition haben, außer daß sie da sind, mit Notwendigkeit da sind. Troeltsch redete noch von dem »unvertilgbaren Rest der Anschaulichkeit«, ohne den keine historische Darstellung authentisch sei.[43] Abgesehen von den Erzählformen, der mythopoetischen Intensität des Erzählers und des mitschwingenden Unterbewußtseins und Über-Ichs gibt es auch das, was sich nicht isolieren läßt und dennoch alles durchdringt – die Zwänge der Wirklichkeit.

An dieser Stelle mögen Sie mir die Vermischung von Form und Inhalt vorwerfen. Historische Berichte wählen in der Tat eine bestimmte Form der Darstellung – Romanze, Tragödie, Komödie, Satire –, die durch gewisse Tropen (Metapher, Metonomie, Synekdoche, Ironie) unterstützt werden und in Beziehung zu vier ideologischen Einstellungen oder »Welthypothesen« stehen. Dies hat jedoch, so mag man mir entgegenhalten, nichts mit der *quaestio facti* zu tun, sondern lediglich mit den Kategorien, mit deren Hilfe wir Tatsachen wahrnehmen und einordnen. Denn »anders als bei literarischen Erzählungen [...] bestehen historische Werke aus Ereignissen, die außerhalb des Bewußtseins des Verfassers stehen«.⁴⁴ Dies wäre jedoch eine unzulässige Umkehrung der Argumentation. Form und Inhalt, auferlegte Kategorien und anerkannte Tatsachen lassen sich nicht so leicht voneinander trennen – ja, sie können überhaupt nicht getrennt werden. Whites *Metahistory* erzielte gerade deshalb ein so großes Echo, weil er klarzumachen versuchte, wie unsere Wahl einer »Darstellungsform« die Tatsachen bestimmt, die wir als dafür passend erachten. Tatsächlich schafft sie in gewisser Weise die Tatsachen. Tatsachen sind nicht irgendwelche vereinzelten Wesen, die von ihrer eigenen Wichtigkeit künden; so verstand es die mittelalterliche Wahrnehmung historischer Fakten, die zu der Überzeugung führte, der Augenzeuge sei der beste Historiker. Dieses naive Verständnis der historischen Tatsachen wurde nach dem siebzehnten Jahrhundert durch die wachsende Erkenntnis abgelöst, daß »Tatsachen« ihre Bedeutung, sogar ihre Tatsächlichkeit aus dem Kontext beziehen, in dem sie eingebettet sind, einem Kontext, den allein der Historiker zu rekonstruieren vermag. Seine Darstellung schafft und prägt die Tatsache. »Historische Ereignisse« verfügen, anders als Tische, Krokodile oder sogar die Zahl zwei (die als die Menge aller Mengen mit zwei Gliedern bestimmt wird), nicht über einen eindeutigen Bezugspunkt oder ein *denotatum*. Darin liegt der Kern des berühmten hermeneutischen Zirkels. Die Darstellung »repräsentiert« nicht einfach Tatsachen, sondern schafft sie mit. Es kommt auf ihre Form an.

Sie werden nun zwangsläufig behaupten, daß Sie mich bei einem offenen Selbstwiderspruch ertappt haben. Habe ich nicht einerseits gesagt, das historische Ereignis verfüge über kein eindeutiges *denotatum*, andererseits jedoch, es müsse auf die Wirklichkeit hin orientiert sein? Lassen Sie mich also erklären, was ich unter Wirklichkeit verstehe. Ich plädiere weder für einen naiven Realismus noch für eine Theorie der Wahrheit im Sinne einer *adequatio rei ad intellectum*. Von »dem Wirklichen« läßt sich auf zwei einander widersprechende und dennoch komplementäre Weisen reden. Einerseits ist das wirklich, was sich unserer Kontrolle entzieht, was sich uns – unabhängig davon, ob wir es begrüßen oder nicht – aufdrängt; wirklich ist jedoch andererseits nur das, was wir zur Relevanz erheben, konstruieren und manipulieren: *verum et*

factum convertuntur. Fichte versuchte dieses duale, dialektische Wesen des Wirklichen in seiner »ursprünglichen Einsicht« des Wesens des sich selbst setzenden »Ichs« einzufangen und zu zähmen. Was wir als »Tatsache« bezeichnen, wird, sofern sie unabhängig von uns ist, von uns geschaffen – die wichtigste dieser Tatsachen ist das Ich. Unsere Erinnerung, unsere Darstellung unseres Ichs (also auch aller Dinge, die nicht »Ich« sind) sind sowohl vorgegeben als auch konstruiert, sowohl bereits konstruiert als auch selbst konstruierend. Ihre Echtheit ist nicht willkürlich, sie beruht auch nicht auf der bloß formalen Übereinstimmung oder wechselweise auf der bloßen Darstellung. Allein weil ich den Zwang der »Wirklichkeit« erkenne, vermag ich »sie« zu manipulieren.
Ich hoffe, dies klingt nicht geheimnisvoller als notwendig. Ich glaube nicht, daß sich die metahistorische Diskussion zwischen »Realisten« und »Narratologen« prinzipiell von vergleichbaren Debatten zwischen »Realisten« und »Konventionalisten« in der Wissenschaftstheorie bzw. allgemein von epistemologischen Diskussionen unterscheidet, die darauf zielen, die Beschränkungen und die Freiheit des Interpreten der Natur, der Geschichte oder von Texten zu klären. Es ist heilsam, die absolute Trennlinie in Frage zu stellen, die alte und neue Positivisten zwischen »Tatsachen« und »Hypothesen«, »Text« und »Kontext« gezogen haben. Heilsam ist auch die Erkenntnis, daß damit nicht Tatsachen zu willkürlichen Fiktionen des Geistes werden, selbst wenn man instrumentalistisch oder neo-kantianisch orientiert ist.[45]
Eine Form der historischen Darstellung (und, *eo ipso*, Handlung) läuft allzu oft auf eine nichtauthentische Darstellung und eine schädliche, zerstörerische und selbstzerstörerische Handlung hinaus. Ich bezeichne sie der Kürze halber als »Gegengeschichte«.[46]

»Gegengeschichte« von der Antike bis zur Frühmoderne

Gegengeschichten bilden seit der Antike ein besonderes Genre der Geschichtsschreibung; es ist merkwürdig, daß sie in Abhandlungen über die Historiographie nicht eher als solche identifiziert worden sind. Sie erfüllen eine polemische Funktion. Ihre Methode besteht darin, die bewährtesten Quellen des Gegners systematisch entgegen ihrer Intention zu verwenden, »die Geschichte gegen den Strich (zu) bürsten«.⁴⁷ Sie wollen das Selbstbild, die Identität des Gegners verzerren, indem sie seine Erinnerung angreifen.

Eine Gegengeschichte in genau diesem Sinne war Manethos feindselige Darstellung der jüdischen Geschichte, die auf einem ins Gegenteil gewandten Verständnis biblischer Passagen beruhte: Manetho stellte die Bibel sozusagen auf den Kopf.⁴⁸ Gibt die Bibel nicht zu, daß das Volk Israel isoliert in der ägyptischen Provinz Goschen lebte, weil »die Ägypter es verabscheuten, mit ihnen das Brot zu brechen«? Daß Moses als ein ägyptischer Adliger aufwuchs? Daß ein rifraf (*asafsuf*) – ein »gemischter Haufen« (*erev rav*) – die Hebräer auf ihrer Flucht aus Ägypten begleitete? Daß sie Kanaan mit brutaler Gewalt eroberten und die einheimische Bevölkerung vertrieben? Die Bibel gesteht dies in der Tat zu, weil – an dieser Stelle beginnt Manethos Dekonstruktion – die Hebräer ihre Anfänge in einer ägyptischen Leprakolonie hatten, isoliert und verachtet waren, bis sie den nomadischen Stamm der Hyksos zur Hilfe riefen und über ein Jahrhundert lang eine absolute Terrorherrschaft ausübten. Vertrieben durch Iachmes I., wurden die Hyksos gemeinsam mit jenen Außenseitern durch einen abtrünnigen ägyptischen Priester namens Osarsiph (Joseph? Moses? oder beide) angeführt. Er gab ihnen eine Verfassung, die in allen Stücken ein nachgeahmtes, verkehrtes Spiegelbild ägyptischer Sitten darstellte.⁴⁹

Dieser letzte Aspekt entwickelte sich zu einem der am häufigsten wiederholten *topoi* der antiken antijüdischen Polemik. Die Juden erfreuten sich in der Antike religiöser und politischer Autonomie – bis hin zur Befreiung von dem Kult des *divus Caesar* –, weil sie als ein altes Volk mit einer altehrwürdigen, selbstgeschaffenen Verfassung betrachtet und gewürdigt wurden. Die Römer waren nicht darauf aus, zu zerstören, was alt und ehrwürdig war: sie verabscheuten *homines rerum novarum cupidi*. Dies ist der Grund dafür, daß die jüdischen Gemeinden *collegia licita* blieben,⁵⁰ während das Christentum, das nach eigener Darstellung nicht nur jüdisch war (was schlimm genug, wenn auch ein tolerierbares Übel war), sondern sich zu allem Überfluß noch als ein Judentum mit einem *neuen* Testament verstand, verfolgt wurde. Manethos Propaganda wurde zum Archetypus vieler verschiedener Behauptungen, wonach die Juden weder ein echtes Volk (*gens*) seien noch eine wirklich eigene Verfassung hätten: »Moses ... führte neue Gesetze ein, die denen der übrigen Menschheit entgegengesetzt waren. Alles, was uns heilig ist, gilt ihnen als profan; und was sie gestatten, verneinen wir als ein Sakrileg.« Anderthalb Jahrtausende später wollte John Spencer, dessen *De legibus et moribus Iudaeorum* häufig als erster Vorläufer einer modernen geschichtlich vergleichenden Religionswissenschaft gepriesen wird, das gleiche zeigen – daß dem jüdischen Recht nichts Selbständiges eigne, daß es insgesamt ein verkehrtes Spiegelbild des ägyptischen Rechts darstelle.[51] Auch unter den Humanisten und Puritanern herrschte eine zu große Bewunderung für die alte *res publica judaeorum*, die sich an der Verbreitung von Abhandlungen unter diesem Titel im siebzehnten Jahrhundert ablesen läßt.

Manethos Gegengeschichte fährt bei ihrer Erzählung damit fort, wie die Hebräer Kanaan mit Gewalt eroberten (wiederum eine Aneignung der biblischen Erzählung) und dort ein den ehemaligen Aussätzigen und Außenseitern entsprechendes Gemeinwesen sowie eine Verfassung schufen, die darauf zielte, das Gesetz ihres Ursprungs zu verewigen – einen rebellischen Geist, genährt durch den Haß gegen die menschliche Rasse (μισανθρωπία, *odium humani generis*). Manethos Beschreibung der Art und Weise, in der Außenseiter ihr Selbstwertgefühl aufrechterhalten, indem sie eine (bisweilen pathologische) Gegenidentität schaffen und ihre Diskriminierung als Zeichen einer besonderen Auserwähltheit interpretieren, erinnert in der Tat stark an das, was einige moderne Soziologen als Bildung einer »Gegenidentität« beschreiben. Bei dem hypothetischen Fall, den Berger und Luckmann diskutieren, handelt es sich aufgrund eines merkwürdigen Zufalls ebenfalls um eine Leprakolonie.[52]

Die Beispiele einer Gegengeschichte lassen sich vermehren. Daß die römische Geschichte, liest man sie *in malam partem*, keine durch Gerechtigkeit und weltweite Befriedung geprägte

Geschichte darstellt, war eine Lesart, die den römischen Autoren nicht entging. Sie waren sich der Anklagen bewußt, wonach die Römer »eine Wüste schaffen und sie Frieden nennen« (*solitudinem faciunt, pacem appellant*).[53] Augustins *De Civitate Dei* verwob viele derartige Traditionen zu einer wahren Gegengeschichte Roms. Cicero hatte einst sein Buch *De Republica* geschrieben, um (wider besseres Wissen) zu zeigen, daß die Geschichte Roms als Geschichte der allmählichen Entfaltung von *iustitia* zu verstehen sei. Augustin verwendet dieselben, aber auch andere Quellen, um zu zeigen, daß es sich dabei vielmehr um eine Geschichte der Gier und des Machtstrebens handelte (*libido dominandi*). Machtgier war notwendig, wenn *post lapsum* unter den Menschen wenigstens ein Anschein von Frieden geschaffen werden sollte; doch dieser war weder gerecht noch beständig. *Remota iustitia, quid sunt imperia nisi magna latrocinia?*[54] Gerechtigkeit existiert allein in der *Civitas Dei* – sowohl in jener Himmel als auch in ihrem projizierten Gegenstück auf der Erde, der *civitas Dei peregrinans in terris*. Es gibt keine Brücke oder Verbindung zwischen der letzteren und dem irdischen Staat, der *civitas terrenea*: es gibt lediglich das Zusammenfallen wichtiger Ereignisse in beiden Bereichen (Abraham/Ninus-Nimrod; Jesus/Augustus), das ihren Gegensatz noch erhöht. Mit anderen Worten, Augustin *schrieb* nicht nur eine Gegengeschichte (im Sinne einer *historia rerum gestarum*): er verstand auch die Entwicklung (*processus*) des Gottesstaates als eine Gegengeschichte (im Sinne der *res gestae*) zur Geschichte des irdischen Staates (*civitas terrenea*).[55]

Eine Gegengeschichte stellte auch die im siebzehnten Jahrhundert (?) entstandene jüdische »Erzählung der Geschichte Jesu« (*Sefer Toldot Yeshu*) dar.[56] Auch sie benutzte die Quellen des Gegners – in diesem Falle die Evangelien –, um die christliche Erinnerung ins Gegenteil zu verkehren. Jesu Geburt, so erzählt sie uns, war das Ergebnis einer ehebrecherischen Beziehung. Er wurde ein Zauberer, der mittels einer List in den Besitz der unverhüllten göttlichen Namen gelangt (*shem hameforash*) und auf diese Weise zum mächtigen Verführer der ungebildeten Massen (*mesit umediach*) geworden war. Die jüdische Rechtsführung (Sanhedrin), am Ende ihrer Weisheit, wußte sich nicht anders zu helfen, als daß einer der Ihren sich verstellte und Mitglied der häretischen Bewegung wurde, um sie zu zerstören. Der Name dieses Helden war Judas Ischariot. Die Helden des Evangeliums werden zu Verbrechern, die Verbrecher zu Helden.

Eine spätere Fortsetzung des *Sefer Toldot Yeshu* bezieht sich auf die frühe Kirchengeschichte. Das jüdische Establishment, so wird erzählt, suchte wiederum nach einer Strategie, um Christen und Juden unmißverständlich voneinander zu trennen. Ein heldenhafter Rabbi namens Petrus gab sich freiwillig als Christ aus. Sobald er zum Führer geworden war, überzeugte er die Christen, die Trennung vom Judentum liege im Interesse ihrer neuen Religion. Scheinbar verwechselte der Erzähler die Rollen des Petrus und des Paulus.

Nicht alle antiken oder modernen Gegengeschichten sind negativ bestimmt. In Herodots Bild von Ägypten, wonach dort alles genau umgekehrt gehandhabt wurde wie bei den Hellenen, oder in Tacitus' Bild der Germanen, das er im Sinne einer Kritik der eigenen Gesellschaft beschrieb,[57] geht es nicht um die Zerstörung der Identität der anderen. Anders verhält sich dies bei Manetho, Augustin und im *Sefer Toldot Yeshu*. Doch welche war die methodische Begründung, die Selbstrechtfertigung einer solchen Umkehrung der Darstellung des Gegners (*eversio*)?

Wandel in der Zeit der Frühmoderne

An anderer Stelle habe ich zu zeigen versucht, inwiefern sich die antike oder mittelalterliche Vorstellung einer »historischen Tatsache« von der unsrigen unterscheidet. Die vormoderne Wahrnehmung einer historischen Tatsache war atomistisch: Geschichtstatsachen sind als *digna memoriae* unmittelbar erkennbar, deutlich und dem verläßlichen Augenzeugen zugänglich, sie bedürfen keiner Interpretation; daher ist der zuverlässige Augenzeuge der beste Historiker.[58] Aus der Sicht eines mittelalterlichen Exegeten, der allein in der theologischen Perspektive (*spiritualis intelligentia*) einen tieferen Sinn erblickte, waren der »buchstäbliche« und der »geschichtliche« Sinn eines Textes gleichbedeutend. Und da Ereignisse, die als *digna memoriae* erachtet wurden, evident waren und immer aufgezeichnet wurden, ergibt sich die Weltgeschichte aus den kontinuierlichen Behauptungen der Augenzeugenberichte.

Was geschieht, wenn der Augenzeuge lügt? Dann, und nur dann, ist es das *officium* des späteren Historikers, die Erzählung zu entlarven – tatsächlich aus der widerlegten Erzählung eine »Gegengeschichte« zu schaffen, in der Annahme, daß in jeder guten Lüge ein wahrer Kern enthalten ist. Die antike und mittelalterliche Geschichtsschreibung, noch eher die historische Methodologie dieser Zeit gehorchte streng dem Prinzip, ein Mittelweg sei ausgeschlossen: eine Geschichte ist entweder wahr oder falsch, *tertium non datur*. Festzustellen (wie wir es tun), ein Bericht eines Augenzeugen oder eines fernen Erzählers sei subjektiv wahr, aber objektiv verzerrt, jeder sei ein Gefangener seines individuellen oder lokal bzw. zeitlich geprägten Standpunktes, seiner vorgefaßten Meinung, bedeute, anzuerkennen, daß die »historische Tatsache« keineswegs selbstevident ist, daß sie der Interpretation bedarf, daß sie ihre Bedeutung aus einem Kontext bezieht, den der immer in einem hermeneutischen Zirkel gefangene Historiker rekonstruieren muß. Die Geschichte ist für uns nicht länger eine *simplex narratio gestarum*: sie wurde *eo ipso* Interpretation, die der Zeit, dem Ort und dem Blickpunkt des Interpreten unterworfen ist. Diese Erkenntnis verbreiteten die Humanisten seit dem sechzehnten Jahrhundert, und sie rief eine wahre Revolution im Bereich der Philologie, der Bibelstudien, der Rechtsdeutung (*mos gallicus*) und schließlich der historischen Studien ins Leben.

Das Genre der Gegengeschichte, das wir als wohldefiniertes literarisch-polemisches Genre der Antike und des Mittelalters identifiziert haben, nahm im Zusammenhang der »historischen Revolution« des siebzehnten Jahrhunderts ebenfalls eine andere Gestalt an. Das spezielle Interesse richtete sich nun auf die ausdrückliche Neuinterpretation von Quellen, weniger auf eine Ausbeutung durch ihre Verkehrung. Man bedenke etwa die von dem Pietisten Gottfried Arnold erstmals im Jahre 1698 veröffentlichte Gegengeschichte der Kirche.[59]

Die protestantische Geschichtsschreibung tendierte von Beginn an zur Konstruktion einer Gegengeschichte der Kirche. Sie bediente sich der neuen Kunst der philologisch-historischen Kritik, die bereits von Generationen von Humanisten gepflegt worden war. Bei Gottfried Arnolds Geschichte des Christentums handelte es sich um eine solche kritische Gegengeschichte, die die Quellen unmittelbar untersuchte, anstatt sich, wie in unseren bisherigen Beispielen, indirekt und heimlich darauf zu beziehen. Er gab ihr den Titel »Unparteyische Kirchen- und Ketzerhistorie«, doch er war kaum unparteiisch, wenn es darum ging, zwischen der Kirche und den Abweichlern zu entscheiden. Die Worte des Paulus, »Häresien seien notwendig« (*oportet ut haereses esse*)[60], hatten im Mittelalter historisch-providenzielle Konnotationen. Häresien wurden als von Gott vorhergesehene Herausforderung verstanden, auf die die Kirche, inspiriert durch den Heiligen Geist, mit der Entwicklung von Dogmen und der Verjüngung der Kirche durch neue Ordnungen reagierte. Häresien sind, wie Goethes Mephisto, »ein Teil von jenem Geist, der stets das Böse will, doch stets das Gute schafft«. Gottfried Arnold verkehrte diese Bewertung ins Gegenteil. Die Sektierer und die sogenannten Häretiker stellten die einzigen geschichtlichen Spuren des Christentums während der langen Nacht seines Niedergangs und der Verfinsterung der Wahrheit dar. Aufgrund der Untersuchung der Quellen konnte er zeigen, daß das Motiv des korrupten Establishments, eine Bewegung als häretisch zu definieren, immer darin lag, daß es Abscheu davor empfand, an die wahren, spirituellen, nichtdogmatischen und nichtzeremoniellen Ursprünge des Christentums erinnert zu werden, und daß das Christentum aufgrund des überaus »skandalösen« Beispiels seines Begründers verinnerlicht und apolitisch war. Arnold ging daher sowohl im historiographischen als auch im religiösen Sinne des Wortes *ad fontes* zurück und dachte seine »Geschichte« als Anreiz für alle Christen, dies ebenfalls zu tun. Er suchte in der Geschichte nicht nach der Vernunft: er setzte sein Vertrauen eher auf die beständigen, unterirdisch wirksamen Beispiele der wahren *Innerlichkeit*, der Verachtung der Welt und ihrer Weisheit, die immer das Merkmal der Märtyrer und Sektierer war. Jesus selbst stand als Häretiker vor Gericht.[61] Die »wahre« heilige Geschichte des Christentums war eine verborgene, private Geschichte, sogar nach dem Zeitalter Luthers. Die öffentliche Geschichte des Christentums stellt im Gegensatz dazu eine säkulare Geschichte dar, eine Geschichte der Verwicklung in diese Welt (*saeculum*), der Verflechtung mit der Macht und der Machtgier, und daher eine Geschichte der Verfälschung.

Gegengeschichte bei Marx

Arnold verlieh, wie die meisten frühen protestantischen Denker, der Verachtung der Geschichte Ausdruck, da diese im wesentlichen eine Geschichte menschlicher Mängel und des Irrtums sei. Er benutzt die Geschichte zum Zweck der Kritik. Das historische Denken während der Aufklärung war viel optimistischer, dennoch diente die Geschichte nach wie vor hauptsächlich als Grundlage ahistorischer Diskussionen über die menschliche Natur. Der Triumph der historischen Dimension des Diskurses im neunzehnten Jahrhundert brachte auch eine andere Form der Gegengeschichte hervor; ein ausgezeichnetes Beispiel dafür stellt Marx dar.

Marx' Denken und Planen bestimmt der alles durchdringende historische Diskurs. Das Zentrum seiner ökonomischen Theorie liegt in der Erkenntnis, daß die »Gesetze des Marktes« keine Naturgesetze, sondern geschichtlich gewachsene Gesetze seien. Unter den Menschen existiert kein natürlicher Trieb zum Tauschhandel, und den Waren eignet keine »Natur«, die ihren (Tausch-)Wert bestimmen (die »*Fetischisierung der Ware*«). Beides spiegelt die geschichtlichen Bedingungen der gesellschaftlichen Beziehungen wider, die durch die Produktionsformen geprägt wurden. Wenn Hobbes die Entwicklung der politischen Theorie veränderte, indem er systematisch die naturgesetzlichen Züge des Staates bestritt – er stellt eine menschliche Schöpfung dar, nicht das Ergebnis natürlicher sozialer Neigungen –, leistete Marx dasselbe mit Blick auf den *homo oeconomicus*; allerdings setzt seine Deutung eine zusammenhängende historische Darstellung voraus.

Bei Marx' Geschichtsdeutung handelt es sich gewissermaßen um eine kontinuierliche Übung der Gegengeschichte. Die bürgerlichen Historiker, wie sie aus marxistischer Perspektive, auch jener von Marx selbst, wahrgenommen werden, erzählen die Geschichte der modernen Zeit seit dem Aufstieg des Bürgertums als eine Geschichte des Wachstums von Freiheit, Menschenrechten und Gleichheit vor dem Gesetz. Die treibende Kraft dieses Fortschritts besteht in der Verfolgung individueller ökonomischer Eigeninteressen; dabei bringen die »privaten Laster« (Selbstsucht) von selbst »öffentliche Tugenden« hervor.[62] Die Französische Revolution legitimierte mit der Deklaration der *droits de l'homme* und der Gleichheit vor dem Gesetz die Errungenschaften des dritten Standes; ihr glückliches Ergebnis ist der moderne Nationalstaat. Der Staat steht über allen Parteien und Interessengruppen und wacht lediglich darüber, daß die individuellen, gesunden Gegensätze nicht den Bereich der vereinbarten Spielregeln überschreiten.[63]

Doch es scheint nur so, als verbürge diese »politische Emanzipation«, das liberale Ideal des Bürgertums, auch eine menschliche Emanzipation: in Wirklichkeit verkörpern sogar die gefeierten *droits humains* das Gegenteil. Sie garantieren die maximale Ausbeutung der Besitzlosen, sie entkleiden den Einzelnen aller, sei es der feudalen oder der korporativen Bande, um ihn dazu zu befreien, daß er sich selbst, d.h. seine Arbeitskraft, überall auf dem Markt als eine Ware verkaufen kann. Der moderne Staat gibt nur vor, über den Parteien zu stehen: tatsächlich sichert er die Schaffung von Antagonismen und die möglichst große Atomisierung der Gesellschaft. Die bürgerliche Gesellschaft erweist sich in der Tat als Gesellschaft, in der alles, einschließlich der menschlichen Arbeitskraft, zu einer Ware geworden ist, die den »Gesetzen des Marktes« gehorcht; die Logik des Kapitalismus verlangt, daß diese Ware im Überfluß vorhanden sein muß, und bildet aus diesen vereinzelten, scheinbar freien Individuen »das Reserveheer des Kapitals«. Das jeder Ware latent eignende Paradox, daß sie, sofern sie abstrakte Arbeit repräsentiert, keine abstrakte Arbeit repräsentiert, wird plötzlich transparent, wenn die Arbeit selbst zu einer Ware wird.[64]
Die »privaten Laster« werden eher zu einer Katastrophe als zu einem stabilen, einheitlichen Wachstum des Wohlstands führen. Die Dialektik von *Wesen* und *Erscheinung*, das Thema von Hegels *Wesenslogik*, bestimmt Marx' Analyse des Staates,

der Ware und der Geschichte.⁶⁵ Das Wesen verwandelt sich *eo ipso* in Erscheinung und umgekehrt. Dies bewahrt Marx' Gegengeschichte davor, lediglich auf die Revision der Geschichte aus der Sicht der Unterdrückten zu zielen, wie dies die utopischen Sozialisten darstellten. Seine Darstellung zeigt vielmehr, wie der »Knecht« aufgrund seiner Arbeit unausweichlich zum wahren »Herren« wird, und wie er, wenn er dies erkennt, die Geschichte revolutioniert. Marx stellte die bürgerliche Vision des Staates und der Geschichte wahrhaftig auf den Kopf – oder zurück auf die Füße.

Nationalsozialismus und Revisionismus

Alle antisemitischen Ideologien seit dem Ende des neunzehnten Jahrhunderts stimmen darin überein, daß sie sich weniger gegen die traditionellen, orthodoxen Juden wenden, die als Juden erkannt werden können, sondern wesentlich stärker gegen die akkulturierten und assimilierten Juden. Geht man – wie die antisemitischen Ideologen – davon aus, daß das Judesein einen unvertilgbaren, angeborenen Wesenszug darstellt, so täuscht der assimilierte Jude im besten Falle sich selbst und andere; schlimmstenfalls ist seine Assimilation ein konspirativer Vorwand, der die innere Aushöhlung der gesunden Struktur der Gesellschaft ermöglicht. Selbst radikale Antisemiten gingen bis in die dreißiger Jahre unseres Jahrhunderts nicht über den Vorschlag hinaus, die Emanzipation aufzuheben und die Juden von ihrer bisherigen Stellung als Bürger zum früheren Status als bloße Untertanen zurückzuführen. Dieses Programm wurde in den ersten sieben Jahren nach der nationalsozialistischen Machtergreifung in Deutschland gründlich durchgeführt.

Doch die nationalsozialistische Ideologie enthielt den Keim zu einer viel unbarmherzigeren »Lösung der Judenfrage«. Nach ihrem dramatisch-apokalyptischen Verständnis der Weltgeschichte stellten die Juden die hypostasierte Negation geistiger Gesundheit, der Kreativität, des Wohls und der Ordnung dar, sie waren ein in hygienisch-pseudobiologischer Terminologie beschriebener säkularer Antichrist. Waren andere »Rassen«,

etwa die Slawen (oder tatsächlich die Semiten) *Untermenschen*, so waren die Juden während der gesamten Geschichte *Unmenschen*, eine Gegenrasse zur *Herrenrasse*, Ungeziefer und Bazillen. Sie ausgelöscht zu haben, sagte Hitler am Ende des Krieges, wäre sogar eine katastrophale deutsche Niederlage wert.
Man beachte nun, wie diese konstruierte Gegenidentität der Juden in den Konzentrationslagern in eine Wirklichkeit umgesetzt wurde. Die Juden, in der Nazi-Terminologie selbst Läuse, mußten beim Betreten der Lager *entlaust* werden; sie wurden zu Ungeziefern degradiert, ihrer Identität beraubt, selbst in ihren eigenen Augen entmenschlicht und zuletzt als Läuse vernichtet. Symbolik und Wirklichkeit wurden – genau wie in Kafkas *Verwandlung* – identisch.
Ich glaube, daß in der Tat viele Texte Kafkas von der Auflösung von Identität handeln, allerdings keine so deutlich wie die Erzählung *Die Verwandlung*, in der Gregor Samsa eines Tages aufwacht und sich als »ein ungeheures Ungeziefer« vorfindet.[66] Zunächst ist sein physisches und geistiges Verhalten noch eher menschlich; langsam, allmählich nimmt er aufgrund einer subtilen Wechselwirkung zwischen ihm und seiner Familie immer mehr die Mentalität einer Wanze an; und er stirbt wie eine Wanze. Am Ende der Erzählung machen wir die Entdeckung, daß er in einem gewissen Sinne immer schon eine Wanze war, auch vor dem Beginn der Erzählung: die Familie, wie vollkommen abhängig sie auch einst von ihm schien, kommt wunderbar ohne ihn aus. Er war immer schon überflüssig; daß er ein Ungeziefer »wurde«, war kein Zufall, sondern die konsequente Übertragung eines Symbols oder einer Metapher in die Wirklichkeit.
Wir haben zuvor der Weise Beachtung geschenkt, in der Geschichte (als *res gestae*) *ipso facto* auf die Erzählung zielt: insofern nämlich, als Handlungen nicht weniger als Worte Ausdruck einer stetigen Konstruktion der eigenen Identität der Handelnden sind – seien diese Handelnden Einzelne oder Kollektive.[67] Die systematische Zerstörung der Identität von Insassen der Konzentrationslager versuchte zugleich, das Erzählen über sich selbst zu vernichten. Insofern die Geschichte einer Periode letztlich von der Identität der in ihr Handelnden abhängt, stellt die Rekonstruktion einer zusammenhängenden

Darstellung der Erfahrungen der – einzelnen und kollektiven – Opfer eine nahezu unüberwindliche Aufgabe dar, sie ist viel schwerer als die Widerlegung der kollektiven Gegengeschichte, welche die nationalsozialistische Ideologie zu inthronisieren versuchte.

In den verschiedenen als »revisionistische« Literatur bekannten apologetisch-polemischen Versuchen lebt ein Ausläufer der nationalsozialistischen Gegengeschichte fort. Dieser Name wurde (*inter alia*) einem besonderen Genre von Schriften – Büchern, Artikeln, Hetzschriften – zugeschrieben, welche die Tatsache des nationalsozialistischen Völkermords an den Juden leugnen.[68] Dabei handelt es sich um das jüngste und gemeinste unter den mannigfachen Beispielen der Konstruktion einer Gegengeschichte. Sie zeichnen sich als Gegengeschichte *par excellence* aus, nicht nur, weil die »Revisionisten« leugnen, daß das Opfer überhaupt ein Opfer war, sondern weil die meisten von ihnen das Opfer – explizit oder implizit – beschuldigen, der Verbrecher zu sein. Sie tun dies auf eine zweifache Weise.

Erstens leugnen einige Autoren zwar die Existenz von Vernichtungslagern, nicht jedoch die von Konzentrationslagern überhaupt; dort, so behaupten sie, haben Juden (Kapos) in großer Zahl andere Juden getötet. Dies ist das einzig Wahre an den Legenden über Massenmorde. Wenn derartiges geschehen ist, so waren die Juden selbst die Täter. Dahinter steht die Voraussetzung, den Juden sei echte Selbstbestimmung gewährt worden. Natürlich habe es auch versehentliche zivile Opfer gegeben – unter den Juden wie unter allen Bevölkerungen. Doch wieso, so gelte es zu fragen, mußten die Juden überhaupt »konzentriert« werden? Weil sie Deutschland (nicht umgekehrt) den Krieg erklärt hatten, sei es durch den allgemeinen Wirtschaftsboykott der dreißiger Jahre, sei es in der Rede Weizmanns von 1938, in der er sagte, die Juden befänden sich im Kriegszustand mit Deutschland, oder sei es durch bewaffneten Aufstand.

Zweitens wurden die Opfer auch *ex post facto* zu Verbrechern: einige Revisionisten fügen hinzu, bei der Legende vom Völkermord handele es sich um eine weltweite Verschwörung der Juden, mittels derer sie nach dem Krieg einen Staat errichten wollten. Die »weltweite Verschwörung« der Juden ist ein Motiv, das seit dem zwölften Jahrhundert ständig in der europäischen antijüdischen Literatur präsent ist. Schon damals, so glaube ich bewiesen zu haben, erschien das Judentum aus christlicher Sicht nicht mehr – wie bis dahin – als anachronistische, jedoch durchschaubare Religion – »noluerunt ipsi Judaei mutari con tempore«[69] –, sondern nahm statt dessen die Züge einer Religion an, die nur scheinbar dem Alten Testament zugehörte, tatsächlich jedoch insgeheim einem neuen, satanischen Gesetz anhing (»pugnasti tanto tempore diabolicis libris divinos libros« – Petrus Venerabilis). Einige fügten hinzu: einer Religion, die das Vergießen von Christenblut forderte; jedes Jahr kämen ihre Rabbiner insgeheim zusammen und wählten eine andere Gemeinde aus, die zu Pesach Christenblut vergießen sollte, da sie glaubten, sie würden ansonsten nicht erlöst (Thomas von Monmouth). Es ist eine kontinuierliche Überlieferung, die von dieser Vorstellung zu den *Protokollen der Weisen von Zion* führt[70]; ihre jüngste Version erfährt sie in der revisionistischen Darstellung der jüdischen Ermordung des deutschen Charakters, sozusagen eines geistigen Völkermordes.

Man leugnet eine Tatsache, indem man sie wegargumentiert. Die bevorzugte Diskursform der Revisionisten besteht im Argumentieren, nicht in der Erzählung. Wirksam sind insbesondere zwei Argumentationsformen, die Pierre Vidal-Naquet auf brillante Weise dargestellt hat. Dabei handelt es sich entweder um eine *reductio ad impossibile* oder um einen Analogieschluß. Die Konzentrationslager, so wird behauptet, konnten keine Todeslager sein; die angeblichen Gaskammern seien z.B. so konstruiert gewesen, daß sie, hätten sie Giftgas enthalten, im Umkreis von Meilen alles vergiftet hätten. Der Analogie bedient man sich, wenn wir beispielsweise ermahnt werden, uns daran zu erinnern, daß schon einmal, während des Ersten Weltkriegs, Gerüchte über deutsche Kriegsgreuel verbreitet worden seien, die sich nach dem Krieg als völlige Übertreibung im Dienste der Propaganda erwiesen hätten.

Nahezu jede Facette dieser revisionistischen Literatur kennzeichnet auch eine andere Gestalt des Revisionismus, den Versuch, den Völkermord an den Armeniern während des Ersten

Weltkriegs zu leugnen. Es wäre schwierig (und überflüssig), den Nachweis dafür zu führen, wer hier wen beeinflußt hat; vergleichbare Intentionen suchen sich ähnliche Argumente. Wiederum wird behauptet, es habe allenfalls einige lokal begrenzte Pogrome gegeben, deren Größenordnung weit übertrieben worden sei. Die Deportationen seien auf dem Hintergrund des armenischen Aufstandes in Vann verständlich; im übrigen seien sie im Interesse der Armenier angeordnet worden, da sie entlang den ungeschützten Gegenden Syriens lebten. Der Mythos vom Völkermord werde von den Hoffnungen am Leben gehalten, das schlechte Gewissen der Völker der Welt könne den Armeniern Unabhängigkeit gewähren; sie hätten sich offensichtlich das erfolgreiche Unterfangen der Juden, ihre nationale Katastrophe in ein Instrument zur Gewinnung ihrer Unabhängigkeit umzuwandeln, zu Herzen genommen (es ist diese spätere Argumentation, auf deren Grundlage George Steiner in seinem Buch *The Portage of A. H. to San Cristobal* die fiktive letzte Rede Hitlers gestaltete).[71]

An einem entscheidenden Punkt werden die revisionistischen Gegengeschichten durch ein echtes Paradox ihres Stoffes nahegelegt und unterstützt. Viele von uns sagen, die nationalsozialistischen Verbrechen seien »unbegreiflich«, der von diesem Regime bewiesene, schier grenzenlose Erfindungsreichtum, was die Erniedrigung und das Töten angeht, widerstreite allen unseren historischen Erklärungsmodellen: es ergab sich gewiß nicht aus dem Eigeninteresse oder der *raison d'état*.[72] Genau diese Unbegreiflichkeit der Verbrechen erhebt ihre Verleugnung zu einer weitaus rationaleren Darstellung einer möglichen (besseren) Welt, in der die Menschen auf der Grundlage rationaler, zumindest jedoch vorhersagbarer Motive handeln. »Aber die Wirklichkeit, die ist nicht so.«

Dies führt zu unserer Ausgangsfrage zurück – was macht eine Geschichte »realer« als eine andere? Oder, in einer anderen Variation, was unterscheidet eine legitime Revision von revisionistischer Phantasterei? Einige Gegengeschichten – bei weitem nicht alle – stellen uns vor einen Grenzfall; aus dem Grenzfall läßt sich einiges für die weniger eindeutigen Fälle lernen. Sie sind nicht deshalb unauthentisch und irreal, weil ihre Urheber bewußt lügen – dies kann der Fall sein, aber auch nicht –, sondern weil sie durch und durch nachgeahmt sind, in jeder Einzelheit vollständig von dem Narrativ abhängig, den sie umzustoßen trachten. Wirklichkeit, sagten wir, ist ein schwer faßbarer, möglicherweise sogar ein paradoxer Begriff. Kein historiographisches Unterfangen kann beanspruchen, die Realität zu »repräsentieren«, sofern wir unter Repräsentation ein System verstehen, in dem Dinge und ihre Zeichen übereinstimmen. Selbst eine erzählerische Darstellung ist auf ihre Weise »Weltgestaltung«. Doch sie ist nicht willkürlich. Wenn dies zutrifft, muß die Wirklichkeit, wie immer man sie definieren mag, »durchscheinen«, wie Heideggers »Sein«, ohne unmittelbar zu erscheinen. Nichts in den Gegengeschichten des Manetho, des *Sefer Toldot Yeshu*, der »Revisionisten« »scheint durch«: alles an ihnen deutet auf ein reflexives Spiegelbild (anders verhält sich dies bei Augustin, Arnold und Marx). Wirklichkeitsnähe läßt sich weder messen noch durch einen absolut sicheren Algorithmus beweisen. Man muß darüber, ohne daß universal gültige Kriterien vorhanden wären, von Fall zu Fall entscheiden. In einer Erzählung kann dabei alles als Hinweis dienen, der Tatsachengehalt, die Form, die Vorstellungen und die Sprache.

Moralité

Ich möchte aus der ausführlichen Beschäftigung mit den antiken oder modernen Gegengeschichten folgende Lehre ziehen. In ihren bösartigsten Formen berauben sie den Gegner seiner positiven Identität, seines Selbstbildes, und ersetzen dies durch ein negatives Gegenbild. Doch auf welche Weise können wir zwischen einer echten Erzählung und einer Gegenerzählung unterscheiden, wenn nicht mittels eines Kriteriums außerhalb der Erzählung? Ihr seid kein altes Volk mit alten, ehrwürdigen Institutionen, sondern Aussätzige, die unsere Institutionen nachahmen, so behauptete Manetho gegenüber den Juden; ihr und eure Geschichte bietet nicht das Paradigma der Gerechtigkeit und Tugend, sondern das der Gier und der *libido dominandi*, hielt Augustin den heidnischen Römern entgegen; ihr seid Magier, wie es auch die Begründer eurer Religion waren, sagten die Juden zu den Christen; ihr seid keine wirklichen Juden, sagten die mittelalterlichen Christen zu den Juden; ihr seid keine Christen, behauptete Arnold gegen die Katholiken; ihr seid nicht die Protagonisten der Freiheit, sondern ihres Gegenteils, der Ausbeutung und der Entmenschlichung, sagte Marx den Liberalen seiner Zeit; ihr seid überhaupt keine Menschen, sagten die nationalsozialistischen Ideologen zu den Juden, und sie versuchten, sie so wirksam wie möglich sogar in ihren eigenen Augen der Menschlichkeit zu berauben, bevor sie sie töteten. Ihr seid gar keine Opfer von Greueln, halten die »Revisionisten« den Juden entgegen.

Sowohl im Falle einiger Geisteskrankheiten als auch in dem viel schlimmeren Falle der Gegengeschichten, wird Identität zerstört: allerdings scheint es so, als zerstöre der an Schizophrenie oder an der Korsakov-Psychose Leidende seine eigene Identität, während im Falle der individuellen und kollektiven Gegengeschichten die Identität *eines anderen* angegriffen wird. In beiden Fällen ist jedoch der Bezug zur Wirklichkeit verlorengegangen, jeweils Aspekte des unfreiwilligen Zwangs, der die wirksame Manipulation unserer Welt ermöglicht. Deshalb führt selbst die ernsthafte Gegengeschichte, die Wirklichkeit zu werden versucht, schließlich dazu, daß sie nicht nur die fremde Identität, sondern auch die eigene Identität des Zerstörenden zerstört. Sie ist notwendigerweise selbstzerstörerisch, sei es nur, weil der Verfälscher einer Gegenidentität des anderen seine eigene Identität von jener abhängig macht. In diesem »Kampf um Leben und Tod«[73] fallen beide Identitäten unausweichlich der Zerstörung anheim, wenn die Gegenidentität ihr Ziel erreicht, die Identität des anderen zu zerstören. Dies ist kein Trost: denn während dies geschieht, leiden der Schuldige und der Unschuldige gleichermaßen; beide können zerstört werden.

»Die Sünde lauert vor der Tür« (Gen. 4,7). In ihren Anfängen bemühte sich die zionistische Ideologie sehr darum, ein neues, positives jüdisches Selbstbild zu entwickeln, die jüdische »Selbstachtung« (Pinsker) wiederherzustellen, um die »Autoemanzipation« möglich zu machen. Es handelte sich dabei um ein nobles und zeitgemäßes Unterfangen, dem schlimmstenfalls der Vorwurf gelten konnte, man habe übersehen, daß das

Land Israel nicht leer und unfruchtbar, sondern bereits von einheimischen Arabern besiedelt war. In der Gegenwart jedoch ist die kollektive Identität vieler – nicht aller – Israelis unentwirrbar in die ausgesprochene Leugnung der nationalen Identität der Palästinenser verstrickt. »Es gibt kein palästinensisches Volk«, behauptete einst Golda Meir. Ein politisches Standardargument lautet, die palästinensische nationalistische Bewegung sei, wie auch die anderer arabischer Völker, nicht authentisch, es handele sich bei ihr lediglich um eine spiegelbildliche Reaktion auf die Entstehung eines jüdischen Nationalbewußtseins; als ob die Genese einer nationalen Identität wirklich entscheidend wäre. Eine andere politische Argumentation geht davon aus, daß die arabische Immigration nach Palästina sich erst verstärkt habe, als die Anstrengungen der Zionisten das Land attraktiv gemacht hätten. Daß man Palästinensern ihre persönliche und politische Identität bestritt, hat zu einer politischen Wirklichkeit der Unterdrückung geführt. Als Zionist und als Historiker fürchte und verabscheue ich diese Entwicklung und ihre Konsequenzen. Indem wir die Identität des anderen zerstören, werden wir auch die unsere zerstören. Das ist nicht zwangsläufig. Wir sind dafür verantwortlich, daß es nicht geschieht.

2
Biblische und nachbiblische Wahrnehmung von Geschichte

Die Leitbilder der historischen Erzählung

> Als der Höchste den Völkern Land zuteilte/
> und der Menschen Kinder voneinander schied,/
> da setzte er die Grenzen der Völker nach der
> Zahl der Söhne Israels./
> Denn des Herrn Teil ist sein Volk,/
> Jakob ist sein Erbe (Dtn. 32,8-10).

Der Verfasser der historischen Dichtung beginnt sein Nachdenken über die dramatischen Beziehungen zwischen dem Volk und seinem Gott mit einer Erinnerung an die Sprachverwirrung. Er scheint davon auszugehen, daß Israel noch nicht existierte, als viele der anderen Völker Gestalt annahmen; allein Gott hatte – im Sinne eines Maßstabes bei der Verteilung des Landes unter den übrigen Völkern – seine zukünftigen Grenzen vor Augen. Ob dies nun die genaue Bedeutung der Verse darstellt oder nicht,[1] das Bewußtsein von Jugend, die Vorstellung, ihren Ursprung in ziemlich neuer, historischer Zeit zu haben, begleitete die israelitische Religion von Beginn an. Aus der Sicht des Jahwisten, des mutmaßlichen judäischen Verfassers der ersten Schicht der historischen Darstellung der Bibel, wurde Israel erst in Ägypten von einem Clan zu einem Volk, und ereignete sich der Exodus aus Ägypten vor nicht mehr als einem halben Jahrtausend:

> Im vierhundertachtzigsten Jahr nach dem Auszug Israels aus Ägypten, im vierten Jahr der Herrschaft Salomos über Israel, im Monat Siw, das ist der zweite Monat, wurde das Haus dem Herrn gebaut (1. Kön. 6,1).

Ein solches Zugeständnis, noch ein junges Volk zu sein, ist für die damalige Zeit bemerkenswert.[2] Die meisten Kulturen des antiken Nahen Ostens – eigentlich die meisten mir bekannten antiken Kulturen – führten ihre Ursprünge bis auf mythische

Zeiten, bis zur Erschaffung der Welt und der menschlichen Gattung zurück. *In illo tempore* wurden sie mitsamt ihren Institutionen von Göttern oder Halbgöttern gegründet. Der Mythos »Enuma Elisch« endet mit der Gründung des Stadtstaates Babylon durch Marduk.[3] Als »mythisch« bezeichne ich die Zeit, in der eine Kultur die Welt und die Gesellschaft als in jeder Hinsicht anders als die gegenwärtige und als in einem wesentlich unmittelbareren Verhältnis zu den Göttern stehend verstand. Der Verfasser oder Redaktor des Buches Genesis füllte die »Genealogie des Menschen« (*tol'dot ha'adam*) mit Geschichten, die zeigen, auf welche Weise die menschliche Gattung allmählich die Merkmale verlor, die sie einst mit den »Kindern Gottes« (*bene 'elohim*) verbanden: zunächst durch die Vertreibung aus dem von Mühe freien Leben im Garten Eden, dann indem sie lernten zu töten, indem außerdem ihre Lebenszeit auf ungefähr hundertzwanzig Jahre begrenzt wurde, und schließlich durch die Stabilisierung der Natur durch den Noah-Bund nach der Sintflut sowie die Zerstreuung der Sprachen und Völker.[4] Der Begriff des »Mythischen« selbst, im Sinne einer wissenschaftlichen Bezeichnung einer Periode, entstand erst in der späteren Antike.[5]

Und obwohl Ever, der eponyme Ahne der Hebräer in zeitlicher Nähe zum mythischen zweiten Beginn der Menschheit nach der Sintflut lebte, entstand das Volk Israel wesentlich später. Sehr wenige antike Gesellschaften bekannten sich zu ihren noch recht jungen Ursprüngen, doch die alten Israeliten, in gewissem Maße auch die Griechen (und Römer) gestanden dies ein. Beide litten auf ihre Weise an einem brennenden historischen Gefühl der Jugendlichkeit. Die Ursprünge Israels lagen *innerhalb* der Geschichte, ja sogar der jüngsten Geschichte.

An sich muß ein solches Bewußtsein, ein relativ junges Volk zu sein, eher eine Last als ein Vorteil gewesen sein, ein Makel, der die eigene Gemeinschaft anderen, mit einem älteren Stammbaum ausgestatteten Völkern unterlegen erscheinen ließ. Wahrer Adel läßt sich am alten Jahrgang erkennen. Israel war sich nicht allein seiner Jugend bewußt, es behielt auch seine niedrige Herkunft aus dem Status der Sklaverei in Ägypten in Erinnerung. Einige der pejorativen Konnotationen des »Hebräers« als einer Bezeichnung für eine Person von niedriger Stellung (und nicht so sehr als der Bezeichnung für eine ethnische Gruppe) wurden in den Rechtsüberlieferungen des Pentateuch bewahrt – so etwa die ständige Erwähnung eines »hebräischen Sklaven« (*eved ivri*) im Gegensatz zu dem »[freien] Mann Israels« (*ish yisrael*).[6]

Der Makel wurde jedoch in einen Vorzug umgedeutet. Es ist wahr, Israel ist jünger[7] und viel kleiner als die meisten anderen Völker, was jedoch dadurch ausgeglichen wird, daß Gott dieses besondere Volk *erwählt* hat. *Er* hat es erst zum Volk gemacht. Geschichtsbewußtsein und die israelitische Version des Monotheismus hingen von Beginn an eng miteinander zusammen. Die Gewißheit, unter der beständigen, besonderen Führung des in der Geschichte handelnden Gottes zu stehen, eines Gottes, der viel mächtiger war als alle anderen Götter, glich die geschichtliche Erinnerung an einen noch jungen Ursprung aus.

Gottes Beteiligung am Schicksal Israels vom Exodus bis zur Zeit der Richter wird als wirkliche physische Gegenwart dargestellt. Er führte und befreite mit »Zeichen und Wundern« (*otot umoftim*). Wo seine Gegenwart weniger unmittelbar ist, ist es sein Geist, der zur Rettung auf die Führer (Richter) »niederkommt« (*tsalcha*) oder die Feinde seines Volkes durch einen »bösen Geist« (*ruach ra'a*) verwirrt.[8] Weniger unmittelbar stellt sich Gottes Gegenwart in der biblischen Geschichtsschreibung der Königszeit dar. Gerhard von Rad erblickte in der halboffiziellen Erzählung von Salomos Thronbesteigung (2. Sam. 5 - 1. Kön. 3) das erste bekannte Beispiel für eine echte, über Annalen oder Anekdoten hinausgehende Historiographie.[9] Die Erzählung bietet einen zusammenhängenden, komplizierten Aufriß sowie Klimax und Antiklimax. Sie weist die Legitimität der Nachfolge Salomos auf Davids Thron nach. Salomos Rivalen, die einen legitimeren Anspruch haben, verschwinden ohne sein Zutun aufgrund ihrer eigenen Fehltritte. Der Verfasser bringt im Zuge dieser Geschichte eine neue Theologie zur Geltung, eine subtilere Version von Gottes Eingreifen in der Geschichte. Bis dahin hatte Gott seine Hilfe mittels eindeutiger Handlungen gewährt, etwa als die Mauern Jerichos einstürzten oder als die Sonne bei Gibeon stillstand.

Nunmehr greift Gott eher indirekt ein, indem er Gedanken in den Geist der geschichtlich Handelnden einsenkt oder sie ihnen entzieht:

> Da sprachen Absalom und jedermann in Israel: der Rat Huschais, des Arkiters, ist besser als Ahitofels Rat. So schickte es der Herr, daß der kluge Rat Ahitofels verhindert wurde, damit der Herr Unheil über Absalom brächte (2. Sam. 17,14).

Der Stolz, mit dem der Historiker, der im Goldenen Zeitalter des vereinigten Königreichs lebte, den von Gott gelenkten politischen Aufstieg Israels bis zu seiner eigenen Zeit wahrnahm, steht in schroffem Gegensatz zu dem Gefühl des Verhängnisses, das zwischen dem Sturz des Nordreichs (721 v. u. Z.) und der Zerstörung des Reiches Juda (586 v. u. Z.) herrschte. Die offenkundige Diskrepanz zwischen dem Anspruch Israels, Gottes einzigartiges, erwähltes Volk zu sein, und seiner gegenwärtigen Ohnmacht erforderte eine neue Rechtfertigung des Glaubens an Gottes Vorsehung. Die späteren Propheten brachten eine solche neue, revolutionäre, nahezu dialektische Theodizee zur Geltung. Sie kehrten den üblichen Glauben um, wonach sich die Macht einer Gottheit an dem Erfolg der Gemeinschaft bemaß, die aufgrund der Bindung, der *religio*, dazu verpflichtet war, ihr zu dienen. Gerade die Ohnmacht Israels stelle einen Beweis für Gottes unglaubliche Macht dar, die sich darin manifestiere, daß er die größten Reiche, Assyrien, Babylonien und Ägypten, als »seines Zornes Rute« (*mate za'am*, Jes. 10,5-8) benutze, um Israel zu züchtigen und zu reinigen. Doch diese Weltmächte sind sich ihres geschichtlichen Auftrags nicht bewußt (*vehu lo chen yedame*) und führen ihren Erfolg auf ihre eigene Kraft und die ihrer Götter zurück. An dieser Stelle begegnen wir vielleicht der frühesten, ursprünglichen Version, mit der die »List Gottes« oder die »List der Vernunft«, von der in späteren Kapiteln die Rede sein wird, in die Geschichte hineingelesen wurde: indem sie ihrem eigenen blinden Drang nach Macht folgen, dienen die Völker der Welt ohne ihr Wissen einer höheren Absicht.[10]

Der poetische Rückblick auf Israels Geschichte, mit dem wir unsere Betrachtungen begannen, findet seine Fortsetzung auch im Gedanken der kollektiven Bestrafung der gemeinschaftlichen Übertretung:

Sie haben mich zur Eifersucht gereizt durch einen Nicht-Gott,
durch ihre nichtigen Götzen haben sie mich erzürnt,
nun werde ich sie ereifern durch ein Nicht-Volk,
durch ein gottloses Volk will ich sie erzürnen.
(Dtn. 32,21)

Am Ende steht eine Vision der Erlösung, eine Vision, die den volkstümlichen Hoffnungen auf den »Tag Jahwes« entspricht und zugleich von ihnen unterschieden ist:

Ihr Völker, jauchzet mit seinem Volk:
denn er rächt das Blut seiner Diener
und vergilt seinen Feinden mit Gleichem
und wird seinem Land und seinem Volk vergeben.
(Dtn. 32,43)

Das »Land«, von dem hier die Rede ist, ist dasselbe, das an früherer Stelle als »Anteil« und »Erbe« Gottes und zugleich seines erwählten Volkes bezeichnet wird.[11]

Ich habe bisher die Wandlungen des biblischen Geschichtsbewußtseins durch Hinweise auf konkrete, individuelle (wenn auch anonyme) literarische Dokumente skizziert. Was gehört bei all diesen Vorstellungen zum »kollektiven Gedächtnis« jener Zeit? Damit betreten wir einen weit unsichereren Grund, so daß die Beobachtungen in hohem Maße spekulativ bleiben müssen. Wir wissen natürlich, daß den meisten israelitischen kultischen Festen anstelle der vielleicht vorher zugrundeliegenden Bindung an die Zyklen der Natur eine alte geschichtliche Bedeutung aufgeprägt worden ist. Wir wissen außerdem, daß die Rezitation historischer Formeln wie jener in Leviticus Teil des Kultes war. Perioden des religiös-nationalen Erwachens fanden ihren Ausdruck seinerzeit in einem besonderen Fest. Insbesondere in zwei Fällen, in denen dieselbe Formel wiederholt zu werden scheint, wird ein Gespür für die typologische Identifikation mit der Periode, die zuerst dieses Fest *in illo tempore* erlebte, besonders deutlich:

Und der König gebot dem ganzen Volk: Veranstaltet Jahwe, eurem Gott, ein Passa, wie es in dem Buch des Bundes geschrieben steht. Es war nämlich ein Passa dieser Art nicht mehr gefeiert worden seit den Tagen der Könige von Israel und der Könige von Juda. (2. Kön. 23,21-22)

Und dann:
Da errichtete die ganze Gemeinde derer, die aus der Gefangenschaft heimgekehrt waren, Laubhütten und wohnte in den Laubhütten [*sukkot*]: denn so hatten die Söhne Israels nicht gefeiert seit den Tagen Josuas, des Sohnes Nuns, bis auf diesen Tag, so daß eine sehr große Freude herrschte (Neh. 8,17).

Den Reformern des siebten Jahrhunderts erschien nicht allein die Zeit der vereinigten Königreiche, sondern auch die Zeit der Richter als Goldenes Zeitalter[12] – entgegen ihrer Charakterisierung im Buch der Richter als einer Zeit, in der »ein jeder tat, was richtig in seinen Augen war«. Und selbstverständlich diente der Exodus aus Ägypten als Urbild der zukünftigen Erlösung.[13]

Die Identifikation mit Abschnitten der fernen Vergangenheit war gleichzeitig mit einem Bewußtsein für ihre Ferne verbunden. Keiner der Namen der Patriarchen, der Generationen des Exodus oder der Landnahme blieb die gesamte biblische Zeit hindurch gebräuchlich. Einige von ihnen tauchten in der späteren Antike, andere erst im Mittelalter wieder auf. Das »kollektive Gedächtnis« läßt sich daher so verstehen, daß es der geschichtlichen Vergangenheit ebenso nahe wie fern liegt.

Die ersten Generationen von Siedlern in Juda, die aus dem babylonischen Exil zurückkehrten, nahmen Geschichte neu wahr. Weder fanden sie das Land unbewohnt vor, noch war die gesamte israelitische Bevölkerung 721 v. u. Z. bzw. die judäische 586 v. u. Z. ins Exil gegangen.[14] Diejenigen, die geblieben waren, hatten keinen Anteil an der Umwandlung der Religion und der religiösen Bräuche im babylonischen Exil, die sogar an einer neuen Mode der Namensgebung sichtbar wurde (Haggai, Zacharia, Sabbatai). Den Rückkehrern erschien die einheimische Bevölkerung als fremd: sie nannten sie auch dementsprechend und schufen eine historische Erzählung, die diese Wahrnehmung rechtfertigte. Nach dieser Erzählung waren alle Israeliten und Judäer durch die Assyrer oder die Babylonier ins Exil geführt worden.[15] Das Land war durch andere Völker aus der fernen und nahen Umgebung kolonisiert worden, Samaritaner, Moabiter und Ammoniter. Der »heilige Same« (*zera kodesch*) sollte sich nicht mit diesem »Volk des

Landes« (*am ha-arets*) vermischen,¹⁶ und sollte dies geschehen, so verlangte Esra die Scheidung von den fremden Frauen. Nie zuvor war die Forderung nach ethnischer Reinheit so entschieden wie zu dieser Zeit. Es mutet ironisch an, daß die großartigen biblischen Vorstellungen von der Geschichte mit einer Fiktion schlossen, die eine nicht weniger fiktive ethnische Reinheit aufrechterhalten sollte.

Irgendwann während der persischen Herrschaft, vielleicht in der Zwischenzeit nach der Rückkehr ins Land und vor dem Bau des Tempels, verarbeitete der Autor der Chronikbücher alle ihm zur Verfügung stehenden Quellen der jüdischen Geschichte auf neue Weise, um eine zusammenhängende, gleichwohl schematische Vision der vorexilischen Königszeit zu entwerfen. Ihre Elemente sind jüngst durch Sarah Japhet besprochen worden.¹⁷ Zum ersten Mal findet sich eine klare Unterscheidung zwischen heiliger und profaner Geschichte, was *Redak* erkannte. Diese Konzeption einer heiligen, auf den Tempel und den Gottesdienst zentrierten Geschichte verband sich mit der Annahme einer *Kontinuität* der israelitischen Historiographie, die ihre Tradition bestätigt: die *Propheten* jeder Generation schrieben die Geschichte des Königreichs ihrer Zeit nieder.¹⁸ Die ständig wiederkehrenden treibenden Kräfte des Geschehens sind Verdienst und Sünde, Belohnung und Bestrafung, Gottes Versuchung seiner treuen Diener und ihre Fähigkeit, ihr zu widerstehen. Das babylonische Exil stellte gleichermaßen eine Sühne des Menschen und des Landes dar: Israel mußte so lange für seine Sünden büßen, wie es dauerte, die nicht beachteten Sabbatjahre abzuzahlen. »Kehre zurück« – *vaya'al* – ist die abschließende Phrase des Dekrets des Kyros und des Chronikbuches.

Die historische Novelle als reflexive Literatur

Unter den spätesten biblischen Zeugnissen befinden sich mehrere, auf die der Begriff der »reflexiven Literatur« zutrifft. Sie bestehen aus einer bewußten Reflexion über frühere biblische Institutionen, Umstände oder Werte. Einige von ihnen – die Bücher Ruth, Hiob, Jona und Esther – besitzen die Gestalt einer historischen Novelle, sie sind vermutlich die ersten dieser Art in unserer Literatur. Sie wurden zwischen dem fünften und dem zweiten Jahrhundert v. u. Z. verfaßt; einige von ihnen enthalten ein verborgenes Programm, andere dagegen nicht.

Das Buch Ruth scheint in seinen letzten Versen ein solches verborgenes Programm zu enthalten. Es ist vielfach besprochen worden, zuletzt in dem schönen Kommentar von Yair Zakovitch.[19] In der Zeit der Richter spielend, die man später (im Gegensatz zur Darstellung des Richterbuchs) bisweilen als ein goldenes Zeitalter wahrnahm, zeichnet es ein idyllisches Bild von sozialer Harmonie in einer Gemeinschaft, die dem Recht gemäß lebt und für die Armen und Fremden sorgt. Ruth, eine fremde Moabiterin, heiratet in die Familie ihres verstorbenen Ehemannes ein, als ob das Gesetz nicht existierte:

Kein Ammoniter und Moabiter darf in die Gemeinde Jahwes eintreten; nicht einmal das zehnte Glied von ihnen darf in die Gemeinde Jahwes eintreten, in Ewigkeit nicht (Dtn. 23,4).

In der Tat stand hinter diesem Gesetz keine geschichtliche Wirklichkeit, es stellte vielmehr eine Hinzufügung oder gar Interpolation jener Kreise dar, die, angeführt von Esra, eine Scheidung von »ammonitischen und moabitischen« Frauen verlangten. Das richtete sich eigentlich gegen die einheimische Bevölkerung, die nicht nach Babylon verbannt worden und zurückgekehrt war. Der Verfasser unserer historischen Novelle zeigt, daß David selbst von einer frommen moabitischen Frau abstammte. Wir haben zuvor gesehen, wie die späteren Weisen in Zeiten der Not auf ähnliche Weise genau diese Regeln der Reinheit der Abstammung ignorierten.[20]

Auch das Buch Esther ist eine historische Novelle, die vergangene Umstände rekonstruiert, sie mag ebenfalls eine politische Botschaft in sich bergen, nämlich daß Juden in der Diaspora an den Höfen der Hohen und Mächtigen lebten. Einer solchen Botschaft bedurfte es besonders auf dem Höhepunkt der Hasmonäerzeit, als der Gegensatz zwischen Juden und anderen Bewohnern der griechischen *poleis* im ganzen Mittleren Osten stark ausgeprägt war. Die Geschichte stellt unter anderem eine ätiologische Legende dar, die den Ursprung des volkstümlichen Festes des Loswurfs (*purim*) erklärte: es fügt sich so, daß dieses Fest auf den Tag nach dem hasmonäischen Siegesfest, dem *Yom Nikanor*, fällt.[21] Und so ist es durchaus möglich, daß das Aufeinandertreffen zweier Feste jenes zweier Ideologien verkörperte, einer judäa-zentrischen und einer diaspora-zentrischen. Die Bücher Hiob und Jona ziehen unsere Aufmerksamkeit deshalb auf sich, weil sie im Rahmen einer wiederbelebten Vergangenheit über grundlegende Aspekte und Werte der Schrift reflektieren, über die Erprobung des Gerechten und die Bedeutung der Prophetie. Das Buch Hiob spielt in der Zeit der Patriarchen und denkt über die Kategorie der göttlichen »Erprobung« (*nissayon*), etwa der Erprobung Abrahams nach. Ich habe dies an anderer Stelle behandelt.[22]

Kein biblisches Buch ist in ähnlicher Weise reich an ironischen, sogar satirischen Elementen wie das Buch Jona. In der Szene der Reue der Einwohner Ninives grenzt die Erzählung sogar an eine Karikatur: »Mensch und Tier sollen sich in den Sack hüllen, und sie sollen mit Macht zu Gott rufen; und ein jeder soll sich bekehren von seinem bösen Tun« (Jona 3,8).[23] Einige moderne Gelehrte waren so sehr darum bemüht, jene ironischen Elemente aufzudecken, daß sie alle anderen Aspekte des Buches vernachlässigten. In Studien zur Ironie in der Bibel kommt dem Buch gewiß ein Ehrenplatz zu.[24] Einige betrachten es als eine Satire oder als eine Parodie über die Prophetie. Die Konzentration auf diese Elemente steht im Gegensatz zur traditionellen Exegese. Die Väter der Überlieferung nahmen das Jonabuch in den Gebetszyklus des Versöhnungstages auf. Die folgenden Bemerkungen beabsichtigen nicht, die modernen Ansätze vollkommen zurückzuweisen oder die Tradition zu rechtfertigen, sie sollen vielmehr dem kerygmatisch-religiösen Inhalt des Buches, der aus der gegenwärtigen Diskussion nahezu verschwunden ist, Aufmerksamkeit zukommen lassen.

Die Schrift ist bekanntermaßen voller intertextueller Anspielungen oder sogar interner exegetischer Hinweise. Dies war Gegenstand einer umfassenden Studie von M. Fishbane.[25] Intertextuelles Verstehen erfordern insbesondere die späteren Schriften, die wir als biblische »reflexive« Literatur bezeichnet haben; die meisten von ihnen verwenden Elemente der historischen Novelle. Das Buch Hiob stellt eine Reflexion über das Phänomen der »Prüfung« dar, etwa der Prüfung Abrahams bei der Bindung Isaaks. Es spielt in der Zeit der Patriarchen und verwendet den Stil des Buches Genesis, um zu zeigen, wie »ein rechtschaffener und unschuldiger Mensch, der Gott fürchtet und sich vom Bösen fernhält«, der allerdings nicht die Größe Abrahams besitzt, sich verhalten mag, wenn er mit einer nicht weniger schweren Prüfung konfrontiert wird als jener Abrahams. Das Buch Jona fragt nach den Propheten und der Prophetie. Sein Autor wirft als Gedankenexperiment eine hypothetische Frage auf: Was würde einer durchschnittlichen Person ohne besondere göttliche Gabe oder Inspiration geschehen, wenn ihr eine Prophezeiung, d.h. eine göttliche Aufgabe, aufgeladen würde? Was ist Prophetie, was bedeutet es, ein Prophet zu sein, und was macht eine Person zu einem wahren Propheten?

Unter den vielen literarischen Anspielungen im Buch Jona – darunter die meisten auf die Propheten und auf spätere Schriften wie Nahum, Joel und Hiob – ist eine der Aufmerksamkeit entgangen.

Als der Herr sah, daß die Bosheit der Menschen auf Erden groß war, ... da reute es den Herrn [*vayinachem*], daß er die Menschen auf Erden gemacht hatte (Gen. 6,5-6).

Da sprach Gott zu Noah: das Ende alles Fleisches ist bei mir beschlossen; denn die Erde ist voller Gewalttat [*chamas*] wegen der Menschen (Gen. 6,13).

Die Kinder Ninives in unserem Buch müssen ebenfalls
alle umkehren [*shavu*] von ihrem bösen Tun [*chamas*] und von dem Unrecht, das an seinen Händen ist. Wer kann es sagen? Vielleicht kann Gott umkehren [*yashuv*] und es sich gereuen lassen [*venicham*] und von seinem Zorn ablassen [*veshav*], daß wir nicht zugrunde gehen (Jona 3,8-9).

Und Ninive »war eine äußerst große Stadt, drei Tage brauchte man, um sie zu durchwandern« (Jona 3,3). Die Anspielung ist offensichtlich, ebenso wie die Tatsache, daß das Ninive, von dem bei Jona die Rede ist, nicht das historische Ninive ist, das die Bosheit auch weiterhin verkörperte, sondern vielmehr ein symbolisches Ninive, eine Stadt, welche die gesamte bewohnte

und kultivierte Erde repräsentierte, die »in vierzig Tagen untergehen wird« (*nehefekhet*), wie die Welt bei der Sintflut untergegangen ist.
Tatsächlich ist außerhalb dieses symbolischen Ninive alles Wüste, eine *terra inculta* ohne jeden Schatten.[26] Jona suchte Zuflucht in seiner Hütte (*sukka*) außerhalb der Stadt, wie einst Noah Zuflucht in seiner Arche fand, »bis er *sehen* würde, was mit der Stadt geschehen würde« (Jona 4,5), genauso wie Noah eine Taube schickte (Jona!), um zu *sehen*, »ob die Wasser zurückgegangen waren«. Die Sintflut und das Beben (*mahapekha*) von Sodom und Gomorrha stellen die Urbilder des über Ninive verhängten Schicksals dar. Jona floh vor der Pflicht, diesen göttlichen Beschluß zu verkünden, einmal auf das Meer – in das Schiff – und das zweite Mal zu seiner Hütte in der Wüste. Doch anders als Noah findet Jona an beiden Orten keine Erleichterung – einen »Schatten« (*tsel*) in einem doppelten und dreifachen Sinn der Metapher. Im Gegensatz zur Sintflutgeschichte bereut die Menschheit und wird verschont; doch wie in der Sintflutgeschichte gibt Gott seinen Beschluß auf, alles zu zerstören. Hier liegen eine Analogie und ihre Umkehrung zugleich vor.
Gott überlegt es sich noch einmal voller Gnade (*nicham*); er ist »gnädig und versöhnlich« (*rachum vechanun*). In Noah selbst – sein Name spielt darauf an – »überdenkt« Gott seine Reue, die Menschheit geschaffen zu haben; schließlich schließt er mit Noah den Bund im Zeichen des Regenbogens am Himmel. Jona bezeugt, daß er nach Tarsus geflohen ist,
  denn ich wußte, daß du ein gerechter und barmherziger Gott bist, langsam zum Zorn und reich an Liebe, und daß dich das Böse gereut [*venicham 'al hara'a*] (Jona 4,2).
Dies ist der Angelpunkt, an dem unsere Geschichte eine Wende nimmt. Jona ist darüber verärgert, daß Gott Ninives Los überdenkt. Doch weshalb? Einige mittelalterliche Kommentatoren antworteten: weil er sich schämte. Doch der Text enthüllt dies nicht. Die Frage verdient eine weitere Überlegung.
Der Verfasser des Jonabuches gab seinem Antihelden einen Namen, der bereits aus dem Buch der Könige bekannt ist. Jerobeam II., König über das nördliche Königreich Israel,

ließ nicht ab von den Sünden Jerobeams, des Sohnes Nebats [...] Er war es, der Israels Grenze wiederherstellte vom Wege nach Hamat bis ans Salzmeer, entsprechend dem Wort des Herrn, des Gottes Israels, das er durch seinen Knecht Jona, den Sohn des Amittai, den Propheten aus Gat-Hepher, gesprochen hatte. Der Herr hatte nämlich das überaus bittere Elend Israels wahrgenommen [...] Denn der Herr hatte nicht gesagt, daß er den Namen Israels austilgen werde unter dem Himmel: so rettete er sie durch Jerobeam, den Sohn des Joasch (2. Kön. 14,24-27).

Man bemerke, daß Israel es, wie später die Bewohner Ninives im Jonabuch, verdient hätte, daß »sein Name getilgt würde«, doch es geschah nicht. Das fiktive Ninive ist wie das historische Israel, von dem in diesem Abschnitt des Buchs der Könige gesprochen wird. Die Analogie aber wird wieder umgekehrt. Die Kinder Israels bereuten nicht, daher wurde der Name Israels – des Königreichs und der zehn verlorenen Stämme – schließlich durch den König Assurs ausgelöscht, d. h. durch den Herrn Ninives.

Die historische Erzählung sagt nichts über die Figur des historischen Jona oder über den Inhalt seiner Reden aus. Die historische Fiktion des Jonabuchs stellt ihn in die zugleich analoge und umgekehrte Situation. In beiden Fällen wird keine strenge Gerechtigkeit ausgeübt, die fällige Strafe wird gemildert. In beiden Fällen erfüllt sich die Norm »wer sündigt, der soll sterben« (Ez. 18,4) nicht. Die Kinder Ninives jedoch zeigten ihre Reue in einer dramatischen, nahezu grotesken öffentlichen Handlung.

In der historischen Erzählung bleibt der Prophet ein bloßer Name. Der Verfasser der historischen Fiktion füllte die Lücke, indem er von den Tatsachen ausging, die ihm aus 2. Könige bekannt waren: das »Wort Gottes« an Jona. Der fiktive Jona ist gleichfalls ein »Knecht Gottes« (*eved Jahve*), jedoch ein Knecht, der seinem Herrn entflieht, *weil* er ein Prophet ist, der im voraus weiß, daß seine öffentlich geäußerte Prophezeiung aufgrund der Gnade Gottes nicht eintreten wird. Dies ist eine paradoxe Situation, vergleichbar den Paradoxien wie jener des Kreters Epimedes, der sagt, alle Kreter seien Lügner. Wenn Jona ein Prophet ist (d. h. die Folgen seiner Prophezeiung kennt), dann ist er kein Prophet (d. h. seine Unheilsprophezeiung wird sich nicht erfül-

len). Dies, und nicht Scham, scheint die Situation zu sein, vor der Jona »fliehen« wollte und doch nicht konnte. Das ganze Buch Jona ist voller Paradoxien, doch diese eine übersteigt sie alle: eine verkehrte Welt. Doch weshalb bedurfte der Verfasser solch erstaunlicher Unstimmigkeiten?
Die Paradoxie des Selbstzeugnisses ist eine formale. Tatsächlich ist der fiktive Jona nur im formalen Sinne ein Prophet. Genau deshalb befindet er sich in einer paradoxen Situation. Eine Bestätigung für diese Deutung finden wir nicht nur in der Antwort, die er Gott gab, sondern auch in der extremen Kürze seiner ausdrücklichen Prophezeiung – ganze fünf Wörter! – eine Kürze, die jemandem entspricht, der gegen seinen Willen prophezeit. Daß ein Prophet »von unbeholfenem Mund und schwerer Zunge« ist (Ex. 4,11) und »nicht reden kann« (Jer. 1,6), ist ein traditioneller *topos* der prophetischen Literatur. Propheten werden häufig so beschrieben, daß sie Furcht vor ihrer Aufgabe haben, ihr entkommen wollen, sich jedoch schließlich mit ihrer Prophetenrolle identifizieren, so daß ihre Prophezeiung ein Teil von ihnen wird, »wie ein Feuer, das in ihnen brennt«, eine Quelle ihrer Beredsamkeit. Jona ist im Gegensatz dazu ein Prophet, der keiner ist: seine Prophezeiung ist und bleibt ihm fremd. Er verabscheut sie während der gesamten Geschichte und während seiner gesamten Mission.
Damit wir nicht übel von Jona denken, als sei er eine oberflächliche Gestalt ohne ausgleichende Merkmale und Verdienste, bezeugt die Antwort, die er den Seeleuten des Schiffes gab, auf das er floh, seinen Glauben: »Ich bin ein Hebräer und verehre den Gott des Himmels, der das Meer und das Festland gemacht hat.« Sein Gebet im Bauch des Fisches stellt gleichfalls ein Zeugnis für seine Frömmigkeit dar. Ich verstehe nicht, wie ein moderner Interpret dies als Parodie lesen kann. Unter den biblischen Hymnen ist Jonas Gesang im Bauch des Fisches einer der vollendetsten und schönsten. Herman Melville pries ihn mit Recht als einen »edlen Gesang« und fuhr fort: »denn so sündig er ist, Jona weint weder, noch schreit er nach unmittelbarer Rettung, [...] er überläßt seine Rettung ganz Gott.«[27] Das Gebet gibt seiner Gewißheit Ausdruck, daß ihm Rettung zuteil werden wird. Aus diesem Grund, und weil es das Tempus der Vergangenheit verwendet (»Ich rief [...] er antwortete mir«), ist das Gebet von

einigen als späterer, der Geschichte fremder Zusatz verstanden worden. Ich glaube dies nicht. Im Gegenteil, das Gebet scheint mir der ursprüngliche Kern zu sein, um den herum zumindest der erste Teil der Geschichte geschrieben worden ist. In jedem Fall zeigt es, daß Jona ein wahrhafter »Knecht Gottes« ist. Ist er jedoch auch ein Prophet?

Vielleicht sollten wir sagen: der Verfasser des Buches fragte sich und seine Leser, wie ein *durchschnittlicher* gläubiger Mensch reagieren würde, wenn ihm eine Prophezeiung und all die Absonderlichkeiten und Gefahren der Prophetie auferlegt würden. Wie mag er sich angesichts des Wissens fühlen, »über die Völker und Königreiche gesetzt« zu sein, »um auszurotten und niederzureißen und zu verderben und zu zerstören, aufzubauen und zu pflanzen« (Jer. 1,10)? Der Autor zieht am Ende der Geschichte den Schluß: ein Prophet wie Jona ist kein wahrhafter Prophet. Tatsächlich wird Jona in der Geschichte, anders als sein historischer Gegenpart im Buch der Könige, an keiner Stelle als Prophet bezeichnet. Jona ist aus zwei Gründen kein Prophet: weil er sich nicht mit seiner ihm aufgezwungenen Prophezeiung (d. h. mit seinem prophetischen Auftrag) identifiziert und weil er sich, als er am Ende prophezeit, mit seiner Prophezeiung (d. h. ihrem Inhalt) allzu sehr nur in einem engen, formalen Sinn identifiziert. Ein wahrer Prophet ist ein Prophet kraft seiner Persönlichkeit und kraft des göttlichen Charismas, das auf ihn gekommen ist, nicht kraft dieser oder jener Rede und der Tatsache, daß sie sich erfüllt. Ein solcher Prophet wünscht sich nicht, daß sich ein strafender göttlicher Beschluß erfülle, sondern er ringt mit Gott, bittet ihn, die drohende Katastrophe abzuwenden, wie es Abraham vor dem Untergang Sodoms tat und Moses nach der Sünde der Opferung vor dem Goldenen Kalb. Wie Gott selbst empfindet der Prophet Erbarmen mit »mehr als hundertzwanzigtausend Menschen, die nicht zwischen links und rechts unterscheiden können, und genauso viel Vieh« (Jona 4,11).

Am Schluß der Geschichte finden wir ebenfalls die Technik der umgekehrten Analogien, die sich im gesamten Text beobachten läßt. Jona selbst wurde um seines Gebetes willen vor dem Sturm und aus dem Bauch des Fisches gerettet. Gott hatte Erbarmen mit ihm und nahm seine Reue an. Doch Jona möchte nicht, daß das, was an ihm geschah, auch anderen zuteil wird, er möchte nicht, daß dies zur Norm göttlichen Handelns wird. Er wurde »sehr ärgerlich«, als Gott Ninives Reue annahm. Anders als bei den meisten biblischen Geschichten bleibt das Ende der Geschichte ganz offen. Hat Jona Gottes letzte Antwort an ihn verstanden und angenommen? Indem er darüber schwieg, wollte der Verfasser vielleicht andeuten, daß dies in keiner Weise von Belang ist. Jonas Schicksal besitzt keine Relevanz für die Substanz der Geschichte, die Geschichte der Antwort eines Propheten, dem der Geist der Prophetie fehlt, dem die Prophetie nur eine Last ist.

Die antiken rabbinischen Autoritäten, die über ein ausgeprägtes Empfinden für Unterschiede des Stils und der Konzeption in verschiedenen Teilen der Bibel verfügten, faßten diese Unterschiede einmal auf folgende Weise zusammen:

Die Weisheit wurde gefragt: welche Strafe erhält ein Sünder?, und sie antwortete: Sündiger werden durch [ihr eigenes] Laster bestraft. Die Prophetie wurde gefragt: welche Strafe erhält ein Sünder?, und sie antwortete: »wer sündigt, soll sterben« [Ez. 18,4]. Gott wurde gefragt: welche Strafe erhält ein Sünder?, und er antwortete: laß ihn Buße darbringen [*teshuva*] und er wird entsühnt werden.[28]

Die göttliche Sicht stimmt nicht immer mit dem der späteren Schriften (Weisheit, *ketubim*) oder mit dem der prophetischen Schriften (*nevi'im*), ja nicht einmal mit der Sicht des Pentateuch (*tora*) überein. Möglicherweise hatten diejenigen, die das Jonabuch in die Gebete am Versöhnungstag mit einbezogen, diese Auslegung vor Augen.

Geschichte als Vorherbestimmung: die Mentalität der Apokalyptik

Quoniam festinans festinat saeculum pertransire: »Unsere Welt«, sagt die Esra-Apokalypse, »eilt ihrem Ende entgegen«. Etwa eine Generation nach dem katastrophalen Ende des ersten jüdischen Aufstandes gegen Rom (71 n.u.Z.) verfaßt, nimmt die Vision die Motive auf, die allen apokalyptischen

Visionen gemeinsam sind: das Ende der Welt ist sehr nahe; nur wenige werden es überleben und das Kommen eines neuen, glanzvollen Äons erleben. Die alte Welt ist voller »Leiden und Schmerz«; sie wird unter der Last ihrer eigenen Bosheit zusammenbrechen. Die neue Welt wird in jeder Hinsicht neu sein: eine neue Gesellschaft, eine neue kosmische Ordnung; »alle Zeiten und Jahre werden dann zerstört sein, und danach werden weder Monat, noch Tag noch Stunden existieren«.[29] Die neue Ordnung aller Dinge wird, obgleich vorweggenommen und angekündigt, kommen »wie ein Dieb in der Nacht«, plötzlich und mit Schrecken.[30] Selbst jene, die darum wissen, können sehr wenig dazu tun, das Ende zu beschleunigen oder zu verhindern. Seine genaue Zeit kennt allein Gott: es ist in einem göttlichen Plan festgelegt worden, der vor aller Geschichte auf »einer himmlischen Tafel« aufgeschrieben ist und deren Verlauf bestimmt.[31] Dieser Entwurf des Verlaufs der Geschichte ist unabänderlich, wie das Ende der Geschichte. Es wird bald kommen, doch »ohne menschliches Zutun« (Dan. 2, 45).[32] Eine passive, prädestinatianische Haltung erlaubte es dem apokalyptischen Visionär, sich aus dieser Welt zurückzuziehen und alle Hoffnung auf die andere Welt zu richten. Obgleich nicht immer Passivität den Apokalyptiker kennzeichnet – die Qumranschriften sehen z.B. einen Endkampf zwischen den »Kindern des Lichts« und den »Kindern der Finsternis« voraus –, ist er, sei er nun aktiv oder passiv, von einem tiefen Gefühl der Entfremdung von dieser Welt erfüllt. Seine politische Resignation, verursacht durch Verfolgung im Innern und den äußeren Verlust der politischen Selbständigkeit seit dem Ende der Dynastie der Hasmonäer (Makkabäer), war vollkommen: nichts in dieser Welt schien ihm der Veränderung und Verbesserung wert zu sein.
Die Apokalyptik stellte ein neues und genau definierbares Phänomen in der Geschichte der jüdischen Religion seit dem zweiten Jahrhundert v. u. Z. dar. Sie war zugleich die Hauptquelle der zukünftigen jüdischen und christlichen eschatologischen Erwartungen, d.h. der Vorstellungen, welche die »Letzten Dinge« betrafen. Sowohl die Neu- als auch die Einzigartigkeit der Apokalyptik sind keineswegs selbstverständlich. Schließlich sind Visionen von einem kosmischen Verhängnis

und von Erlösung nicht auf jüdische und christliche Überlieferungen beschränkt. Sie begegnen in allen Kulturen und Gesellschaften in Zeiten der Not und in Zeiten des Überflusses. Jede Kultur scheint Todesängste vor einer letzten Katastrophe und Hoffnungen auf die Wiedergeburt einer neuen Welt in sich zu bergen. Die Verbindung zwischen dem Mythos (und Kultus) der jährlichen Erneuerung der Erde aus Dunkelheit und Unfruchtbarkeit und den Mythen einer zukünftigen, letzten Neuschöpfung der Welt aus gewaltigem Chaos und Schmerz ist kaum zu übersehen. »Chiliastische« Bewegungen in verschiedenen und gegensätzlichen kulturellen Horizonten verwenden vergleichbare Mythen der Wiedergeburt.[33] Selbst wenn dies alles wäre, was über die Apokalyptik zu sagen ist – was nicht der Fall ist –, würde sie einen Wendepunkt in der jüdischen Religionsgeschichte markieren. Ihre Neuartigkeit besteht, auf einer sehr elementaren Ebene, in der Erneuerung der beinahe abgetrennten Nabelschnur der jüdischen Religion zum Bereich der schöpferischen Mythologie. Die mythopoetische Vorstellungskraft des Apokalyptikers remythologisierte in gewissem Sinne sowohl den Kosmos als auch die Geschichte. Seine Sprache, seine Symbole sind durch und durch mythisch: anders als die Propheten verwendet er nicht nur gängige Reste des Mythischen, sondern schafft eine neue mythische Metaphorik, um Ausdrucksmöglichkeiten für den kosmischen Kampf zwischen Gut und Böse, Ordnung und Chaos, Gott und Urtieren zu finden.

Wenn wir allerdings nur dem mythopoetischen Aspekt der Apokalyptik Beachtung schenken, so wichtig dieser sein mag, werden wir kaum ihre Einzigartigkeit würdigen. Ich möchte um der Klarheit willen die (ideale) Unterscheidung zwischen apokalyptischer Metaphorik und apokalyptischem Wissen einführen: die Bedeutung der Apokalyptik liegt nicht nur darin, daß der Apokalyptiker das Ende der Welt in sehr anschaulichen Bildern visionär erfährt; keine geringere Bedeutung kommt der Art zu, in der er die Wahrheit seiner Visionen beweist, sich selbst und seine Gemeinschaft davon überzeugt, daß das Ende unvermeidlich und unabänderlich nahe ist. Nur mit Hilfe dieser Unterscheidung läßt sich die Paradoxie der Apokalyptik verstehen – daß sie nämlich, im Sinne einer differenzierten Einheit, das Gespür sowohl für den Mythos als auch für die Geschichte vertiefte.

Apokalyptische Visionen von einem letzten universalen Gericht traten an die Stelle der älteren prophetischen Visionen von einem endgültigen »Tag Jahwes«. Die späteren Propheten haben die Hoffnungen auf eine plötzliche, wunderbare Erlösung nicht erfunden. Sie waren Teil des volkstümlichen Glaubens während der letzten Jahrhunderte der Existenz der beiden Königreiche Israel und Juda, in denen innere Desintegration und politische Ohnmacht Hoffnungen auf wunderbare Hilfe hervorbrachten, wie sie durch den Exodus aus Ägypten vorgezeichnet war.[34] Die Propheten versuchten eher, diese Hoffnungen auf ihren Platz zu verweisen. Den berufsmäßigen Optimisten ihrer Zeit, den »falschen Propheten« gegenüber leugneten sie nicht das Kommen des »Tages Jahwes«, doch sie schärften ein, dies werde eine Zeit »der Finsternis, nicht des Lichts« (Am. 5,20) sein, die der zukünftigen Erlösung vorangehe.[35] Die Katastrophe lasse sich nicht abwenden; einzig eine radikale Verwüstung werde Sühne für die innere Verderbnis schaffen. Diese Botschaft verlangte auch eine neue Theodizee. Damals wie heute war es schwer, die Treue zu einem Gott zu bewahren, der unfähig schien, sein erwähltes Volk zu beschützen; Kulte stellen einen Bund dar, der beide Seiten verpflichtet. Konnte es sein, daß der Gott Israels den Göttern des mächtigen Ägypten und Assyrien gegenüber machtlos war? Die Propheten ersannen eine revolutionäre, dialektische Theodizee, eine Umkehrung des volkstümlichen Glaubens, daß der Maßstab der Macht einer Gottheit in dem Erfolg und Wohlstand der Gemeinschaft bestehe, die der Gottheit durch die Bindung der *religio* verpflichtet war. Sie schärften stattdessen ein, daß sich Gottes unermeßliche universale Macht gerade in dem Elend des erwählten Volkes manifestierte: allein Gott konnte die mächtigsten Reiche als eine »Zuchtrute« benutzen, um Israel zu läutern, wobei diese Reiche sich ihrer Rolle innerhalb des göttlichen Plans, ihrer objektiven Rolle in der Geschichte, nicht bewußt waren (Jes. 10,5-7).[36] Der »Rest Israels« (Zeph. 3,13), der den Tag des Gerichts über alle Völker überleben werde, werde auch Zeuge einer neuen, gerechten Ordnung der Dinge sein.

Viele der wichtigen prophetischen Vorstellungen begegnen erneut in der apokalyptischen Literatur – allerdings übersteigert bis fast an die Grenze zur ungewollten Karikatur und ohne jenen starken realistischen Sinn, der noch die Schriften der Propheten durchzog. Bisweilen ist die apokalyptische Vision der Geschichte in einer sektiererischen Gegenideologie verwurzelt.[37] Die Qumransekte betrachtete sich z. B. als »heilige Gemeinschaft«. Das Establishment, vor allem »der gottlose Priester und seine Gemeinde«, stellte die »Stadt der Nichtigkeit« dar; andere Juden waren entweder Teil der Gegner oder bestenfalls »Verrückte«.[38] Und während die prophetischen Visionen von endgültigem Verhängnis und Errettung an ganz Israel, einschließlich der verlorenen Stämme gerichtet waren, scheint die Sekte von Qumran den größten Teil Israels aufgegeben zu haben. Sie allein verkörpern den »Rest«, die Avantgarde des neuen Äons inmitten des alten, dem Verhängnis verfallenen. Sie allein sind das wahre Israel, das um den drohenden letzten Kampf zwischen Licht und Finsternis weiß und sich darauf vorbereitet. Ihre eschatologischen Hoffnungen beschränkten sich auf ihre eigene Gruppe, während der Rest Israels, so scheint es, das Schicksal der anderen Völker teilen mußte.

Die Zeit zwischen den letzten Hasmonäern im ersten Jahrhundert v. u. Z. und dem Aufstand gegen die Römer (66-71 v. u. Z.) war stärker durch Sekten geprägt als jede andere Periode der jüdischen Geschichte. In der gesamten hellenistisch-römischen Welt (*oikumene*) lösten sich alte religiöse, soziale und politische Institutionen auf. Die klassische politische Ethik der Griechen wich der individuellen Ethik der hellenistischen Zeit: das Individuum, nicht die Stadt, strebte nun nach Autarkie.[39] Überlieferte nationale oder lokale Kulte wurden durch bewußt synkretistische Kulte ersetzt, die sich um neu formierte Gruppen herum bildeten, die nach einer individuellen Errettung durch wahre Erkenntnis (*gnosis*) strebten.[40] Selbst das normative Judentum wurde durch den Geist der Individualisierung berührt, besonders in einer Zeit, in der eine feste zentrale religiös-rechtliche Autorität fehlte. Ein Jahrhundert später wurde dieses Fehlen der Übereinstimmung am Vorabend des Aufstandes als Hauptursache der Katastrophe verantwortlich gemacht, es sei so ausgeprägt gewesen, daß –

nach einer gelehrten Legende – selbst ein kleiner, unbedeutender Vorfall zu der Zerstörung führen konnte, die weder der römische Herrscher noch die Juden wollten: »Der Tempel wurde zerstört, weil die Uneinigkeit in Israel zunahm.«[41]

Die apokalyptischen Beweisformen

Bevor sie sich verbreiteten und abschwächten, entwickelten sich einige apokalyptische Visionen zu Teilen einer sektiererischen oder quasi sektiererischen Interpretation der Geschichte. Ein weiteres Merkmal authentischer apokalyptischer Schriften besteht in der merkwürdigen Einheit von Form und Inhalt, beide sind der eigentlichen sozialen Funktion von Apokalypsen unterworfen. Der apokalyptische Visionär verwendete drei Formen des Beweises für seine Behauptungen: erstens »unverhüllte« Prophezeiungen (Apokalypsen im strengen Sinne); zweitens eine neue Methode, um altbekannte Prophezeiungen zu »entschlüsseln« (*pesher*); und drittens eine Technik, den Verlauf der Geschichte selbst »typologisch« zu »interpretieren«. All diesen Formen ist der Hinweis auf ein Geheimwissen gemeinsam.

Die Erfindung »wiederentdeckter« oder »enthüllter« Prophezeiungen zeigt eine unausgesprochene Voraussetzung auf, die der Apokalyptiker mit dem normativen Judentum seiner Zeit teilte, daß nämlich die Zeit authentischer neuer Prophezeiungen zu einer bestimmten Zeit – genau zu Beginn der Periode des Zweiten Tempels im sechsten Jahrhundert v. u. Z. – zu Ende gegangen war. Damals verlor die Prophetie die Funktion einer aktiven gesellschaftlichen, öffentlichen Institution und wurde nur noch den »Tauben, Stummen und Niedrigen« zugeschrieben.[42] Aus genau diesem Grund weigerte sich das normative Judentum, jüngere Bücher, gleichgültig wie wertvoll sie waren, in den Kanon der geheiligten Schriften aufzunehmen: das Alter wurde zum wichtigsten Prinzip der Kanonisierung. Zur gleichen Zeit bestand der Talmud in seinen rechtlichen Teilen (*halacha*) auf seiner legitimen Nichtachtung der Inspiration. Der Apokalyptiker schrieb auf der anderen Seite seine prophetischen Schriften berühmten biblischen Figuren zu. Das

biblische Buch Daniel, das möglicherweise im Kreis der »ersten Frommen« zu Beginn der Ära der Hasmonäer entstand, begann damit und wurde zum Paradigma für eine Anzahl ähnlicher *vaticinia ex eventu*. Daniel lebte demnach während des babylonischen Exils und erlebte vier apokalyptische Visionen. Spätere Visionen wurden anderen biblischen Figuren zugeschrieben, bis hin zu Adam und Adams Enkel Henoch, z. T. um die Ehrfurcht vor der Apokalypse zu erhöhen, z. T. um die innerhalb der Apokalyptik wachsende Erkenntnis zu vermitteln, daß die gesamte Geschichte, von der ersten Sündenverstrickung bis zum endgültigen Ende dieser Welt, vorherbestimmt sei und einem unabänderlichen Lauf folge. Von ihren Verfassern verborgen und versiegelt, seien diese Prophezeiungen dazu ausersehen worden, am Ende der Tage von den richtigen Menschen wiederentdeckt zu werden. Die Tatsache, daß die meisten in einer Apokalypse geweissagten, für die Zeitgenossen durch transparente Symbole erkennbaren Ereignisse bereits erfüllt waren, verbürgte um so deutlicher ihre Echtheit.[43] Daß eine Apokalypse wiederentdeckt wurde, bewies, daß das Ende tatsächlich nahe war und daß jene, die sie gefunden hatten, das waren, was sie zu sein beanspruchten – die kleine Avantgarde der neuen Welt innerhalb der alten, deren Aufgabe darin bestand, das Wissen um das Ende zu verbreiten:
Ich hörte es zwar, verstand es aber nicht; so fragte ich: »Mein Herr, was wird das Letzte davon sein?« Und er sprach: »Geh hin, Daniel, denn verschlossen und versiegelt bleiben die Worte bis zur Zeit des Endes. Viele werden geläutert, gereinigt und erprobt, aber die Gottlosen werden gottlos handeln; und keiner der Gottlosen kommt zur Erkenntnis, nur die Einsichtigen werden es verstehen [...] Du aber geh hin, bis das Ende kommt, und ruhe; und du wirst dich erheben zu deinem Lose am Ende der Tage« (Dan. 12,8-13).
Sollten wir die Apokalypsen als Fälschungen bezeichnen? Könnte es sein, daß die Verfasser pseudepigraphischen Materials glaubten, daß sie lediglich aufgrund einer Inspiration einen alten idealen Kodex neuschufen? Solche Fragen mögen nicht nur an das Buch der Mormonen, den jüngsten genuinen apokalyptischen Text, sondern auch an die Bücher Daniel oder Henoch gestellt werden.

Wesentlich subtiler als die Apokalypsen selbst gestaltete sich die apokalyptische Entschlüsselung von bereits bekannten kanonischen Prophezeiungen. Der für ihre exegetische Akrobatik verwendete methodische Begriff – *pesher* – wurde einst als Bezeichnung für die Technik der Traumdeutung (Gen. 41,12; Dan. 2,26) mittels Identifizierung ihres Symbolgehalts gebraucht. Der Apokalyptiker ist überzeugt, daß sich alle alten Prophezeiungen auf die Endzeit bezogen. Der Prophet selbst mochte nicht verstanden haben, was er weissagte; er mochte subjektiv geglaubt haben, er weissage die nächsten Ereignisse seiner Zeit, während er in Wirklichkeit die Ereignisse unserer Zeit voraussagte, Ereignisse, die eng mit dem Ende der Geschichte zusammenhingen. Wie im Falle der Apokalypsen erweist sich der Beweis für die Methode als Verstehenszirkel, als ein Beweis durch Selbstbezeugung. Daß der Apokalyptiker über einen Schlüssel verfügte, um den verborgenen Sinn alter Texte zu erschließen, daß Gott dem »Lehrer der Gerechtigkeit«, dem Gründer der Sekte, »alle Geheimnisse seiner Knechte, der Propheten«, »verkündete«[44], soll die Nähe des Endes und die Erwähltheit der Sekte beweisen. Denn erst angesichts des nahen Endes wird sich die »Weisheit«, d.h. das Wissen um das Ende, verbreiten (Dan. 12,8-13). Die apokalyptische Exegese entwickelte einen großen Einfallsreichtum bei der Identifizierung selbst der geringsten Details der gegenwärtigen Geschichte in alten Weissagungen: so wies z.B. das Buch Habakuk auf die Konsuln und den Senat Roms. Formal mag sich die aktualisierende Exegese der Apokalyptiker in ihrer Methodik nicht wesentlich vom Midrasch des normativen Judentums unterscheiden, doch die spätere Darstellung ist sich dessen bewußt, daß sie die grammatische Bedeutung der Schrift verletzt, und vollzieht dies *cum grano salis*, bisweilen sogar mit Selbstironie.[45] Wenn der Apokalyptiker die Schrift ausbeutet, wird man keine Spur von Humor oder Selbstrelativierung finden. Er ist so todernst wie sein Thema.

Dieses Thema, von dem er besessen war, war das Ende der Welt. Er wurde von seinen späteren Gegnern als der »Berechner des Endes« bezeichnet. Selbstverfertigte Weissagungen und eine neue Methode der Entschlüsselung alter Prophezeiungen halfen ihm, festzustellen, wie nahe das Ende war. Seine

Technik der Geschichtsdeutung, seine Methode der Wahrnehmung von Geschichte und seine Technik der typologischen Interpretation dienten dem gleichen Zweck. Nie zuvor ist die geschichtliche Zeit, der Verlauf der Geschichte insgesamt, so stark als eine durch ganz genau abgrenzbare Perioden strukturierte Einheit wahrgenommen worden.

Diese Perioden folgen trotz ihrer Unterschiedlichkeit demselben Muster; sie stellen ein Äon en miniature dar. Das Henochbuch unterscheidet klar zwischen drei Perioden kosmischer Wochen: die ersten beiden dauern von der Schöpfung bis zum »ersten Ende«, zur Sintflut, fünf weitere führen in die Gegenwart und drei weitere Wochen bereiten auf das »große ewige Gericht« vor. Die Esra-Apokalypse nimmt fünf Perioden wahr, die jeweils denselben neuen Anfang wiederholen, auf den der Triumph des Bösen folgt: von Adam bis Noah, von Noah bis Abraham, von Abraham bis Moses, von Moses bis David und von David bis zur ersten Tempelzerstörung. Die Baruch-Apokalypse sieht die von ihr angenommenen zwölf Perioden im Rahmen einer antithetischen Ordnung: auf eine »leuchtende« Strömung folgt immer eine «dunkle«; erst die Zeit vor dem Ende wird Zeugin der grenzenlosen Herrschaft des Bösen sein.[46] In Orientierung an der Analogie zwischen der Anzahl der Schöpfungstage und der Weltperioden und ausgestattet mit der wörtlichen Auslegung der biblischen Metapher »denn tausend Jahre sind in deinen Augen wie ein Tag«, finden apokalyptische Berechnungen eine biblische Begründung für die alten iranisch-babylonischen Traditionen von einem »großen Jahr«: »sechstausend Jahre dauert die Welt, und sie wird für tausend Jahre verwüstet«; »sechstausend Jahre dauert die Welt, davon sind zweitausend Jahre Chaos, zweitausend Recht und zweitausend die messianische Zeit.« Der Traktat Sanhedrin im Babylonischen Talmud, der die beiden letzten Überlieferungen erwähnt, führt noch viele andere auf, vermutlich um sie zu diskreditieren. Die Liste schließt mit dem Ausspruch: »Laß den Geist derer, die das Ende errechnen, erlöschen«.[47]

Die Faszination angesichts der geschichtlichen Zeit und ihrer Struktur stellte den wichtigsten Beitrag der apokalyptischen Weltanschauung für das westliche Geschichtsverständnis dar. Der Apokalyptiker erfaßte die ganze Geschichte als eine gegliederte, zusammenhängende und sinnvolle Einheit. Er bezog seine detaillierte Darstellung des zukünftigen Enddramas – bis hin zu Tagen, Stunden und den genauen Handlungsträgern – aus dem Hintergrund seiner Wahrnehmung der gesamten Geschichte als eines dramatischen Kampfes zwischen den Mächten des Guten und des Bösen.

Mit Hilfe dieser Methoden »bewies« der apokalyptische Visionär seine Behauptungen. Visionen von einem Ende, so hieß es oben, begegneten zu verschiedenen Zeiten auch in anderen Kulturen. In der klassischen Antike sind mir jedoch lediglich zwei Varianten bekannt, die einen Beweis anführten: die griechische Voraussage der periodischen Zerstörung der Welt (*apokatastasis, ekpyrosis*) und die apokalyptische Erwartung des Übergangs vom einem zum anderen Äon. Der Unterschied zwischen diesen beiden besteht nicht darin, daß die eine die Geschichte als zyklisch verstand, während die andere, wie bisweilen behauptet, einem linearen Geschichtsverständnis verpflichtet war – diese Unterscheidung ist eine neuere Erfindung der Gelehrten. Es ist ganz deutlich, daß die apokalyptische Überlieferung die ewige Wiederkehr nicht ausschließt, sondern bisweilen sogar, vielleicht unter dem Einfluß der iranischen Tradition, auf sie anspielt. Auch die Bibel schließt die ewige Wiederkehr nicht aus – sie liegt nur außerhalb des Horizonts biblischer Metaphorik. Die *Einzigartigkeit* der Geschichte, zumindestens ihres wichtigsten Geschehens, wurde erst im Horizont des Christentums zum Thema. Der heilige Augustinus (354-435 n. u. Z.) bestand gegen Origenes' Theorie von der Weltenfolge darauf, daß Christus nur ein einziges Mal und ein für alle Mal gekommen sei. Der Unterschied besteht vielmehr darin, daß die griechischen Berechnungen auf dem Boden astronomisch-kosmologischer Spekulationen stehen.[48] Und natürlich war aus der Sicht des griechischen wie aus der des modernen Wissenschaftlers das kosmische Ende nicht ein so bedrängendes Thema wie aus der des Apokalyptikers, der in der gespannten, täglichen Erwartung des kommenden Endes lebte. Das Leben der apokalyptischen Gemeinschaft drehte sich um diese Erwartung.

Die jüdische Tradition

»Laß den Geist jener, die über das Ende nachsinnen, erlöschen.« Das rabbinische Establishment hatte gute Gründe, apokalyptischen Phantasien selbst dann noch mißtrauisch gegenüberzustehen, als sie ihren sektiererischen Charakter verloren. Die jüdische Apokalyptik fand eigentlich irgendwann während des zweiten Jahrhunderts n. u. Z. ihr Ende. Eine starke religiös-rechtliche Führung, die sich nach dem ersten Aufstand gegen Rom (66-71 n. u. Z.) bildete und sich nach dem zweiten Aufstand (132-135) festigte, rottete sektiererische kulturelle Gruppen systematisch aus. Sie stellte die nationale Einheit über alle anderen Interessen, selbst über die Integrität der Priesterschaft.[49] Sie fürchtete auch messianisch-apokalyptische Ausbrüche. Dieses Mißtrauen war wohlbegründet. Das Christentum entwickelte sich von einer messianisch-apokalyptischen Häresie zu einem bedrohlichen Gegner. Der zweite Aufstand gegen das Römische Reich, jener des Bar Kochba, führte zu einer noch größeren Katastrophe als der erste: am Ende war Judäa entvölkert und den Juden der Zugang zu Jerusalem versperrt.[50] Abgesehen von der Gefahr der Förderung unkontrollierbarer messianischer Ausbrüche war die Apokalyptik noch aus einem anderen Grunde verdächtig. Sie schmeckte nach Mythologie, nach einer mythopoetischen Mentalität. Und obgleich apokalyptische Bilder, Traditionen und Motive losgelöst aus ihrem ursprünglichen Zusammenhang überlebten und weiter ausgeschmückt wurden, fand das Erfinden von echten neuen Apokalypsen ein beinahe vollständiges Ende.

Das normative Judentum konnte sich jedoch nicht völlig von apokalyptischen Motiven befreien, da es nach wie vor einem utopischen Ideal verpflichtet blieb, gleichgültig, wie »realistisch« seine Interpretation ausfiel. Die utopische Mentalität[51] ist ein integraler Bestandteil der jüdischen Religion: der Glaube an die endgültige Erlösung des Volkes durch einen Messias, an die Wiederherstellung der Souveränität für den Rest der geschichtlichen Zeit, an die Rückkehr aller Juden aus dem Exil, an den Wiederaufbau des Tempels an seinem Platz, an die Herstellung von Frieden und Gerechtigkeit in der ganzen Welt. Angesichts der allgegenwärtigen Gefahr eines messianischen Ausbruchs auf dem Hintergrund ungezügelter apokalyptischer Phantasien und Erwartungen stellte die normative Haltung gegenüber dem Messianismus einen ständigen Balanceakt zwischen Bejahung und Vorsicht dar. Infolgedessen wurde überhaupt keine normative Interpretation formuliert. Das rabbinische Establishment mag instinktiv gespürt haben, daß die beste messianische Lehre darin bestand, überhaupt keine Lehre zu bieten; würden, gleichgültig, wie zurückhaltend, eindeutige Merkmale des Messias und seines Zeitalters festgelegt, fiele es einer Generation voller akuter messianischer Hoffnungen um so leichter, solche Kriterien mit der gegenwärtigen Zeit und irgendeinem gegenwärtigen Messiasanwärter gleichzusetzen. Je vager die Kriterien, desto weniger Raum blieb dafür, daß sich, wie im Christentum, aus der apokalyptischen Tradition eine aktualisierende Auslegung entwickeln konnte.

Mit Blick auf apokalyptische Phantasien festigte das normative Judentum die Unterscheidung zwischen »der messianischen Zeit« sowie der »kommenden Welt« und warnte vor übertriebenen, verfrühten Hoffnungen auf die erstere. Aus der dreifachen Wiederholung der Formel »Ich beschwöre euch, ihr Töchter Jerusalems, im Namen der Gazellen auf dem Felde, daß ihr die Liebe nicht aufweckt und nicht stört, bis es ihr selbst gefällt« folgerten die Weisen, Israel sei ein Eid auferlegt worden, weder das Ende zu beschleunigen noch gegen die »Völker der Welt« aufzubegehren; den Königreichen der Welt dagegen sei der Eid auferlegt worden, »Israel nicht zu sehr zu unterdrücken«.[52] Die »messianische Zeit« bringt nach einem berühmten Ausspruch von Mar Shemuel lediglich die Wiederherstellung der Souveränität mit sich; selbst die Armut wird nicht beseitigt werden, denn es steht geschrieben: »es werden allezeit Arme sein im Lande« (Dtn. 15,11).[53] Die rabbinischen Sprüche laufen weniger auf eine verbindliche Lehre über die letzten Dinge als auf die Warnung hinaus, nicht zu viel und dies nicht zu früh zu erwarten. Im gesamten Talmud wird nur eine einzige echte, neue Apokalypse erwähnt, und ihre Entdeckung wird einem persischen Soldaten zugeschrieben.[54]
»Siehst du die Reiche im Kampf miteinander, so erwarte die Fußspuren des Messias.«[55] Die Eroberung Palästinas durch die

Perser 614 n. u. Z., seine kurze Rückeroberung durch Byzanz und die endgültige Eroberung durch die moslemischen Araber im Jahre 637 n. u. Z. riefen neue apokalyptische Visionen hervor, insbesondere deshalb, weil es eine kurze Zeit lang so schien, als würden die Perser eine jüdische Verwaltung Palästinas zulassen. Das Buch Serubabel, ein Mittelding zwischen antiker und mittelalterlicher Apokalyptik, widmet seine Aufmerksamkeit den damaligen Hoffnungen und Enttäuschungen. Es fügt der Szenerie schrecklicher Ereignisse am Ende der Tage – gleichzeitig unter christlichem Einfluß und in einer antichristlichen Stimmung – eine jüdische Version des Antichrist, des letzten römischen Herrschers hinzu!

Als ich seine Worte hörte, fiel ich auf mein Angesicht und sagte: enthülle mir die Wahrheit über den Führer des geheiligten Volkes. Und er ergriff mich, brachte mich zu einer Kirche und zeigte mir die Statue einer Frau, deren Erscheinung sehr sehr schön war [...] und er sprach zu mir: auf diesem Fels wird sich der Schrecken erheben und er wird herrschen, die Herrschaft seines Vaters Satan. Dies sind seine Zeichen, sein Haar ist grün wie Gold, seine Hände erreichen seine Fersen, sein Gesicht ist einen Finger breit, seine Augen sind ungleichmäßig, und er hat zwei Schädel; ein jeder wird vor ihm fliehen, [doch] alle Völker der Erde werden ihm in der Irrlehre folgen, außer Israel, das nicht an ihn glauben wird. Und er wird die Heiligen in Jerusalem mit mächtiger Gewalt angreifen.[56]

Während des Ersten Kreuzzugs (1096-1099) kam es zu einem Wiederaufleben der Apokalypsen, bisweilen vermischt mit astrologisch-astronomischen Spekulationen.[57] Insgesamt ist es jedoch erstaunlich, wie wenige genuine Apokalypsen während des Mittelalters entstanden, zumal wenn man bedenkt, daß apokalyptische Bilder und Motive als integraler Teil messianischer volkstümlicher Überlieferung Bestand hatten. Mit anderen Worten, die mittelalterliche Apokalyptik hörte, anders als die antike, im großen und ganzen auf, eine Wissenschaft bzw. jenes systematische Geheimwissen zu sein, das sie einst bedeutete. »Berechnungen der Endzeit« werden hier und dort von Gelehrten fortgeführt, bisweilen sogar mit Hilfe astrologisch-astronomischer Argumentation, doch dies ist nicht im stren-

gen Sinne apokalyptisch. Andererseits dringen apokalyptische Bilder in die volkstümliche Phantasie ein; sie können jederzeit akute messianische Hoffnungen nähren, doch sie sind nicht mehr Teil eines geheimen Systems der Erkenntnis.
In welchem Maße dies der Fall ist, zeigt sich an dem spätesten und am weitesten verbreiteten Ausbruch von Messianismus, der Bewegung des Sabbatai Zwi von 1665 bis 1666. Der berühmte Brief, in dem der Prophet Nathan von Gaza, die treibende Kraft der sabbatianischen Propaganda, erstmals behauptete, daß der jüdische Mystiker Sabbatai Zwi der Messias sei, besteht aus zwei Teilen, die nahezu in keinem Verhältnis zueinander stehen.[58] Im ersten Teil wird die ganze Kraft der lurianischen Kabbala herangezogen, um den Nachweis zu führen, weshalb der Glaube an Sabbatai Zwi und die Tatsache, daß der neue Äon bereits begonnen hatte, heute das Erkennungszeichen des gegenwärtigen Judentums sei. Die Sprache und die Symbolik sind lurianischen, nicht apokalyptischen Ursprungs. Im zweiten Teil des Briefes wird ein Zeitplan der zukünftigen Taten des Messias in den kommenden Jahren entworfen. Hier begegnet weniger lurianische Tradition, vielmehr eine Wiederholung apokalyptischer Bilder. Sie alle entsprechen der Erwartung und bedürfen keines Beweises, und keines ist an kabbalistische Symbole gebunden.

Die christliche Tradition

Die neuere Erkenntnis, daß die christliche Gemeinde ihren Ursprung in einer apokalyptischen jüdischen Sekte haben könnte, hat die protestantische Theologie in eine schwere Krise gestürzt. Alle Reformbewegungen zielten auf eine Rückkehr zur *ecclesia primitiva*, zur christlichen Urgemeinde; dies ist die wichtigste Konnotation der *reformatio* auch vor der Reformation im sechzehnten Jahrhundert. Doch die frühe christliche Gemeinde war weder auf humanistisch-ethische Ideale an sich ausgerichtet, noch wollte sie die Welt zu einem Ort besseren Lebens machen. Sie scheint eine von der Welt abgewandte jüdische Sekte gewesen zu sein, die jeden Tag das Ende der Welt und die zweite Parusie erwartete. Ihre frühesten schriftlichen Dokumente bezeugen den Besitz verbürgten Wissens über die Stufen des endzeitlichen Dramas und die Errichtung des Himmelreichs in der zukünftigen neuen Welt. Christi erste Gegenwart auf Erden nahm den neuen Äon, die Herrschaft Gottes, vorweg; seine bevorstehende Wiederkunft sollte ihren Triumph bringen. In der Zwischenzeit wird die Gemeinde in dringender Naherwartung gelebt haben, und alles, was man tun konnte, während diese Welt noch vorherrschte, bestand darin, die frohe Botschaft von Christi Leben, Opfer und Wiederkunft zu verbreiten.[59]

Die frühesten christlichen Schriften übernahmen die meisten ihrer wichtigen Motive von früheren und zeitgenössischen jüdischen Sekten, allerdings mit einer Akzentverschiebung. Im Gegensatz beispielsweise zur Sekte vom Toten Meer nahm das Christentum dem Priestertum seine Bedeutung und war von Beginn an eine offene Gemeinschaft. Sein apokalyptisches Wissen um das endzeitliche Drama basierte ebenfalls auf einer prädestinatianischen, dualistischen Vision der Geschichte als eines Kampfplatzes zwischen Gut und Böse. Die christliche Gemeinde erbte außerdem – möglicherweise in gemilderter Form – den Haß gegen Priester, Schriftgelehrte und Pharisäer.[60]

In der jüdischen Apokalyptik der Qumransekte wurde der Glaube an den »Lehrer der Gerechtigkeit« als Bedingung für die Erlösung und die Zugehörigkeit zur Gemeinschaft der Erlösten verstanden. Das Christentum verlangte trotz des offensichtlichen Scheiterns Christi und seines unwürdigen Endes den Glauben an seine Messianität, einen paradoxen Glauben – »et ressurexit die tertia, certum est, quia impossibile est«, so Tertullian. Gemeinsam mit anderen apokalyptischen Sekten erwartete das Christentum tagtäglich das Hereinbrechen des Himmelreichs. Die christliche Literatur übernahm auch einige der apokalyptischen Ausdrucksformen, etwa die der »Entschlüsselung« alter Prophezeiungen oder die Periodisierung der Weltgeschichte; doch sie trieb die Verfertigung eigener Apokalypsen nicht voran. Insgesamt betrachtet, war das frühe Christentum in geringerem Maße vom geschriebenen Wort fasziniert als andere apokalyptische Bewegungen. Es besaß anstelle einer schriftlichen Offenbarung eine lebendige: das Leben Christi, seine Taten und Lehren. Darin erkannte das Christentum die »Erfüllung« der offenen und geheimen Botschaft der Propheten. Die Ereignisse des Lebens Christi und die Geschehnisse in der Gemeinde waren in allen entscheidenden Ereignissen und Gestalten der jüdischen Geschichte zuvor schon abgebildet. Er war zugleich Moses, David und ein neuer Adam. Er kam, um eine neue Priesterschaft »nach der Ordnung Melchisedeks« zu errichten.[61] Die Gemeinde wartete täglich auf das Niederkommen des »himmlischen Jerusalem«, welches das verdorbene ersetzen sollte.

Doch die Wiederkunft Christi blieb aus, und eine Gemeinschaft vermag nicht länger als ein oder zwei Generationen lang im gespannten Zustand der Naherwartung zu leben. Früher oder später mußte sie sich dem Leben in der Zwischenzeit anpassen und etwas von jenem apokalyptischen Gefühl der vollkommenen Entfremdung von der Welt verlieren, selbst wenn sie den Glauben an das nahe Ende nicht ganz aufgab. Gleichzeitig bedurfte sie einer Erklärung dafür, weshalb sich das Ende der Welt, die Wiederkunft Christi, verzögerte. Aufgrund seiner Ausbreitung und Mission orientierte sich das Christentum mehr an der Welt. Tatsächlich mußte sich das Ende, da es nicht in Sicht war, deshalb verzögert haben, weil noch eine Mission auf der Erde zu erfüllen war. Das Evangelium muß alle Welt erreichen; jedem soll die Chance zuteil werden, zu den Geretteten zu gehören. Die Mission und Ausbreitung des Christentums sowie seine wachsende Hellenisierung brachte eine Verlagerung von der kollektiven zur individuellen Eschatologie und eine Verwässerung der apokalyptischen Motive mit sich. An die Stelle der revolutionären Erwartung eines plötzlichen, radikalen Endes dieser Welt trat das evolutionäre Konzept eines allmählichen Fortschreitens der Menschheit innerhalb der Geschichte zur endgültigen (ursprünglichen) Vollkommenheit. Die neue Version der Heilsgeschichte der Menschheit gehörte nicht mehr allein den Juden: Juden und Griechen gleichermaßen »bereiteten« dem Kommen Christi den Weg, wie dies auch die politische Einigung der *oikumene* unter einer Herrschaft tat.

Die Johannesapokalypse, die erste genuine christliche Apokalypse, wurde gegen Ende des ersten Jahrhunderts n. u. Z. verfaßt, vermutlich, um die Gemeinschaft in der Zeit der Verfolgung durch den Kaiser Domitian zu stärken und zu trösten. Den Märtyrern und zukünftigen Märtyrern verspricht das Buch der Offenbarung vor dem endgültigen Ende der Welt ein Millenium des »neuen Jerusalems« hier auf der Erde, was der jüdischen Unterscheidung zwischen der »messianischen Zeit« und der »kommenden Welt« ähnelt. Doch es unterscheidet sich von der älteren apokalyptischen Tradition dadurch, daß sein Verfasser seine Identität oder sein Wissen nicht verheimlicht; und noch wichtiger, er spekuliert auch nicht über den Zeitpunkt des Endes. Er beschreibt lediglich seine wesentlichen Phasen mit Symbolen, die so reich und farbig sind wie die apokalyptische Tradition, aus der er sie bezieht, und projiziert die Ängste und Hoffnungen seiner Generation auf das Ende: auch das Millenium wird mit einem allgemeinen Niedergang, mit dem vorübergehenden Triumph des Satans enden. Es mag übertrieben klingen, es als eine nichtapokalyptische Apokalypse zu bezeichnen: es hat bis heute christlichen apokalyptischen Phantasien Nahrung gegeben, doch ihm fehlt ein ganz wesentlicher Bestandteil der Apokalypsen – ein genauer Zeitplan für das endzeitliche Drama.

Das normative Judentum hat die apokalyptische Tradition neutralisiert, indem es sich weigerte, eine Methodologie der Erkenntnis der Zeichen des Endes und des Kommens des Messias zu formulieren; es wertete die apokalyptischen Motive ab und stellte sie auf die Ebene der volkstümlichen Überlieferung. Das Christentum schlug den entgegengesetzten Weg ein, allerdings mit ähnlichen Absichten und Ergebnissen. Es nahm sowohl den Inhalt als auch die Methoden der Apokalyptik auf, gab ihnen jedoch einen neuen Sinn. Zum Teil formulierte es eine genaue Lehre von den letzten Dingen und verdrängte andere Erwartungen; zum Teil allegorisierte es die apokalyptischen Bilder, etwa wenn Origenes (185?-254? n. u. Z.) über jene schimpfte, die das Herabkommen des »himmlischen Jerusalems« buchstäblich mit dem Millenium identifizierten.

Denjenigen jedoch, denen zu starke philosophische Allegorisierung ebenso schädlich für die christliche Lehre schien wie die Apokalyptik selbst, zeigte Augustinus, wie man jedes einzelne apokalyptische Motiv und jede Methode als Bausteine einer von apokalyptischen Elementen befreiten Geschichtsphilosophie verwenden konnte. Sein Werk *De Civitate Dei* benutzt im Titel ein apokalyptisches Bild: das Thema von Augustins *magnum et arduum opus* ist die Gegenüberstellung des »irdischen Staates« und des Staates Gottes durch die Geschichte hindurch. Die Erzählung von den zwei Staaten ist eine Erzählung des Kontrastes trotz einiger Ähnlichkeiten. Die Bewohner beider Staaten mögen ein und denselben Gott verehren: die der irdischen, um ihn zu benutzen, die der himmlischen, um ihm von Nutzen zu sein. Beide streben nach Frieden – die einen nach einem irdischen Frieden, der nachahmbar ist, da er durch Macht geschaffen werden kann, die anderen nach dem ewigen Frieden. Die Mitgliedschaft in dem einen oder anderen Staat ist zum Teil eine Sache des Willens[62], zum Teil der Vorherbestimmung, von der Gott allein weiß. Doch die Einwohner des Staates Gottes sind, obgleich auf der Erde, in einem rechtlichen wie metaphysischen Sinne Fremdbürger (*peregrini*) des irdischen Staates: sie leisten ihm weder Widerstand noch wirken sie an ihm mit.

Augustin bestreitet kategorisch alle Versuche, die Geschichte des Christentums mit dem Wohlergehen des Römischen (oder jedes anderen irdischen) Reiches zusammenzuschauen. Der Bankrott solcher »Reichstheologien« wurde in Anbetracht der ganz echten Möglichkeit des Endes des Römischen Reiches evident, und Augustin schrieb seinen Essay zum Teil deshalb, weil er verdeutlichen wollte, daß das Ende des Römischen Reiches nicht, wie viele Christen meinten, mit dem Ende der Welt zusammenfiel. Das Ende der Welt läßt sich nicht vorhersagen; der Staat Gottes zählt seinen Fortschritt »nicht in Jahren, sondern in Schritten«.

Eine alte apokalyptische Überlieferung legte die Dauer der Welt auf sechstausend Jahre fest, analog den sechs Tagen der Schöpfung und auf dem Hintergrund der Metapher des Psalmisten: »Denn tausend Jahre sind vor dir / wie der gestrige Tag, der verging, / nur einer Nachtwache gleich« (Ps. 90,4).[63] Diese Berechnung des Endes fand ihren Weg sowohl in den jüdischen Midrasch als auch in die christliche Literatur. Wie bewußt Augustin versuchte, apokalyptische Bilder ihres apokalyptischen Charakters zu entkleiden, läßt sich daran sehen, wie er mit dieser Überlieferung umging. Einerseits arbeitet er die Analogie zwischen den Schöpfungstagen und den Perioden der Geschichte in einer Weise heraus, die weit über die übernommenen Bilder hinausgeht: er zeigt ganz detailliert, wie das Geschehen jedes einzelnen Schöpfungstages die Ereignisse der entsprechenden Periode der Geschichte abbildet. Andererseits schafft ihm genau dieses Herausarbeiten der Analogie die Möglichkeit, den Akzent von der Dauer der Welt (die niemand zu berechnen vermag) auf die Struktur der Geschichte zu verlagern. Unter seinem Einfluß entwickelte sich diese Analogie zum Gemeinbesitz aller zukünftigen christlichen Geschichtsbetrachtung.

Analogien wie diese (zwischen den Schöpfungstagen und den Weltepochen) gehören in den Bereich der figurativ-symbolischen Argumentation. Seit der Antike haben christliche Theologen die Struktur und den Sinn der Heilsgeschichte mit der Hilfe immanenter geschichtlicher Symbole dargestellt, die man als »Typen« oder »Figuren« bezeichnet: Ereignisse, Personen und Institutionen des Alten und Neuen Testaments werden aufeinander bezogen, die einen werden als »Präfiguration« der anderen verstanden. Kain und Abel, Lea und Rachel sind »Präfigurationen« der Synagoge und der Kirche. Die zwölf Stämme präfigurieren die zwölf Apostel; Melchisedek und David präfigurieren Christus als König und als Priester. Eine Figur stellt nur ein Bild oder eine Metapher dar; sie konstituiert eine symbolische Einheit zwischen zwei voneinander getrennten Ereignissen oder Personen in den verschiedenen Epochen der Geschichte.

Die typologische Geschichtswahrnehmung war seit der Antike Teil der apokalyptischen Erkenntnis (zu unterscheiden von der apokalyptischen Metaphorik). Die Abtrennung der »apokalyptischen Wissenschaft« vom »apokalyptischen Mythos« (oder der Metaphorik) erreichte ihren Höhepunkt in Augustins Geschichtsphilosophie. Während apokalyptische Bilder unterdrückt wurden, entwickelte sich die typologische Exegese zur zentralen Form der Exegese. Im zwölften Jahrhundert erregte ein neues Gespür für die Wichtigkeit der unmittelbaren Gegenwart in Gottes Heilsplan ein neues Interesse an historischen Spekulationen. Die Menschen dieses Jahrhunderts des Investiturstreits, des zweiten und dritten Kreuzzugs und der Wiederentdeckung der klassischen Wissenschaft glaubten, daß der gegenwärtigen Geschichte mehr Bedeutung zukam als nur die des

»Alterns der Welt« zwischen dem ersten und dem zweiten Kommen Christi. Die gegenwärtigen Ereignisse waren, so schien es ihnen, voller Bedeutung, ebenso der genauen Exegese wert wie die biblische Geschichte. Das neue spekulative Moment kulminierte in der Vision des Joachim von Fiore (ca. 1132-1202): er verband mit jeder Person der Trinität eine Periode der Geschichte. Die Epoche des Alten Testaments war die Epoche des Vaters, die des Neuen Testaments die Epoche des Sohnes, und er sagte das Hereinbrechen einer neuen Epoche des »ewigen Testaments« und einer nichthierarchischen Kirche voraus – die Epoche des Heiligen Geistes.[64] Diese Erwartung beruhte nicht auf einer Weissagung, sondern auf einem sorgfältigen Studium analoger Personen, Institutionen, Ereignisse und Ereignisfolgen in jeder Epoche der Geschichte. Die Struktur des bevorstehenden Milleniums konnte demnach aus dem Verlauf der Geschichte abgeleitet werden. Einige radikale franziskanische Spiritualisten nach Joachim erblickten in ihm und seinen Schriften das ewige Testament, das er vorweggenommen hatte: er übte einen tiefgreifenden Einfluß auf chiliastische Bewegungen des späteren Mittelalters aus.

Die Autorität Augustins und die offizielle Einstellung der Kirche zur Apokalyptik waren nicht stark genug, um die Schaffung neuer Apokalypsen völlig zu verhindern. Sie blieben vereinzelt und phantasielos, eine bloße Neuanordnung übernommener Motive.[65] Doch während die apokalyptische Metaphorik einen Niedergang erlebte, entwickelte sich die auch von der Kirche benutzte apokalyptische Wissenschaft zu einem immer erfindungsreicheren Instrument und diente schließlich in ihrem neuen Gewand der gleichen utopischen Mentalität, mit der sie ursprünglich begonnen hatte. In den Spekulationen Joachims und der Joachimiten erkenne ich die einzige kreative und echte apokalyptische Strömung des Mittelalters, obgleich aus ihr keine einzige »Apokalypse« hervorgegangen ist; die Apokalypsen wurden weiter auf gegenwärtige Ereignisse bezogen. Doch nie wieder, nicht einmal während der Reformation, wuchs die apokalyptische Mentalität zu einer kreativen, sei es sozialen oder intellektuellen Kraft an. Der utopische Geist nahm andere Ausdrucksformen an, die an neue kulturelle Strukturen gebunden waren.

Eine vollständige Geschichte der jüdischen und christlichen endzeitlichen Visionen liegt außerhalb der Möglichkeiten dieser Studie. Doch wir können als einen wesentlichen Aspekt geltend machen, daß die Entwicklung der apokalyptischen Motive, Vorstellungen, Methoden und Texte, selbst wenn sie überlebten, als die von Elementen erscheint, die aus ihrem ursprünglichen Kontext herausgenommen worden waren. Die Apokalyptik im vollen Wortsinn, mit ihrem Gleichgewicht von Mythos, Methode und Lebensweise, existierte lediglich etwa zweihundert Jahre lang und bildete eine einzigartige Mentalität heraus. Der Leser sollte davor gewarnt werden, daß dies nicht der allgemeinen Sicht entspricht; die Begriffe *Apokalypse* und *Apokalyptik* werden in gegenwärtigen Studien überreichlich gebraucht. Man hat behauptet, die säkularen utopischen Bewegungen, selbst der Marxismus, seien legitime Erben der Apokalyptik. Ich stimme dem nicht zu, obgleich mich die mangelnde Vertrautheit mit der islamischen Apokalyptik und iranischen Quellen sowie der Mangel an Raum davon abhält, meine These ausführlich zu begründen. Ich möchte nicht den enormen Einfluß der Apokalyptik auf das Judentum und das Christentum bestreiten. Im Gegenteil: weil die Apokalyptik eine so große Faszination ausübte, blieb sie ein dauerndes Thema. Doch ihre Rezeptionsgeschichte war die Geschichte ihrer beständigen Abschwächung. Die Apokalyptiker waren die ersten, die von sich glaubten, sie verfügten über einen einzigartigen Schlüssel zur Enthüllung des »Geheimnisses der Zeiten«. Seitdem sind andere Schlüssel gefunden und wieder verworfen worden, doch wir müssen sie nicht deshalb alle mit der Apokalyptik gleichsetzen, weil sie allgemeine Übereinstimmungen beibehielten, weil die Apokalyptik einfach das zeitlich frühere Phänomen war oder weil sie einige Vorstellungen der Apokalyptik voraussetzen. Unsere Ängste und Träume hinsichtlich des Endes der Welt sind, was ihre Farben, Methoden und leider auch die Möglichkeit ihrer Verwirklichung angeht, anders als jene anderer Zeiten. Um Rainer Maria Rilke zu zitieren[66]:

O Herr, gib jedem seinen eigenen Tod.
Das Sterben, das aus jenem Leben geht,
darin er Liebe hatte, Sinn und Not.

3
Exegese, Recht und Geschichtsbewußtsein im Mittelalter

Geschichte und Akkommodation: Ibn Ezra

Der mittelalterlichen jüdischen und christlichen Exegese war das hermeneutische Prinzip der Akkommodation gemeinsam: die Annahme, die göttliche Offenbarung habe sich der Fähigkeit des Menschen, sie aufzunehmen und zu verstehen, angeglichen. Dieser exegetische Topos brachte verschiedene geschichtsphilosophische Ansätze hervor, die im Ablauf der Geschichte den Ausdruck der Anpassung göttlicher Offenbarungen und göttlich verfügter Institutionen an den Prozeß des intellektuellen, moralischen, ja, sogar politischen Fortschritts des Menschen erblickten. Es ist erstaunlich, daß über ein für das mittelalterliche Nachdenken über Gott und Mensch, Natur und Geschichte derartig grundlegendes Prinzip so wenig Literatur vorliegt.

Die Entwicklung des mittelalterlichen Prinzips der Akkommodation im Bereich der *Exegese* – gemeint ist seine Funktion bei der Bibelinterpretation – wird häufig mit dem Ausdruck »Die Schrift spricht die Sprache des Menschen« verknüpft. Der lateinische Ausdruck – *Scriptura humane loquitur*[1] – stellt eine wörtliche Übersetzung des Hebräischen »*dibra tora kileshon bene adam*« dar. In den jüdischen Quellen begegnet er erstmals im Kontext von Rechtstexten und hat dabei wenig mit seinem späteren Gebrauch zu tun.[2]

Rabbi El'azar ben Azaria, der erste *tana*, der sich auf diese Regel berief, weigerte sich, aus den Rechtsbestimmungen hinsichtlich der Freilassung hebräischer Sklaven die Verfügung herauszulesen, man müsse den Sklaven unabhängig davon beschenken, ob er dem Haushalt von Nutzen war, und zwar deshalb, weil der biblische Vers das Verb verdoppelt: *ha'anek ta'anik*. Die Verdoppelung besitzt keine spezifisch rechtliche

Implikation. Vergleichbare Differenzen entstanden zwischen Rabbi Akiba, der nach der rechtlichen Bedeutung jeder sich scheinbar wiederholenden Sprachpartikel forschte (*darash*), und Rabbi Yishmael, der viel eher zu dem Zugeständnis bereit war, die rabbinischen Verfügungen ließen sich nicht aus der Schrift ableiten: allenfalls könne man sich auf sie als auf einen Hinweis beziehen.

Z. Lauterbach vermutete einen sadduzäischen Ursprung der Formel[3], hätte es jedoch besser wissen müssen: denn er hat selbst auf die Tatsache aufmerksam gemacht, daß die Sadduzäer entgegen dem von den Tannaiten entworfenen Zerrbild tatsächlich über eigene mündliche Traditionen verfügten und daß gewiß das *ius circa sacra* in ihre Domäne gehörte. Wenn wir schon nach den Ursprüngen suchen, dann würde ich die gegnerischen Positionen von Yishmael und Akiba als Fortführung divergierender exegetischer Ansätze verstehen, die auf Hillel und Shammai zurückgehen. Wie auch immer, was für die jüdischen Gelehrten der Antike in erster Linie ein *rechtliches* hermeneutisches Prinzip darstellte, entwickelte sich bei den mittelalterlichen Exegeten zu einer allgemeinen Regel zur Rechtfertigung oder zur Begrenzung der philosophischen Allegorese. In diesem Sinne wurde es sowohl in der gaonitischen Literatur als auch bei Sa'adia oder bei anderen frühen Philosophen des Mittelalters gebraucht.

Die zahlreichen Anthropomorphismen der Bibel ließen sich mehr oder weniger leicht in eine weniger anstößige Redeweise übersetzen; die rechte Hand Gottes (*yemin adonai*) ließe sich im Sinne der Macht Gottes auslegen. Selbst jene, die bestreiten, Gott ließe sich mit eindeutigen Attributen beschreiben, könnten behaupten, alle biblischen Gottesprädikate ließen sich auf Attribute des Handelns oder auf Verneinungen des Nicht-Seins reduzieren. Doch allein die ursprünglichen Anthropomorphismen in der Bibel führten zu Verlegenheit und erforderten Rechtfertigung. Man gebrauchte sie, um sich der Sprache der Mehrheit anzugleichen. Die Tora wurde allen gegeben, und zwar in einer für alle verständlichen Sprache (Maimonides).

Allmählich erweiterte sich der heuristische Anwendungsbereich des Prinzips, durch das sich mehr als bloß die Anthropomorphismen erklären ließ. Offensichtlich fielen die biblische

Kosmologie und die zeitgenössische Weltsicht der Gelehrten auseinander – im Mittelalter nicht weniger als heute. Doch die Schrift kann sich nicht irren: vielmehr spricht sie die Sprache des durchschnittlichen oder primitiven Menschen. Genau an diesem Punkt seiner Entwicklung zerfällt das Prinzip »die Schrift spricht in menschlichen Begriffen« in zwei mögliche Ansätze: eine *maximalistische* und eine *minimalistische* Verwendung der Formel.

Der Maximalist erblickt in der Bibel eine Verkörperung des gesamten Bereichs der Wissenschaft und Theologie – natürlich *seiner* Wissenschaft und Metaphysik. Die Bibel mag sich nicht wie eine allgemeine Enzyklopädie lesen, doch aus seiner Sicht ist sie eine. Die wissenschaftliche Information begegnet, um für die Mehrheit verständlich zu bleiben, in der Gestalt von Metaphern. Die Aufgabe des Interpreten besteht darin, die biblischen Ausdrücke zu entschlüsseln und aufzuzeigen, daß der Aufmerksamkeit des offenbarten Textes nichts Wissenswertes entgangen ist. Sie ist von der Hauptströmung der mittelalterlichen jüdischen Exegese *mutatis mutandis* erfüllt worden: von Sa'adia, Ramban, Sforno. Ramban (Nachmanides) ging sogar so weit, zu behaupten, die philosophische Allegorese konstituiere im eigentlichen Sinne den einfachen, buchstäblichen Sinn der Schrift, während Allegorese die kabbalistische Dimension des Verstehens darstelle, in der die gesamte Schrift nichts als den beständigen Namen Gottes beinhalte.[4] Im Gegensatz dazu umfaßt der buchstäbliche Sinn den gesamten Bereich rationaler Wissenschaft und nicht nur den der Umgangssprache.

Das Verdienst der Exegese Abraham Ibn Ezras läßt sich zum Teil an dieser maximalistischen Ausweitung des Prinzips der biblischen Akkommodation bemessen. Ibn Ezra selbst führt eine Polemik gegen diese Deutungsform – gegen die erste in seiner Liste von fünf exegetischen Methoden,[5] von denen die vier ersten falsch oder nutzlos seien. Sie seien weder richtig noch falsch, jedoch häufig irrelevant. »Möchtest du die Wissenschaften erlernen, so gehe zu den Griechen.« Die Geonim führen bei ihrer philosophischen Allegorese allenfalls etwa die Resultate der Astronomie, nicht jedoch ihre

Beweise ins Feld; ähnlich unwissenschaftlich erschiene auch die Bibel, wollte man sie im Sinne einer Enzyklopädie lesen. Doch gerade dies wäre von tatsächlicher Wissenschaft weit entfernt.
Ibn Ezra schlägt stattdessen einen minimalistischen Weg vor. Möglicherweise gab es dafür Vorgänger unter einigen der extremen Rationalisten in Spanien, wie etwa Rabbi Isaak, doch wir kennen ihn erst durch Ibn Ezra. »Die Schrift spricht eine menschliche Sprache«[6] – bedeutet lediglich, daß sich die Schrift der Sichtweise der Mehrheit anpaßt. Sie steht nicht im Widerspruch zur Wissenschaft, doch ebensowenig enthält sie alle ihre Aspekte. An keiner Stelle wird diese minimalistische Interpretation des Prinzips der Akkommodation deutlicher als an Ibn Ezras Auslegung von Genesis 1. Mit Blick auf Genesis 1,1 erklärt er zum Beispiel:

»Den Himmel«: mit einem bestimmten Artikel, um darauf aufmerksam zu machen, daß von dem sichtbaren [Himmel] die Rede ist. [»Himmel« und »Erde« erklärt er an einer späteren Stelle so, daß damit nur die sublunaren Elemente gemeint seien.] »Und leer« [*vabohu*]: denn Mose sprach nicht über die Welt der Himmelskörper [*olam Haba*: der ansonsten eschatologische Begriff wird hier im astronomischen Sinne verwendet, eher räumlich als zeitlich], welche die Welt der Engel darstellten [*hamal'achim*, hier im Sinne von Separatintelligenzen], sondern lediglich über die Welt des Werdens und Verderbens [*olam hahavaya vehahash'chata* – das mittelalterliche, aristotelische Äquivalent für den sublunaren Bereich].[7]

Immer wieder betont Ibn Ezra, das Buch Genesis biete keine wissenschaftliche und umfassende Darstellung der Erschaffung des Universums *ex nihilo*, sondern eher die Darstellung der Entstehung des sublunaren Bereichs durch natürliche Prozesse bzw. Gesetze. In Genesis werden nur die Tatsachen mitgeteilt, die sich auf das Werden und den Status des Menschen beziehen. Selbst die Himmelskörper erscheinen im Schöpfungsbericht lediglich aus der Perspektive des durchschnittlichen Menschen, ohne jeden Bezug auf ihr Wesen oder ihre wahre Natur. »Sollte jemand fragen«, so legt er Genesis 1,16 aus,

Haben nicht die Astronomen [*chachme hamidot*] gelehrt, daß, abgesehen von Merkur und Venus, alle Planeten größer sind als der Mond? Wie konnte dann [in der Schrift] »die großen« geschrieben werden? Die Antwort besteht darin, daß »groß« sich nicht auf die räumliche Größe, sondern auf ihr Licht bezieht, und das Licht des Mondes ist aufgrund seiner Nähe zur Erde um ein vielfaches stärker.
Die sprachliche Gestalt, wonach der Mond als große Leuchte bezeichnet wird, während die größeren Planeten lediglich Sterne genannt werden, entspricht einzig unserer Sichtweise. »Der Redner ist ein Mensch [Moses], genauso wie die Zuhörer«, so drückt er es an einer anderen Stelle aus.[8] Weitere hermeneutische Kunstgriffe waren nicht erforderlich, um einen Ausgleich zwischen der kopernikanischen Theorie und der Schrift herbeizuführen. Nicole Oresme verwarf bereits im vierzehnten Jahrhundert die exegetischen Argumente gegen die Bewegung der Erde als die am wenigsten störenden Aspekte der geodynamischen Hypothese (die er schließlich ablehnte). Es mag sein, daß *Scriptura humane loquitur*, selbst dort, wo sie an einer geostatischen Kosmologie festhält. Galileo benutzte später ein ähnliches Argument, um das kopernikanische heliozentrische System zu verteidigen.[9] Selbst Kardinal Bellarmin mußte zugeben, daß die scheinbar geozentrischen Hinweise sich ähnlich wie die Anthropomorphismen der Bibel auf dem Wege der Allegorie aufheben ließen. Galileo zeigte nun, daß die Worte »Sonne in Gibeon stehe still« auch dann allegorisch verstanden werden müssen, wenn man das ptolemäische Weltbild akzeptiere. Denn um die Zeit zum Stillstehen zu bringen, muß ja die Sphäre der Fixsterne, nicht die der Sonne, stillstehen.
Die Schöpfungserzählung stellt nach Ibn Ezra die Darstellung der Erschaffung von Gegenständen dar, die unmittelbar im richtigen Verhältnis zu der Art und Weise wahrgenommen werden, in der sie sich wahrnehmen lassen. Wenn es nicht ihr Zweck sein sollte, eine hinreichende Kosmologie zu bieten, was ist dann ihr Bestreben? Es geht ihr nur um eine Sache, denn die sublunare Welt, von der alleine sie redet, wurde um des Menschen willen geschaffen – anders als die supralunare Welt, von der die Darstellung der Genesis schweigt:

Laßt mich ein Prinzip aussprechen. Ihr sollt wissen, daß unser Meister Moses die Gesetze nicht allein den Philosophen [*chachme halev*], sondern jedermann gegeben hat. Und nicht nur den Menschen seiner Generation, sondern allen Generationen. In der Schöpfungsgeschichte hat er sich einzig auf die sublunare Welt bezogen, die um des Menschen willen geschaffen wurde.¹⁰
Die Geschichte in Genesis 1 zeigt darüber hinaus, wie der Mensch gleichzeitig den Notwendigkeiten des Materiellen unterworfen ist und über ihnen steht: der Mensch verkörpert das materielle Universum und partizipiert an dem Bereich der intelligenten Wesen (Ibn Ezra scheint eine *unitas intellectus* bejaht zu haben). Beim Menschen handelt es sich um einen Mikrokosmos, so wie Gott den Makrokosmos darstellt – so lautet Ibn Ezras neuplatonische, beinahe pantheistische Interpretation des »nach unserem Bilde« (Gen. 1,26).¹¹
Mit all dem soll nicht gesagt werden, die Schrift enthalte keine metaphysischen Anspielungen, sondern lediglich, daß der Exeget Vorsicht walten lassen sollte, wann, wo und wie er sie aufgreift oder von ihnen absieht. Ibn Ezra stellte – genauso wie Spinoza zu Beginn der frühen modernen Bibelkritik – ein überaus fruchtbares methodologisches Prinzip auf. Darüber, ob eine biblische Redewendung buchstäblich oder metaphorisch auszulegen ist, kann nicht willkürlich von einem Standpunkt außerhalb des Textes her entschieden werden, sondern vielmehr aufgrund immanenter Kriterien. Mit anderen Worten: Ibn Ezra steckt die Grenzen zwischen zulässiger und unzulässiger Allegorisierung ab. Ibn Ezra hat mit diesem Prinzip mehr als mit jedem Detail seiner Interpretation Spinozas exegetischen Ansatz beeinflußt.¹² Im Gegensatz zu Sa'adia Gaon erblickt er in Hinweisen auf das Wort Gottes – »und Gott sprach« – keine stellvertretende Formulierung für »Gottes Willen«, sondern das Bild eines Königs, der seinen Dienern befiehlt. Das Schöpfungswerk war mühelos, da Gott durch »Diener« handelte – Naturgesetze oder natürliche Elemente.¹³ Ibn Ezra schaut sowohl in seinen grammatischen als auch in seinen allegorischen Deutungen nach dem *Kontext* des *explanandum*.¹⁴
Ibn Ezra sucht, mit Ausnahme des Gottesnamens, nicht in den biblischen Formulierungen selbst nach einem tieferen, astro-

nomischen oder metaphysischen Sinn (*sod*), sondern in den Dingen, Gegenständen und Ereignissen, auf die sie sich beziehen. Dabei handelt es sich um ein Prinzip, das an die exegetische Revolution erinnert, die sich in der christlichen Exegese des dreizehnten Jahrhunderts vollzog.[15]
Wie Maimonides und Thomas von Aquin nach ihm baut Ibn Ezra seine Lehre von der zulässigen Grenze der Allegorisierung auf den Eigenheiten der Sprache auf. Sprache ist von ihrer Natur her zweideutig und analogisch: wir projizieren das Vertraute auf das nicht Vertraute »über uns und unter uns«. Tatsächlich entwickelt Ibn Ezra eine exegetische Lehre der *analogia entis*, um die Schöpfung des Menschen in »Gottes Ebenbild« zu erklären.
Die Formel »Die Schrift spricht die Sprache des Menschen« bezog sich als ein exegetisches Prinzip schließlich auf eine ganze Anzahl von Theorien hinsichtlich der Eigenschaften der heiligen Sprache. Die Sprache der Offenbarung verwendet Elemente des Natürlichen und Vertrauten, um sie zu transzendieren – eine Eigenschaft der Sprache der Menschen, die durch Analogien und Metaphern wirkt.

Obgleich das exegetische Prinzip der Akkommodation nach der bisherigen Darstellung zutiefst ahistorisch war, läßt sich leicht verstehen, auf welche Weise es historischen Spekulationen dienlich sein konnte. Das historiosophische Prinzip der Akkommodation entwickelte sich zunächst im Christentum. In einem der bekannteren Briefe Augustins[16] finden wir eine klassische Darstellung des Prinzips der Akkommodation als eines historischen Prinzips. Der Name dieses Prinzips stammt möglicherweise aus einer häufig zitierten Passage dieses Briefes:
In früheren Zeiten mag es Gott angestanden haben, Opfer zu verlangen, doch nun stehen die Dinge anders, und er befiehlt, was dieser Zeit angemessen ist [*aptum fuit*]. Er, der besser als der Mensch darum weiß, was jeder Zeit als Akkommodation entspricht [*quid cuique tempori accommodate adhibeatur*], befiehlt, fügt hinzu, vermehrt oder vermindert die Einrichtungen [...] bis sich die Schönheit der ganzen Geschichte [*saeculum*], deren Teil diese Zeitabschnitte sind, gleich einer schönen Melodie entfaltet [*veluti magnum carmen*].

Die Frage richtete sich an die Vernünftigkeit der Opferrituale.
Die Heiden fragen: warum wurden sie eingesetzt, wenn sie
nicht gut waren? Steht es einem Gott an, seinen Ratschluß zu
ändern (*consilium*)? Es gilt festzuhalten, daß der gebildete
Heide der Spätantike an dieser Stelle, wie auch sonst, keine
Einwände gegen die monotheistische Einstellung des Christentums oder des Judentums vorbrachte; im Gegenteil, er war
von dem Satz überzeugt: *una est religio in varietate rituum*.
Das war den Kirchenvätern ebenso bekannt wie den Tana'im
und Amora'im. »Du weißt wie ich, daß am Götzendienst
nichts ist«; »die Nichtjuden sind keine Götzendiener: sie folgen lediglich den Bräuchen ihrer Väter.«[17] Der heidnische Philosoph kann den Gedanken einer besonderen Vorsehung, eines
Gottes, der in der Geschichte willkürlich handelt und, wie es
aussah, seinen Ratschluß änderte, nicht verstehen. Eine besondere Vorsehung, so sagte Celsus einmal, ist »eine Perspektive
von Fröschen und Regenwürmern«.[18] Augustin hält ihm entgegen, daß der Verlauf der Geschichte, anstatt willkürlich zu
sein, ein ebenso schönes Ganzes darstellt wie der Kosmos, und
zwar aus dem gleichen Grund: die Teile passen zum Ganzen.
In Übereinstimmung mit seiner ästhetischen Theorie unterscheidet Augustin hier, wie an anderen Stellen, zwischen dem
»Passenden« und dem »Schönen« (*aptum – pulchrum*). Die
Teile des Ganzen sind niemals an sich »schön«. Sie lassen sich
bestenfalls mit dem Begriff des »Passenden« kennzeichnen.
Doch das Ganze ist nur insofern schön, als die Teile darin
zueinander passen. An einer anderen Stelle schreibt er jedem
einzelnen Abschnitt im Leben des Menschen oder im Verlauf
der Weltgeschichte »seine ureigene Schönheit« – *pulchritudo
sua* – zu, da die Einrichtungen und Zeichen jeder Periode aufeinander abgestimmt und der Fähigkeit der Menschen angepaßt sind, sie zu verstehen oder mit ihnen zu leben.[19]
Augustin formulierte lediglich ein Prinzip neu, das christliches
Nachdenken über die Geschichte seit Irenäus von Lyon bestimmt hatte.[20] Mit der Hilfe dieses Prinzips der Akkommodation gewann die paulinische Behauptung, das Alte Testament sei ein παιδαγωγὸς εἰς χριστόν, einen positiven Sinn.
Die wenigen Hinweise auf ähnliche frühere jüdische Deutungen, besonders der Opfer, lassen sich nicht mit der breiten und

vielfältigen Anwendung dieses Prinzips in der patristischen Literatur vergleichen. Die göttliche Offenbarung hat sich selbst soweit angepaßt, daß man von einem gegenseitigen Prozeß der Angleichung (*adaequatio*) von Gott und Mensch sprechen könnte (Tertullian).[21] Und dieses Prinzip sollte die christliche Geschichtsphilosophie durch die Jahrhunderte hindurch weiter beherrschen. Es wurde ins Feld geführt, um eine Vielzahl von Problemen zu lösen, von der Frage *quare non ante venit Christus* (Augustin) bis hin zu der für das zwölfte Jahrhundert charakteristischen Frage *quare tot novitates in ecclesia hodie fiunt* (Anselm von Havelberg). Es liegt sogar heute noch ekklesiologischen Opportunitätserwägungen zugrunde.

Interessant ist, daß der zitierte Abschnitt von Augustin und ähnliche christliche Interpretationen der Funktion der Opfer seit dem zweiten Jahrhundert ihre Wurzel in jüdischen Überlieferungen haben. Mit Blick auf Lev. 17,7 lesen wir:

R. Pinhas sagte im Namen von R. Levi: gleich einem Prinzen, den sein Herz [Vernunft] verließ und der Leichenteile und verbotenes Fleisch aß. Da sagte der König: laß diese Gerichte immer auf meiner Tafel sein, und er wird davon entwöhnt werden. Genauso sprach Gott, da Israel eifrig dem Götzendienst und den damit verbundenen Opfern zugetan war: Laß sie jederzeit ihre Opfer vor mir in der Stiftshütte bringen, und so werden sie sich selbst vom Götzendienst loslösen und gerettet werden.[22]

Aus diesen verstreuten Hinweisen entwickelte Maimonides in seiner Lehre von den »Gründen der Gebote« (*ta'ame hamitsvot*) eine der originellsten mittelalterlichen Deutungen der göttlichen Akkommodation im Verlauf der Geschichte.[23] Die göttliche »List« – (*tallatuf fi allahi*), Hegels *List der Vernunft* nicht ganz unähnlich, wirkt sich innerhalb der Naturgesetze, nicht im Gegensatz zu ihnen aus. Anstatt die polytheistische Mentalität Israels in seinen Anfängen durch ein Wunder auf einen Schlag zu verändern – *natura non facit saltus*, »die menschliche Natur vermag sich nicht plötzlich von einem Extrem zum anderen zu verwandeln« –, zog Gott es vor, einige Elemente des damaligen universalen polytheistischen Kultes der Sabäer zu verwenden, um sie gegen ihre ursprüngliche Absicht zu kehren. Er läßt anthropomorphe Bilder und Bräuche zu, um Israel zu einer von Anthropomorphismen befreiten monotheistischen Religion zu führen. Maimonides verwendet das Prinzip der Akkommodation, um die ursprüngliche und vergessene Bedeutung der Gebote zu rekonstruieren. Damit nimmt er eine der grundlegenden Methoden der modernen »historischen« Revolution des sechzehnten Jahrhunderts vorweg – die Methode des Verstehens durch Distanzierung und Rekonstruktion.

Dies führt zu der letzten Entwicklungsstufe des Prinzips der Akkommodation: der Phase der Säkularisierung. Es gilt wiederum zwischen dem exegetischen und dem historiosophischen Prinzip zu differenzieren. Spinozas *Tractatus Theologico-Politicus* enthält eines der frühesten Dokumente der Bibelkritik. Die Grenze zwischen Exegese und Kritik ist nicht immer eindeutig. Im Sinne einer vorläufigen Definition genügt die Aussage, daß die Bibelkritik sich nicht um die Beglaubigung der Bibel als eines übermenschlichen Zeugnisses kümmert.[24] Spinoza bestreitet nicht offen die theologischen Begriffe und Prinzipien des Mittelalters. Seine Strategie ist wesentlich subtiler: er gebraucht sie in ihrer ursprünglichen Bedeutung. »Allgemeine« und »besondere« Vorhersehung, so sagt er, sind legitime Begriffe – doch nur dann, wenn sie als zwei Weisen universaler Naturgesetze verstanden werden![25] Ähnlich stellt auch der Satz »die Schrift spricht die Sprache des Menschen« ein legitimes Prinzip dar – doch nur dann, wenn man es so versteht, daß der Inhalt der Bibel in menschlicher Sprache erscheint, weil ihr Verfasser ein Mensch ist.[26]
Ob nun Moses oder Esra, der Verfasser der Bibel war ein Mensch, so daß sich darin die Weltsicht seiner Zeit widerspiegelt. Der Exeget sollte weder a priori festlegen, welche Weltsicht dies ist, noch sie in eine Übereinstimmung mit der wahren Metaphysik zwingen. Nehmen wir zum Beispiel Moses Gottesbild.[27] In Deuteronomium 4,24 lesen wir: »Denn Jahwe, dein Gott, ist ein verzehrendes Feuer und ein eifernder Gott.« Soll man diesen Vers buchstäblich oder allegorisch deuten? Ist er anthropomorphistisch oder nicht? Keine äußere philosophische Blickrichtung sollte uns leiten. Wir sollten vielmehr, ausgehend vom Kontext, ein inneres Prinzip für eine zulässige

Allegorisierung aufstellen. Wir wissen, daß der Pentateuch figürliche Bilder Gottes zurückweist; *esh ochla* ließe sich allegorisch verstehen, zumal Feuer an anderer Stelle als Metapher für Eifersucht und Rache steht; *'el kana* bezieht sich auf eine psychische Eigenschaft, und an keiner Stelle finden wir eine biblische Ablehnung psychischer Attribute. Es muß buchstäblich interpretiert werden. Moses Gottesbild ist das Bild eines Gottes ohne Körper, jedoch mit einer Seele – ein in der Tat unphilosophisches Bild, denn *ordo rerum idem est ordo idearum*.[28] Es kann keine Seele ohne einen dazugehörenden Körper geben, denn beide bezeichnen ein und dieselbe Konstellation von Handlungen.

Die Bibel ist ein Buch, das von einem primitiven Menschen verfaßt wurde, der sich nicht von seiner eigenen Sprachwelt zu distanzieren vermochte. Es stellt eher ein geschichtliches denn ein ewiges Zeugnis dar: auf diese Weise verwendet Spinoza das exegetische Prinzip der Akkommodation. Auch das historische Prinzip der Akkommodation machte einen Prozeß der Säkularisierung mit, am deutlichsten in Vicos Gebrauch von *providentia*[29], durch den er zeigen wollte, wie der Mensch selbst seine rohe Natur während des Verlaufs der Geschichte in eine humane umformte. »Akkommodation« bedeutet für Vico, daß alle Erscheinungsformen des menschlichen Geistes (*sensus communis*) in jeder Periode der kollektiven menschlichen Kreativität zueinander paßten: die Ähnlichkeit der Struktur und Bedeutung der Poesie, des Rechts, der Institutionen verschiedener Zeiten, die Korrespondenz aller Dinge, die dem gleichen *Zeitgeist* angehören.

Das Prinzip der Akkommodation erwies sich während des gesamten Mittelalters als Brücke zwischen dem Säkularen und dem Heiligen, mit der Funktion, eine rationalisierende Exegese und Historiosophie zu entwickeln. Wir werden auf eine Darstellung seiner Renaissance in der protestantischen Theologie des siebzehnten und achtzehnten Jahrhunderts verzichten.[30] Das Prinzip begann in der frühen Moderne, auf die Emanzipation des Säkularen von transzendenten Konnotationen hinzudeuten. Bevor die theologische Sprache ganz aufgegeben wurde, wurde sie ihres Inhalts beraubt. Ihre Geschichte lehrt, die »Säkularisierung« im allgemeinen zu verstehen. Säkularisierung ist keine Bewegung, die ihre Anfänge im Gegensatz zum Bereich des Religiösen hat, sondern die sich innerhalb einer religiösen Überlieferung selbst entwickelt.

Nachmanides' symbolisches Geschichtsverständnis

Während die typologische Geschichtsdeutung im christlichen Bereich ausgeprägt und vorherrschend war, blieb sie im jüdischen Bereich nebensächlich, sogar als die Juden im mittelalterlichen Spanien die Fruchtbarkeit typologischer Spekulationen entdeckten und zeitweilig einige ihrer Figuren von christlichen Autoren übernahmen. Im folgenden möchte ich versuchen, einige Ursachen dafür anzuführen, und zwar auf der Grundlage einer Ausnahme, welche die Regel bestätigt: der typologischen Exegese des Nachmanides. Mein Argumentationsgang erfordert eine Skizze der Entwicklung des christlichen typologischen (d.h. anagogischen) Denkens seit der Antike.

Eine von manchen als »Symbolismus des zwölften Jahrhunderts«[31], von anderen als »spekulativer Biblizismus«[32] bezeichnete christliche Bewegung übte eine bedeutende Anziehungskraft auf die Intellektuellen in einem Jahrhundert aus, das zugleich Zeuge der Aristotelesrezeption, des Beginns der scholastischen Theologie, der Wiederentdeckung des römischen Rechts und der Rückkehr der Bibelwissenschaft zur *veritas hebraica*, d.h. zur genauen Philologie war. Unter diesen Bewegungen erwies sich der Symbolismus als die methodisch konservativste, jedoch vom Ergebnis her revolutionärste. Er kulminierte in den Lehren des Joachim von Fiore, die von einigen radikalen Franziskanern als das von ihm vorweggenommene, eigentliche *evangelium aeternum*, als neue Offenbarung in der Geschichte verkündet wurden.[33] Doch die typologische Methode an sich war nicht neu. Seit der Antike hatten Christen immer die Struktur und den Sinn der Geschichte mit der Hilfe immanent-geschichtlicher Symbole erläutert, die als »Typen« (τύποι) oder »Figuren« (*figurae*) bezeichnet wurden.

Figurae sind symbolisch-spekulative Analogien. Ereignisse, Personen und Institutionen des Alten und des Neuen Testaments werden in Entsprechung zueinander gebracht: das eine wird als »Präfiguration« des anderen verstanden. Kain und Abel stellen eine Präfiguration der *synagoga* und der *ecclesia* dar, wie überhaupt die Synagoge zur Vorabbildung der Kirche wird.

Das Neue Testament selbst stellt Jesus nicht nur so dar, daß er biblische Weissagungen (z. B. die des leidenden Gottesknechtes) erfüllt – eine mit dem *pesher* (Entschlüsselung) in den Qumran-Schriften vergleichbare Methode[34] –, sondern auch so, daß er biblische Ereignisse wie Moses vierzig Tage der Abgeschiedenheit auf dem Berge Sinai neu aufgreift. Als Messias war er sowohl ein neuer Moses als auch ein neuer David. Zugleich war er, in paulinischer Begrifflichkeit, der zweite Adam.[35] Der Auszug aus Ägypten wurde bereits in biblischer Zeit als Vorabbildung der kommenden Erlösung wahrgenommen.[36] Auch die frühe christliche Gemeinde betrachtete das wandernde Volk Israel in der Wüste als $\tau \acute{\upsilon} \pi o\iota\ \dot{\eta} \mu \tilde{\omega} \nu$ (1. Kor. 10,6. 11).[37] Irenäus' von Lyon Traktat gegen die Häretiker, der mit Recht als die erste christliche Geschichtsphilosophie bezeichnet worden ist,[38] bringt mit einer ganzen Reihe von Symbolen das eine dominierende Thema zum Ausdruck, auf welche Weise das Leben Christi auf einer höheren Ebene alle Perioden der Geschichte bis zu seiner Ankunft rekapituliere.[39] Irenäus will gegen Marcion und die Gnostiker, mit Blick auf das alte und das neue Glaubenssystem die Einheit in der Unterschiedenheit nachweisen; er zeigt ihnen, wie man das eine in das andere verwandeln und sie untereinander in Beziehung setzen kann.

Die antiken Exegeten aus Antiochia systematisierten die Suche nach Präfigurationen, auch um der Gefahr unkontrollierter Allegorisierungen zu begegnen, die für die pneumatische Exegese von Alexandria kennzeichnend war. Systematische Typologie und Aufwertung des Literalsinns der Schrift gingen Hand in Hand, wie auch im zwölften Jahrhundert mit dem Wiederaufblühen der biblischen Philologie. Thomas von Aquin hat ihre Haltung deutlich formuliert: nur biblische Ereignisse, Institutionen und Personen selbst, nicht aber die auf sie bezogene Sprache, besitzen eine Bedeutung, die ihre Zeit transzendiert. Typologie und der mystische Sinn müssen auf der soliden Grundlage der Philologie beruhen. »Jene erste Art der Bedeutung, nach der Wörter Dinge bezeichnen, gehört zum ersten, d.h. zum historischen oder buchstäblichen Sinn [der Schrift]. Jene Bedeutung jedoch, nach der durch Wörter bezeichnete Dinge ihrerseits andere Dinge bezeichnen, wird geistlicher Sinn genannt; er beruht auf dem buchstäblichen Sinn und setzt ihn voraus.«[40] Ohne dieses klare Gespür für den Unterschied zwischen Wörtern und den Dingen, auf die sie sich beziehen, hätten sich niemals, wie es hier geschehen ist, »Figuren« von Metaphern zu Symbolen entwickeln können. In ihrer Eigenschaft als genuines Symbol stellt eine Figur nicht einen linguistischen Ausdruck oder eine literarische Analogie dar, sondern ein konkretes Stück Wirklichkeit – ein Ding, ein Ereignis, eine Person – das, obgleich es sich auf etwas anderes bezieht, seine eigene Identität bewahrt und sich nicht in dem, worauf es hindeutet, auflöst.[41] Eine »Figur« ist, mit dem treffenden Ausdruck des Junilius Africanus, eine »Prophetie in den Dingen«.[42]

Das figurative System, das den lateinischen Westen am tiefsten beeinflussen sollte, war Augustins kunstvolle Parallelisierung der Schöpfungstage mit den Zeitaltern der Welt (*aetates mundi*). Er bezog den Inhalt jedes einzelnen Tages der Schöpfung im Sinne einer Präfiguration auf die Ereignisse der entsprechenden Periode der Geschichte.[43] Diese Vorstellung war nicht völlig neu. Bereits die apokalyptische Literatur hatte die Verwirklichung der Metapher des Psalmisten erdacht: »Denn tausend Jahre sind vor dir wie der gestrige Tag, der verging, nur einer Nachtwache gleich.«[44] Sie fand ihren Weg sowohl in den Midrasch als auch in die christliche apokalyptische Literatur. Doch Augustin weicht von dieser Tradition ab. Er versuchte bewußt, diese Metapher ihrer bisherigen apokalyptischen Züge zu entkleiden, und verlagerte den Zielpunkt der Analogie von der *Dauer* der Welt (die vermutlich niemand kennt) auf die *Struktur* der Geschichte. Daher die große Sorgfalt, mit der er die Analogie ausgestaltete. Sie wurde zu einer der am meisten verwendeten *topoi* der christlichen Geschichtsphilosophie. Mit Abraham bar Chiyya fand sie schließlich Eingang in die jüdische Literatur.

Für die Kirchenväter und für das frühe Mittelalter blieb die Suche nach symbolischen Entsprechungen in der Geschichte lediglich eine exegetische Methode, ein Teil der *spiritualis intelligentia*. Der neueren Geschichte, ihrer unmittelbaren Gegenwart, kam keine besondere Kennzeichnung oder Bedeutung zu. Sie stellte einen Bruchteil der *sexta aetas* dar, in der sich nichts anderes als ein »Altern« der Welt ereignete (*mundus senescat*), ein wirkliches »Mittelalter« zwischen der ersten und der zweiten *parousia*. (Nicht allen Mediävisten ist die Tatsache bekannt, daß der Begriff des »Mittelalters« einen theologischen Ursprung hat.) Dies änderte sich im zwölften Jahrhundert, das gewissermaßen die theologische Bedeutsamkeit der gegenwärtigen Geschichte entdeckte. Kein anderes Jahrhundert mittelalterlichen historischen Denkens und Schreibens war in ähnlicher Weise schöpferisch und erfindungsreich. Seine Begeisterung über neue und reichere symbolische Geschichtsschemata beruhte auf der Entdeckung, daß die neuere Geschichte in gleichem Maße wie die biblische Geschichte der typologischen Exegese würdig sei. Die sogenannten »Symbolisten« – von Rupert von Deutz über Anselm von Havelberg, Hugo von St. Victor, Gerhoch von Reichersberg bis zu Joachim von Fiore und den franziskanischen Spiritualen[45] – beschäftigten sich in einer Art und Weise mit der ganzen Menschheitsgeschichte, einschließlich der nachbiblischen Geschichte, die bis zu diesem Zeitpunkt der typologischen Exegese vorbehalten gewesen war. Indem sie die Struktur der Geschichte aufdeckten, vermochten sie den genauen Ort ihrer Gegenwart im göttlichen Heilsplan zu bestimmen. Dabei handelte es sich um eine Methode der Voraussage ohne prophetische Weissagung.

In Joachims *Concordia veteris ac novi testamenti* erreichte diese Methode ihren Höhepunkt. Er wies jeder Person der Trinität eine Periode der Geschichte zu: die Periode des Alten Testaments (Vater), des Neuen Testaments (Sohn) und des *testamentum aternum* (Heiliger Geist). Jede Periode brachte die Ereignisse und Personen der vorhergehenden auf einer höheren Ebene der Offenbarung zur Geltung. Auf diese Weise konnte die Struktur des bevorstehenden Milleniums aus dem Lauf der Geschichte abgeleitet werden.[46]

Unser Überblick über die Geschichte der typologischen Spekulationen führt zu einer interessanten Schlußfolgerung. Viele der angewandten Vorstellungen sowie die Grundlage der Methode selbst hatten ihren Ursprung in der jüdischen und christlichen Apokalyptik: die *tria tempora* (*ante legem, sub lege, sub gratia*), die vier Königreiche, die sechs Zeitalter, die Parallelität von Ereignissen und Personen. In der apokalyptischen Tradition dienten diese Vorstellungen jedoch einzig dem Zweck, das Ende zu errechnen (oder zumindest zu zeigen, wie nahe es gekommen war). Im Gegensatz dazu zogen die Kirchenväter sie für andere Ziele heran – nämlich um die Kontinuität von Altem und Neuem Testament, aber auch den darin sichtbaren Fortschritt zu definieren, oder um apokalyptische Spekulationen zurückzuweisen; auf jeden Fall jedoch, um die *Struktur*, nicht so sehr die *Dauer* der Geschichte zu bestimmen. Diese Akzentverschiebung erweist sich als Grund für die Lebendigkeit des typologischen Ansatzes. Je mehr solche Vorstellungen ihren apokalyptischen Charakter verloren, desto eher verwandelten sie sich von Metaphern in Symbole. Je weniger sie den Charakter eines Kunstgriffs im Dienste von *vaticinia ex eventu* besaßen, desto vielseitiger wurden sie. Auf der Grundlage dieser Schlußfolgerung wenden wir uns nun der Untersuchung jüdischer typologischer Versuche zu, insbesondere denen des Nachmanides.

Nachmanides betreibt die biblische Exegese auf vier verschiedenen Ebenen. Was wir gewöhnlich als philosophische Allegorese bezeichnen, nennt er »einfachen Sinn« (*peshat*): im Gegensatz zu Ibn Ezra geht er davon aus, daß die Schrift alle erdenkliche Weisheit in sich birgt, einschließlich einer genauen und umfassenden Kosmologie.[47] Eine weitere Ebene ist die des *derash*: an dieser Stelle, im Bereich des *derash* (so wie er ihn versteht), entwickelt er seine meiner Auffassung nach interessanteste historische Reflexion: die Deutung des Exils (*galut*) im Sinne eines universalen göttlichen Urteils (*mishpat 'Elohim ba-arez*) durch die – sei es jüdische oder nichtjüdische – Geschichte hindurch[48], und die Lehre von den »verborgenen Wundern« (*nissim nistarim*)[49], welche die philosophische Diskussion über Wunder untergräbt, ohne sie offen in

Frage zu stellen. Ich erwähne dies hier, da ich mich mit ganz anderen und möglicherweise philosophisch weniger interessanten Aspekten der Geschichtsphilosophie des Nachmanides auseinanderzusetzen beabsichtige.

Auf der tiefsten Ebene, *be-derech ha-'emet*, erscheint der Pentateuch als Verschlüsselung kabbalistischer Geheimnisse. So betrachtet, enthält er lediglich theosophische Wahrheiten; er berichtet weder über Ereignisse noch verordnet er Gesetze, sondern er spiegelt Beziehungen und Interaktionen zwischen den göttlichen Emanationen (*sefirot*) wider: »Du sollst wissen, daß die Schrift im wahrhaftesten Sinne von gewöhnlichen Dingen redet, aber auf übernatürliche Dinge hinweist.« Der einzige Fall, in dem der mystische Sinn (*sod*) die einzige Begründung für die Schrift bietet, tritt im Zusammenhang mit den Opfern auf[50]; ansonsten gehen *peshat* und *sod* weit auseinander, zeitweise sogar was die Grammatik angeht. So verstehen wir Genesis 1,1 *literaliter* so, daß am Anfang der Zeit (denn *be-reshit* weist nicht, wie Raschi und Ibn Ezra es deuten, auf eine constructus-Form) Gott aus dem Nichts den Urstoff des Himmels (*hyle; hiyyuli*) und den Urstoff der Erde schuf. *Mystice* verstehen wir es so, daß »Gott« grammatisch eher Objekt denn Subjekt des Verses ist. Er spielt auf die Emanation (*bara*) der dritten *sefirah* (*bina* = 'Elohim) aus der zweiten an (*be-reshit* = *chochma*), eine Lesart, die gemäß Babylonischem Talmud Megilla 9a als so irreführend (= häretisch) betrachtet wurde, daß sie durch die legendären inspirierten Übersetzer des Pentateuch ins Griechische verändert wurde.[51] Offensichtlich hielten sich die frühen Kabbalisten für fähig, verdächtige Lesarten zu retten und ihnen den Charakter eines tieferen Geheimnisses zu verleihen.

Wir können diese mystisch-theosophische Exegese, *pace* Scholem, »Logos-Symbolik« nennen, und zwar aus folgendem Grund. Wir haben zuvor von dem verbreiteten Gespür für eine verborgene Übereinstimmung zwischen einem Symbol und dem Symbolisierten gesprochen. Dieses Gespür für die Übereinstimmung in der Vielfalt erklärt die Elastizität und Fruchtbarkeit religiöser Symbole. Je »verborgener« ihr Bezugspunkt, desto mehr neigen sie dazu, sich zu vervielfachen und einander vertikal und horizontal widerzuspiegeln; sie werden ganz leicht Symbole für Symbole und Symbole für Symbole für Symbole.[52] Dies erweckt aus gutem Grunde die Erinnerung an Platos Paradox der dritten Person.[53] So stellen für Nachmanides sowohl die Tora als auch ihr Inhalt Symbole dar. Die Tora enthält nicht nur »Hinweise« auf Konstellationen im Bereich des Göttlichen, sondern sie ist zugleich ein Teil davon. Die vielfältigen Manifestationen Gottes entsprechen der Vielzahl der Metamorphosen seines Namens. Die Tora *redet* nicht nur von diesen Namen, sondern setzt sich eigentlich aus ihnen zusammen: »Der ganze Pentateuch besteht aus nichts anderem als aus Gottes Namen.«[54]

Doch Nachmanides stellt bisweilen zwischen *peshat*, *derash* und die kabbalistische Lesart eine zusätzliche Ebene symbolischen Verstehens. Er besteht – darin weit über Andeutungen des Midrasch hinausgehend – darauf, daß die Ereignisse und Personen, von denen die Tora spricht, und nicht die Wörter selbst, unabhängig von ihrer theosophischen Relevanz als historiosophische Symbole zu verstehen seien. Sie lassen die Geschehnisse in Israels Zukunft erahnen, kündigen sie an und bestimmen sie sogar vorher. Diesen Symbolismus nenne ich Praxis-Symbolismus.

Daß Abraham sich in Sichem aufhielt, bevor ihm das Land verheißen wurde (Gen. 12,6), weist darauf hin, daß seine Nachkommen die Stadt vorzeitig erobern sollten, noch bevor sie es verdient hatten. Abrahams Begegnung mit den vier Königen (Gen. 14,6) ist eine Präfiguration der Begegnung Israels mit den vier Königreichen, einschließlich des gegenwärtigen und letzten, nämlich Roms und seines Herrschers, und schließlich seines Sieges.[55] Eine Vorwegnahme der vier Königreiche findet sich auch in dem vierfachen Ausdruck von Abrahams Angst bei dem Bund zwischen den Tierstücken (*berit bein ha-betarim*) (Gen. 15,12): »eine große Finsternis fiel auf ihn.«[56] Beide Beispiele beruhen auf dem Midrasch, doch Nachmanides fügt hinzu, das geschlachtete Lamm, das Schaf und der Widder deuten auf die Opfer hin. Isaaks unfreiwilliges »Exil« in Gerar (Gen. 26,1) nimmt das Babylonische Exil vorweg, und die drei Brunnen, die er dort grub (Gen. 26,19-22), stellen eine Vorabbildung der beiden zerstörten Tempel und des dritten Tempels dar, der von Dauer sein wird. Aus

dem Midrasch stammt natürlich auch die Deutung des Esau als einer Präfiguration Roms, doch Nachmanides geht wesentlich mehr ins Detail: »Alles, was unserem Vater durch seinen Bruder Esau widerfuhr, wird uns zu allen Zeiten durch die Söhne Esaus widerfahren«[57] (Gen. 32,4). Daß Jacob Boten zu Esau in das Land Seir sandte, nimmt die unglücklicherweise freundschaftlichen Anfänge unserer Beziehungen zu Rom vorweg:
> Meiner Meinung nach ist darin angedeutet, daß wir selbst den Anstoß zu unserem Untergang durch die Macht Edoms gegeben haben. Denn die Könige zur Zeit des zweiten Tempels (d. h. die Hasmonäer) schlossen ein Bündnis mit Rom, und einige von ihnen kamen nach Rom, und dies war der Grund dafür, daß sie in ihre Hände fielen; dies ist in den Sprüchen unserer Weisen erwähnt und in den Büchern aufgeschrieben [...][58]

Jakobs Überlebensstrategie, das Teilen der Lager (Gen. 32,9), weist auf Israels Los in der Diaspora hin:
> Dies bedeutet, daß Jakob sich dessen bewußt ist, daß nicht seine ganze Nachkommenschaft in Esaus Hände fallen wird, wenn ein Lager überlebt. Zugleich ist damit darauf hingewiesen, daß die Söhne Esaus nicht anordnen werden, unser Name solle ausgelöscht werden, sondern eher einige von uns in einigen ihrer Länder unterdrücken werden. Einer ihrer Könige erläßt in seinem Land Anordnungen hinsichtlich unseres Geldes oder unseres Lebens, ein anderer König läßt an seinem Ort Milde walten und rettet Flüchtlinge. So haben sie es in Genesis Rabbah ausgedrückt: »Wenn Esau kommt und ein Lager zerschlägt« – dabei handelt es sich um unsere Brüder im Süden; »dann wird das andere Lager überleben« – dies sind unsere Brüder in der Diaspora. Sie haben auch erkannt, daß der Abschnitt sich auf zukünftige Generationen bezieht.

Die zehn Prinzen von Edom (Gen. 36,33) deuten auf die letzten Herrscher Roms hin, deren letzter vor dem Kommen des Messias die ganze Welt beherrschen wird. Die Zeremonie der Einweihung der Stiftshütte (*chanukkat ha-mishkan*) (Num. 7,11-8,26) steht als Symbol für die Geschichte von der Schöpfung bis zum Messias, wobei z. B. die Entzündung der Kerzen durch Aaron, scheinbar eine einfache Aufgabe, eine Vorabbildung des *Chanukka* zur Zeit der Hasmonäer darstellt:

Doch der Sinn dieser Homilie besteht darin, aus diesem Abschnitt einen Bezug zur Einweihung der Kerzen durch Aaron und seine Söhne herzustellen, die sich im zweiten Tempel ereignete. Das bedeutet, daß es sich bei ihnen um die Hasmonäer und ihre Söhne handelt. In dieser Formulierung fand ich es in der geheimen Schrift des R. Nissim, der diese Homilie erwähnt hat [...][59]

Dies sind Beispiele für Nachmanides typologische Exegese. Einige werden als seine eigene Meinung gekennzeichnet. Viele von ihnen beruhen auf Anspielungen des Midrasch, doch Nachmanides macht klar, daß diese lediglich Hinweise und damit erklärungsbedürftig sind. Darüber hinaus bringt Nachmanides sie in ein System und legt die methodologischen Voraussetzungen von Typologien dar. Die Geschichte der Patriarchen sei, so behauptet er, in besonderem Maße voller figurativer Implikationen und daher von gleicher Wesensart wie die Schöpfungsgeschichte.

Die Schrift beschließt hier das Buch Genesis, welches das Buch der Entwicklung hinsichtlich der Schöpfung der Welt [aus dem Nichts] und der Entwicklung alles Geschaffenen und hinsichtlich der Begebenheiten der Väter ist, die zur Kategorie der Schöpfung mit Blick auf die Nachkommen zählen, da alle Begebenheiten Figuren (*ziyyurei devarim*) von Ereignissen darstellen, die auf das, was in der Zukunft geschehen wird, hinweisen und es ankünden.[60]

Der Begriff *ziyyurei devarim* läßt sich nur als *figurae* übersetzen.

Die prädeterminierende Beschaffenheit solcher Präfigurationen, wesentlich mehr als ihre bloße vorhersagende oder metaphorische Funktion im Midrasch, wird in der ausführlichen methodologischen Anmerkung zu Genesis 12,6 sichtbar, mit der Nachmanides alle folgenden typologischen Spekulationen einleitet. Sie verdient es, in voller Länge zitiert zu werden:

Ich möchte euch eine Regel mitteilen, die ihr in den ganzen folgenden Abschnitten über Abraham, Isaak und Jacob begreifen werdet. Es handelt sich um eine *wichtige Angelegenheit*, die unsere Weisen kurz erwähnt haben, indem sie sagten: »Alles, was den Vätern widerfahren ist, ist ein Zeichen für die Söhne.« Deshalb zieht die Schrift die Geschichte über die Wanderungen [der Patriarchen] und das Graben von Brunnen und andere Begebenheiten in die Länge. Man kann sie als überflüssig und nutzlos erachten. Doch sie alle zielen darauf, etwas über die Zukunft zu lehren, denn immer wenn einem Propheten von den drei Patriarchen etwas zustößt, kann er daran erkennen, was für seine Nachfahren vorherbestimmt wurde [wörtlich: über sie verfügt wurde]. Und wisse, daß jede göttliche Entscheidung, wo immer sie von der Potentialität eines Beschlusses zur Aktualität einer Ähnlichkeit [Präfiguration] fortschreitet, auf jeden Fall zur Wirklichkeit wird. Deshalb veranstalten die Propheten im Zusammenhang ihrer Weissagungen Handlungen [...] Und deshalb brachte Gott [ihn, Abraham] in das Land [Israel] und schuf Präfigurationen für alles, was er mit seinen Nachkommen tun wollte.[61]

Das Schlüsselwort in diesem Abschnitt lautet *dimyon*. Es meint *nicht* »Phantasie« – was könnte »Aktualität der Phantasie« (*po'al ha-dimyon*) bedeuten? – sondern eher »Ähnlichkeit«, so wie das zuvor angeführte *ziyyur devarim*: mit anderen Worten, *typos* oder *figura*. Nachmanides sucht offensichtlich nach einer hebräischen Entsprechung für den christlich geprägten Begriff. Gott hat es so geordnet, daß den Patriarchen ähnliche Ereignisse widerfuhren wie jene, die sich später in der Geschichte Israels zutragen sollten. Ein Gleichnis dieser Art ermöglicht nicht nur Weissagung. Es ist eine symbolische Schöpfung und daher bindend und vorherbestimmend: »ein solcher Beschluß wird sich unter allen Umständen erfüllen.« Der verbindliche Charakter figurativer Begebenheiten, so sagt er, entspreche genau der bindenden Kraft der von den Propheten durchgeführten Symbolhandlungen. Die Sorge des Mose während des Krieges gegen die Amalekiter habe ihre Ursache vermutlich in dem Wissen gehabt, daß »alles, was Moses und Josua einst an ihnen [den Amalekitern] getan haben, Elia und der Messias ben Joseph ihren Nachkommen zufügen werden [in der messianischen Zeit]; deshalb unterwarf sich Moses dabei solchen Anstrengungen [indem er die Hände erhoben hielt]«. Wir sehen demnach, wie Nachmanides bisweilen von den Präfigurationen und den Ereignissen, auf die sie zielen, so redet, als wären sie eins (»denn sie waren die Hasmonäer und ihre Söhne«). Auch die Opfer haben eine solche symbolisch-schöpferische Funktion.[62] Nachmanides verknüpfte Prophetie, Symbolhandlungen und figurative Ereignisse auf das engste miteinander, in einer Weise, wie sie sich auch in der christlichen Exegese finden läßt.

Der Einfluß der christlichen Typologie scheint unbestreitbar zu sein. Doch Nachmanides' Hervorhebung der prädestinierenden Kraft von *dimyonot* – Präfigurationen – ist so ausgeprägt wie in keinem anderen, sei es christlichen oder jüdischen Text. Die Suche nach einem Ursprung oder nach einer Quelle der Inspiration für derart emphatische Erklärungen zeigt eine andere Deutungsmöglichkeit auf. Die Lehre von der himmlischen Gestalt des Individuums, *zelem* oder *demut*, die namentlich im aschkenasischen Chassidismus vorgebracht wurde, war keineswegs eine historiosophische Lehre, und Nachmanides übernahm sie auch nicht.[63] Doch er übersetzte vermutlich einige ihrer Züge aus dem Angelologischen ins Historiosophische. Die himmlisch-ideale Gestalt eines jeden Menschen stellt seine präexistente Urgestalt dar, eingeprägt oder aufgemalt auf dem Vorhang, der den Thron von Gottes Herrlichkeit umgibt. Eleazar von Worms besteht darauf, das Schicksal jedes Einzelnen sei durch diese ideale Gestalt vorherbestimmt und vermittelt[64]: »An dem Tag, an dem Gott den Menschen schuf, verfügte er auch über die Gestalt [d. h. er bestimmte sie vorher].«

Ein merkwürdiger (und vernachlässigter) Aspekt dieser Lehre besteht in der mit Blick auf alle – selbst die unbelebten – Dinge vollzogenen, weiter idealisierten Unterscheidung zwischen idealen »Aspekten« oder »Bildern« (*mar'ot*):

Alles Geschaffene besitzt ein Bild, das ihm entspricht [...], diese Bilder sind keine unabhängig existierenden Engel, doch gemäß dem Willen des Schöpfers zeigt Er (*mar'eh*) dem Geist des Propheten, was er zu tun gedenkt, indem der Allerhöchste das Wissen um seine beabsichtigte Anordnung in die Bilder hineingibt, und indem die Bilder die gleiche Gestalt annehmen wie die Anordnungen.[65]

Die Beziehung zwischen Gestalt (*demut*) und Bild (*mar'eh*) ist unklar; die Grenze zwischen ihnen ist fließend. Die *mar'ot* stellen Emanationen sowohl aus göttlichen vorherbestimmenden Handlungen als auch aus menschlichen Taten (Sünde oder Verdienst) dar: beide betreffen Objekte und alle Objekte verfügen über ein ideales Abbild. Alle vergangenen oder zukünftigen Taten, die ein Objekt betreffen, sind in seinem Bild aufgehoben.

Es mag sein, daß die etymologische Affinität zwischen *demut* und *dimyon* nicht zufällig ist. Möglicherweise hat Nachmanides diesen engelhaft-idealen *eidos* in einen historisch-magischen *typos* umgewandelt. Vielleicht hat er dies sogar bewußt getan, als wollte er sagen: diese Lehre von den prädestinierenden Prototypen ist zwar in diesem Sinne nicht gültig, besitzt ihre Wahrheit jedoch in anderer Hinsicht. Ich möchte diese reine Vermutung nicht noch weiter ausführen. Einwandfreie Philologie orientiert sich an der Maxime »in dubio contra reum«, besonders im Bereich der Bilder, in dem potentiell alles miteinander in Zusammenhang gebracht werden kann.

Daß Nachmanides die hermeneutischen Voraussetzungen figurativer Argumentation verstand, ergibt sich nicht nur aus seinen methodologischen Erklärungen. Ein Blick auf die Art und Weise, in der er mit seinen Quellen umgeht, bestätigt dies. Wie die fortgeschritteneren christlichen Exegeten unterscheidet Nachmanides präzise zwischen Wörtern und Bildern, die ein Ereignis beschreiben, und den Ereignissen selbst: typologische Analogien beruhen allein auf den letzteren. Seine von ihm selbst genannten Hauptquellen sind Genesis Rabbah und der Midrasch Tanchuma. Im zuerst genannten Text liegt der Nachdruck eindeutig eher auf der Ähnlichkeit biblischer *Formulierungen* denn auf der Substanz (Gen. R. 40,8): »Du siehst, daß alles, was über Abraham *geschrieben* ist, auch mit Blick auf seine Söhne *geschrieben* ist [...]«.[66] Diese Hervorhebung der Formulierungen ist, obgleich weniger ausgeprägt, auch in vergleichbaren Abschnitten von Tanchuma sichtbar.[67] Im Gegensatz dazu erwähnt Nachmanides die meisten dieser parallelen Formulierungen nicht.

Bei der Interpretation der oben erwähnten »großen Finsternis«, wo man die Typologie kaum auf einer anderen Ebene als der verwendeten Sprache finden kann, macht er sehr deutlich, daß er eher Zustände des Geistes meint: »Sie [die Weisen] interpretierten sie als eine Anspielung auf die Unterwerfung unter die vier Königreiche, denn der Prophet [d.h. Abraham] fand Furcht in seiner Seele, und danach kam Finsternis« usw. Zweifellos hat Nachmanides von den christlichen Exegeten gelernt, daß die Typologie sich nicht auf Wörter, sondern auf Dinge und Zustände bezieht.

In einem besonderen Fall ist der christliche Ursprung nicht allein der Methode, sondern auch der Figur selbst wohlbekannt. Abraham Bar Chiyya hatte bereits die von Augustin vorgenommene Parallelisierung der Schöpfungstage und der Weltepochen übernommen, einschließlich der genauen Beschreibung der geschaffenen Dinge und der ihnen entsprechenden Ereignisse. J. Guttmann betrachtete Isidor von Sevilla als Bar Chiyyas direkte Quelle.[68] Ich nehme eher an, daß Bar Chiyya unmittelbar mit den Lehren Augustins selbst vertraut war, und sei es nur durch Hörensagen. Nicht nur Bar Chiyyas Lehre von den *aetates* verrät den Einfluß Augustins. Der ausführliche Diskurs über die Zeit als eine subjektive, jedoch notwendige Maßeinheit der Dauer in Auseinandersetzung mit Aristoteles Definition der Zeit als »Maß der Bewegung« ist, entgegen M. Wachsmanns Behauptung[69], alles andere als »originell«. Er ist vielmehr augustinischen Ursprungs. Augustinisch ist auch der Hinweis auf die *seminales rationes* (*shorshei ha-minim*) sowie auf eine *creatio continua*.[70] Isidor hat keinen dieser Aspekte so klar herausgearbeitet. Dennoch läuft Bar Chiyyas Verwendung der Analogie der *aetates* Augustins Absichten von Grund auf zuwider, denn sein einziges Interesse besteht in der Berechnung des Endes (*chishuv ha-qez*).

Dies trifft – wenn auch nur teilweise – auch auf die Verwendung dieser Figur durch Nachmanides zu (Gen. 2,3). Er ist nicht nur an der Errechnung der Zeit der Erlösung interessiert, sondern zeigt sich zugleich von den durch dieses Bild gebotenen symbolischen Möglichkeiten fasziniert. Wichtig ist der exegetische Rahmen: Nachmanides gebraucht das Bild, um das allem Anschein nach pleonastische *bara la'asot* zu deuten:

> Du sollst wissen, daß das Wort »um zu tun« die Tatsache einschließt, daß die sechs Schöpfungstage alle Tage der Welt umfassen, denn sie wird sechstausend Jahre währen, wie sie auch sagen, daß ein Tag bei Gott tausend Jahre währt [...] usw.[71]

Gott schuf mit der Schöpfungsordnung eine Vorabbildung des Verlaufs der Weltgeschichte, genauso wie in der Anordnung der Geschehnisse und Handlungen der Patriarchenzeit die Geschichte Israels präfiguriert ist. In beiden Fällen erblickt Nachmanides eine symbolische Schöpfung: »sie haben eine schöpferische Kraft hinsichtlich der Nachkommen.«
Auch an dieser Stelle verdeckt Nachmanides die Spuren, die zu den christlichen Ursprüngen der Figur führen; er zitiert stattdessen die oben erwähnten Hinweise aus dem Traktat Sanhedrin. Sogar mit Blick auf philosophische Begriffe und Einstellungen, z.B. bei der Lehre der individuellen Formen[72], scheuten Juden davor zurück, christliche Einflüsse zuzugestehen, um wieviel mehr bei exegetischen Fragestellungen. Wie können wir erwarten, daß Nachmanides einer Methode der Argumentation Einfluß zugesteht, die mehr als jede andere exegetische Methode dazu diente, die »Übereinstimmung zwischen Altem und Neuem Testament« nachzuweisen?
Tatsächlich sind viele von Nachmanides' Figuren bewußt oder unbewußt so gestaltet, daß sie der christlichen Verwendung widersprechen. Die Erschaffung Adams am sechsten Tage der Schöpfung stellt, wie Nachmanides' Berechnung zeigt, eher eine Vorabbildung des Kommens des davidischen Messias denn des Kommens Christi dar. Esau weist natürlich auf die Völker des Römischen Reiches hin, nicht, wie die christliche Exegese behauptet, auf die Juden, die ihr Erstgeburtsrecht verloren haben. Und abgesehen von der Analogie der *aetates*, bei der Nachmanides unabhängig von Bar Chiyya Augustin heranzog, sind mir keine seiner Präfigurationen auch in der christlichen Exegese bekannt. Er war vorsichtig, was ihren Gebrauch anging, und schrieb sie, wo immer dies möglich war, dem Midrasch zu. Diese letzten Beobachtungen führen zurück zum Problem, von dem wir ausgegangen sind.

Wir stellten die Frage, weshalb die jüdischen typologischen Deutungen im Vergleich zur christlichen Tradition so spärlich und phantasielos ausfallen. Selbst Nachmanides' typologische Ansätze sind trotz seiner verheißungsvollen methodischen Ausführungen begrenzt. In gewisser Weise sind diese Darlegungen radikaler als die meisten christlichen Typologien, insbesondere, was sein Beharren auf der theurgischen, nahezu magischen, vorherbestimmenden Verbindung zwischen einer Präfiguration – *ziyyur devarim, dimyon* – und dem Ereignis angeht, auf das sie zielt. Wir werden jedoch enttäuscht, wenn uns dies dazu veranlaßt, mehr davon zu erwarten. Obwohl bei ihm zum ersten Mal in der jüdischen Tradition eine klare Vorstellung von den besonderen heuristischen Möglichkeiten der Typologisierung begegnet, nutzt er sie in der Durchführung wenig, kaum über die Geschichte der Patriarchen hinaus. Ich möchte fünf zusammenhängende Gründe dafür vorschlagen.

(1) Vorsicht. Nachmanides war sich der Macht der figurativen Vorstellungskraft im Christentum und der daraus folgenden Konsequenzen bewußt. Es war gefährlich, den Geschmack daran zu wecken. Aus diesem Grund, so vermute ich, beschränkte Nachmanides seine Typologien auf die Patriarchenerzählungen und vermied dabei christliche typologische Gemeinplätze. In einigen Fällen, bei denen es sich um charakteristische christliche Zielpunkte figurativer Lesarten handelt, enthält sich Nachmanides sogar der Verwendung existierender Typologien des Midrasch; so benutzt er weder die Joseph-Typologie in Tanchuma noch bietet er eine für die *'aqedah* an.[73] Es ist in der Tat erstaunlich, wie selten Juden Typologien selbst für polemische Zwecke in schöpferischer Weise nutzten. Eine Ausnahme stellt das *Sefer Nizzachon yashan* dar, das einige christliche *figurae* in ihr Gegenteil verkehrt oder antichristliche erfindet[74], während Yair ben Shabbetai von Corregio in seinem polemischen Traktat »den Christen« die figurative Exegese mit den Worten des Nachmanides vorstellen läßt: »die Weisen haben ein wichtiges Prinzip aufgestellt, nämlich daß alles, was den Vätern widerfahren ist, ein Zeichen für die Söhne sei«, und den figurativen Bezug überhaupt bestreitet: »Es lag nicht in der Absicht des Heiligen, gesegnet sei er, auf den Messias (sein Kommen) hinzuweisen, sondern Abraham zu prüfen.«[75]

(2) Auch Nachmanides hat die Aufmerksamkeit nicht völlig von den apokalyptischen auf die strukturellen Implikationen figurativer Interpretationen, speziell der Schöpfungstage verlagert. Wir haben festgestellt, daß diese Verlagerung im Christentum dazu führte, daß typologische Bilder von Allegorien

zu Symbolen wurden. Der Impuls, der im Christentum diesen Wandel verursachte, hat in der jüdischen Tradition niemals Wirkung ausgeübt. Juden waren zu keiner Zeit dazu gezwungen, die Einheit in der Verschiedenheit bei zwei oder mehr aufeinanderfolgenden Offenbarungen nachzuweisen. Dagegen blieb in der gesamten Geschichte christlicher Typologien die *concordia veteris ac novi testamenti* das wichtigste methodologische Paradigma.

(3) Die spekulative Energie des Nachmanides und seiner Generation konzentrierte sich stärker auf theosophische denn auf historiosophische Fragen. Genau die Figuren, die im Dienst der typologischen Interpretationen des Nachmanides stehen, erfüllen bei ihm eine weit phantasievollere und anschaulichere Funktion: sie stehen als Symbol für göttliche Prozesse und Mächte. Die *yamim* stellen zugleich *middot*, d.h. *sefirot* dar. Die Stammväter und Stammütter symbolisieren göttliche Konstellationen: »die Patriarchen sind die Wagen« (zu Gen. 17,22).

(4) Selbst dort, wo die frühe Kabbala in historischen Spekulationen schwelgt, sind diese, etwa im *Sefer ha-temunah*, stärker vom Inhalt abgelöst und an der Form der Schrift festgemacht, an Buchstaben- und Namensymbolik. Doch Typologien zeichnen sich ihrem Wesen nach durch die Loslösung von der Sprache und die Aufmerksamkeit hinsichtlich der Bezugspunkte der Sprache aus: der Dinge und Ereignisse, der Personen und Institutionen. Das trifft eigentlich auf alle Formen der christlichen Exegese zu, die über die buchstäbliche hinausgehen: je entwickelter sie waren, desto mehr neigten sie zu einer Praxis- anstatt zu einer Logos-Symbolik. Dies wird deutlich, wenn man sich an die bereits besprochenen Definitionen des Thomas von Aquin erinnert. Dagegen war die jüdische exegetische Tradition, der *derash* in gleicher Weise wie die Kabbala, auf das innigste an die Sprache, an die Schrift, ja selbst an die Akzente der Bibel gebunden, sie stellten ihre wichtigsten Symbole dar.

Hier befinden wir uns mitten in einem Bereich, in dem die jüdische spekulative Einbildungskraft unendlich reich war, während das Christentum, selbst wenn wir die christliche Kabbala mitbedenken, allenfalls zaghafte und schwache Anfänge aufzuweisen hat. Das großartige Bild von der Tora, die ihre physische Gestalt von einer *shemita* zur anderen veränderte, während in unserer *shemitat ha-din* ein Buchstabe fehlt[76], ein Bild, das in der Umgebung des Nachmanides entworfen wurde, steht der (völlig ohne Beziehung dazu entstandenen) Abhandlung des Fulgentius gegenüber. Dieser schrieb biblische Geschichte in der manieristischen Art der Spätantike, indem er sie in zweiundzwanzig Perioden einteilte und den Verlauf jeder Periode beschrieb, wobei er nacheinander je einen Buchstaben ausließ, »abest a« von Adam bis Noah usw., ein geschmackloser stilistischer Kunstgriff, dessen er überdrüssig wurde und den er, bei der Hälfte angelangt, aufgab.[77] Selbst dort, wo christliche Kabbalisten später von der Rezeption zur eigenständigen Spekulation übergingen, blieb ihr Unterfangen dürftig und in der Nachahmung befangen.[78] Das lag nicht nur an der Schwierigkeit des Hebräischen. Einige christliche Gelehrte hatten es gut gelernt und besonders für polemische Zwecke eingesetzt; Raymund Martin beherrschte es in einer Weise, die ihn befähigte, Midraschim so gut zu imitieren, daß wir noch immer im Zweifel darüber sind, ob sich nicht hinter einigen echte, verlorene Stücke verbergen. Doch das Werk eines Kabbalisten spiegelt nicht nur seine Sprachbeherrschung wider, sondern auch die Vorlieben seiner Leser. Abgesehen davon, daß man das Hebräische leicht bewundern, aber nur schwer erlernen kann, gab es kein wirkliches, breites christliches Interesse an mystischen oder anderen Spekulationen über hebräische Buchstaben oder Namen. Ebensowenig gab es ein wirkliches jüdisches Interesse an Typologien.[79] Doch abgesehen von diesen Gründen für die Unterschiede können wir noch über einen weitaus grundsätzlicheren Grund spekulieren.

(5) Typologien, eigentlich alle Formen historischer Spekulation im Christentum zeugen für ein ausgeprägtes Empfinden für einen Fortschritt *innerhalb* der Geschichte: Fortschritt vom alten zum neuen Glaubenssystem, Fortschritt innerhalb der weiteren Geschichte der *ecclesia militans et triumphans*, nach außen gerichteter (Mission) und nach innen gerichteter Fortschritt (Ausformulierung des Glaubens und des Dogmas).[80] Den Juden fehlte ein solches Gespür für den Fort-

schritt und damit auch das Verlangen, zu zeigen, wie die Dinge sich periodisch auf einer höheren Ebene wiederholen. Die erste fortschrittsorientierte jüdische historische Spekulation entstand vermutlich erst mit der lurianischen Kabbala. Das Geschichtsbild des Maimonides mit dem Akzent auf dem bisweilen allmählich, bisweilen dramatisch verlaufenden Prozeß der Durchdringung der Welt mit dem Monotheismus, das ich an anderer Stelle beschrieben habe[81], stellte eine Ausnahme dar. Außerdem sah auch er im Judentum seit seinen Anfängen keine wirkliche Entwicklung: die Welt schreitet langsam fort und erhebt sich ohne ihr Wissen – geleitet durch eine göttliche »List« – auf das jüdische Niveau. In seinem Wesen, so meinte man, habe sich das jüdische Volk niemals verändert; es war immer Träger der gleichen Offenbarung, in der *nezach Yisrael* Voraussetzung und Verheißung darstellte. In diesem Sinne liegt mehr als ein Wahrheitskern in Franz Rosenzweigs Behauptung, daß sich die jüdische Existenz (im Gegensatz zu der des Christentums) »außerhalb einer kriegerischen Zeitlichkeit« abspiele. »Das jüdische Volk ist [seinem eigenen Selbstverständnis nach] für sich schon an dem Ziel, dem die Völker der Welt erst zuschreiten.«[82] Das Christentum führt seinen Wahrheitsbeweis *durch* die Geschichte, durch seinen Erfolg in der Geschichte. Seinem Selbstverständnis nach entfaltet sich seine Bedeutung noch. Die Selbstwahrnehmung des traditionellen Judentums entsprach dieser Sicht keineswegs. Vor Krochmal vermochte kein jüdischer Denker die jüdische Geschichte als Entfaltung eines noch verborgenen Inhalts zu entwerfen.

Das Bild des Herrschers in jüdischen Quellen

Ich möchte die Bedeutung des Absolutismus im Spiegel mittelalterlicher und frühneuzeitlicher jüdischer Quellen beleuchten. Wie hat sich der Wandel der Vorstellung vom Königtum im Übergang vom frühen zum Spätmittelalter und dann zum frühneuzeitlichen Europa auf das jüdische Recht und politische Denken sowie auf die volkstümliche Phantasie ausgewirkt? Lassen Sie mich mit dem Recht, mit der *halacha* beginnen. Fritz Kerns Monumentalwerk über *Gottesgnadentum und Widerstandsrecht*[83] stellt nach wie vor den unentbehrlichen Ausgangspunkt jeder Diskussion über den komplexen Prozeß des Übergangs von den früh- zu den spätmittelalterlichen Vorstellungen über Recht und Herrschaft dar. Im frühen Mittelalter war das Recht vornehmlich Gewohnheitsrecht (*consuetudines*), ein Recht, das der Herrscher »entdecken«, nicht selber schaffen konnte: allein das alte Recht wurde als gutes Recht verstanden. Wie sehr setzte Papst Gregor VII. seine Gegner in Erstaunen, als er erklärte, er sei berechtigt, »neue Gesetze zu erlassen« (*novas leges condere*)![84] Eine Vorbedingung des Aufstiegs der absoluten Monarchie war das Aufkommen des positiven Rechts in Theorie und Praxis, sei es unter direkter Anleitung durch das römische Recht oder lediglich unter seinem Einfluß. Positives Recht bedeutet immer neues Recht – bis hin zum absolutistischen Programm, der sogenannten *lex regia* des *corpus iuris civilis*, wonach »alles, was dem Herrscher gefällt, Gesetzeskraft erlangt« (*quod principi placuit, legis haberet vigorem*).[85] Zeitgleich mit dem Aufstieg der positiven Gesetzgebung und der absoluten Monarchie verschwand das Widerstandsrecht, jenes Recht jedes freien Adligen im frühen Mittelalter, selbst gegen seinen König die Waffen zu erheben,[86] – solange der noch als erster unter Gleichberechtigten verstanden und sein Königtum durch Wahl und Akklamation erworben wurde.

Wenige haben bisher auf die Rückwirkungen dieses komplexen Vorgangs auf das jüdische Recht geachtet. Eine erwähnenswerte Ausnahme stellt Shemuel Shilos Studie über das halachische Prinzip »das Recht des Königreiches ist [gültiges] Recht« – *dina demalchuta dina* (im Folgenden DMD).[87] Oberflächlich betrachtet, gibt es kein sichtbareres Symbol für den Verlust der jüdischen Souveränität als dieses Prinzip, das Mar Shemuel zugeschrieben wird und nur an vier Stellen im Talmud begegnet.[88] Doch dies ist keineswegs der Fall. Denn erstens erstreckte sich das Prinzip lediglich auf Eigentums- und Geschäftsrecht. Und zweitens beansprucht jüdisches Recht selbstverständlich Geltung. Es erkennt einzig einen be-

grenzten Teil des Landesrechts in seiner Gültigkeit *pro tempore* an, genau wie die karolingischen oder salischen Herrscher nicht ihre letztgültige rechtliche Souveränität aufgaben, wenn sie den Juden das Recht verliehen, »ihren eigenen Gesetzen gemäß zu leben« (*secundum legem suam vivere*).⁸⁹ Und schließlich: das Prinzip verneint im gleichen Maße, wie es bejaht. Von Beginn seiner Geltung an diente es der Unterscheidung zwischen dem »Gesetz des Landes« und dem »Raub durch den König« (*chamsanuta demelech*), zwischen gültigem Recht und dem willkürlichen Handeln eines Herrschers. Wenn ein König in Übereinstimmung mit dem Recht seines Landes handelt, gilt das Prinzip DMD, etwa wenn ein König Land beschlagnahmt, für das keine Eigentumssteuern (*taska*) bezahlt wurden (dies ist das talmudische Beispiel; es meint, daß der ursprüngliche Besitzer in dem Falle, daß der König das Eigentum einer zweiten, jüdischen Partei verkaufen sollte, keinen Anspruch darauf geltend machen kann, nicht einmal vor einem jüdischen Gerichtshof). Wo der Herrscher vom Landesrecht abweicht, besteht aus halachischer Sicht keine Verpflichtung, seinem Handeln zu gehorchen oder es zu akzeptieren; so etwa, um bei dem Beispiel zu bleiben, wenn ein König Land beschlagnahmt hat, dessen Besitzer keine Kopfsteuer (*kharga*) bezahlt hat⁹⁰ (in diesem Fall besitzt der Eigentümer einen Anspruch; er wird zumindest durch das jüdische Gericht anerkannt). Das heißt, daß das Prinzip DMD, weit entfernt davon, blinden Gehorsam zu verlangen, sozusagen mit einem Widerstandsrecht verbunden ist, möglicherweise nicht mit einem aktiven (das ein Erheben der Waffen gegen den Herrscher gestattet), in jedem Fall aber mit einem passiven. Es stellt genauso ein Prinzip des Ungehorsams wie ein Prinzip des Gehorsams dar.
Welches ist »das Recht des Landes«? Auf welche Weise läßt es sich erkennen und von möglichem illegalem Handeln des Souveräns unterscheiden? Laut Meinung der frühen französischen und deutschen Rechtsgelehrten (*chachme ashkenaz vetsorfat*) handelt ein König illegal, wenn er das Gewohnheitsrecht eines Ortes ändert oder ein neues Gesetz schafft; dann fallen seine Handlungen unter die Kategorie »Raub durch den König« (*Rashba*).⁹¹ Vom dreizehnten Jahrhundert an wird die

Unterscheidung zwischen Gewohnheit (*minhag*) und Rechtsgebung ausgehöhlt, bis sie ganz verschwindet – zweifellos unter Einwirkung des Aufstiegs des positiven Rechts im lateinischen Europa, mit dem das Recht des Souveräns verbunden ist, »neue Gesetze zu erlassen«, *novas leges ponere*. Andererseits blieben diese frühen aschkenasischen Gelehrten nicht immer einer weiteren erläuternden Bestimmung des Prinzips DMD treu, daß nämlich ein Gesetz, um gültig zu sein, im ganzen Königreich ohne Diskriminierung angewandt werden müsse. Es muß für alle Einwohner des Landes und für alle Länder eines eingesetzten Herrschers gelten. In der frühmittelalterlichen sozialen und rechtlichen Wirklichkeit machte eine solche Bestimmung weder Sinn noch war sie anwendbar; jede Region, jeder Stand lebte entsprechend seinen eigenen Gewohnheiten und Privilegien (*libertates*).

Der Übergang vom Gewohnheitsrecht zum positiven Recht spiegelt sich auch in der jüdischen Diskussion über die Begründung und Legitimation des Prinzips DMD wider. In Deutschland und Frankreich leiteten es einige, etwa Rabbenu Tam, von dem Prinzip ab, daß »ein Verlassen des Gerichtshofs unwiderruflich [gültig] ist«. Einige, etwa Maimonides und Raschbam, führten es auf den Gesellschaftsvertrag zwischen einem König und seinen Untertanen zurück. Einige betrachteten das Prinzip DMD selbst als ein dem gültigen Recht vergleichbares Gewohnheitsrecht (*minhag dome le-din*). In anderen Gegenden wurde es bisweilen von der absoluten Macht des Königs abgeleitet. R. Nissim Gerundi (Ran) führt es auf die absolute Macht des Königs über alles wirkliche Eigentum in seinem Reich zurück. Rashba leitet es von der Stellung als Eroberer ab, den jeder König von Natur aus besitzt, so daß seine Untertanen per definitionem die Stellung von Eroberten haben. Einige leiten es per Analogie vom Status des Eroberten ab, andere ebenfalls per Analogie von der Stellung eines israelitischen Königs, der nicht der geschriebenen oder mündlichen Tora gemäß urteilt. Rabbi Josef Karo prüfte alle diese Auffassungen und gelangte zu dem Schluß, das Prinzip bestreite, gleichgültig, worauf es sich zurückführen lasse, dem Herrscher nicht das Recht, neue Gesetze zu erlassen.[92]

Damit sind wir bei einer eher theoretischen Frage angelangt, die nur teilweise mit dem Prinzip DMD zusammenfällt. Jüdische Quellen erkennen seit frühen Zeiten zwei Paradigmen eines jüdischen Königtums: einen König aus dem Hause Davids (*melech mibet David*) und einen König aus dem Hause Israel (*melech mibet yisrael*). Die zuletzt genannte Kategorie schließt die hasmonäischen Könige oder die herodianische Dynastie mit ein. Das davidische Königtum war seit der Zeit des Zweiten Tempels als utopisches Königtum gedacht; das israelitische Königtum war und blieb eine auch vor der Ankunft des Messias reale Möglichkeit. Maimonides faßte alle rechtlichen Quellen zusammen, vertiefte die Distinktionen und definierte das davidische Königtum als eine der schriftlichen und mündlichen Tora (*din tora*) unterworfene konstitutionelle Monarchie, während die israelitischen Könige keinem Recht unterworfen seien.

Man setzt keinen König Israels in den Sanhedrin, denn es ist nicht gestattet, ihn anzugreifen und seiner Führung Widerstand zu leisten. [...] Die Könige aus dem Hause Davids sitzen, obgleich sie keinen Sitz im Sanhedrin haben, über das Volk zu Gericht. Und sie werden verurteilt, wenn Anlaß dazu besteht. Doch die Könige Israels verurteilen weder, noch werden sie verurteilt, denn sie fügen sich nicht dem Rechtsurteil [*she'eynam nichna'im ledivre tora*] und es könnte [so] ein Mißgeschick geben.[93]

Ein König kann unter anderem sogar zur Auspeitschung verurteilt werden, falls er »viele Frauen, Pferde, Gold und Silber sammelt« (Dtn. 17,16-17), allerdings nur, wenn er aus dem Hause Davids stammt.

Ein König verfügt durchaus über weitreichende Autorität. »Wer sich gegen einen König Israels auflehnt, den darf der König töten. Selbst wenn jemandem aus dem Volk befohlen wird, irgendwohin zu gehen, und er geht nicht, oder wenn er zu Hause bleiben soll, aber nicht bleibt, so muß er mit der Todesstrafe rechnen [*chayav mita*].« Das Wort »befohlen« – *nigzar* – hat die Konnotation des Willkürlichen. Weiter heißt es:

Wer Menschen ohne klaren Beweis [daß sie gemordet haben] oder ohne Warnung tötet, auch wenn es nur einen Zeugen gibt oder wenn es sich um einen Feind handelt, der nicht absichtlich tötete, kann der König ihn hinrichten lassen und gemäß dem Bedürfnis der Stunde die Ordnung der Welt wiederherstellen [*uletaken olam*]. Er darf viele an einem Tag hinrichten lassen und ihre Körper viele Tage lang hängen lassen, um abzuschrecken, und den Arm der Verbrecher brechen.[94]

Dabei handelt es sich um ausgeprägte Notstandsvollmachten; sie gehen allerdings nicht über die Vollmachten hinaus, über die auch die Gerichtshöfe verfügen. Ein Gerichtshof kann sich selbst zum Notstandsgericht erklären (*mipne darche shalom*) und das konstitutionelle Recht (*din tora*) ignorieren. Maimonides beruft sich hier auf eindeutige antike Autoritäten. Damit ist ein weiterer Grund dafür gegeben, die Debatte darüber, ob der Prozeß Jesu vor dem priesterlichen Gerichtshof ein ordentliches Gerichtsverfahren war oder nicht, ad acta zu legen. Der Gerichtshof mag im Sinne des Notstandsrechts gehandelt haben. In jedem Fall haben die mittelalterlichen Juden nie daran gezweifelt, daß Jesus auch von den Juden verurteilt wurde: sie fügten lediglich hinzu (etwa im *Sefer Toledot Jeschu*), er habe es verdient.[95] Erst später, im Zeitalter der Assimilation und Emanzipation im Westeuropa des neunzehnten Jahrhunderts versuchten jüdische Gelehrte nachzuweisen, daß dies sich so nicht ereignet hätte.

Die Unterscheidung des Maimonides zwischen einem davidischen und einem israelitischen König entspricht zwar nicht der mittelalterlichen (und aristotelischen) zwischen einem absoluten und einem an die Verfassung gebundenen König oder gar der frühmittelalterlichen Unterscheidung zwischen *rex* und *tyrannus*. Doch einzelne Elemente der »Königsgesetze« des Maimonides ließen sich ohne allzu große Mißdeutung des Textes in die lateinischen politischen Kategorien übersetzen. Erinnern wir uns, daß Ritba in der Tat mittels eines Analogieschlusses von den Machtbefugnissen eines israelitischen (im Gegensatz zum davidischen) König das Prinzip DMD entwickelte.

Im Spätmittelalter ergab sich ein berühmtes Beispiel der Anwendung europäischer Kategorien politischen Denkens auf jüdische Quellen. Don Isaac Abrabanel schrieb zur Zeit der Vertreibung aus Spanien seinen Bibelkommentar und seine mes-

sianischen Abhandlungen. Aus den Schriften dieses letzten hohen jüdischen Beamten am spanischen Hof, der freiwillig das Exil wählte, spricht eine tiefe Enttäuschung über Könige und ihre Gunst. Seine eindeutig antimonarchischen, republikanischen Gefühle sind mehrfach erwähnt worden.[96] Ich wende mich diesem Thema erneut zu, da es sich dabei keineswegs um eine abschließend geklärte Angelegenheit handelt.
Abrabanels Analyse des biblischen Königtums ist meiner Ansicht nach durch die berühmte scholastische Unterscheidung zwischen absoluter und geordneter Macht (*potentia absoluta et ordinata*) beeinflußt. Bereits Duns Scotus verlieh dieser ursprünglich theologischen Distinktion eine rechtliche Bedeutung und setzte sie in Beziehung zur Unterscheidung der Rechtsgelehrten zwischen Handlungen eines *de facto* und eines *de jure* regierenden Herrschers.[97] Insofern sie in den Bereich der politischen Theorie gehört, unterscheidet sich die Distinktion darin beträchtlich von der aristotelischen Distinktion zwischen rechtsgebundener und tyrannischer Monarchie, daß sie davon ausgeht, ein wirklicher Souverän könne, selbst wenn er die von ihm selbst verkündeten Gesetze mißachte, niemals gesetzeswidrig handeln. Wo sich das Recht *in potestate agentis* befindet, kann dieser niemals *inordinate* handeln.[98]
In seinem Kommentar zu Deuteronomium und den Samuelbüchern wirft Abrabanel folgende Frage auf: Der Satz »Du sollst einen König über dich setzen« scheint laut Dtn. 17,15 ein klares Gebot zu sein. Weshalb mißfiel Israel dann Gott oder beging sogar eine Sünde gegen ihn, als es Samuel um einen König bat? Zunächst erklärt Abrabanel, daß es sich bei dem scheinbaren Gebot um einen hypothetischen Satz handelt. Die Einsetzung eines Königs wird nicht befohlen, sondern allenfalls erlaubt; der Vers deutet lediglich an, daß ein König, wenn überhaupt, »aus deinen Brüdern« gewählt werden müsse. Doch die Frage bleibt bestehen: warum erhob sich der Ärger Samuels gegen diejenigen, die nach einem König verlangten? Unter der Vielzahl der von Abrabanel angeführten Ansichten befindet sich auch jene des

> Don Paulus, Bischof von Burgos [...], wonach sich nämlich die Ernennung von Königen auf eine von zwei möglichen Weisen vollzieht. Ein König kann den Strafen und Bestim-

mungen des Gesetzes unterworfen sein, oder er kann absolut (*behechlet*) sein und die Könige der Völker seit alten Zeiten übertreffen, so daß sie die Gesetze erlassen und sie ihrem eigenen Willen gemäß befolgen. Die erste Variante ist die richtige, welche die *Tora* angeordnet hat [...] während der zweite König großen Schaden anrichtet, denn ein König wird aufgrund der absoluten Macht (*yecholet muchletet*), die er in Händen hält, nicht die volle Gleichheit und Gerechtigkeit in allen Angelegenheiten bewahren, sondern wird tun, was ihm gefällt, und wer sollte ihn fragen: »was tust du da?« Als nun das Volk Israel nach einem König verlangte, verlangte es nicht nach dem ersten, richtigen König, sondern nach dem zweiten, der Schaden anrichtet.[99]

Abrabanel bezeichnet den absolutistischen König auch als einen König, »der keinem Recht (*dat*) unterworfen ist (*lo nichna*), den Aristoteles im dritten Kapitel seiner *Politeia* einen bösen, willkürlichen König nennt und der in ihrer Sprache Tyrann heißt«. »Und wir können«, fügte er hinzu, »seine Interpretation dadurch unterstützen, daß wir sagen, das Königtum Sauls habe nicht überlebt, weil es sich dabei um jenes des zweiten Königs handelte [...], während Davids Königtum Dauer beschieden war [...], weil es jenes des ersten Königs verkörperte, eines Königs, der dem Gesetz Gottes und seinen Geboten unterworfen war«.

Trotzdem verwirft Abrabanel diese Interpretation, da sie voraussetzt, das jüdische Recht verlange notwendig eine wie auch immer geartete Form des Königtums. Eine solche Notwendigkeit besteht seiner Auffassung nach nicht. Er fährt mit dem Nachweis dafür fort, daß das Königtum aus der Sicht sowohl der vernünftigen politischen Theorie als auch der politischen Erfahrung – und tatsächlich auch aus der Perspektive der Tora – überflüssig sei. Die Logik der politischen Theorie verlange kein Königtum, da eine harmonische und stetige Führung in keiner Weise davon abhängig sei.

Abrabanel schließt, indem er die Unterscheidung zwischen einem absoluten und einem verfassungsgebundenen König im Sinne einer bloß geschichtlich-relativen Distinktion neu interpretiert, durchaus im Geiste der erwähnten Unterscheidung Scotus' zwischen der *potentia absoluta* und der *potentia ordi-*

nata; tatsächlich verwendet Abrabanel genau die gleichen Begriffe (*yecholet muchletet – yecholet mesuderet 'umugbelet*).[100] Das bedeutet nicht, daß Abrabanel Scotus gelesen haben muß. Es befähigte ihn jedoch, besser als Paulus von Burgos (oder Gerundi) zu erkennen, daß es keine absolute Scheidelinie zwischen einem König und einem Tyrannen gab:

Aus allem, was ich sagte, wird deutlich, daß das Königtum nicht notwendig ist, weder um das Gemeinwesen zu verbessern noch für seine Einheit, Beständigkeit oder absolute Souveränität [*yecholto*]. Ich glaube daher, daß Könige zuerst nicht aufgrund einer Wahl durch das Volk aufkamen, sondern aufgrund von Macht, indem sich der Stärkste durchsetzte [*kol de'alim gvar*]. So wie gesagt ist (Jes. 7,6): »Wir wollen hinaufziehen nach Juda und es erschrecken und zum König darin machen den Sohn Taba'els.« Selbst da noch, wo sie zunächst als berufsmäßige Politiker eingesetzt wurden, um der Gemeinschaft zu dienen und sie zu führen, wurden sie zu Herren. Und als Gott ihnen die Erde und ihre Bewohner, die ganze Welt überließ, da breitete sich dieser schädliche Aussatz aus, daß nämlich ein Mensch aufstehen, sein Volk bändigen und so führen sollte, als wären sie Esel. Allerdings sind an diesem Punkt nicht alle Königreiche gleich, denn in einigen, wie im Königreich Aragon, ist die Macht des Königs begrenzt, während sie in anderen absolut ist, doch besser als beides wäre, wenn sie, wie ich erwähnte, überhaupt nicht bestünde.

Es ist daher irrelevant, welche Art von König die Kinder Israels von Samuel verlangten. Selbst wenn sie einen König der ersten Kategorie wünschten, mußte sich sein Königtum von selbst zu dem der zweiten, unlauteren Art entwickeln. Die Sünde Israels bestand darin, daß sie überhaupt Samuels Warnung, kein König sei vor der Gefahr gefeit, zu einem Tyrannen zu werden, mißachteten. Es liegt im Wesen (und im Ursprung) des Königstums begründet, daß es absolut ist oder wird:

Die Weisen der Völker untersuchten diese Interpretation, diskutierten sie und kamen zu dem Schluß, in dieser Angelegenheit müsse man so handeln wie die [zehn nördlichen] Stämme gegenüber Rehabeam handelten.[101] Und ich redete vor Königen und Ratgebern über diese Interpretation

[= Theorie]. Ich führte den Nachweis dafür, daß es ungesetzlich und jenseits der Macht eines Volkes sei, sich gegen seinen König aufzulehnen und ihn zu entthronen, ein größeres Verbrechen, als jeder König begehen könnte (*af yarshi'a al kol dvar pesha*). Ich brachte in dieser Angelegenheit drei Argumente vor: einmal, daß das Volk, indem es jemanden zum König erhebe, einen Bund mit ihm schließe (*kortim lo brit*), daß es ihm gehorchen und seinen Worten und Befehlen folgen werde. Dieser mit einem Eid besiegelte Bund gilt nicht unter Vorbehalt, sondern stellt einen absolut gültigen Vertrag dar (*amana muchletet*), so daß jemand, der sich gegen den König auflehnt, die Todesstrafe verdient, gleichgültig ob der König recht hat oder nicht. Denn keiner aus dem Volk kann zwischen seiner Gerechtigkeit und Ungerechtigkeit unterscheiden. Darüber sprach Er, gesegnet sei Er, zu Josua (1,18): »wer deinem Wort nicht gehorcht, der soll sterben.«[102] Aufgrund des Eides und des Bundes, den das Volk mit dem König schließt, ist es verpflichtet, ihn zu ehren, und besitzt keine Vollmacht, ihn zu kritisieren oder sich gegen ihn aufzulehnen.

Die Lehre vom Gesellschaftsvertrag diente, seit sie im Mittelalter erstmals von Manegold von Lauterbach im Zuge des Investiturstreits im elften Jahrhundert erneuert worden war, häufig dazu, die Macht eines Souveräns zu begrenzen – sogar der Behauptung, er dürfe entthront werden. Abrabanel gibt diese Theorie auf, jedoch nicht aus Sympathie gegenüber einer absoluten Monarchie, sondern um ihre Gefahren hervorzuheben. Ob man nun annimmt, daß ein König durch eine Verfassung eingeschränkt wird oder nicht, in Wirklichkeit ist er an keine Gesetze gebunden, weder an seine noch an die anderer: *rex a legibus solutus est*.[103]

Trotz seiner antimonarchischen Empfindungen befindet sich Abrabanel in voller Übereinstimmung mit der mittelalterlichen Tradition, wenn er eine *translatio imperii* von der ersten Weltmonarchie zur vierten, nämlich Rom, in den Blick nimmt;[104] und wieder von Rom zum Königreich Israel, das die fünfte, vom messianischen König angeführte Monarchie bilden wird. Das berühmte talmudische Diktum, das man ebenfalls Mar Shemuel zuschreibt, »abgesehen von der Unterwerfung der Völker unterscheidet diese Welt nichts von der messianischen Zeit«, wurde einst allgemein (z. B. von Maimonides) in dem Sinne verstanden, daß die Königreiche dieser Welt in der messianischen Zeit aufhören werden, Israel zu unterjochen. Abrabanel versteht »die Königreiche« als genitivus objectivus und dreht den Sinn so um, daß damit gesagt ist, Israel werde die Völker der Welt unterwerfen. Der Messias werde ein wahrer »cosmocrator« sein und der Welt das Gesetz der Tora auferlegen, so daß es in ihr keine Trennung zwischen souveränen Staaten mehr geben werde.[105] Mit anderen Worten: während die Distinktion zwischen absoluter und konstitutioneller Monarchie mit Blick auf die Dauer der historischen Zeiten eine relative ist, gilt sie für die utopische Zeit unbedingt. Noch einmal anders gewendet, gehört Abrabanels Antimonarchismus lediglich »dieser Welt« an, nicht »der messianischen Zeit«. Letztere wird Zeugin einer wahrhaft idealen Monarchie sein, einer Monarchie, die niemals ihre eigene verfassungsmäßige Grundlage untergraben wird.

Es sind noch einige Bemerkungen zur volkstümlichen Phantasie angebracht. Gershom Scholem hat überzeugend die Bedeutung der lurianischen Kabbala für die Verbreitung der Frohbotschaft von der Messianität des Sabbatai Zwi herausgearbeitet. Einige verwirrende Fragestellungen sind jedoch bisher unbeantwortet geblieben. Erstens war das Zusammenwirken zwischen der Verbreitung der lurianischen Lehren und dem Glauben an Sabbatai Zwi keineswegs einheitlich. In einigen Ländern wurde die Botschaft von dem neuen Messias enthusiastisch aufgenommen, obwohl die lurianischen Lehren dort ziemlich unbekannt waren. Der Glaube an Sabbatai Zwi durchdrang alle Ebenen der jüdischen Gesellschaft; er entwickelte sich zu einer wahrhaft volkstümlichen Bewegung, auch wenn einige gelehrte Männer, etwa die rabbinische Führung in Jerusalem, skeptisch blieben oder zunächst abwarteten. Glückel von Hameln erinnerte sich noch an die Intensität der Erwartung. Selbst ein so überzeugter Gegner wie Rabbi Jacob Sasportas wagte es aus Furcht, lebend gesteinigt zu werden, nicht, die Bewegung öffentlich herauszufordern; er warnte lediglich immer wieder seine rabbinischen Kollegen und drängte sie, die Führung zu übernehmen.[106] Die breite Bevölkerung dachte nun gewiß nicht in lurianischen Kategorien. Was nahm also ihre Phantasie gefangen? Weshalb blieb die Bewegung nicht, wie alle früheren messianischen Bewegungen seit der Spätantike, eine absolut lokale Angelegenheit? Das im siebzehnten Jahrhundert weit besser entwickelte Netzwerk der Kommunikation stellte zweifellos einen fördernden Faktor dar. Eine viel größere Bedeutung kommt jedoch dem starken Verlangen nach dem Königtum zu, das vor und während der sabbatianischen Bewegung ins Blickfeld rückte. Alle zeitgenössischen Beschreibungen des Sabbatai Zwi heben das Königliche seines Auftretens, seiner Erscheinung und seines Verhaltens hervor. In allen seinen Briefen zeichnet er als König, da von ihm erwartet wird, wie ein König zu handeln; in der Gefangenschaft in Gallipoli teilte er die Welt zwischen seinen Gläubigen auf – ein »cosmocrator«, wie ihn Abrabanel einst erdachte. So klang auch die erste Prophezeiung des Nathan von Gaza: »hier ist unser König gekommen, sein Name ist Shabatai Tsvi, und er wird zum Kampf rufen und seine Feinde überwältigen«.[107] Neu war die Hervorhebung der unmittelbaren, bereits jetzt und nicht erst nach seinem Sieg gültigen Königsherrschaft des Sabbatai Zwi; kein früherer Messiasanwärter hatte beansprucht, bereits vor seinem endgültigen Erfolg König zu sein. In dieser Sehnsucht nach Königtum, in diesem Gefühl, die Juden sollten bereits jetzt irgendwo einen König haben, liegt auch das Geheimnis des Erfolges des David Hareubeni nach 1524, der praktisch aus dem blauen Himmel mit der Behauptung auftauchte, er sei der Bruder des reubenitischen Königs von Chaibar (man vermutete dies wohl auf der arabischen Halbinsel), und mit dem diplomatischen Auftrag, zu einem gemeinsamen christlich-jüdischen Krieg gegen die Türken aufzurufen.[108] Erstaunlich ist die Verbindung von Realismus und Phantasie: Hareubeni beanspruchte nicht die Messiaswürde, vielmehr rief er zur Erlösung des Landes Israel hier und jetzt durch irdische, militärische Mittel auf. Erstaunlich ist auch die Leichtgläubigkeit, mit der ihm Juden und Nichtjuden gleichermaßen begegneten, die Familie Abrabanel, Papst Clemens VII., der portugiesische König. Auch die Juden im Zeitalter der absoluten Monarchie warteten ungeduldig auf einen Monarchen, zumindest betonten sie diesen Aspekt der Erlösung mehr als andere. Diese Thematik verlangt eine eingehendere Untersuchung.

Aus unserer kurzen Studie lassen sich zwei Schlußfolgerungen ziehen. Erstens fand die »politische Theorie« im engen Sinne des Wortes in Westeuropa ihren Ausdruck in Fürstenspiegeln (*speculum regale*), Abhandlungen über die ideale Regierung, Kommentaren zu Aristoteles ethisch-politischen Schriften oder Abhandlungen über zeitgenössische politische Angelegenheiten (so etwa die *Libelli de lite*). In diesem engen Sinne fehlte der jüdischen Literatur ein spezifisches Genre, ein Ort, an dem das politische Denken gewissermaßen *ex officio* zum Ausdruck gelangen konnte. Wir könnten über das Fehlen dieses Genres in der jüdischen Literatur spekulieren und es zum Teil, wie im Falle der fehlenden eigentlichen Historiographie[109], auf den Verlust der Souveränität zurückführen. In beiden Fällen wurde scheinbar in der jüdischen Literatur die Reflexion über den idealen und realen Staat in die mythische Vergangenheit und in die mythische Zukunft verbannt. *In illo tempore* (um Eliades Begriff zu übernehmen) besaßen wir einen Staat, und einst werden wir erneut einen haben. Doch wie das Fehlen der Historiographie nicht mit dem Fehlen historischer Reflexion gleichzusetzen ist, so darf man auch von dem Fehlen von Abhandlungen, die politischen Fragestellungen gewidmet sind, nicht auf das Fehlen politischer Theorie schließen. Die jüdische philosophische Literatur mag politische Angelegenheiten nur en passant behandelt haben. Die halachische und exegetische Literatur dagegen ist voll davon. Dort finden wir eine echte, bewußte und systematische Auseinandersetzung mit der politischen Theorie und mit praktischen Fragen. Sie spiegelt die Probleme der Gesellschaften wider, in denen die Juden lebten, und die Schwierigkeiten der Juden in diesen Gesellschaften. Weil das Material so zerstreut ist, verfügen wir noch nicht über eine systematische Geschichte des jüdischen politischen Denkens, obwohl einige bahnbrechende Studien auf diesem Gebiet vorliegen, etwa jene meines verstorbenen Freundes und Lehrers H. H. Ben Sasson.[110]

Zweitens besteht eine der fragwürdigstens Thesen der jüngsten Erforschung der jüdischen Geschichte in der Behauptung, das jüdische Recht sei im Laufe seiner Entwicklung apolitisch oder antipolitisch geworden, unfähig, mit den Fragen des Staates fertigzuwerden. Dieses fragwürdige Erbe des neunzehnten Jahrhunderts (in dem z.B. die Pharisäer bisweilen als apolitische Bewegung gekennzeichnet wurden) dient in seiner gegenwärtigen Gestalt selbst politischen Zwecken – Zwecken, die ich teilweise bejahe, ohne doch ihre falsche historische Begründung zu übernehmen. Gewiß, die Halacha versäumte es, ein dem Reichtum anderer Aspekte des Rechts entsprechendes *Staatsrecht* zu entwickeln, doch sie ist nicht apolitisch. Yeshajahu Leibowitz hat die wachsende Distanz zwischen *Halacha* und Staatsrecht stark betont, doch er hat niemals behauptet, sie sei grundsätzlich nicht imstande, sich an ein souveränes jüdisches politisches Leben anzupassen. Im Gegenteil, er forderte die rabbinische Führung der Gegenwart (zumindest zu Beginn seiner öffentlichen Laufbahn) auf, ein solches Recht mit derselben Flexibilität zu entwickeln, die das jüdische Recht bei der Auseinandersetzung mit anderen drängenden sozialen Problemen aufzubringen vermochte. Sein Diskussionsbeitrag war streitbar, bisweilen radikal, doch niemals aprioristisch oder von Unkenntnis historischer Fakten bestimmt. Anders verhält sich dies bei einigen seiner säkularen Anhänger, die seine Argumente in eine a priori vorgehende, gewissermaßen metahistorische Charakterisierung des jüdischen Rechts verkehrten.[111] Einen größeren Fehler kann man nicht begehen. Gerade weil ich ebenfalls die vollständige Trennung von Staat und Religion im Staate Israel wünsche, achte ich darauf, meine Argumente nicht auf einer falschen historischen Grundlage aufzubauen. Gerade weil ein halachisch regierter Staat eine reale, konkrete Möglichkeit darstellt, bekämpfe ich alle Versuche, ihn zu verwirklichen.

4
Polemik, Apologetik und Selbstreflexion

Antworten auf Gegnerschaft

Die moderne jüdische Historiographie hat bisweilen Feindschaft gegen Juden als selbstverständlich hingenommen, als stelle sie eine kontinuierliche Tatsache jüdischer Existenz zu allen Zeiten und an nahezu jedem Ort dar. Isaak Heinemann hat in einem berühmten Aufsatz in der *Realencyclopädie der Altertumswissenschaften* von einem »antiken Antisemitismus« gesprochen, als sei die Feindseligkeit einheitlich und als hätte sich nur ihre äußere Gestalt durch die Zeiten hindurch verändert.[1] Erst in jüngerer Zeit haben wir gelernt, diese angebliche Kontinuität und Allgegenwart zu hinterfragen, ohne diese Erscheinung wiederum völlig zu leugnen oder sie auf bloße momentane sozio-ökonomische Konstellationen zu reduzieren. Es gibt keine Kontinuität zwischen der heidnischen und der christlichen antijüdischen Propaganda. Das Christentum war zweifellos der wichtigste Faktor des Fortlebens des Antijudaismus in Europa; er nahm jedoch verschiedene, bisweilen diskontinuierliche Formen an. Er besaß vor und nach dem zwölften Jahrhundert eine unterschiedliche Gestalt. In der Reformationszeit machte er einen radikalen Wandel durch. Im Zuge der Säkularisierung veränderte er sich erneut, und zwar nicht nur in unbedeutenden Ausdrucksformen, sondern in seiner Substanz. Der Übergang von verbaler Feindschaft zur systematischen Vernichtung hätte schließlich weder vorhergesagt noch – nicht einmal im entferntesten – vorhergeahnt werden können.[2] Judenhaß war und ist weder allgegenwärtig noch beständig. Der Mythos von seiner Unabänderlichkeit war jedoch keine moderne, nicht einmal eine mittelalterliche Erfindung. Er stellte vielmehr ein machtvolles Element der traditionellen jüdischen Selbstwahrnehmung seit der Antike dar. Juden dachten, der Haß gegen sie sei eine notwendige Folge ihrer bevorzugten Stellung vor Gott.

Die biblische Geschichte von Jakob und Esau ist eine Geschichte über das Recht der Erstgeburt, der *bechora*. Daß Jakob sie erlangte, verstößt so sehr gegen die althergebrachte Ordnung der Dinge, daß dies auf drei einander ergänzende Weisen erklärt wird – als Folge einer göttlichen Weissagung für Rebekka, als legale Abtretung in einem Augenblick der Schwäche und als eine List, um Isaaks Segen zu erlangen (Gen. 25,23; 25,31-33; 27,1-41). Bereits die biblische Geschichte redet von »Völkern« (*le'umim*), als deren Eponyme Jakob (Israel) und Esau fungieren. Die jüdische Tradition deutete Esau auf Rom, später auf das Christentum.[3] Verstand man dies so, so wurde die Diskrepanz zwischen Verheißung und Wirklichkeit auf bedrückende Weise deutlich, denn Esau-Edom regiert die Welt. Die Jerusalemer Übersetzung legte die göttliche Vorhersage deshalb als konditional aus: »und der Ältere wird dem Jüngeren dienen, wenn der Jüngere die Gebote des Gesetzes beachtet« (*im begoy ze'ira natrin pikudayya de'orayta*). Und wo die Bibel erzählt, daß »Esau Jakob haßte um des Segens willen, mit dem sein Vater ihn gesegnet hatte« (Gen. 27,40), stellt der *Midrasch* im Sinne einer überzeitlichen Tatsache fest, daß Esau Israel jederzeit hasse.[4] Die Erwählung Israels ist die kontinuierliche, beständige Ursache der Feindschaft der Völker.

Für den mittelalterlichen Beobachter erschien der Zusammenhang zwischen Feindschaft und Erwählung als so offensichtlich, daß er keiner weiteren Erklärung bedurfte. Nicht selbstverständlich war dagegen die Tatsache, daß die Erwählung Israels eher latent als manifest war, daß die Juden auf die Gnade der geringeren Völker angewiesen waren. Die Diskrepanz zwischen der Gewißheit, Gottes auserwähltes Volk zu sein, und der gegenwärtigen Demütigung durch Exil und Zerstreuung verlangte nach einer Erklärung, vor allem in einer christlichen Umwelt, in der die Kirche behauptete, mit dem ersten Kommen Christi sei die göttliche Erwählung vom »Israel nach dem Fleisch« (*kata sarka*) auf das »Israel nach dem Geist« (*kata pneuma*) übergegangen.[5] Jakob stellte eine Präfiguration der Kirche, nicht Israels dar, Esau dagegen die Israels. Unter allen Behauptungen und Beweisen gegen Juden und Judentum war dies die schmerzlichste und diejenige, die am schwersten zu widerlegen war. Vier Haupttypen von Antworten, von historischen Theodizeen, haben Juden als Antwort auf die von innen und außen an sie gerichteten Fragen nach der Bedeutung ihres Exils (*galut*) von unbestimmter Dauer entwickelt.[6] Ich möchte sie als die kathartische (1), die missionarische (2), die soteriologische (3) und die opferbezogene (4) Antwort bezeichnen.

Die älteste, stets vorherrschende Begründung für die Zerstreuung war die kathartische: »um unserer Sünden willen sind wir aus unserem Land verbannt worden.« Die späteren Propheten haben sie immer aufs neue wiederholt; sie fand Eingang in die Liturgie. Das Exil stellt, so verstanden, einen Vorgang der Entsühnung und Reinigung dar. Nun waren die Sünden Israels und Judas in biblischer Zeit leicht aufzuzählen: Götzendienst, Synkretismus, Abweichen vom Gesetz, Ungerechtigkeit. Welche Sünden rechtfertigten jedoch die Zerstörung des Zweiten Tempels? Die rabbinische Tradition war nicht in der Lage, eine entscheidende Übertretung zu benennen, der alle zustimmen konnten. Meistens nannte sie sinnlosen (inneren) Haß (*sine'at chinam*), soziale Ungerechtigkeit oder sogar Führungsmangel. Einige dieser Geschichten erzählen eher von zufälligen, vermeidbaren Ursachen denn von Sünden, so etwa die berühmte Geschichte der Feinde Kamtsa und Bar-kamtsa. Einer wurde versehentlich zum Festmahl des anderen eingeladen und öffentlich hinausgewiesen, denunzierte seine jüdischen Mitbürger beim Herrscher als Rebellen und drängte ihn, ihre Treue durch ein Opfer zu prüfen; er verstümmelte das Opfertier jedoch so, daß es nicht annehmbar war. Diese hochstilisierte Geschichte endet mit der Moral: »die Sanftmut (*'anvetanuto*) des Rabbi Zecharia ben Avkulas zerstörte unsere Stadt, ließ unseren Tempel verbrennen, verbannte uns aus unserem Land.«[7] Bei der Ausschau nach einer wesentlicheren kollektiven Sünde konzentrierten sich die Rabbinen bisweilen auf das *peccatum originale* des ganzen Volkes Israel, das Opfer vor dem Goldenen Kalb am Berge Sinai. Unter der Voraussetzung, daß alle Generationen, die vergangenen und die zukünftigen, bei dieser eigentlichen Geburtsstunde des Volkes – der Schenkung der Tora – zugegen waren, besaß jede Generation zugleich Anteil an der Sünde und hatte durch Leiden Sühne dafür zu leisten;

dies, so sagten sie, war die Bedeutung des Verses »und an dem Tag, an dem ich heimsuche, werde ich heimsuchen« (*ubeyom pokdi upakadeti*).[8]

Shlomo ben R. Shimeshon, der Augenzeuge und Chronist der Zerstörung der jüdischen Gemeinden des Rheinlandes während des Ersten Kreuzzuges (1096) verwendete genau diese Begründung, um die Leiden seiner Generation zu erklären. Er fragte voller Schmerz[9]: weshalb hat die Katastrophe gerade diese Gemeinschaft getroffen, an einem Ort und zu einer Zeit, die so reichlich mit außergewöhnlich frommen Menschen gesegnet ist (*chassidim*)? Und er antwortete: eben weil diese Generation so viele fromme Menschen aufweisen kann, wurde sie auserwählt, einen größeren Anteil der Sühne für die Sünde des goldenen Kalbes auf sich zu nehmen und auf diese Weise die kollektive Last zu erleichtern und die endgültige Erlösung zu beschleunigen. So betrachtet, steht die jüdische Geschichte in der Tat außerhalb jeder normalen Kausalkette von Ereignissen. Es handelt sich um ein Theaterstück mit lediglich zwei Schauspielern – mit Gott und seinem auserwählten Volk.

Während des sechzehnten Jahrhunderts, in der lurianischen Kabbala, fand die kathartische Theodizee ihren entschiedensten Ausdruck. Israels Exil wurde zum Symbol und zur letzten Stufe eines Dramas innerhalb des Bereichs des Göttlichen, innerhalb Gottes selbst. Gott selbst macht einen Prozeß der Selbstläuterung mittels Selbstentfremdung durch. Die Urgottheit, ein unendliches, undifferenziertes »Licht« (*or en sof*), barg einige »Wurzeln der Strenge« (*shorshey hadinim*) in sich, wie wenige Sandkörner in einem weiten Ozean. Damit sie sich von ihnen befreien konnte, mußte ein Bereich des Nicht-Göttlichen, ein »leerer Raum« geschaffen werden (*chalal hapanuy*): von einem zentralen Punkt mitten in sich selbst zog sich das unendliche Licht zusammen, so daß ein freier Raum entstand. In diesen freien Raum wurde ein göttliches Licht von geringerer Reinheit gegossen oder blieb dort, so andere Versionen, nach der Kontraktion als eine »Spur« erhalten (*reshimu*), um »Gefäße« oder »Vehikel« für die göttlichen Emanationen zu schaffen. Doch als das reine göttliche Licht in den leeren Raum strömte und ihn erfüllte, brachen sie zusammen (*shevi-*

rat hakelim): eine Katastrophe in Gott selbst, innerhalb des Bereichs der göttlichen Mächte (*atsilut*), die nun aus dem Gleichgewicht sind. Von diesem Augenblick an müssen die Funken der Gottheit, die durch die Kräfte der Verunreinigung gefangen gehalten werden, einzeln erlöst und zu ihrem göttlichen Ursprung zurückgeführt werden. Das ist ein langsamer, akkumulativer Prozeß der »Wiederherstellung« (*tikkun*) oder Erlösung.[10] Bei seiner Vollendung werden die göttlichen Mächte (*sefirot*) wahrhaft vereinigt sein; wenn ihre Vereinigung eine unmittelbare sein wird, »von Angesicht zu Angesicht« (nicht, wie jetzt, »das Angesicht dem Rücken zugewandt«), dann wird der *élan vital* ununterbrochen fließen; und »die Schechina wird zur Krone ihres Mannes zurückkehren«. Dann wird Israel, dem Kosmos (der um Israels willen existiert) und Gott selbst Erlösung zuteil werden.

Dies war ein kraftvoller Mythos im ursprünglichen Sinn des Wortes, eine Geschichte über Götter. Er stellt Israel und seine Erlösung mitten in das Leben, in die Biographie Gottes selbst, im Sinne zugleich eines Werkzeuges und Symbols für den in seiner Entwicklung nahezu deterministischen kathartischen Prozeß im göttlichen Bereich. Dies mag die Generationen nach der Vertreibung aus Spanien (1492), die sich nach Erlösung bzw. danach sehnen, in den Ereignissen ihrer Gegenwart einen Sinn zu entdecken, und die nach radikaler Veränderung strebten, getröstet haben.

Neben der kathartischen Theodizee finden wir an manchen Stellen der klassischen jüdischen Literatur eine missionarische Begründung: durch ihre Zerstreuung können die Juden die Erkenntnis Gottes unter den Völkern verbreiten, und sie haben dies auch verwirklicht. Meistens tauchte diese Deutung im Zusammenhang des engen kulturellen Austauschs zwischen Juden und ihrer Umwelt auf, etwa im hellenistisch-römischen Alexandria (Philo) oder im islamischen Spanien (Jehuda Halevi).[11] Bis zu den liberalen Theologien des neunzehnten Jahrhunderts hat sie jedoch niemals die kathartische Theodizee *ersetzt*.

Ein dritter Typus der Theodizee, der gewissermaßen zwischen den anderen beiden vermittelt, mag als soteriologisch bezeichnet werden. Raschi hat den »leidenden Knecht« in Deuterojesaja so gedeutet, daß er für ganz Israel (und nicht für den

Messias) stand; Israel leidet für die Sünden der Völker der Welt. Die Ablehnung des christologischen Verständnisses fiel mit der Rezeption ihrer Prämisse zusammen: stellvertretendes Leiden. Schließlich nennt Maimonides, ohne irgendeine Sünde zu erwähnen, eine auf das Opfer bezogene Begründung der *galut*: Israel ist Holocaust (Brandopfer), *korban 'ola* für Gott.[12] Er hat, so kann man sagen, die Suche nach einer überwältigenden »Sünde« oder nach einem immanenten Sinn aufgegeben.

Als Tiefendimension dieser vielfältigen Begründungen für das Exil, das Ausgeliefertsein an die Feindschaft eifersüchtiger und grausamer Völker, in der Tiefe auch der Erwartung einer zukünftigen Erlösung, sei es in Gestalt des »passiven« oder »aktiven«, des realistischen oder utopischen Messianismus[13], entdecken wir eine grundlegende, selten zum Ausdruck gebrachte, merkwürdige und alles durchdringende Auffassung der Wirklichkeit. Die mittelalterlichen Juden lebten, wie orthodoxe Juden noch immer, im wahrsten Sinne des Wortes in einer Welt der gespaltenen Wirklichkeiten, in einer unvollkommenen und einer vollendeten.

Die konkrete Umwelt war eine unvollkommene Welt, nicht aufgrund der menschlichen Schwächen, der Kriege und der Krankheiten, sondern in erster Linie wegen der anomalen Stellung des Volkes Israel. Die Existenz im Exil, ohne Tempel und ohne Oberhoheit (Richter und Führer), bedeutete auch die Unfähigkeit, die ganze Tora zu halten und alle Gebote zu erfüllen. Die gesamten Gebote mit allen dazugehörigen Einrichtungen stellten die andere, stets gegenwärtige, genau definierte und lebendige Wirklichkeit dar, obgleich Teile davon lediglich an einem anderen Ort und zu einer anderen Zeit verwirklicht werden konnten. Diese andere Wirklichkeit läßt sich nicht einfach als »utopisch« in dem Sinne bezeichnen, den der Begriff in der Geschichte Europas angenommen hat. Sie war nicht an sich eine erhoffte, zukünftige ideale Ordnung, die man sich im Gegensatz zum gegenwärtigen traurigen Zustand und unter Ausschaltung einiger seiner Züge ausmalte. Ich bestreite nicht, daß utopische Vorstellungen und Erwartungen die Vision der vollkommenen Wirklichkeit vertieften, doch sie stellten nicht ihr Wesen dar; ebenso waren darin noch viele der menschlichen Übel und Schwächen wirksam. Unter den verschiedenen biblischen Begriffen für göttliche Anordnungen – *chukkim, mishpatim, pikkudim, mitzvot* – war allein der letzte als Oberbegriff für alle vorherrschend. Er wird von der Wurzel *tz. v. h.* abgeleitet und beschwört das Bild eines Königs herauf, der seinen Untertanen befiehlt. Gottes Königtum war, so stellte man sich vor, in der gegenwärtigen Wirklichkeit in ähnlicher Weise unvollkommen wie die Beachtung seiner Gebote. Natürlich, als Schöpfer der Welt war und ist Gott König und wird es immer bleiben; doch nur wenn er von allen anerkannt sein wird, wird er »König über die ganze Erde sein«. Die Erwählung Israels wurde immer als zweckhaft verstanden – als abhängig von der Erfüllung der Gebote, die sehr selten als Instrument, eher als Selbstzweck betrachtet wurden. Die göttlichen Gebote stellte man sich von alters her als einen Organismus vor. Jedes einzelne wurde zudem als ein reales Wesen betrachtet, das sozusagen mit einem ontischen Status ausgestattet war. Möglicherweise war es diese Wahrnehmung, die man durch die instrumentale Interpretation der Gebote durch einige mittelalterliche Philosophen bedroht sah. In dieser Hinsicht harmonierte die Kabbala, obwohl sie nicht weniger revolutionär war als der philosophische Diskurs, besser als dieser mit den vorherrschenden Vorstellungen.

Die Welt, in der *sämtliche* göttlichen Gebote wieder verwirklicht werden konnten, ließ sich natürlich durch die utopische Phantasie ausschmücken. Ihr Kern bestand jedoch aus einer existierenden, ständig gegenwärtigen Wirklichkeit, der Wirklichkeit der Gebote selbst: eine unsichtbare und dennoch reale Topographie, Chronologie und Ordnung. Daß Juden in beiden Wirklichkeiten lebten, bedarf kaum eines Beweises. Erst seit dem neunzehnten Jahrhundert finden wir die laufende Bemühung, beide Wirklichkeiten auf eine zu reduzieren.

Die Erwählung Israels wurde niemals als selbstverständlich betrachtet oder mit angeborenen, natürlichen Eigenschaften begründet. Sie wurde durch und durch von der Annahme und Bewahrung der göttlichen Gebote abhängig gemacht. Der unvollständige Zustand, in dem lediglich ein Teil von ihnen erfüllt werden konnte, stellte einen Bruch in der Ordnung der Welt (wenn nicht sogar im Gleichgewicht der göttlichen Kräfte selbst) dar. Die Gewißheit der Erlösung wurde durch viele Quellen genährt – die Prophetie, die »Verdienste der Väter« (*zechut avot*); doch die wichtigste von allen war die Wahrnehmung der gegenwärtigen Wirklichkeit als einer unvollständigen Ordnung, die nicht das Beachten aller Vorschriften gestattete, weil Fremde in »Gottes Erbteil« eingedrungen waren. Mein Ziel besteht nicht darin, die Wirksamkeit utopischer Elemente in der nachbiblischen jüdischen Tradition überhaupt zu bestreiten: die Vorstellungen vom Weltfrieden und von der Harmonie, die man entweder an die messianische Zeit oder an die »zukünftige Welt« knüpfen konnte. Ich möchte lediglich vor ihrer Übertreibung im neunzehnten und zwanzigsten Jahrhundert warnen, die sich aus dem Wunsch ergab, beide Wirklichkeiten zu vermischen und die eine als das negative Spiegelbild der anderen zu betrachten. Genuine utopische Ideale stellten eine Ausschmückung, nicht den Kern der messianischen Erwartungen dar. Letztere konnten, mußten jedoch nicht zwangsläufig zum Brennpunkt von Träumen über Rache oder zumindest über Kompensation werden.[14] Nur im Licht dieser Tatsache kann man wirklich verstehen, weshalb jüdische Gemeinden in der Diaspora ihre Existenz einerseits als Exil in einer fremden Wirklichkeit auf einem fremden Boden wahrnehmen, ihre Befreiung täglich erwarten, zur leichten Beute von Messiasanwärtern werden konnten, während sie sich andererseits in den gegenwärtigen Zustand fügten, solange er nicht zu bedrückend war.

Geschichte, Apologetik und Humanismus

Die bescheidene Renaissance der jüdischen Historiographie im sechzehnten und siebzehnten Jahrhundert fiel mit einer Wiederbelebung der jüdischen apologetischen Literatur zusammen, eines Genres, das in der jüdischen Literatur des Mittelalters fehlte. Beide Gattungen hängen auf mehr als eine Weise miteinander zusammen, auch wenn sie auf verschiedene Leserkreise zielten. Ihre Verfasser werden häufig als »jüdische Humanisten« betrachtet. Obgleich dies in gewissem Sinne wahr ist – mehrere jüdische Autoren dieser Zeit können zu Recht als Humanisten bezeichnet werden – gab es keinen jüdischen Humanismus. Anders als die lurianische Kabbala, der Sabbatianismus, der Chassidismus, die Aufklärung oder der *Tenu'at hamussar* entwickelte sich der Humanismus nicht zu einer jüdischen Bewegung, weder im institutionellen Sinne noch in Gestalt einer erkennbaren Konstellation verwandter Ideen, die von einer Gruppe von Intellektuellen getragen wurde bzw. mit der sich diese identifizieren konnten. In der hebräischen Sprache jener Zeit wurde nicht einmal eine Bezeichnung für die Humanisten oder für ihren Gegenstand der Beschäftigung, die *litera humaniora*, geprägt. Ich bestreite nicht den Einfluß des Humanismus auf die jüdische Literatur: das Hauptgewicht dieses Essays gilt der erneuten Untersuchung dieses Phänomens. Doch eine Bewegung entstand daraus nicht einmal im Italien der Renaissance. Die Gründe dafür sind hauptsächlich soziokultureller Natur.

Die europäischen Humanisten unternahmen jede Anstrengung, um sich von der Scholastik zu distanzieren. Dennoch beruhten Humanismus und scholastische Philosophie auf einer gemeinsamen Grundlage. Beide stellten relativ autonome Bestrebungen dar, waren relativ unbelastet von theologischen Forderungen. Die philosophischen Fakultäten der mittelalterlichen Universitäten erfüllten seit dem dreizehnten Jahrhundert eine vorbereitende Funktion für jene, die ihre Studien an einer höheren Fakultät – Theologie, Medizin oder Jura – fortsetzen wollten. Trotzdem entwickelten die Lehrer der Philosophie oder der *artes liberales* einen eigenen Berufsstolz, Stolz auf ihre Fakultät und ihren autonomen Stoff. Auch die Humanisten widmeten sich den *artes liberales*, obgleich sie eine pädagogische Reform der bisherigen Lehre forderten. Viele von ihnen waren *magistri artium*, entschlossen, ihre Disziplin zugunsten der Klassik von dialektischen Exzessen zu reinigen. Die relative institutionelle Unabhängigkeit der *artes liberales* erlaubte Scholastikern und Humanisten gleichermaßen, ein theologisch neutrales intellektuelles Gebiet für sich abzustecken, selbst wenn keiner von ihnen wirklich für die angebliche averroistische Lehre von der »doppelten Wahrheit« eintrat. Dies war meiner Ansicht nach die Grundlage jenes Vorgangs, den Hans Blumenberg als »Selbstbehauptung« der Menschheit bezeichnet hat.[15] Er erblickte darin die Signatur der Moderne, doch dies war ebenfalls eine Erscheinung des Mittelalters. Einige Humanisten entwickelten eine ausgesprochene Ideologie, um diese bereits existierende Autonomie zu rechtfertigen. Ihren radikalsten Ausdruck finden wir in Pico della Mirandolas berühmter Rede über die Würde des Menschen (*De hominis dignitate*). Unter allen lebenden Arten, so seine Auffassung, besaß allein die Menschheit keine festgelegte Natur. Als ein wahrhafter Mikrokosmos, mit allen denkbaren Samen ausgestattet, könne der Mensch alles werden, was er möchte[16]:

Endlich beschloß der höchste Meister aller Künste, daß das Geschöpf, dem nichts Besonderes mehr verliehen werden konnte, die Summe dessen besäße, was jedes Einzelwesen sein eigen nenne. So machte er den Menschen zu seinem alles auf gleiche Weise in sich vereinenden Spiegelbilde und setzte ihn in die Mitte der Welt und sprach zu ihm: [...] Alle anderen Wesen in der Schöpfung haben wir bestimmten Gesetzen unterworfen. Du allein bist nirgends beengt und kannst dir nehmen und erwählen, das zu sein, was du nach deinem Willen zu sein beschließest. [...] Denn du selbst sollst, nach deinem Willen und zu deiner Ehre, dein eigener Werkmeister und Bildner sein und dich aus dem Stoffe, der dir zusagt, formen. So steht es dir frei, auf die unterste Stufe der Tierwelt herabzusinken. Doch du kannst dich auch erheben [regenerari][17] zu den höchsten Sphären der Gottheit. [...] Deshalb hat mit gutem Grunde Asklepios aus Athen gesagt, dieses Vermögen, sich selbst in die verschiedensten Wesen zu verwandeln, werde in den Mysterien unter dem Sinnbilde des Proteus dargestellt. Und darum wird auch bei den Hebräern[18] und Pythagoräern ein Fest der Metamorphosen gefeiert. [...] Einströmen soll in den Geist ein gleichsam heiliger Eifer, auf daß wir, unzufrieden mit der uns beschiedenen Mittelstellung, zu den höchsten Dingen emporstreben und sie mit allen Kräften erfassen [...].

Da sie über keine festgelegten angeborenen Eigenschaften verfügen – dies ist die wichtigste antike und mittelalterliche Bedeutung von φύσις und *natura*¹⁹ –, können die Menschen ihr eigenes Wesen so gestalten, daß es übernatürlich, göttlich wird. Einige Jahrhunderte später verwandelte sich diese Dialektik von Natur und Übernatürlichem in eine Dialektik von Natur und Kultur, die zugleich eine »zweite«, erworbene Natur darstellte.

Das ausführliche Zitat aus Pico della Mirandolas Werk kann uns als ein guter Maßstab dafür dienen, was wir von den jüdischen Humanisten erwarten können und was nicht. Die Frage, was in den menschlichen oder jüdischen Verhältnissen und in der Geschichte »natürlich« und nicht übernatürlich ist, beschäftigte sie in der Tat sehr, mehr als in jeder mittelalterlichen Reflexion. Doch keiner von ihnen formulierte eine Ideologie der menschlichen Autonomie. Picos Begeisterung über die *prisca theologia* der Antike, durch welche die christliche Offenbarung nahezu als überflüssig erschien, setzt die zuvor erwähnte (relative) kulturell-institutionelle Autonomie philosophischen Strebens voraus. Doch weder mittelalterliche noch frühmoderne jüdische Intellektuelle kannten solche wirklich unabhängigen, von jüdischen religiösen Anliegen unabhängigen Forschungen. Die meisten jüdischen mittelalterlichen philosophischen Texte befassen sich mit ihrer Religion und deren rationaler Rechtfertigung. Ausnahmen bestätigen hier die Regel. Shlomo Ibn Gabirols *Mekor Chayyim* (*fons vitae*) verschwand nicht deshalb völlig aus dem Blick der jüdischen Literatur, weil darin häretische oder besonders gewagte Auffassungen zur Sprache kamen. Wieviel gewagter waren Gersonides' praktische Leugnung der besonderen Vorsehung oder die kabbalistischen Anspielungen darauf, der Ursprung des Bösen liege in der ursprünglichen Gottheit! Doch anders als die *milchamot hashem* überlebte die *Fons vitae* nicht, weil es sich dabei um eine rein metaphysisch-ontologische Abhandlung ohne Bezug zu spezifisch jüdischen Anliegen handelte; sie birgt nicht den geringsten Hinweis auf die religiöse Identität des Verfassers.

Eine dauerhafte jüdische humanistische Bewegung entwickelte sich aus dem gleichen Grunde nicht, der dafür verantwortlich war, daß in der mittelalterlichen jüdischen Gesellschaft keine autonome, rein philosophische Diskussion und in der Zeit der wissenschaftlichen Revolution kein anhaltendes Interesse an den Wissenschaften aufkam. Wir halten vergeblich nach einem Lob der menschlichen *Neugier* Ausschau, obgleich wir häufig Beweise für ihr Vorhandensein finden. Jede Form intellektueller Aktivität, die über bloße Unterhaltung hinausging[20], mußte mit religiösen jüdischen Belangen verbunden sein. Darüber trug die jüdische Literatur keinen wesentlichen corpus antiker nichtjüdischer Literatur mit sich, die zur richtigen Zeit idealisiert werden konnte. Sie verfügte nicht über *litera humaniora*, über eine feste Grundlage, die es ermöglichte, *rerum humanarum eruditio* abgesehen von der *rerum divinarum scientia* zu verherrlichen.

Und dennoch entwickelten Juden ein großes Interesse an den Schriften der Humanisten und an der klassischen Literatur. Sie schrieben auf eine neue Weise über die Geschichte. Sie dachten in ähnlichen Formen über vergleichbare Fragestellungen nach; vor allem ihre Vorstellung von der »menschlichen Natur«, sogar von der geschichtlich geprägten »jüdischen Natur«, bezeugt die Begegnung mit der neuen Welt der Literatur. Die jüdischen Humanisten verwandten den Begriff so mehrdeutig, wie er im Laufe des siebzehnten Jahrhunderts geworden war.

Nationale Katastrophen zwangen seit den Peloponnesischen Kriegen zum historischen Rückblick. Die Zeit der Verfolgung seit dem Ende des vierzehnten Jahrhunderts endete mit der Auflösung vieler jüdischer Gemeinden, mit einer in diesem Umfang nie gekannten Welle von Übertritten zum Christentum; ihr folgten die Vertreibung der Juden aus Spanien im Jahre 1492, später die Verfolgung der *conversos* und die Katastrophe der portugiesischen Judenheit. Die spanischen Juden hatten Spanien liebgewonnen, betrachteten es beinahe als ihre Heimat – mehr als Juden dies in irgendeinem anderen mittelalterlichen Land getan hatten. Wenn Spanien seitdem das »verunreinigte Land« (*adama tme'a*) heißt, in das keine Juden zurückkehren sollten, drückt sich darin ihre Bitterkeit aus, mit der sie die Katastrophe im Gedächtnis behielten.

Man könnte denken, daß bei rechtem Nachdenken keine der traditionellen Theodizeen ausreiche, um den Ereignissen einen Sinn zu geben. Gerade die Tatsache, daß die Vertreibung nicht nur eine plötzliche Katastrophe war – *gezera* –, sondern daß zuvor die Führung zusammenbrach, verlangte nach einer besonderen Ätiologie; das Argument, sie sei eine Strafe für die seit den Anfängen des Volkes angehäuften Sünden, war zu allgemein, um die außergewöhnlichen jüngsten Ereignisse zu erklären. Shlomo ibn Verga versuchte in seinem »Zepter von Juda«[21], als Teil einer Ätiologie ihres Versagens, ein Porträt der spanischen Juden zu entwerfen. Er stellt die Ereignisse nicht chronologisch dar, sondern zählt Katastrophen (*shemad*) auf und webt in seinem Bericht Dialoge und Disputationen ineinander.

Diese Dialoge über das Schicksal der Juden sind in verschiedener Hinsicht bemerkenswert. Erstens sind die meisten Teilnehmer keine Juden: König Alfonso und sein Berater Thomas, ein (fiktiver) Papst und ein jüdischer Apostat. Dabei handelt es sich, wie Martin Kohn gezeigt hat[22], nicht nur um einen rhetorischen Kunstgriff, um Objektivität oder Unparteilichkeit zu gewährleisten: Ibn Verga versucht die Juden immer wieder aus der Sicht der anderen zu porträtieren; er lebte, wie Sartre es ausdrücken würde, in einer Situation des »être vue«, und dies berührte ihn, selbst wenn man darüber streiten kann, bis zu welchem Grade er die Perspektive der anderen verinnerlichte. Dies ist der gleiche Impuls, der im sechzehnten und siebzehnten Jahrhundert eine apologetische Literatur entstehen ließ, die auf die Herrscher oder die gebildeten Leser zielte. Historiker und Apologeten setzten auf seiten der herrschenden Klassen ein grundlegendes Wohlwollen gegenüber den Juden voraus – sei es aufgrund ihrer alten Tradition (und ihrer ehrwürdigen Herkunft), sei es aus Gründen der Staatsräson. Zugleich gingen sie von der Voraussetzung eines ungezügelten Hasses der ungebildeten Massen aus; jene, die niemals Juden gesehen haben, so erfahren wir von Eliyahu Capsali, stellen sich vor, »daß er keine menschliche Gestalt habe«.[23]

Zweitens sind diese Dialoge, wie viele der Ansichten Ibn Vergas, durch und durch zweideutig, häufig ironisch. Das Buch zeugt eher von Ironie als Skepsis, von einer Art grundsätzlichen Mißtrauens gegenüber menschlichen Motiven und der Erkenntnis göttlicher Dinge, ein Mißtrauen, das auf Menschenverstand und Erfahrung, nicht so sehr auf einer konse-

quenten epistemologischen Beweisführung beruht: vergleichbar der »incroyance«, die Lucien Febvre am Beispiel von Rabelais so schön beschrieben hat. Auf diese Weise sollte man seine berühmten, König Alfonso in den Mund gelegten Zeilen verstehen, wonach
> jedermann zustimmt, daß religiöse Riten (*datot*) einzig aufgrund von Einbildung bestehen. Die Juden bilden sich ein, es gebe keine andere Religion und keinen anderen Glauben als den ihren, und derjenige, der an etwas anderes glaubt, ist in seinen Augen wie ein Tier (ich hörte, daß sie, wann immer sie an unseren Friedhöfen vorbeigehen, sagen: »Schande über deine Mutter« usw. [Jer. 50,12].)[24] Und der Christ bildet sich ein, der Jude sei lediglich ein Tier in menschlicher Gestalt, dessen Seele im untersten Teil der Hölle wohnt. Und solltest du einen Moslem fragen, so würde er sagen, die Hölle sei von uns beiden bevölkert. Und auf den fernen Inseln des Meeres sind jene, die sich vor der Gestalt eines Esels verneigen und auf ihrer Fahne die Gestalt eines Esels abbilden [...] Und wenn Christen dorthin kommen, so macht man sich über sie lustig und sagt, wir verneigten uns vor der Gestalt eines Menschen, wenn es sich dabei auch um die edlste aller Gestalten handelt, [...] und der Gott, der die Juden von allem Gestalthaften fernhält, befahl, im Tempel sollten Cherubim in Menschengestalt aufgestellt werden.[25]

Wir werden sofort an die damals verbreitete Geschichte über die drei Betrüger erinnert.[26] Die gleiche Ironie ist dort wirksam, wo Ibn Verga die »guten« Könige beschreibt[27], oder dort, wo Thomas, als Alfonso ihm für seine Erkenntnisse eine Belohnung in der kommenden Welt verspricht, antwortet: »möge es (lieber) geschehen, daß ich sie in dieser Welt erlange.«[28] Selbst der Titel des Buches, *Shevet Jehuda*, erscheint zweideutig. Er spielt auf Genesis 49,10 an (»das Zepter soll von Juda nicht weichen«), er könnte jedoch auch auf Proverbien 13,24 deuten: »Wer seine Rute (*shivto*) zurückhält, der haßt sein Kind.« Es war nicht neu, Leiden im Sinne einer kollektiven Bestrafung zu deuten, neu war jedoch die Art und Weise, in der Ibn Verga dies unternahm.

Drittens gehen diese Dialoge konsequent und bewußt der Frage nach, was bei der traurigen Situation der Juden das Er-

gebnis einer »natürlichen Ursache« (*siba tiv'it*), was »der Weg der Natur« (*derech hateva*) war und ist.[29] Die gesamte jüdische Geschichte wird aufgeführt, doch wiederum ist das Urteil zweideutig. König Alfonso schien der Erfolg der Juden in ihrer Frühzeit auf ihren natürlichen Begabungen zu beruhen – Mut, Weisheit und Fruchtbarkeit. Ihr Scheitern müsse daher als göttliche, übernatürliche Strafe interpretiert werden. Sein Ratgeber Thomas dagegen, der im großen und ganzen wesentlich besser über jüdische religiöse Bräuche und ihre Deutung informiert ist, urteilt, die Juden seien immer hochfahrend und arrogant gewesen; und ein kleines Kind könne immer noch hundert Juden einen Schrecken einjagen. Ihr Erfolg sei ein Zeichen göttlicher Gunst gewesen. Solange sie andauerte, vertrauten sie darauf und versäumten es, militärische Fähigkeiten zu erwerben, so daß ihnen, als Gott »sein Angesicht von ihnen abwandte«, alles genommen wurde[30] und sie dem natürlichen Lauf der Welt preisgegeben waren, in welcher der Starke herrscht – was für die faßbare Welt genauso gilt wie für die Welt der Völker.[31] Ibn Vergas Konzept der »Natur« ist – obgleich aristotelischen Ursprungs – bereits durch die wesentlich beweglichere Vorstellung der Philosophen der Renaissance von der Natur als Ort der Zwietracht und der angestrebten Homogenität geprägt. Universale Faktoren mögen eine allgemeine Begründung für den Haß gegen Israel darstellen, sie werden jedoch durch den Antagonismus verstärkt, den Juden aufgrund ihrer auffallenden Zurschaustellung von Macht und Reichtum verursachen.[32] Das Kennzeichen des Juden (*midat hayehudi*) sei und bleibe das Querulantentum und der Stolz.[33] Und dennoch ergreift Ibn Verga – in ausdrücklichem Widerspruch gegen jüdische und nichtjüdische Behauptungen, es gebe eine jüdische Natur, die sogar physisch von der aller anderen Menschen unterschieden sei – für jene Partei, die davon ausgehen, daß alle Menschen den gleichen Anteil an der menschlichen Natur haben. So lautete, mutatis mutandis, auch der Anspruch jüdischer Apologeten wie Luzzatto: Juden haben, wie sie dies auch von anderen Menschen glauben, Anteil an der *commune humanitas*[34], selbst wenn ihre Natur durch Unterdrückung und Unterwerfung »deformiert« wurde.[35]
Die Dialektik von Natur und dem, was jenseits der Natur

liegt, war demnach ein wichtiges, aus dem humanistischen Diskurs stammendes Thema, doch es wurde nur im Zusammenhang konkreter Argumente aufgegriffen, niemals im Sinne einer übergreifenden Theorie, die darauf zielte, die autonome Stellung der Menschheit zu fördern.

Jüdische Intellektuelle besaßen, anders als die Humanisten mit den griechischen und lateinischen Schriftstellern, keine klassischen, religiös neutralen *litera humaniora*, zumindest nicht als Teil ihrer eigenen Literatur. In dem Maße, in dem sie auch die Kultur ihrer Umwelt in ihr Leben integrierten, fanden sie, zumindest teilweise, Geschmack an der klassischen Literatur. Bisweilen konnten sie diese gut für ihre auf hebräisch oder in der Landessprache verfaßten polemischen oder apologetischen Streitschriften verwenden. Das Neue an Azaria de Rossis *Meor Enayim* bestand in seiner nichtpolemischen Verwendung der klassischen Literatur innerhalb des Allerheiligsten der jüdischen Gelehrsamkeit: er benutzte seine breite klassische Bildung hauptsächlich für kritische Zwecke, die Überprüfung der Chronologie, des aggadisch-historischen Materials, der traditionellen Auffassungen über natürliche Dinge. Er konnte dabei auch auf jüdische Literatur, auf den Aristeasbrief und die vergessenen Schriften des Philo, des *Yedidja ha'alexandri*, zurückgreifen. Seine Absichten sind oft diskutiert worden, und ausgewählte Kapitel seines Buches liegen nun mitsamt einem ausgezeichneten, ausführlichen Kommentar von Reuven Bonfil vor.[36]

De Rossi hatte mit anderen jüdischen Literaten seiner Zeit eine große Neugier hinsichtlich menschlicher und natürlicher Dinge gemeinsam, mehr, als sie jemals von einem mittelalterlichen Autor an den Tag gelegt worden war. *Curiositas*, so haben wir aus Hans Blumenbergs Studien gelernt, wurde in der Frühmoderne eine Tugend.[37] Der Unterschied zwischen jüdischen und nichtjüdischen Autoren dieser Zeit besteht schlicht in der Offenheit, mit der das Interesse an der Welt, die sie umgab, einschließlich ihrer bizarren, einzigartigen Geschöpfe oder der merkwürdigen Gewohnheiten ihrer menschlichen Bewohner, zugegeben wurde. Die jüdischen Chronisten hielten es nach wie vor für nötig, ihr Interesse an der Geschichte anderer Völker zu rechtfertigen. Selbst das Erzählen der eigenen Geschichte bedurfte der Rechtfertigung.³⁸ Wenn de Rossi und auch andere natürliche Phänomene ausführlich besprechen, zeigen sie – gleichsam im Vorübergehen³⁹ – ein ernsthaftes Gefühl des Erstaunens und möchten die Leser in Erstaunen versetzen. Allerdings wird dies nicht um seiner selbst willen systematisch thematisiert. Neuerdings ist der jüdischen Begegnung mit den Errungenschaften der wissenschaftlichen Revolution bzw. dem jüdischen Anteil an ihr große Aufmerksamkeit entgegengebracht worden.⁴⁰ In Wahrheit sollten wir eher fragen, weshalb die jüdische Partizipation in diesem Bereich so gering und unbedeutend war; trotz des *Sefer Tuvia* herrschte sogar im späten achtzehnten Jahrhundert unter jüdischen Intellektuellen nach wie vor das geozentrische Weltbild vor. Möglicherweise lebten sie selbst in Holland und Italien zu weit entfernt von den Zentren der Wissenschaft, etwa in England und Frankreich. Eine wichtige Ursache bestand zweifellos darin, daß die Einsicht einer legitimen oder sogar gottgewollten relativen Autonomie dieser Bestrebungen wenig verbreitet war.⁴¹ Deshalb hielt es Azaria de Rossi für notwendig, auf den Nutzen zu verweisen, der dem traditionellen jüdischen Lernen aus dem fremden Wissen erwachsen werde.

Trotzdem lag vielen der von de Rossi vorgenommenen chronologischen und textkritischen Analysen der jüdischen Überlieferungen die Annahme zugrunde, daß die antiken Autoritäten – die *amora'im* und sogar die *tana'im* – dort, wo sie nicht die mündliche Tora als von Gott gegeben festlegten, ehrenhaften Irrtümern ausgesetzt sein konnten. Dies trifft vor allem dort zu, wo eine solche irrtümliche Anschauung – in einer Zeit, in der das Wissen aus Erfahrung viel begrenzter war, als es in der Gegenwart zu sein schien – Teil eines allgemeinen Konsensus der antiken Juden und Nichtjuden war. Die Kugelförmigkeit der Erde, eine nunmehr bewiesene Tatsache, war damals allenfalls ein Gegenstand der Spekulation. Unter Juden und Nichtjuden wandten sich nur wenige gegen die Behauptung, die Erde sei flach.⁴² Weder Erfahrung noch Offenbarung stützen zu jener Zeit eine der beiden »Hypothesen«. Es scheint sogar, als sei de Rossi von der damals wie zu seiner Zeit gültigen Existenz eines neutralen Raums ausgegangen, einer

Republik der Literatur, an der alle Gelehrten Anteil hatten und in der jeder Meinung der gleiche Rang und das Recht zustand, geprüft zu werden, sofern es dabei nicht um Fragen der schriftlichen oder mündlichen Überlieferung ging. Von dieser Annahme waren natürlich auch die mittelalterlichen Philosophen ausgegangen; doch nun erstreckte sie sich auf einen viel weiteren Bereich, auf Meinungen, Schätzungen (*umdanot*) und sogar auf Vorurteile. Man kann darüber streiten, ob Azaria einen solchen religiös neutralen Raum voraussetzte, in dem vernünftige und gebildete Menschen wechselseitig ihre Meinungen überprüften und revidierten. Mit Sicherheit war dies die Voraussetzung jüdischer Apologeten wie Jehuda de Modena oder Simone Luzatto.[43] Der Glaube an die Wirksamkeit der Rhetorik und die Forderung, ihr einen Bereich fairen Verhaltens zu schaffen, verlieh bis ins siebzehnte Jahrhundert dem humanistischen Toleranzgedanken Geltung.[44]

Den historischen und politischen Schriften des sechzehnten und siebzehnten Jahrhunderts wird zuweilen ein höheres Maß an Realismus zugeschrieben als denen des Mittelalters. Das gleiche gilt für einige jüdische Humanisten, insbesondere für de Rossi. Doch der Begriff des Realismus ist genauso schwer definierbar wie die Eigenschaft, die er beschreibt. Otto von Freisings Urteile waren nicht weniger nüchtern als die Bodins oder Villanis. Macchiavellis politische Ideen waren viel phantastischer als jene des Marsilius von Padua. Möglicherweise legen einige Historiker oder politische Denker seit der Renaissance ein weit tieferes Engagement für die Gegenwart als für die letzten Ziele der Geschichte an den Tag, sind diesseitiger, weniger zurückhaltend in der Bejahung der Staatsraison, weniger eingeengt durch überlieferte Kategorien wie die *translatio imperii* unter den vier Königreichen.[45] Das Mittelalter fand ein Gleichgewicht zwischen der Vernunft und dem, was sie transzendierte; dieses Gleichgewicht wurde in der Renaissance gestört, so daß sowohl Skepsis und Mißtrauen in extremer Form als auch vollkommene Leichtgläubigkeit mit Blick auf ganz phantastische Geschichten und Ideen möglich wurden, die ihrerseits den gesunden Menschenverstand, die *recta ratio*, d.h. die praktische Vernunft, neu herausforderten.

Azaria de Rossis genauer Bericht über das Erdbeben von Ferrara dient vielen Zwecken. Bei dieser Gelegenheit lernte er von einem christlichen Gelehrten den Aristeasbrief kennen. Doch die ausführliche Beschreibung des Bebens und die lange Aufzählung der seit der Antike formulierten Theorien, die dieses Phänomen als »Naturereignis« deuten oder darin ein göttliches Zeichen sehen wollen, erlaubte de Rossi die Schlußfolgerung, daß Erdbeben, obgleich sie immer ein Phänomen mit natürlicher Ursache sind, bisweilen ein kontingentes Ereignis darstellen, das sich manchmal der besonderen Vorsehung Gottes zuschreiben läßt – allerdings so, daß wir nicht imstande sind, das konkrete Geschehen dem einen oder dem anderen zuzuordnen.[46] Azarias langwierige kritische Untersuchung über die jüdische Chronologie *ab initio mundi*, die er als Lernen um seiner selbst willen vorstellt, erfüllt zugleich die Funktion, alle bis dahin herrschenden »Berechnungen des Endes« zu entlarven. Ihm lag viel am gesunden Menschenverstand. Während sich in de Rossis Schriften nicht nur eine kritische Haltung gegenüber alten Traditionen, sondern auch ein Funke von Überheblichkeit der »Modernen« gegen die »Alten« findet – auch er spricht von seiner Generation als von Zwergen auf den Schultern von Riesen –, suchen wir vergeblich nach Spuren der langfristig wirksamsten und bedeutendsten Errungenschaft des humanistischen geschichtlichen Denkens, nämlich nach der zuvor erwähnten klaren, explizit ausgesprochenen Erkenntnis, daß historische Ereignisse sich nur begreifen lassen, wenn man den ganzen ursprünglichen Kontext rekonstruiert, in dem sie verankert sind, jenen Kontext, der ihnen Sinn verleiht. Keiner der jüdischen Humanisten hat dieses neue hermeneutische Prinzip aufgegriffen – wahrscheinlich weil es aus der Dialektik von Nähe und Distanz zur griechischen und römischen Literatur, Kunst und Rechtslehre hervorgegangen war, aus der Dialektik von Identifikation und Entfremdung. Sie wurden als Paradigma verehrt, obgleich zunehmend deutlich wurde, daß sie obsolet waren. Kein jüdischer Gelehrter vermochte jedoch über eine antike jüdische rechtliche Institution zu sagen: »Quid hoc edicto praetoris?« Die jüdische literarische Welt mußte bis zum neunzehnten Jahrhundert warten, bevor sie Bedingungen vorfand, die einer historisierenden Begegnung mit ihren wesentlichen Überlieferungen förderlich waren.

Die meisten anderen Kennzeichen der humanistischen Bewegung lassen sich bei den jüdischen Autoren des sechzehnten und siebzehnten Jahrhunderts in der einen oder anderen Form finden. Doch sie haben sich zu keiner Zeit zu einem bewußten, thematischen Programm zusammengefügt. Aus diesem Grund habe ich eingangs festgestellt, daß es zwar jüdische Humanisten, aber keinen jüdischen Humanismus gab.

5
Die Schwelle zur Moderne

Die politische Theorie der jüdischen Emanzipation

Die »Judenfrage« hat ihren Ursprung im neunzehnten Jahrhundert. Der moderne Nationalstaat, vor dessen Gesetzen eigentlich alle Bürger gleich sein sollten, brachte sie hervor. Obgleich die Juden ihre Umwelt schon früher vor unangenehme theologische Probleme gestellt hatten, war ihr politischer Status bis zum neunzehnten Jahrhundert in keiner Weise problematisch gewesen. Während der Antike und des Mittelalters hatten sie immer Gemeinden (πολίτευμα, *collegium*, *universitas*) gebildet, die mit mehr oder weniger Privilegien (*libertates*) ausgestattet waren. Sehr häufig gewährten diese Privilegien auch das grundlegende Recht *secundum legem suam vivere*, d.h. autonome Gerichtshöfe einzurichten. Gleichgültig, wie »aufgeklärt« oder religiös indifferent ein mittelalterlicher Jude gewesen sein mag, er konnte deshalb dennoch nicht nach gleichen Rechten streben: nicht weil er diskriminiert wurde, sondern weil die Vorstellung selbst außerhalb des Horizonts des mittelalterlichen politischen Diskurses lag. Gleichstellung im Verhältnis zu wem? Das Mittelalter kannte nur *libertates* und keine politische *libertas*. Die »Freiheit des Christenmenschen« wurde lediglich theologisch verstanden. Die Menschen gehörten der Herkunft, dem Ort, Stand, Beruf oder dem religiösen Bekenntnis gemäß unterschiedlichen Sphären des Rechts an. Das Ideal der Gleichheit vor einem einheitlichen Recht bildete sich erst unter absolutistischer Herrschaft aufgrund des gemeinsamen Interesses des Souveräns und des Dritten Standes im Kampf mit den anderen Ständen heraus. Mit der französischen Revolution nahm das Ideal konkrete Gestalt an. Zu dieser Zeit war die Notwendigkeit der Emanzipation der Juden aus der Sicht des Nationalstaats nicht geringer als das Verlangen der Juden danach. Um seiner eigenen raison d'être willen konnte der moderne Nationalstaat keine Korporationen als

status in statu dulden. Da sich keine rechtliche Konstruktion ausdenken ließ, mit der man sie in einem Land, in dem sie vielfach länger als die einheimische Bevölkerung gelebt hatten, zu Fremden zu erklären vermochte, konnten sie auch nicht naturalisiert werden. Erst im neunzehnten Jahrhundert konnte die Emanzipation der Juden zu einem Problem werden.
Doch weshalb wurde sie zu einem Problem? Nichts im jüdischen Recht steht seiner Anpassung an den modernen Staat wirklich entgegen; es hatte sich schlimmeren politischen Bedingungen angeglichen. Byzanz verweigerte der jüdischen Selbstverwaltung seine Anerkennung, der Kaiser zwang den Juden sogar sein Urteil über interne religiöse Verordnungen auf (etwa darüber, ob der Pentateuch für liturgische Zwecke in der Landessprache gebraucht werden durfte). Diese Bedingungen überdauerte das jüdische Recht aufgrund der inneren Disziplin der Gemeinschaft – *en ponim le'arcka'otehem shel goyyim*; ihre Gerichtshöfe wurden private Schlichtungseinrichtungen. Um so leichter fiel es dem Judentum, sich dem modernen Nationalstaat anzupassen. Tatsächlich hat genau das rechtliche Prinzip, aufgrund dessen Juden die relative Gültigkeit des »im Lande herrschenden Rechts« – *dina demalchuta dina* – anerkannten, auch das moderne Prinzip der Gleichheit vor dem Gesetz lange vor seinem Siegeszug in der Moderne vorweggenommen. Es unterscheidet, wie wir gesehen haben, zwischen *dina demalchuta* (dem Recht des Königreichs) und *gazlanuta demelech* (dem Raub eines Königs); letzteres trifft zu, wenn ein Gesetz diskriminierend wirkt, wenn es nicht alle Subjekte – selbst in verschiedenen Provinzen (*medinot*) – gleich behandelt. Abgesehen von der Theorie, *historia ipsa docet*: in Amerika, England und in der Schweiz leben eingebürgerte orthodoxe Juden in vollkommener Harmonie mit dem Staat. Warum aber gibt es dann eine »Judenfrage«?
Weil Juden und Nichtjuden, Freunde und Gegner gleichermaßen, von einer gemeinsamen wirksamen Voraussetzung ausgingen, daß nämlich die rechtliche Emanzipation ein gewisses Maß an sozialer und kultureller Assimilation verlange und (eine fatale Vermischung) daß Assimilation zur sozialen Integration führen werde. Möglicherweise können sich Juden überhaupt nicht ändern und verdienen keine Emanzipation?

Sollte Emanzipation sofort gewährt werden, um den Wandel herbeizuführen, oder sollte sie erst gewährt werden, nachdem sie sich assimiliert hatten, als Belohnung für Wohlverhalten? Das Verwirrspiel zwischen Emanzipation, Assimilation und Integration war nahezu vollkommen. Es hatte allerdings tiefe Ursachen. Zwei wirkmächtige Triebkräfte standen gemeinsam am Anfang der Verwirrung: die eine bestand in der beinahe religiösen Ideologie nationaler Homogenität und Loyalität, die den entstehenden Nationalstaat kennzeichnet, die zweite in dem ebenfalls nahezu religiösen Eifer der Juden, nicht allein die bürgerlichen Rechte zu erlangen, sondern auch schöpferisch an der deutschen oder französischen Gesellschaft teilzuhaben und von ihr anerkannt zu werden. Assimilation wurde auf verschiedenen Bewußtseinsstufen und mit unterschiedlichem Grad schlechten Gewissens als selbstverständlich betrachtet. Nur wenige Deutsche liebten die deutsche Sprache, Kultur und Politik so wie die Juden – eine einseitige Liebe, die in einer Katastrophe endete. Die strenge Orthodoxie vermochte diesen Eifer zunächst kaum zu verstehen. Warum, fragt einer der Autoren des *ele divre haberit*, möchtet ihr Reformer Anklänge an Zion und den Messias aus euren Gebeten beseitigen? Wißt ihr nicht, daß wir seit der Zerstörung des Tempels Kriegsgefangene (*shvuye milchama*) in der Gewalt der Fürsten sind? Es gefiel Gott, viele von ihnen uns gegenüber wohlgesinnt zu stimmen. Sie verlangen nicht, wir sollten unsere messianischen Hoffnungen aufgeben – sie haben vielmehr selbst eine eigene – warum fordert ihr Reformer also, was nicht einmal die Fürsten von uns fordern? Es kam diesem Rabbiner nicht in den Sinn, daß die Reformer genau dieser Annahme ihre Zustimmung verweigerten: nämlich daß sie Kriegsgefangene seien. Sie wollten loyale Bürger werden und waren bereit, den Preis der Assimilation zu zahlen, da er ihnen als berechtigt erschien.

Mendelssohns *Jerusalem*

Nicht vermengte Ideen ergeben gute Theorien, sondern deren Scheidung. Die einzigen fundierten politischen Theorien über die jüdische Emanzipation waren jene, die sich – entgegen dem *consensus communis* – für die Trennung von Emanzipation und Assimilation aussprachen. Derartige Theorien begegneten vor, während und nach der Durchführung der Emanzipation: ich denke an Mendelssohns *Jerusalem*, Marx' *Zur Judenfrage* und Herzls *Judenstaat*; bei der einen handelte es sich um eine Vorwegnahme, bei der anderen um eine Mahnung und bei der dritten um ein zu erreichendes Gleichgewicht.

Die beiden Kapitel von Mendelssohns *Jerusalem*[1] scheinen einander zu widersprechen. Im ersten Kapitel widmet Mendelssohn die ganze Kraft seines philosophischen Denkens der Idee der Trennung des Staates von der Religion und der Entfernung aller in den religiösen Gemeinschaften wirksamen Spuren von Zwangsgewalt, sei es *in temporalibus* (Besteuerung) oder *in spiritualibus* (Exkommunikation). Wir werden diese Argumentation gleich aufnehmen. Da in der Tat keiner Religion ein besonderer Anspruch auf »ewige Wahrheiten« zukomme und das Judentum die einzige Religion in seiner Umgebung sei, die keine Dogmen besitze, d. h. keinen Zwang in Glaubensfragen ausübe, sei das Judentum besser als jede andere christliche Konfession darauf vorbereitet, sich in angemessener Weise in den Staat einzufügen. Und Mendelssohn ist gewillt, den Preis zu bezahlen, den er von allen Religionen in der wahrhaft bürgerlichen Gesellschaft fordert, den Verzicht auf einen korporativen Status. Im zweiten Kapitel beschreibt Mendelssohn jedoch den souveränen jüdischen Staat in der Antike als eine untrennbare Einheit von Staat und Religion. Er spitzt den Widerspruch sogar noch zu, indem er die Lebenskraft der jüdischen Religion nach dem Ende der staatlichen Souveränität aus dieser antiken Einheit von Religion und Recht herleitet. Ist es dann nicht bloß ein historischer Zufall, daß die nach wie vor gültigen jüdischen zeremoniellen und moralischen Grundsätze keine eigene Durchsetzungsgewalt, keine *potestas coactiva* besitzen? Handelt es sich dabei nicht um einen zeitweiligen Umstand, der in der messianischen Zeit seine Korrektur erfahren wird – oder, durch äußere Gewalten, welche die jüdischen Gerichtshöfe anerkennen, bereits in der Gegenwart?

Dieser Widerspruch, den nahezu alle Leser von Mendelssohns Abhandlung wahrgenommen haben, läßt sich teilweise dadurch auflösen, daß wir die These des ersten Kapitels als eine hypothetische eher denn assertorische Aussage lesen. Es beginnt mit der Untersuchung des »Naturzustandes«, zugegebenermaßen eine *fictio iuris*, die bereits Hobbes als Grenzfall für alle politischen Gebilde diente, ebenso wie das Trägheitsgesetz keine tatsächliche Bewegung beschreibt, sondern einen Grenzbegriff setzt. Mendelssohn verdankt Hobbes die fundamentale Erkenntnis, welche die Geburt der modernen politischen Theorie kennzeichnet: daß der Staat und alle gesellschaftlichen Einrichtungen nicht das Resultat eines sozialen Instinkts des Menschen darstellen. Der Mensch besitzt keinen. Der Staat ist vielmehr ein völlig künstliches Gebilde, ein Produkt der menschlichen Satzung. Frühere Theoretiker des Naturrechts waren bestenfalls geneigt, eine teilweise Mitwirkung von Vernunft und menschlichem Handeln bei der natürlichen Herausbildung sozialer Gruppen zuzugestehen: »sciendum est quod civitas sit aliquo modo quid naturale eo quo naturalem impetum ad civitatem constituendam: non tamen efficitur nec perficitur civitas nisi ex opera et industria hominum«, sagt Aegidius Colonna.[2] Indem er das natürliche soziale Streben überhaupt aus der Staatsbildung eliminierte, betonte Hobbes mehr als irgend jemand vor ihm den künstlichen Charakter des Staates; ebenso wie Marx später den natürlichen menschlichen Wunsch, Tauschhandel zu treiben, aufgehoben sah und alle ökonomischen Bedingungen auf menschlich-geschichtliche Beziehungen reduzierte. Mendelssohn übernahm Hobbes Prämisse, daß es sich beim Staat um ein künstliches Gebilde handele. Mendelssohn stimmte jedoch, wie Leibniz und Pufendorf vor ihm, nicht der Hobbesschen Kennzeichnung des Naturzustandes als eines *bellum omnium contra omnes* zu, in dem allein die Macht Recht behalte. Hätten im Naturzustand keine Verpflichtungen gegolten, so hätte auch der Gesellschaftsvertrag nicht die absolut bindende Kraft gewonnen, die Hobbes ihm zuschrieb. Angenommen, der Mensch sei selbst im Naturzustand ein animal rationale (wie Hobbes glaubte), es sei seine Rationalität und nicht seine Brutalität, die ihn im Naturzustand zum Feind seines Nächsten mache, angenommen, genau diese Rationalität veranlasse den Menschen, der beständigen Furcht, getötet zu werden, zu entgehen, indem er dem Souverän das Recht überlasse, in seinem Namen zu handeln: Weshalb sollte sich der Mensch, sobald seine Angst abgeklungen ist, an diese Verpflichtung halten? Wenn der Vertrag aus Überlegungen über seine Zweckdienlichkeit erwachsen ist, weshalb läßt Hobbes dann keine Überlegungen zu, die es zweckdienlich erscheinen lassen, ihn zu widerrufen? Woher stammt der absolute, eindeutige Charakter der Verpflichtung? Hobbes Auslegung ringt noch mit dieser Frage: bei der These von Warrender und Taylor handelt es sich um den Versuch, sie endgültig zu lösen. Mendelssohn vereinfacht Hobbes Beschreibung des Naturzustandes, um ihn wirkungsvoller widerlegen zu können. Er schärft ein, daß selbst im Naturzustand Verpflichtungen, wenn auch nur negative, bestehen müssen – vergleichbar Pufendorfs *obligationes imperfectae*. Negative Verpflichtungen zwingen den Menschen nicht (wie staatliche Gesetze), mit seinem Nächsten zusammenzuwirken; sie hindern ihn lediglich daran, das Leben und das Eigentum der anderen anzutasten. Die positiven Verpflichtungen der gesellschaftlichen Übereinkunft (und des Staates) beziehen ihren Wert aus dem Verbot, Verträge zu brechen: *pacta sunt servanda*.

Verpflichtungen können sich per definitionem nur auf »veräußerbare Dinge« beziehen, d. h. auf Wesenheiten, die gegeben oder genommen werden können. Meinungen, Glaubenssätze oder Gefühle sind unveräußerlich und sollten entsprechend der Definition niemals Gegenstand von Verpflichtungen oder Verträgen werden, wie es sich nun in dogmatischen Religionen verhält. Die Religion vermag den Menschen bestenfalls davon zu überzeugen, positive Verpflichtungen einzugehen, sie kann seinen geistigen Zustand verändern, vermag dies jedoch nicht zu erzwingen, weder im Naturzustand noch im politischen Staat. Religiöse Organisationen sind keine Vertragsgemeinschaften und sollten daher weder über die äußere finanzielle Macht noch über die innere Macht der Exkommunikation verfügen. Religiöse Organisationen können keine korporativen Gemeinschaften sein. Eine Staatsreligion stellt natürlich schon vom Begriff her einen Widerspruch in sich selbst dar. Ich vermag mich nicht dem Verdacht zu entziehen, daß Mendelssohn in seiner Theorie über die Verpflichtungen auf eine wohlvertraute Tradition des jüdischen Rechtsdenkens anspielt. Wir haben bereits das Prinzip *dina demalchuta dina* angesprochen. Nach der Sicht einiger mittelalterlicher jüdischer Theoretiker gründet es auf einem Gesellschaftsvertrag und bezieht sich lediglich auf veräußerbare Dinge (*Rashbam*). Sollte Mendelssohn auf dieses Prinzip anspielen, so deutet er einmal mehr an, daß das Judentum tatsächlich für den Eintritt in den modernen Staat besser gerüstet sei als andere Religionen, da es bereits in den angemessenen politisch-rechtlichen Begriffen denke.

Die Unterscheidung zwischen positiven und negativen Verpflichtungen, ja sogar die zwischen veräußerbaren und unveräußerlichen Dingen ist bestenfalls mehrdeutig. Doch unabhängig von den möglichen Verdiensten oder Mängeln der Theorie Mendelssohns bzw. davon, ob man sie akzeptiert, scheint sie seiner späteren Kennzeichnung des Judentums als eines rechtlichen Systems zu widersprechen – es sei denn, wir verstehen das erste Kapitel hypothetisch, d. h. als eine Wenn-dann-Aussage. Mendelssohn beschreibt nicht die einzig mögliche Weise der Entstehung politischer Gebilde. Der bürgerliche Staat müsse, wenn ihn denn der Mensch selbst aus dem Naturzustand heraus entwickelt habe, *toto caelo* von der Religion getrennt sein. Doch ein anderer Ursprung der politischen Staaten wäre ebenfalls möglich. Gott, nicht der Mensch, könnte durch einen Offenbarungsakt den Staat einsetzen. Der Staat könnte, anstatt auf einem Gesellschaftsvertrag, auf einem Bund gegründet sein, in dem Gott selbst der Souverän ist. Nur dann bestimmt die Religion den Staat und der Staat die Religion. Mendelssohn bestreitet dem Staat in jedem Fall das Recht, eine Religion in der Weise des *cuius regio, eius religio* zu besitzen oder anzunehmen. Wenn jedoch Gott der Souverän ist, dann *ist* der Staat Religion. Dies geschah nur einmal in der Geschichte – am Sinai. Weshalb nur einmal, wenn dies so vorteilhaft ist? Mendelssohn stellt diese Frage nicht, und ich vermag sie nicht für ihn zu beantworten.

Eine solche offenbarte Verfassung existierte als eine empirische Tatsache. Die Vernunft erfordert dies weder, noch legt sie Widerspruch ein, es geht schlicht um eine *vérité de fait*. Es handelt sich um eine einzigartige Erscheinung, um ein historisches *hapax legomenon*, das sich »einfachen Kategorien wie jener der Hierokratie oder der Theokratie entzieht«. Doch diese

Verfassung war ein Gesetz und hatte als solches die Befugnis zur Zwangsausübung. Sie war auch dann noch ein Gesetz, wenn Teile von ihr *pro tempore* obsolet waren und sie als ganze ihre Vollmacht verlor. Was hat Mendelssohn also gewonnen? Wie vermag sich das Judentum, wenn es ein Rechtssystem darstellt, und sei es auch göttlichen Ursprungs, in den säkularen, von Menschen gestalteten Staat einzufügen? Dies hätte zum Dilemma Mendelssohns werden können, wenn er tatsächlich, wie Spinozas *Tractatus*, das Judentum auf ein Rechtssystem mit moralischen *consilia* reduziert hätte. Mendelssohns Formulierungen führen in ihrer eleganten Einfachheit zu Mißverständnissen. Das jüdische Recht, so behauptet er, ist keineswegs ein System funktionaler Bestimmungen, eine bloße Verfassung, nicht einmal eine ideale. Das jüdische Recht bildet vielmehr, damals wie heute, ein System symbolischer Handlungen: die *potestas coactiva* ist ihm nur im zufälligen Sinne eigen.

Mendelssohn entwirft auf wenigen Seiten eine Theorie der Zeichen, um zwischen symbolischen Vorstellungen und symbolischen Handlungen zu unterscheiden. Diese oft mißverstandenen Seiten stellen m. E. den originellsten und fruchtbarsten Teil des Buches dar. Wieder scheint Mendelssohn hier Hobbes verpflichtet zu sein.[3] Nach Hobbes unterscheiden weder Wille noch Gedächtnis den Menschen vom Tier, sondern »Weitblick« und Wissenschaft, die sich allein aus der Fähigkeit ableiten, Zeichen zu erfinden und zu handhaben. Der Mensch ist ein symbolisches Wesen. »Zeichen« sind zunächst einmal physische Wesenheiten, die aufgrund der Vermittlung durch »Phantasmen« für andere physische Wesenheiten stehen. Die meisten mittelalterlichen und modernen Sprachtheorien übernahmen die aristotelische Distinktion zwischen der Bedeutung eines Zeichens (Bild, Begriff, $\lambda\varepsilon\varkappa\tau\acute{o}\nu$ oder – für Aristoteles – $\pi\alpha\theta\acute{\eta}\mu\alpha\tau\alpha$) und seinem Bezugspunkt: ein Zeichen bezieht sich auf eine Sache, ruft jedoch einen Begriff hervor; daher schärft Aristoteles ein, daß jedes Zeichen, selbst das natürlichste, etwa ein lautmalerisches Wort, insofern künstlich ist, als es ein Zeichen darstellt. Einige Zeichen verdanken sich tatsächlich zweifellos ursprünglich der Natur – sei es durch Ähnlichkeit (Analogie), Assoziation (Metonomie) oder Partizipation (Synekdoche); mit ihnen begann offenbar der Prozeß der Abstraktion, so wie das Schreiben mit Ideogrammen anfing. Im Zuge der stärkeren Abstraktion lösten sich die Zeichen von den Bildern ab; später entwickelten sich Zeichen von Zeichen. Zeichen mögen demnach ihren Ursprung in der Natur haben, doch sie erlangen ihre Eindeutigkeit und ihre Gültigkeit erst aufgrund eines willkürlichen menschlichen Akts, ganz anders als bei der Entstehung des politischen Staates aus dem Naturzustand.

Mendelssohns Analyse nimmt viele Aspekte dieser Theorie auf, verschiebt jedoch den Akzent auf die Mehrdeutigkeit der natürlichen Zeichen. Sie führt uns in primitive Zeiten zurück, in denen »Denken und *Handeln*«, Mensch und Natur einander viel näher standen. Die Schriftzeichen wiesen eine viel größere Nähe zu natürlichen Zeichen auf, zu Felsenzeichnungen, Ideogrammen und Hieroglyphen. Um moralische Einstellungen wie Gewissen, Furcht, Liebe und Haß zu erfassen, verwendeten die Menschen die Bilder von Tieren, die sie zu verkörpern schienen: den Löwen, die Taube, die Schlange. Solche Felsenzeichnungen entwickelten sich zum Mittel der Entfaltung des menschlichen Selbstbewußtseins. Auf der nächsten Stufe wurden diese Bilder zum Ausdruck göttlicher Eigenschaften: ein Gespür für das Göttliche ist allen Menschen gemeinsam, selbst im primitiven Polytheismus findet sich ein Element der Spiritualität (Ranak mag seinen vergleichbaren Gedanken bei Mendelssohn entlehnt haben). Doch aufgrund der Mehrdeutigkeit der Zeichen ließ sich die Entwicklung hin zu größerer Abstraktion auch umkehren. Die natürlichen Zeichen stehen sowohl für sich selbst als auch für etwas anderes: *significans* und *significandum* können leicht vertauscht werden. Das Zeichen kann zur Sache werden, d.h. der Löwe kann selbst als göttlich wahrgenommen werden, nicht nur als Zeichen, das auf das Göttliche verweist. Was die »Weisheit« (die Fähigkeit des Menschen, der Natur mittels Analogie und Assoziation Zeichen zu entlocken) geschaffen hat, zerstört die »Torheit« (die Neigung, Zeichen zu hypostasieren und zum Fetisch zu machen) »mit den gleichen Mitteln«. Weisheit und Torheit wurzeln in der Mehrdeutigkeit natürlicher Zeichen. Mendelssohns Erwägung über die Fetischisierung ist, nebenbei bemerkt, ein Vorläufer vergleichbarer Theorien über die »Verdinglichung«, z. B. der Marxschen Darstellung der Fetischisierung der Ware. Die Vorstellung der Austauschbarkeit von Zeichen und dem zu Bezeichnenden in einem System von Zeichen macht auch den Kern von Derridas neuerem Angriff auf den Strukturalismus aus.

Die ägyptischen Hieroglyphen dienen Mendelssohn als heuristisches Paradigma gleichermaßen für den Fortschritt in Richtung auf die Abstraktion und den Rückschritt zur Fetischisierung. Die noch nicht entzifferten Hieroglyphen übten im siebzehnten und achtzehnten Jahrhundert eine große Faszination aus. Die hermetische Tradition betrachtete sie als Ort der Aufbewahrung tiefer göttlicher Weisheit. Aus Mendelssohns Sicht bieten sie zugleich ein methodisches und ein inhaltliches Modell: in der Art und Weise, mit der die Hieroglyphen schließlich zu einem phonetischen Alphabet vereinfacht wurden, wiederholt sich der Vorgang, mit dem sich unsere Vorstellungen aus natürlich-bildhaften zu willkürlich-abstrakten Zeichen entwickelten. Daß Hieroglyphen auch als heilige Zeichen verehrt werden konnten, läßt sich wiederum auf den entgegengesetzten Weg der »Torheit« zurückführen. Mendelssohns Analyse richtet sich möglicherweise gegen die berühmte Behauptung John Spencers, daß viele der geheiligten Vorstellungen der antiken Hebräer schlicht aus den Hieroglyphen übernommen worden seien.[4]

Spencer vermischte eine angereicherte Version des Apion mit Maimonides' Begründung des Zeremonialgesetzes als eines Zugeständnisses an die polytheistische Mentalität des werdenden Israel. Mendelssohn wollte vermutlich alle möglichen Bezüge zwischen den Hieroglyphen und dem biblischen *ius circa sacra* zerstören. In jedem Falle ging es ihm um den Nachweis, daß letzteres aus symbolischen Handlungen bestehe, während erstere symbolische Bilder darstellten.

Führt der Gebrauch symbolischer Bilder zu einem *circulus vitiosus* von Abstraktion und Fetischisierung, Weisheit und Torheit, so zerbrechen die praktischen Vorschriften des jüdischen Rechts diesen Zirkel. Sie sind ebenfalls Zeichen, jedoch keine bildhaften: sie üben ihre bezeichnende Funktion durch die von ihnen gebotenen Handlungen aus. Mendelssohn mag sich an

Nachmanides symbolische Deutung der Opfer erinnert haben, die sich gegen Maimonides' historisch-funktionale »Gründe für die Gebote« richtete. Insofern diese Zeichen eher Handlungen denn Bilder darstellen, lassen sie sich viel schwerer hypostasieren oder zum Fetisch machen. Da die Verbindung zwischen Mensch und Gott nicht in der Natur (*lumen naturale*), sondern in einem besonderen, übernatürlichen Bund begründet liegt, ist es nicht immer möglich, den spezifischen (nicht gattungsmäßigen) Grund für die konkreten Vorschriften zu bestimmen – ebenso wie Sa'adia Gaons »Gründe für die Gebote«. Unsere Interpretation einer spezifischen Vorschrift kann daher niemals dazu ausreichen, sie zu verändern: dies könnte nur durch eine neue Offenbarung geschehen. Das Judentum ist nicht deshalb einzigartig, weil es über ein kleineres oder größeres Maß an »ewiger Wahrheit«, an *vérité de raison*, verfügt als andere Religionen, sondern weil der Ausdruck, den es dem Heiligen gibt, nicht auf der Natur beruht. Die Natur verweist in sich – durch Analogien (Bilder) und Vorstellungen auf die Existenz Gottes, doch sie kann auch zum Irrtum führen; Mendelssohn war der letzte, der den ontologischen Gottesbeweis verteidigte, bevor er von Kant, dem »Alleszermalmer«, zum Einsturz gebracht wurde. Das offenbarte Gesetz ist für Mendelssohn das, was für Kant Freiheit bedeutete: »das Faktum der praktischen Vernunft«, ein Wunder im Sinne einer hinweisenden empirischen Tatsache.

Daraus ergibt sich eine historiosophische Lehre: Das Judentum stellt keine Variante der Religion unter anderen Religionen dar, nicht einmal die am höchsten entwickelte Variante, sondern ein *genus* für sich. Sie läßt sich nicht als eine Phase der »Erziehung des Menschengeschlechts« erfassen. Sie kann weder missionarisch wirken noch als *praeparatio evangelica* dienen. Mendelssohn weigert sich, in der Geschichte insgesamt eine Geschichte des Fortschritts zu sehen; er muß nach eigener Aussage seinem Freund Lessing widersprechen. Vor Rosenzweig ist kein jüdischer Religionsphilosoph in Deutschland Mendelssohns Beispiel vollkommen gefolgt. In der Zeit zwischen Mendelssohns *Jerusalem* und Rosenzweigs *Stern der Erlösung* übersetzten die deutsch-jüdischen Religionsphilosophen das »Wesen des Judentums« – jene geisterhafte Gestalt einer entschwindenden

Größe – in das eine oder andere zeitgemäße philosophische oder historistische Idiom. Zeitweise subsumierten sie das Judentum unter der reinen Ethik, verstanden es als ihre vornehmste Konkretisierung. Bisweilen verwendeten sie die Sprache des objektiven Idealismus. Manchmal vertraten sie auch, im Gefolge Schleiermachers, die Unreduzierbarkeit des religiösen Gefühls oder, mit Schelling, die Tatsächlichkeit der Offenbarung. Die vielfältigen Ansätze zielten jedoch alle darauf, ein »Wesen des Judentums« herauszudestillieren und seine Übereinstimmung mit der Kultur nachzuweisen, in deren Schoß die Juden versinken wollten. Die einzige Ausnahme stellten Mendelssohn und Rosenzweig dar, der erstere aufgrund seiner Interpretation des Judentums als eines offenbarten Systems symbolischer Handlungen, der letztere mit seiner Unterscheidung zwischen *Gesetz* und *Gebot* sowie seiner Deutung der jüdischen Existenz im Sinne eines Aktes der symbolischen »Zeugung« anstatt einer »Überzeugung«, im Sinne einer Existenz »außerhalb des kriegerischen Tumults der Zeitlichkeit«.[5] Dabei handelt es sich um eine bemerkenswerte Tatsache: es scheint so, als habe die deutsch-jüdische Philosophie einen ganzen Kreis vollzogen und sei zu ihrem Ausgangspunkt zurückgekehrt.

Als Folge ergibt sich zugleich eine politische Lehre: Wenn der moderne Staat die Juden als Bürger akzeptieren soll, und nach Mendelssohn muß er sie als Juden akzeptieren, müssen sich weder Juden noch Judentum verändern, um für den Staat geeignet zu sein, d.h. um integriert werden zu können. Der Staat in seinem augenblicklichen Zustand muß sich ändern, er muß jegliche Bindung an eine bestimmte Religion aufgeben und die Religion »aus der öffentlichen in die Privatsphäre« verdrängen. Ich möchte damit nicht andeuten, in Mendelssohns Behandlung des Judentums finde sich kein Verlangen nach Akkulturation. Er vermochte dem Judentum im Vergleich zu dem, was allen Religionen zugrunde liegt, keinen Überschuß an »ewigen Wahrheiten« zuzumessen; es bereitet ihm Schwierigkeiten, die Erwählung Israels als einen Vorteil mit Blick auf das Heil zu deuten, und man kann förmlich seinen Seufzer der Erleichterung darüber hören, daß viele der einst gültigen Verfassungs- und Zeremonialgesetze im Zuge der Zerstörung des Tempels obsolet geworden sind, daß lediglich die »moralischen Vorschriften« geblieben sind. Er war nicht vollständig frei von den später herrschenden apologetischen Tendenzen. Er hat vielleicht noch nicht den Punkt erreicht, an dem die Assimilation oder zumindest die Anpassung auch religiöser Glaubenssätze als ein notwendiger Preis für die Emanzipation erschien; der Staat, den er sich vorstellte, war noch nicht der Nationalstaat des frühen neunzehnten Jahrhunderts, ein Surrogat religiöser Leidenschaft. Aus dem gleichen Grund konnte er die Kluft zwischen politischer und sozialer Integration noch nicht wahrnehmen.

Marx und die »Judenfrage«

Wenn unsere Interpretation Mendelssohns zutrifft, dann war er weder ein Vorläufer der Reform noch »der jüdische Luther« (Heine). Sein Erscheinungsbild wurde von seinen Anhängern und Bewunderern verzerrt. Das Bild von Marx wurde in dieser Hinsicht von ihm selbst belastet. Seine Abhandlungen über die »Judenfrage«[6] sind völlig von Selbsthaß durchdrungen, und es fällt schwer, in diesen Dunstkreis einzudringen, um ihren interessanten Kern zu entdecken. Die erste Abhandlung antwortet auf Bruno Bauers Argumente gegen die Emanzipation der Juden. Bauer hatte sämtliche negative Klischees über Juden zu einem dialektischen Teppich verwoben. Juden verkörpern das Prinzip des Partikularismus und Eigennutzes. Ihr Gott ist daher ein partikularistischer Gott, ihr Lohn diesseitig, ihre Gleichgültigkeit gegenüber anderen Völkern vollkommen. Das Christentum steht für die Negation des jüdischen Partikularismus, doch als universale *ecclesia e gentibus* hat es auch die jüdische Exklusivität ins Universale gewendet: *nulla salus extra ecclesiam*. Wahre Emanzipation, eine ernsthafte Befreiung des Menschen, kann sich nur dialektisch auf dem Wege einer Negation der Negation vollziehen, der Negation der universalen Absolutheitsansprüche des Christentums. Da auf der Leiter der Dialektik nicht zwei Schritte auf einmal möglich seien, könnten die Juden für die Emanzipation erst dann reif sein, wenn sie die Phase der Selbstverneinung, d.h. des Christentums durchlebt hätten.

Dabei handele es sich, so erklärt Marx, um einen Trugschluß, der auf der Verwechslung der politischen mit der sozialen (d. h. menschlichen) Emanzipation beruhe. Eine erfolgreiche Kritik erkannte nicht nur die Fehlerhaftigkeit einer Theorie, sondern auch ihren Ursprung. Die Verwechslung mußte zwangsläufig entstehen. Sie ist Teil des dem modernen Staat innewohnenden Widerspruchs, insofern in ihm »Erscheinung« und »Wesen« notwendigerweise auseinandergehen und die politische Emanzipation in der irreführenden Gestalt menschlicher Emanzipation erscheint. Marx' Essay liest sich als meisterhafte Anwendung des mittleren Teils von Hegels *Wissenschaft der Logik*, der »Wesenslogik«, auf eine konkrete historische Situation. Die zentrale Rolle der »Wesenslogik« für Marx' Denken ist selbst von denjenigen, die Hegels Einfluß auf Marx hervorheben, kaum wahrgenommen worden; die ansonsten ausgezeichnete Studie von Avineri erwähnt sie nicht, obgleich weder die Analyse des Staates noch die spätere Analyse der Gemeinschaft ohne die Dialektik von *Wesen* und *Erscheinung* verstanden werden können. Wesen und Erscheinung müssen in dem Sinne eins sein, daß ihre Einheit die Einheit von Einheit und Differenz (Realität) ist. Wenn wir nun sagen möchten, daß S als X erscheint, obwohl es in Wirklichkeit Y ist, dann ist genau diese Erscheinung wesentlich, während alles, was wir als Wesen bestimmen, *eo ipso* Erscheinung ist. Das Ideal lautet so, daß das Wesen des liberalen Staates in seiner Mittlerfunktion zwischen individuellen Eigeninteressen besteht, so daß sich, um Mandeville zu zitieren, »private Laster« in »öffentliche Tugenden« verwandeln. Er gibt vor, über allen partikularen sozialen Interessengruppen zu stehen. In Wahrheit verleiht er jedoch der Atomisierung der Gesellschaft Ausdruck und institutionalisiert sie. Die »Freiheit« oder Gleichheit, die er propagiert, die *droits de l'homme*, stellen ein Mittel dar, das einzelne Mitglied der Gesellschaft von allen feudalen oder korporativen Fesseln zu befreien, jedoch zu dem Zweck, daß es sich selbst und seine Arbeitskraft als eine Ware auf dem Markt verkaufen kann. Die bürgerliche Gesellschaft ist in der Tat jene Gesellschaft, in der die Entfremdung des Menschen von seiner Kreativität ihre radikalste und daher offensichtlichste und nackteste Form annimmt: alles in dieser Gesellschaft,

auch die menschliche Arbeitskraft, ist zu einer Ware geworden, die den »Gesetzen des Marktes« gehorcht. Die eher soziale denn begriffliche Paradoxie, die jeder Ware eignet, daß sie, wenn sie abstrakte Arbeit repräsentiert, keine abstrakte Arbeit repräsentiert, wird offensichtlich, sobald die Arbeit selbst zu einer Ware wird.
So stellen wir fest, daß die Erscheinung des bürgerlichen Staates – als eine Einrichtung, die das Auseinanderstreben von Interessengruppen gesetzlich fördert – sein Wesen ausmacht, während sein Wesen oder »Ideal« lediglich Erscheinung ist. Genau diese Diskrepanz zwischen Wesen und Erscheinung stellt die treibende Kraft des Staates dar. Wenn jedoch der bürgerliche Staat dazu bestimmt ist, die Eigeninteressen einer Klasse zu garantieren, ohne durch außerökonomische Hemmnisse in das freie Spiel der Kräfte einzugreifen, warum sollten dann die Juden als eine partikulare, antagonistische Interessengruppe unter anderen in ihm nicht akzeptiert werden? In der Tat verkörpern sie in ihrem Handeln und ihren Ideen geradezu das Prinzip des Eigennutzes. Sie repräsentieren genau den Geist der kapitalistischen Gesellschaft. Durch die Emanzipation werden sie unausweichlich in diesen Staat integriert, der nicht zulassen kann, daß Religion oder Herkunft der politischen Emanzipation des Menschen im Wege stehen: seiner Transformation in eine Ware. Erst wenn der innere Widerspruch der atomisierten, entfremdeten Gesellschaft ihre einander widerstreitenden Elemente verändert und sie in Richtung auf die menschliche Emanzipation verwandelt, werden alle Interessengruppen – einschließlich ihres archetypischen Urbildes, des Judentums – verschwinden. »Privattugenden« sind nicht *eo ipso* und gleichzeitig auch »öffentliche Tugenden«, wie die klassischen Ökonomen und politischen Theoretiker annahmen. Die Verwandlung von »privaten« in »öffentliche« Tugenden stellt vielmehr einen revolutionären, dialektischen Prozeß dar. Am Ende dieses Prozesses wird die »Emanzipation der Juden« nichts anderes bedeuten als »die Emanzipation der Gesellschaft von den Juden«.
Es scheint so, als wäre Marx' Argumentation eine Karikatur der Auffassung Mendelssohns. Dies muß nicht bewußt geschehen sein. Nicht die Juden müssen sich ändern, damit ihnen

die Emanzipation gewährt wird, sondern der Staat muß sich verändern und sein wahres übles Ich annehmen. Wenn er dies tut, wird er keine andere Wahl haben, als den korporativen Status der Juden aufzuheben – die Religion »von der Sphäre des öffentlichen Rechts« in die »Sphäre des Privatrechts« zu verbannen. Wie Mendelssohn urteilt auch Marx, die Juden seien besser als jeder andere Teil der Gesellschaft auf den bürgerlichen Staat vorbereitet; sie stellen geradezu die Inkarnation seines wahren Wesens dar, die Atomisierung der Gesellschaft durch einander widerstreitende ökonomische Interessengruppen. Bei dem bürgerlichen Staat handelt es sich um einen jüdischen Staat.

Wir sind von der methodischen Trennung der Elemente des Selbsthasses von den Elementen der wahren politischen Erkenntnis in Marx' Abhandlung ausgegangen. Er war tatsächlich nahezu der einzige Denker während des Kampfes um die Emanzipation, der dem Axiom, Emanzipation und soziale Integration (und Anerkennung) müßten Hand in Hand gehen, nicht zustimmte. Doch nachdem wir mit der methodischen Isolation seines Selbsthasses so weit gekommen sind, stellen wir fest, daß dieser letztlich einen integralen Bestandteil seiner Argumentation darstellt. Auf merkwürdige Weise präfiguriert Marx daher sowohl die Einstellung des Antisemiten als auch die des Zionisten. Die erstere insofern, als er den schlimmsten Befürchtungen des späteren Antisemitismus Ausdruck verlieh, der Staat drohe ein jüdischer Staat, eine Inkarnation des »schmutzigen jüdischen Geistes« des Kapitalismus zu werden. Die zweite insofern, als er die Emanzipation von der Integration abtrennt und Emanzipation als notwendig und unwiderruflich, wirkliche Integration jedoch als nicht existent und unmöglich betrachtet.

Antisemitismus und Zionismus

Gegen Ende des neunzehnten Jahrhunderts ließ sich die Kluft zwischen Emanzipation und Integration unschwer erkennen. Die Emanzipation war bereits ein Faktum, die Integration jedoch noch fast so weit entfernt wie im Jahre 1812. Ich meine

nicht nur die beträchtlichen Anzeichen von Diskriminierung, sondern insbesondere die Tatsache, daß die Juden weiter als separate Gruppe wahrgenommen wurden und sich selbst in dieser Weise wahrnahmen. Sie lebten in einer Situation des *être vue*, und dies war ihnen nicht gleichgültig. Trotz des nahezu religiösen Eifers, mit dem sie ihre Akkulturation vorantrieben und sich mit dem Staat identifizierten, waren sie nach wie vor der Prototyp des Fremden. Wie läßt sich diese Tatsache erklären? *Historia ipsa docet* - Emanzipation *cum* Akkulturation konnten die »Judenfrage« nicht lösen. Wenn sich die Vermengung dieser beiden Konzepte schon nicht zu den ursprünglichen Bedingungen aufrechterhalten ließ, so fand sie jedoch ihre Fortsetzung in der antisemitischen Unterscheidung zwischen vorgetäuschter und wirklicher Assimilation.
Ich kann mich an dieser Stelle nicht auf die Geschichte des politischen Antisemitismus einlassen. Einige wenige phänomenologische Bemerkungen müssen genügen. Beim Antisemitismus handelt es sich in erster Linie um eine gegenemanzipatorische Bewegung, und zwar in folgendem Sinne. Der Antisemit – sei er gemäßigt oder radikal – erblickte seinen Hauptfeind nicht in dem traditionellen, orthodoxen Juden, sondern in dem Juden, der fast einer von uns geworden ist, in dem Juden, der unter dem Deckmantel der Assimilation den gesunden Organismus der Gesellschaft von innen heraus zu zerstören trachtete. Das Judesein ist geradezu ein *charakter indelebilis*, eine natürliche Beschaffenheit, die auch durch die Konversion nicht ausgelöscht werden kann; die Juden verfügen über eine Kraft der Desintegration, sind ein »zersetzendes Element«. Sie mögen es subjektiv oder objektiv, bewußt oder unbewußt sein, der radikale Antisemit wird annehmen, daß die Juden darauf aus sind, unerkannt und konspirativ die Herrschaft über das Volk und vielleicht über die ganze Welt zu gewinnen. Die Juden sollten wieder erkennbar gemacht werden: ihre Emanzipation war zum Teil oder gänzlich ein Fehler, da sie, willentlich oder nicht, einer wirklichen Assimilation nicht fähig seien.
Es ist erstaunlich, daß diese Annahmen von den frühen zionistischen Ideologen, wenn auch unter umgekehrtem Vorzeichen, geteilt wurden. Die Theorie der »Judenfrage« in Herzls

Judenstaat[7] läßt sich in einer Frage zusammenfassen: Angenommen, die Assimilation hat nicht zur Integration geführt, wie kann man dann trotzdem die Errungenschaften der Emanzipation verteidigen und aufrechterhalten? Herzl gesteht beinahe zu, daß die radikale Assimilation, die Aufhebung aller unterscheidenden Merkmale, die ideale Lösung der »Judenfrage« wäre, wenn genügend Zeit dafür vorhanden wäre. Die Juden sind bereit und fähig zur Assimilation, doch einmal reiche die Zeit nicht aus, um diesen Prozeß abzuschließen, zudem könne er nicht ohne tiefgreifenden Antagonismus fortschreiten.

Herzls theoretische Sprache ist in erster Linie der unglaublich simplen Sprache des Sozialdarwinismus verpflichtet. Während ihrer voremanzipatorischen Leidensgeschichte machten die Juden, die härteren Lebensbedingungen als jede andere Gruppe unterworfen waren, einen Prozeß natürlicher Auswahl durch; die Stärksten überlebten. Mit seinen Worten: Juden haben enorme Energien erworben. Die Emanzipation der Juden setzte diese Energien frei: die Juden wollten in die bürgerliche Gesellschaft eintreten und Einfluß in ihr erlangen, und es gelang ihnen, in ihren Wirkungsfeldern große Macht zu gewinnen; Herzl übertrieb das Ausmaß der jüdischen finanziellen und politischen Macht nicht weniger als seine antisemitischen Gegner. Doch genau dieser Schwung des jüdischen Eintritts in die Gesellschaft mußte namentlich im Bürgertum Besorgnis erregen; je mehr Einfluß die Juden erlangten, desto tiefer wurde der Widerstand gegen ihre Integration. Das Problem drohte eine katastrophale Dimension anzunehmen; deshalb sollten die Juden ihre Macht umfunktionieren; anstatt nach Einfluß innerhalb der Gesellschaft zu streben, sollten sie ihre eigene Gesellschaft aufbauen. Die Lösung der »Judenfrage« ist nicht auf sozialem, sondern auf nationalem Wege zu erreichen: der einzige Weg zur Bewahrung und Vollendung der Emanzipation der Juden führt über die kollektive Autoemanzipation, über ihre Emanzipation als Volk. Erst dann würden die Juden nicht mehr als Bedrohung empfunden werden.

Im Rückblick stellt nicht Herzls Analyse der »Judenfrage«, sondern seine Rechtfertigung des Handelns den erfindungsreichsten Teil seiner Abhandlung dar. Eine »Gesellschaft der

Juden« muß gebildet werden, eine Exekutive, die als Vertretung aller handeln soll; doch mit welcher Legitimation? Das römische Recht erkennt *in casu necessitatis* die nicht-autorisierte Vertretung durch einen anderen an, den *gestor negotiorum*. Wenn das Haus meines abwesenden Nachbarn in Flammen steht, bin ich befugt, ja sogar verpflichtet, sein Eigentumsrecht zu verletzen und in seinem Namen zu handeln – das Feuer auf die von mir für notwendig erachtete Weise zu löschen. »Das Haus Israel steht in Flammen.« Die Durchschlagskraft dieses Gedankengebäudes verdankt sich nicht seinen theoretischen Vorzügen, sondern der Tatsache, daß es zwei Erkenntnisse ausdrückt, die den Schlüssel des Erfolges des Zionismus in seinen Anfängen darstellen. Herzl erkannte das politische Machtvakuum in der jüdischen Gemeinschaft: keine Gruppe oder Partei wollte in irgendeiner Weise als Repräsentantin aller Juden erscheinen, denn dies hätte impliziert, was die meisten Juden bestritten – daß sie als »politisches Subjekt« zu handeln hätten. Herzl spürte, daß für den Fall, daß eine derartige Gruppe auftauchen und im Namen aller zu handeln beanspruchte, diese auch von anderen politischen Größen als solche akzeptiert würde, gleichgültig, welche winzige Minderheit sie in jenem Augenblick repräsentierte. Herzl war ein Meister der *Als-Ob-Politik* zu einer Zeit, in der die Schauspielkunst so wichtig war wie tatsächliche Macht. Seine politisch-praktische Botschaft bestand bereits 1896 in dem Drängen darauf, so zu handeln, »als ob«.

Herzls Programm war darauf ausgerichtet, die Errungenschaften der Emanzipation ohne Assimilation zu retten. Wahrhafte Emanzipation würde den Juden nicht als Individuen, sondern als einem Volk zuteil werden. Ihre Integration in den bürgerlichen Staat werde in der Errichtung ihres eigenen Staates bestehen. Auf seine Weise erlag auch er der Verwechslung von Emanzipation, Assimilation und Integration, die sein Jahrhundert kennzeichnete: hier können die Juden keine wirkliche Emanzipation erlangen, da ihnen die Gelegenheit und die Zeit, sich zu assimilieren, nicht gewährt werden. *Der Judenstaat* stellte sich als eine eher pragmatische denn ideale Lösung der »Judenfrage« dar. Und obgleich die Frage sich überhaupt nicht stellte, wurde das Ideal der Eigenstaatlichkeit in den furchtbarsten Stunden der jüdischen Geschichte zu dem Traum, der Kraft verlieh. Heute besteht dieser Staat, doch uns ist es noch auferlegt, daraus einen guten Staat zu machen: *tantae molis erat Romanam condere gentem.*

Haskala, Geschichte und die mittelalterliche Tradition

Das von der Aufklärung entworfene Bild des Mittelalters bestand aus einer Reihe negativer Klischees. Die mittelalterliche Philosophie war von diesem düsteren Bild nicht ausgenommen. Aus der Sicht der Aufklärung war die Scholastik nicht minder rückständig als die feudalen Institutionen, die Gerichtshöfe der Inquisition und die »gotische« – sprich: barbarische – Architektur des Mittelalters. War nicht die Scholastik der eigentlichen Aufgabe der Philosophie ausgewichen, nämlich der Schärfung unserer kritischen Fähigkeiten, der Förderung wahren Wissens und der Beseitigung von Vorurteilen? Stattdessen verlor sie sich in Subtilitäten, die nichts als leere Wortspielereien darstellten; oder – wie es schon bei Gassendi (in Anlehnung an Seneca) heißt – »die Philosophie wurde zur Philologie« (*philosophia philologia facta est*).[8]

Die jüdische *Haskala* verstand sich als Teil der Aufklärungsbewegung. Viele ihrer grundlegenden Glaubenssätze entsprachen in der Tat jenen der »Aufklärer«, »philosophes«, »illuministi«. Ihr Verhältnis zur mittelalterlichen Tradition jüdischer Philosophie war allerdings um so viel positiver, daß man ohne Übertreibung die Anfänge der *Haskala* an der erneuten Zuwendung zur mittelalterlichen Religionsphilosophie ablesen kann. Der Gegensatz zur europäischen Aufklärung ist augenfällig und bedarf der Erklärung. Ich möchte den Nachweis dafür führen, daß die beiden gegensätzlichen Einstellungen ihre Wurzel im gleichen Wesenszug der Aufklärung hatten und ihre fundamentalen gesellschaftserzieherischen Bestrebungen widerspiegeln. Überall in Europa schickten sich die Aufklärer an, die Gesellschaft durch wahres Wissen umzuerziehen. Die mittelalterliche Philosophie oder Wissenschaft war esote-

risch im objektiven wie im subjektiven Sinne. Unter den wenigen Schriftkundigen in der mittelalterlichen Gesellschaft widmeten sich wiederum nur wenige dem Streben nach theoretischer Erkenntnis. Sie entwickelten ein ausgesprochen starkes Elitebewußtsein, in der islamischen und jüdischen Kultur noch deutlicher als im Christentum. Der »*vulgus*« schien ihnen für alle Ewigkeit zur Unwissenheit verdammt. Nach Maimonides ist es die Aufgabe des »Volkes«, der Gesellschaft im allgemeinen, für den Unterhalt des Intellektuellen zu sorgen, nicht jedoch die Aufgabe des Intellektuellen, das »Volk« zu erziehen und auf sein Niveau zu heben: die Massen (*hamon ha'am*) waren und sind dumm, ja, sie werden es selbst in der messianischen Zeit bleiben. Die *vita contemplativa* ist ebenso wie der βίος θεωρητικός der Alten nicht jedermanns Begabung. Wie anders war doch das Ethos der Aufklärung. Im Zentrum ihres Selbstverständnisses standen weder das »Aufleben des Paganismus« noch die Wissenschaft als Selbstzweck, sondern die Pflicht, die Mitmenschen aufzuklären und das Licht der Vernunft zu verbreiten. Anders als sein rationalistisches Pendant im Mittelalter glaubte der Aufklärer des achtzehnten Jahrhunderts daher an die Erziehbarkeit *jedes*, ob hoch oder niedrig gestellten Menschen, und an seine Fähigkeit, alles Wissen zu erlangen. Schon der Wandel des Begriffs »common sense« bezeugt die Akzentverschiebung in der Einstellung. Ursprünglich bedeutete der *sensus communis* jenen sechsten Sinn, der für die Koordinierung aller übrigen Sinne verantwortlich ist, d.h. die verschiedenen Sinneswahrnehmungen einander zuordnet.[9] Seit dem siebzehnten Jahrhundert bezeichnete der Begriff, wohl unter stoischem Einfluß, die jedem Menschen innewohnende Befähigung zum vernünftigen Urteilen. Descartes schrieb seinen *Discours* in seiner Landessprache, so daß selbst seine Hausangestellte ihn zu lesen vermochte.
In seiner Neuinterpretation der Aufklärung hat Peter Gay[10], wie mir scheint, dieses Grundmotiv verkannt und daher den von ihr vorgenommenen Bruch mit der christlichen Tradition, ihr Wiederaufgreifen des Paganismus, überbewertet. In Wirklichkeit überschattet das komplizierte dialektische Verhältnis der Aufklärung zur christlichen Vergangenheit alle in ihr wirk-

samen Spuren der klassischen Antike. Ihre Ideale waren säkularisierte, umgekehrte, »wieder auf ihre Füße gestellte« *christliche* Ideale. Vom Christentum übernahm die Aufklärung ihren missionarisch-pädagogischen Eifer. Das christliche *extra ecclesiam nulla salus* ersetzte sie durch das *extra scientiam nulla salus*. *Superstitio* übernahm die Stellung der *superbia* unter den Kardinalsünden. Ignoranz wurde zur Ursünde. Das Freimaurertum nahm die Gestalt einer Gegenkirche mit Gegensymbolen, Gegensakramenten, Gegenpriestern und einem Gegenbekenntnis an. Gay entwickelte seine These gegen C. Becker[11] und andere, die das eschatologisch-utopische Element der Aufklärung überbewerteten. Insofern hatte Gay recht, nicht jedoch mit seiner Paganismusthese. Nicht die apokalyptischen, sondern die missionarischen und gesellschaftlich erziehenden Motive des Christentums wurden aufgenommen, selbst dort, wo man es als Gegner betrachtete. In der Antike existierte nichts Vergleichbares.[12]

Erlösung durch Wissen war eine Vorstellung, die dem Christentum nicht einmal gänzlich fremd war. Die Gefahr einer radikal intellektualisierenden Interpretation der christlichen Lehre begleitete die Kirche seit der antiken Gnosis. Sie tauchte immer dann auf, wenn Intellektuelle in der Kirche ein überhöhtes Bewußtsein ihrer Eigenständigkeit und ihrer Bedeutung entwickelten. Dies war z. B. an der Pariser Universität zu Beginn des dreizehnten Jahrhunderts der Fall. Angestiftet durch die neue Lehrfreiheit – die Freiheit, jedes Thema zu diskutieren, vorausgesetzt, die entscheidende Schlußfolgerung widersprach nicht der kirchlichen Lehre (*disputandi more, non assurendi more*) – scheinen die Lehrer jeden denkbaren theoretischen Weg beschritten zu haben. Einige, wie die Amalrikaner, behaupteten, allein das philosophische Wissen sei heilsbringend: in dem Maße, in dem wir wissend seien, sei Gott in uns, ungeachtet jedes religiösen Bekenntnisses; denn Gott ist die *forma mundi*[13]. Derartige elitäre Anschauungen kamen im christlichen Europa nur selten zur Geltung. Amalrich von Bena wurde mit dem Bann belegt, seine Anhänger wurden zu Häretikern erklärt. Bezeichnend ist jedoch, daß sie überhaupt in Erscheinung traten. Erst in der Zeit der Aufklärung kamen solche Anschauungen zum Durchbruch. Die Aufklärungsbewegung scheint beides miteinander verbunden zu haben: das Motiv der Erlösung durch Wissen allein mit dem exoterischen, nichtelitären Ideal des allen offenstehenden Wissens.[14] Die Aufklärung war, wie mir scheint, eine durch und durch *nachchristliche* Erscheinung.

Nicht alle Aufklärer glaubten an eine stetig voranschreitende »Erziehung des Menschengeschlechts«.[15] Aber alle glaubten an die Erziehung ihrer Mitmenschen durch Wissen, das im Sinne seiner gesellschaftlich erziehenden Funktion für alle zugänglich sein müsse. Auf der anderen Seite nahm das Wissen selbst, d. h. die Wissenschaft in ihren Methoden und Inhalten bereits im achtzehnten Jahrhundert eine zunehmend spezialisierte und daher in Wirklichkeit immer esoterischere Gestalt an. Auch darin unterschied sich die moderne von der mittelalterlichen Wissenschaft. Die mittelalterliche Vorstellung von der Wissenschaft und ihrer Funktion war zwar esoterisch; mit Blick auf Inhalt und methodologischen Ansatz zielte sie dennoch weitgehend auf eine – mit jener des Aristoteles vergleichbare – Common-sense-Philosophie. Die Aufgabe der Wissenschaft besteht darin, wie es schon bei Aristoteles hieß, das auszuführen, »was jedermann weiß, nur präziser«.[16] Die Voraussetzungen der aristotelischen und scholastischen Wissenschaft waren selten gegen die unmittelbare Anschauung gerichtet. Die aristotelische Physik beruhte auf der Verallgemeinerung unmittelbarer Sinneseindrücke, so etwa in ihrem Grundsatz, daß jeder Körper zum Ruhezustand neigt und daß »alles, was sich bewegt, durch etwas anderes bewegt wird« (*omne quod movetur ab alio movetur*).[17] Tatsächlich bedeutete »contra sensum« das Todesurteil für jede Theorie: die mittelalterliche Wissenschaft war, wie A. Maier gezeigt hat, zu sehr an die »Erfahrung« gebunden, um wirklich experimentell zu werden.[18] Die klassische Physik im siebzehnten Jahrhundert hingegen setzte mit »kontra-intuitiven« Voraussetzungen ein, z.B. daß jeder Körper in seinem Zustand der gleichförmigen, geradlinigen Bewegung in einer Richtung verharrt, solange keine anderen Kräfte auf ihn einwirken.[19] Kräfte wie Masse, Energie, Kraftfeld, Elektronen oder Quarks entziehen sich per definitionem der unmittelbaren Sinneswahrnehmung.[20] Die moderne Wissenschaft wurde daher in Inhalt, Methoden und in ihrem Spezialisierungsdrang immer esoterischer, während ihr Ideal der Wissenschaft zunehmend exoterischer wurde, d.h. auf eine allgemein zugängliche Wissenschaft zielte. Man könnte diesen Umstand geradezu als das Paradoxon der Aufklärung oder als ihr »scandalon« bezeichnen. Das Paradoxon wurde zeitweise entschärft, insofern in der Praxis durch die vermittelnde Vorstellung von der »Kultur« als einer mittleren Ebene zwischen Unwissen und Spezialwissen eine gewisse Annäherung an das Ideal vorgenommen wurde. Die Aufklärer verstanden sich häufig eher als Vermittler der Wissenschaft, die ihr zum Durchbruch verhalfen, denn als Wissenschaftler: ihre Domäne war die Schaffung eines größten gemeinsamen Nenners des Wissens, der wahren *Bildung* der Menschheit.

Haskala und mittelalterliche Philosophie

Daß sich die frühe *Haskala* auch durch ihre erneute Zuwendung zum mittelalterlichen philosophischen Schrifttum zu erkennen gab, bedarf keines ausführlichen Beweises. Einige Beispiele mögen genügen.[21] Isaac Halevi Stanow (1730-1803) verfaßte Kommentare zu Jehuda Halevis *Kusari*, zum *Führer der Verwirrten* des Maimonides sowie zum *Buch der Grundlehren* (*Sefer ha'ikkarim*) des Josef Albo. Moses Mendelssohn kommentierte Maimonides' frühe Schrift über die Logik (*Be'ur milot hahigayon*). Wolfsohn schrieb einen Kommentar zu Sa'adia Ga'ons *Buch der Überzeugung* (1789). Mendel Lepin übersetzte den *Führer der Verwirrten* erneut ins Hebräische. Was diese Übersetzung gegenüber der mittelalterlichen Übersetzung des Ibn Tibbon an Gewandtheit und Gemeinverständlichkeit gewann, büßte sie an Genauigkeit ein. Und Salomo Maimons Kommentar zum ersten Teil des *Führers* von Maimonides, den wir weiter unten näher betrachten wollen, behielt noch im neunzehnten Jahrhundert einigen Einfluß. In den verschiedenen Zeitschriften der *Haskala* – *Sulamith, Ha-Me'assef, Kohelet Mussar* – erschienen regelmäßig Würdigungen mittelalterlicher Philosophen.

In den Trägern der mittelalterlichen Philosophie erblickten die Aufklärer ihre Vorgänger. Interessanterweise teilten sie dieses

Urteil sogar mit ihren frühen Gegnern, vor allem mit R. Jakob Emden. Aus dessen Sicht war der *Führer der Verwirrten* ein gefährliches, häretisches Buch, dessen Verfasserschaft mit der hohen Autorität der *Mishneh Tora* des Maimonides als der Kodifikation jüdischen Rechts nicht vereinbart werden könne. Emden zog daraus den völlig logischen Schluß, der *Führer* müsse ein pseudepigraphisches Machwerk sein, von einem Fälscher aufgrund einiger echter, auf Maimonides zurückgehender, und vieler unechter Überlieferungen kompiliert. Mit einer ähnlichen Strategie bestritt Emden bekanntlich die Authentizität des *Zohar*, des kanonischen Textes der jüdischen Mystik. Er kam zu dem Ergebnis, daß dieser – entgegen dem Selbstzeugnis des Textes, das auf Simon Bar Jochai hindeutet – erst im vierzehnten Jahrhundert von Moses de Leon verfaßt wurde. In diesem Falle hat er sogar recht behalten.[22]
Keinem europäischen Aufklärer jener Zeit wäre es eingefallen, die Geschichte der mittelalterlichen Philosophie als eine »Geschichte der Aufklärung« auszulegen. Dies geschah erst viel später und auch dann nur gelegentlich, und zwar mit apologetischem Zweck, z.B. in Hermann Reuters gleichnamigem Buch.[23] Warum war es aus der Sicht der jüdischen *Maskilim* so evident, daß die mittelalterlichen Rationalisten ihre Vorläufer waren? Ich möchte fünf zusammenhängende Gründe dafür vorschlagen:

1. *Gründe der Legitimation*. Die Anlehnung an vergleichbare frühere Elemente der jüdischen Tradition lieferte den Aufklärern die Legitimation für ihr Ziel, das Judentum von innen heraus auf den »Weg der Welt« (*derech eretz*) zu führen. Im übrigen hatten sich auch die mittelalterlichen Philosophen um Legitimation bemüht und dabei ihre Version der *translatio sapientiae ab Hebraeis ad Graecos* entwickelt: Plato sei Schüler des Mose gewesen, und die Weisheit der Völker der Welt habe, einschließlich der Astronomie, ihren Ursprung bei den Hebräern; unglücklicherweise seien jedoch später viele dieser Wissenschaften bei den Kindern Israels in Vergessenheit geraten, so daß sie diese neu lernen müßten.[24]

2. *Gründe der Kompensation*. Auch den »Völkern der Welt« gegenüber beweist die mittelalterliche Philosophie, daß es Israel trotz der »Dunkelheit der Verbannung« (*becheskat ha-*

galut) gelang, bedeutende geistige Werte zu schaffen. Auch insofern erwiesen sich die *maskilim* als eine neue Erscheinung der jüdischen Kultur, als sie von einem tiefen Gefühl der kulturellen Rückständigkeit zumindest des gegenwärtigen Judentums gegenüber der Umwelt durchdrungen waren. Der Hinweis auf seine mittelalterlichen Errungenschaften diente gewissermaßen als Kompensation, eine Tendenz, die auch in der *Wissenschaft des Judentums* im neunzehnten Jahrhundert erhalten blieb.
3. *Symbolische Gründe.* Die *Maskilim* sahen in der Geschichte der mittelalterlichen Philosophie eine Präfiguration der Zeit der Aufklärung. Auch die mittelalterlichen »Aufklärer« mußten »Dunkelmänner«, *viri obscuri* in ihrer Gesellschaft bekämpfen und wurden von diesen bisweilen exkommuniziert. War nicht der Streit um Maimonides, der zu Beginn des dreizehnten Jahrhunderts in Frankreich ausbrach, ein Beispiel für den Kampf zwischen »Dunkelmännern« und »Aufklärern«?
4. *Biographische Gründe.* Im Leben vieler *Maskilim* stellte die in jungen Jahren – mehr oder weniger heimlich – betriebene Lektüre der mittelalterlichen Philosophen den ersten Impuls zur Hinwendung zu den »fremden Wissenschaften« (*chochmot chitsoniyyot*) dar. Es erschien dem *maskil* nur als natürlich, die Maxime seines Handelns zum allgemeinen Gesetz zu erheben.
5. *Pädagogik.* Wichtiger als alle diese Gründe zusammen scheint mir jedoch der *Wert der gesellschaftlichen Erziehung* zu sein, den die *Maskilim* den philosophischen Schriften des Mittelalters beimaßen. Aus ihrer Sicht wohnte diesen Schriften nach wie vor ein aufklärerisches Potential inne. Ihr Inhalt hatte nicht an Aktualität eingebüßt, und viele Aufklärer der ersten Generationen fuhren damit fort, die mittelalterlichen Texte neu herauszugeben, zu kommentieren und gemeinverständlich zu paraphrasieren. Dennoch mußte sich die Diskrepanz zwischen der mittelalterlichen und der zeitgenössischen Philosophie und Wissenschaft auch den *Maskilim* aufdrängen. Anhand zweier Beispiele – nämlich an Salomon Maimon und an Nachman Krochmal – möchte ich zeigen, wie die Begabtesten unter ihnen die Kluft zu überwinden suchten, die sich zwischen ihnen und früheren kongenialen Ansätzen auftat.

Salomon Maimon

Hochachtung vor Maimonides spricht aus jeder Seite des Kommentars zu Maimonides *Führer der Verwirrten*, den Salomon Maimon verfaßte. Bewunderung ist ja bereits mit der Namenswahl des Verfassers bezeugt. Dennoch hält Maimon keine einzige theoretische Position des Maimonides aufrecht. Zwar unterscheidet Maimon zwischen metaphysischen und naturwissenschaftlichen Aussagen bei Aristoteles wie bei Rambam:

»Die Philosophie, die uns von Aristoteles überliefert wurde, zeigt mit Klarheit, daß der vollkommenste Verstand [*sechel*], wenn er nicht im Besitz der notwendigen Mittel ist, die Wirkungen der Natur zu erforschen, zwar Neues und Wunderbares in der Dialektik und Metaphysik hervorzubringen vermag, dennoch aber in der Erkenntnis der Natur notwendigerweise beschränkt ist.«[25]

Die Einführung zu Maimons Kommentar besteht daher aus einer skizzenhaften Geschichte der Astronomie und Physik bis in seine Gegenwart. Man sollte also meinen, daß zumindest einige philosophische Positionen des Maimonides vom Wandel der Zeit unberührt bleiben konnten. Aber Maimon, bereits mit kantianischem Wasser gewaschen, zog keine konsequente Grenzlinie zwischen Metaphysik und Physik. Jede gute Metaphysik (wie seine oder die von Leibniz) kann ja nur auf dem Boden gesicherter Wissenschaften stehen. Er korrigiert daher nicht nur die Astronomie, Physik und Kosmologie des Aristoteles (und des Maimonides) – was einen beträchtlichen Teil des Kommentars ausmacht –, sondern zugleich weitere Kernstücke des *Führers der Verwirrten*. Maimonides' ausführliche Kritik des Atomismus des moslemischen *Kalam* wird von Salomon Maimon Punkt für Punkt widerlegt. Maimonides' eingehende Analysen zur Frage der Ewigkeit der Welt erweisen sich als überflüssig, denn die Zeit sei ja, wie Kant gezeigt habe, eine »reine Form der Anschauung«.[26] Wozu also Maimonides? Warum die Mühe, seine Theorien im Detail zu korrigieren oder umzuinterpretieren?

Einmal stimmt Maimon mit der Absicht seines Vorgängers überein, Vernunft und Offenbarung miteinander zu versöhnen. Ein guter Philosoph wendet sich notwendigerweise der philosophischen Allegorese der Schrift im Geiste der Wissenschaft zu, und zwar auf der Grundlage der bereits erwähnten Maxime »Die Schrift spricht die Sprache des Menschen«.[27] Die Offenbarung paßte sich den Verstehensmöglichkeiten der Menschen an, die von ihr angesprochen waren. Maimonides hatte diese Maxime nicht nur auf die biblische Kosmologie, sondern auch auf das jüdische Recht angewandt. Maimon billigt diese Methode, nähert sie jedoch mit Recht den wissenschaftlichen Erkenntnissen seiner Zeit an. Sie dient ihm im übrigen dazu, über die Schrift hinaus auch Maimonides selbst zu retten. Was dieser als eine angemessene philosophische Allegorese betrachtete, stelle selbst noch eine oberflächliche, den geläufigen Auffassungen seiner Zeit angeglichene Lehre dar. So zum Beispiel die Deutung des biblischen Wortes vom Himmel als des ewigen Sitzes Gottes (*ve'ata adonai le'olam teshev*): Maimonides erklärt dies als eine Umschreibung des Umstandes, daß nicht nur die Spezies himmlischer Körper unverändert bleibe, sondern auch, im Gegensatz zur sublunaren Welt, ihre Individuen sich nicht veränderten. Dazu Salomon Maimon:

> Nun wisse, aufgeklärter Leser, daß von neueren Astronomen und Physikern als wahr erwiesen wurde, daß sich auch himmlische Körper ändern, denn ihre Materie ist nicht eine fünfte Materie, wie Aristoteles meinte, sondern die gleiche Materie wie die Erde [...] Dennoch stimmt die Auslegung des Verses gemäß des Rabbiners [Maimonides] seligen Angedenkens mit der Wirklichkeit überein, dergestalt, daß die Schrift die Sprache der Menschen spricht. Die Menge aber nimmt stets Veränderung auf der Erde wahr, nicht jedoch bei himmlischen Körpern, denn hierzu bedarf es vieler ausgeklügelter Rechnungen und Beweisführungen.[28]

Mit anderen Worten: Maimon wendet hier die Methode philosophischer Allegorese auf Maimonides selbst an – so wie es dieser mit dem antiken *Midrasch* tat, d. h. mit der früheren jüdischen Exegese! Die aristotelische Kosmologie wird hier als die dem naiven Menschenverstand angepaßte identifiziert, die gerade darum dem *sensus litteralis* der Schrift angemessen sei – denn *scriptura humane loquitur*.

Die Distanz zwischen der biblischen und der mittelalterlichen Kosmologie war somit aus der Sicht des Aufklärers viel geringer als jene zwischen der mittelalterlichen und der modernen Kosmologie. Dennoch hatten Maimonides' kosmologische Vorstellungen und die mittelalterliche Philosophie überhaupt einen pädagogischen Wert. Sie erleichterten dem »Novizen« (*matchil*) den Zugang zum gegenwärtigen Wissen, indem sie ihn beim naiven Bewußtsein beginnen ließen und ihm dann bewiesen, welche Höhen die Vernunft auch auf der Grundlage einer begrenzten (oder falschen) Erkenntnis der Natur zu erreichen vermochte.

Nachman Krochmal (Ranak)

Salomon Maimon hat den Fortschritt der Aufklärung mit dem Fortschritt der Naturwissenschaften nahezu gleichgesetzt. Eine Generation später interpretierte Nachman Krochmal den Fortschritt der Aufklärung als Fortschritt im *historischen* Bewußtsein, im »Wissen vom Ende der Zeiten« (*da'at acharit hayamim*), also als Fortschritt des Selbstbewußtseins.[29] Sein bedeutendes (und einziges) Werk – *More nebuche hazmam* – verrät seinen Ehrgeiz, wie einst Maimonides seiner Zeit einen »Führer der Verwirrten« vorzulegen, da sich die Ursachen der Verwirrung gewandelt hatten. Auf differenziertere Weise läßt sich die Bedeutung des Titels seines Buches, den ihm Zunz, wenn auch unter Verwendung der Sprache Krochmals, gegeben hat, in dem Sinne verstehen, daß er denen als Führer dienen möchte, die durch das Phänomen der Zeit verwirrt sind. Gleichgültig, ob einem diese Deutung gefällt, kann kein Zweifel darüber bestehen, daß Krochmal in der Zeit – im geschichtlichen Wandel sogar der jüdischen religiösen Ausdrucksformen selbst – die Ursache der gegenwärtigen Verwirrung erblickte. Andererseits, so glaubte er, bot der geschichtlich verstehende Einblick in den Wandel der Zeit die einzige wirkliche Möglichkeit zur Wiederbelebung der durch »Werkheiligkeit«, »Enthusiasmus« und »Aberglaube«[30], d. h. durch rabbinische Pedanterie, Chassidismus und volkstümliche *Kabbala* belasteteten religiösen Kultur.

Die Quellen, aus denen er, anders als Maimonides, seine Inspiration bezog, sind leicht zu identifizieren: Azaria di Rossi's *Me'or Eynayyim*, Herder und Hegel.[31] Vom zuerst Genannten übernahm er die Frage nach der genauen zeitlichen und örtlichen Herkunft von Traditionen, die Methode der historischen Kritik. Wie Azaria wandte Krochmal überall die Textkritik an, nicht jedoch auf den biblischen Text: er war ein so vorsichtiger Mensch, daß er sogar sein Buch erst posthum erscheinen lassen wollte. Von Herder und Hegel – trotz auffälliger Ähnlichkeiten scheint er Vicos *La Scienza Nuova* nicht gelesen zu haben – bezog er Elemente und Begriffe einer Geschichtsphilosophie. Die Leistung Krochmals besteht genau in diesem zweistufigen Zugang zu seinem Thema: in der Verbindung eines begrifflichen Grundgerüsts mit einer detaillierten Textanalyse, auch wenn letztere nicht immer auf ersterem beruhte (und gewiß nicht umgekehrt).
Das zentrale Thema des Buches ist der »Volksgeist« (*ruach ha'umma*). Der »Geist« jeder Nation (Herders *Volksgeist*) verkörpert einen bestimmten Teilaspekt des »absoluten Geistes« (*haruchani hamuchlat*). Die Entwicklung jeder Nation bringt diesen Aspekt zum Vorschein, wie etwa die Idee des Schönen bei den Griechen oder die der Macht bei den Römern. Dieser Vorgang entspricht dem biologischen Prozeß des Wachstums und der Reife. Wenn dieser Prozeß der Selbstexplikation des Volksgeistes vollendet ist, hat ein Volk seine weltgeschichtliche Rolle ausgespielt und ist notwendigerweise dem physischen und geistigen Verfall ausgesetzt. Allein das Volk Israel ist von diesem unvermeidlichen Schicksal ausgenommen, denn sein »Geist« ist Ausdruck nicht eines Teilaspekts, sondern der unerschöpflichen *Totalität* des »absoluten Geistes«. Die Geschichte des »Geistes Israels« ist tatsächlich die Geschichte des immer klarer werdenden, aber letztlich unaussprechlichen Begriffs von Gott. Gewiß ist das jüdische Volk nicht von den physischen Gesetzmäßigkeiten ausgenommen, es machte verschiedentlich Perioden durch, die im Niedergang endeten; wie in der Vergangenheit wird es jedoch auch zukünftig immer wieder einen Neuanfang erleben, denn ihm eignet ein wahrhaft *katholischer* Geist.
Viel Mittelalterliches begegnet uns in diesem ersten Versuch

einer aufklärerischen Philosophie der jüdischen Geschichte, aber in einer eigenartigen Umkehrung. Die Umkehrung mittelalterlicher Denkfiguren war Zeichen der europäischen »Voraufklärung« und der Aufklärung selbst.[32] So auch hier: daß Israel von den biologischen Naturgesetzen des Wachstums und Verfalls sowie von astralen Einflüssen ausgenommen sei, war ein traditioneller Topos, der bis in die Antike zurückreichte: *ein mazal leyisrael* – »Israel hat keinen Leitstern«. Das Volk Israel steht, anders als die übrigen Völker, deren Schicksal allgemeinen Gesetzen unterliegt, unter unmittelbarer, besonderer Providenz Gottes. Israel ist deshalb, wie sein Gott, ewig. Krochmal aber übersetzte diese metahistorische Begründung des *nezach Yisrael* in ein immanent-historisches Gedankengebäude.[33] Was im Mittelalter als eine transzendente, göttliche Voraussetzung und Verheißung verstanden wurde, erscheint bei ihm als ein teilweise immanentes, am Geschichtsverlauf nachweisbares Kennzeichen. Während Israel aus mittelalterlicher Sicht die Bindung an seine Berufung durch seine Unveränderlichkeit bewies, führte Krochmal den Nachweis für Israels herausragende Funktion gerade mit Blick auf die Veränderungen, die auch seine Religion betrafen: es ging, wie Graetz bald danach sagen sollte, um »die Geschichte ein und derselben Idee – der Idee des reinen Monotheismus«, die in Wort und Tat einen immer deutlicheren Ausdruck fand. Krochmals (und auch Graetz') Formel implizierte natürlich auch eine polemisch-apologetische Umkehrung. Während Hegel, Bauer und später Marx wie die christliche Polemik früherer Jahrhunderte betonten, der jüdische Gott sei partikularistisch und national gebunden, legte die jüdische Religionsphilosophie des neunzehnten Jahrhunderts, darin von Krochmal vorweggenommen, den Nachdruck auf die wahre Universalität des Judentums und seines Gottes. Unter allen Religionen, so argumentierten sie je auf ihre Weise, sei es die katholischste.

Auch Krochmals Anwendung des bereits angesprochenen Prinzips der Akkommodation erweist sich als Umkehrung eines mittelalterlichen Topos – *dibra tora kileshon bene adam*.[34] Bei Krochmal begegnet dies (wie schon bei Maimonides) nicht nur als exegetisches, sondern vor allem als historisches Prinzip. Die Gottheit jedes Volkes spiegele seinen »Volksgeist« wider. In dieser Feststellung liegt eine bewußte Mehrdeutigkeit verborgen; man kann sie, je nachdem welche Perspektive man einnimmt, objektiv oder subjektiv deuten. Der objektive Sinn läßt sich vom ontologischen Überbau der historischen Perspektive Krochmals ableiten. Wenn jeder »Volksgeist« einen Teilaspekt des »absoluten Geistes« verkörpert, dann repräsentiert die Gottheit jedes Volkes diesen Teilaspekt. Krochmal schreckt nicht vor einer leichten Umdeutung der rabbinischen Quellen zurück, um sie seiner Theorie gefügig zu machen. Die rabbinische Unterscheidung zwischen jenen, die den »Berg« (*har*), d. h. ein materielles Wesen, und jenen, die den »Geist des Berges« (*gada dehar*) anbeten, dient ihm dazu, nachzuweisen, daß selbst die Weisen der Antike den wahren geistigen Kern jeder Religion anerkannten. Natürlich kannte er aber die unmittelbar darauf folgenden Zeilen dieses Textes, in denen die erste Variante als weit weniger verderblich beurteilt wird als die letztere.[35] Interessant ist auch, daß Krochmals Liste nationaler Tugenden (oder Geisteshaltungen) der Anordnung der göttlichen Kräfte oder Emanationen in der *Kabbala* entspricht (den *sefirot*, deren Namen wiederum von der davidischen Hymne in 1. Chr. 29,11 abgeleitet worden sind).[36] Krochmal glaubte, daß sie Keime tiefer Weisheit enthielt; als erster verwies er auch auf ihre Nähe zur antiken Gnosis.

Andererseits kann man in einem stärker subjektiven Sinn sagen, jedes Volk habe seine Götter nach seinem Bilde geschaffen, sie reflektierten seine individuelle geistige Gestalt; denn das Überwiegen *einer* Tugend eines Volkes schließe nicht alle übrigen aus. In seiner Religion entwickelt ein Volk wie in anderen Bereichen seiner schöpferischen Kräfte erst allmählich ein Verständnis seiner selbst und seines Geistes. Daher kann das Prinzip der Akkommodation entweder im Sinne einer göttlichen Annäherung an die Menschen verstanden werden – Gott offenbart sich jedem Volk entsprechend den Grenzen seiner Mentalität –, oder aber als menschliche Projektion einer kollektiven Mentalität auf das Transzendente. In dieser Weise hat bereits Spinoza das Prinzip der Akkommodation umgekehrt. Oder man kann sagen, der subjektive und der objektive Sinn bildeten eine Einheit.

Es ist kein Zufall, daß die Kabbala alle Teilaspekte des Göttlichen zum Ausdruck brachte. Nur das Volk Israel schreitet auf ein Gesamtverständnis der Gottheit oder (was das gleiche ist) auf sein eigenes Selbstverständnis zu. Krochmal scheint unausgesprochen anzudeuten, daß dieses Selbstverständnis Israels, einmal vollendet, als ein Mittel verstanden werden könne, durch welches das Göttliche in seiner Ganzheit zum Bewußtsein seiner selbst gelangt. Nach Krochmals Anschauung war bereits das Mittelalter teilweise zu dieser Erkenntnis vorgedrungen: in der Kabbala und noch mehr in der Philosophie des Abraham Ibn Ezra, der »Weisheit der Bedrängten« (*chochmat hamisken*), die Krochmal eindeutig im Sinne seiner eigenen Version des Neoplatonismus interpretierte.[37] Worin also besteht der Beitrag bzw. Fortschritt der *Haskala*? Eben genau in der Einführung der in den alten Erkenntnissen völlig fehlenden historischen, evolutionären Dimension. Krochmal und seine Generation haben das »Wissen um das Ende der Zeiten« – »*da'at acharit hayamim*«, d. h. das historische Wissen, in das Verständnis Israels und seines Gottes mit einbezogen. Obgleich Krochmal sie, anders als Salomon Maimon, nicht explizit ausführte, nahm er die Unterscheidung zwischen der »Metaphysik« und der »Wissenschaft« bei den mittelalterlichen Autoren ernster. Als Schlüsselwissenschaft betrachtete er aber, wiederum im Gegensatz zu Maimon, nicht die Naturkunde, sondern die Historie.

Diese erste Philosophie des jüdischen Lebens schweigt wohlweislich über die in West- und Mitteleuropa am stärksten wirksamen Hoffnungen und Bestrebungen, über den Kampf um die Bürgerrechte, die politische Emanzipation. Neuerdings ist auf den während des ganzen neunzehnten Jahrhunderts währenden tiefen Einfluß Krochmals auf so unterschiedliche osteuropäische *Maskilim* wie Abraham Mapu[38] und Achad Ha'am aufmerksam gemacht worden. Unsere Schlußfolgerungen beschränken sich auf die Zeit der frühen *Haskala* und auf den Vergleich mit anderen europäischen Aufklärungsbewegungen. Weil der *Maskil* die mittelalterlichen philosophischen Traditionen zumindest teilweise bejahte, vermochte er von ihnen ein weitaus nuancierteres Bild des Mittelalters zu zeichnen als jener, der es vollkommen ablehnte; er lernte es, die mittelalterliche Tradition anzunehmen, ohne sich vollständig mit ihr zu identifizieren. Die Ambivalenz der jüdischen Aufklärung gegenüber der mittelalterlichen Philosophie machte es dem jüdischen *Maskil* auch leichter als anderen europäischen Zeitgenossen, der Ambivalenz oder Relativität des eigenen Aufklärungsbegriffs gewahr zu werden.

Reform und Geschichte: die Modernisierung der westeuropäischen Juden

Die folgenden Beobachtungen behandeln die Funktion historischer Argumentation im Prozeß der »Modernisierung« des Judentums seit dem Zeitalter der Emanzipation. Seit seiner Ausbreitung im zwölften Jahrhundert hatte das Wort *modernus*[39], das von dem klassischen *modo*, »nun«, abgeleitet ist, die Bedeutung des »Neuen«, des »in Übereinstimmung mit der jüngsten Zeit« Stehenden. Das Programm der Gründungsväter des Reformjudentums seit Beginn des neunzehnten Jahrhunderts zielte in der Tat auf eine entsprechend den Erfordernissen der Gegenwart vorgenommene Neugestaltung der jüdischen Religion. Sie waren nur allzu bereit, religiöse Wahrnehmungen, Bräuche und Institutionen zu verändern, um Juden die Anpassung an die Kultur ihrer Umwelt zu erleichtern (oder sogar, wie sie glaubten, erst zu ermöglichen), um ihren Eintritt in die »bürgerliche Gesellschaft« und ihre Eingliederung als gleichberechtigte Bürger in den Nationalstaat einfacher zu gestalten. Doch selbst die Gegner der religiösen Reform – zumindest in Deutschland, Frankreich oder England – wollten auf keinen Fall zur mittelalterlichen korporativen Gemeindestruktur mit ihren Schutzrechten und ihrer Autonomie zurückkehren. Ob nun konservativ, orthodox oder liberal, die meisten Juden Westeuropas identifizierten sich nun bedingungslos mit den verschiedenen politischen Staaten, in denen sie lebten. Anders als die osteuropäischen Juden (oder gar jene des Nahen Ostens) büßten sie das Diasporabewußtsein ein – jenes Bewußtsein, wie Rabbi Moses von Preßburg es ausdrückte, »Kriegsgefangene« in fremden Ländern zu sein.[40] Der

Prozeß der Entwicklung von Untertanen zu Bürgern – der Verbürgerlichung – umfaßte alle Strömungen der deutschen und französischen Judenheit. Sie alle vollzogen in diesem Sinne eine »Modernisierung«.
Die »Moderne«, wie auch immer man sie definiert, meint nicht nur die bestätigende Annahme des Neuen, sondern auch das Bewußtsein seiner historischen Gestaltwerdung und Bedingtheit; sie bezieht die Zeitlichkeit als eine zentrale Dimension in die Selbsterkenntnis ein. Nicht einmal metaphysische Prinzipien transzendenter Werte blieben nun von der Historisierung unberührt. Hegels Forderung, »die Substanz als Subjekt zu bestimmen«[41], läuft darauf hinaus, daß selbst die absolute, ganze Wahrheit vollständig mit dem Prozeß der Entwicklung ihrer Einzelaspekte konvergiert. Die Geschichte verdankte diese herausragende Bedeutung dem Bürgertum, seiner Selbstwahrnehmung und seinem Verständnis des Nationalstaats. Seiner Vorstellung nach besaß der neue Staat seine Legitimation und seine Wurzeln eher in der anonymen Vergangenheit des schöpferischen »Volksgeistes« als in den heroischen Taten einzelner Gründer oder in der dynastischen Abfolge seiner Herrscher. Das Bürgertum erblickte die Garantie für die eigene wirksame und entscheidende Rolle beim Fortschritt der bürgerlichen Gesellschaft in geduldiger und fleißiger Arbeit. Es verstand sich selbst als die – wenn auch erst spät als solche anerkannte – treibende Kraft der Modernität. Die historische Wissenschaft entwickelte sich sowohl im subjektiven als auch im objektiven Sinne zu einer bürgerlich dominierten Disziplin. Der Historiker wurde zum arbeitsamen Bürger, zu einem gewissenhaften Bearbeiter der historischen Quellen, die er zugänglich machte. Anders als der frühere Typus des ritterlichen Mannes und Hofhistorikers bezog er sich weder nur als unparteiischer Darsteller auf vorhandenes früheres Material, noch war er von genialen Einsichten abhängig. Seine Aufgabe bestand vielmehr darin, mit peinlicher Genauigkeit seine Quellen ausfindig zu machen und zu rekonstruieren, darin die Informationen zu entdecken, die zu enthüllen überhaupt nicht in ihrer Absicht lagen, und die tieferen Tendenzen aufzuzeigen, welche frühere Historiker zwangsläufig übersehen mußten.
Genau dieses Selbstbild des Bürgertums bildete auch den Hin-

tergrund des theoretischen Konzepts der Individualität, das Durkheim zu Beginn seiner Laufbahn als Soziologe entwickelt hat. Er übertrug die wechselseitige Abhängigkeit zwischen dem Individuum und seinem »Milieu«, von dem im ganzen neunzehnten Jahrhundert gesprochen wurde, in eine präzise Analyse der »organischen«, gut ausgebauten sozialen Ordnung im Gegensatz zur »mechanischen« Ordnung.[42] Die erstere verlangt, allein aufgrund der Logik der Arbeitsteilung, die Initiative des unternehmerischen Individuums als eines Wesens, das zur Gestaltung der Gesellschaft beiträgt und von ihr geformt wird. Ähnlich verhielt es sich mit Blick auf die anthropologischen Voraussetzungen des literarischen Realismus des neunzehnten Jahrhunderts, der (wie Auerbach und Lukács gezeigt haben)[43] sich überall mit den neuen Formen historischer Argumentation und mit dem Selbstbild der bürgerlichen Gesellschaft verband. Sowohl der Wille, die Gesellschaft zu modernisieren, als auch die Furcht vor der Modernisierung fanden ihren Ausdruck in der neuen »Geschichtswissenschaft«.

Um so erstaunlicher ist die Wahrnehmung, welche marginale Rolle die *Wissenschaft des Judentums* selbst im Rahmen der Reformbewegung spielte. Weshalb wurden historische Argumente, sogar bei den Reformern, bestenfalls in den Dienst taktischer Ziele gestellt? Tiefe Enttäuschung bis hin zur Verzweiflung spricht aus den Briefen Geigers an Derenbourg.[44] Die beträchtlichen wissenschaftlichen Leistungen der *Wissenschaft des Judentums* wurden sowohl in der nichtjüdischen als auch in der jüdischen Umwelt kaum wahrgenommen. Der berühmte Typus des »Rabbiner-Doktors« war in Personalunion am Sabbat Rabbiner und am Sonntag Gelehrter.

Wir können dafür nur zum Teil den Mangel an akademischer Anerkennung verantwortlich machen. In Deutschland war die Wissenschaft des Judentums in der Tat bis in die 50er Jahre des zwanzigsten Jahrhunderts zu keiner Zeit an den Universitäten vertreten, doch in Frankreich fand sie zumindest durch die Hintertür der Orientalistik Eingang zu den akademischen Institutionen.[45] Die wichtigste Ursache dieser Isolation sollte jedoch in den Bedingungen gesucht werden, unter denen die Begegnung von Judentum, bürgerlicher Gesellschaft und Geschichtsbewußtsein stattfand. Alle der jüdischen Religion im Zeitalter der Emanzipation gewidmeten Studien – einschließlich der herausragenden Schrift Max Wieners, die diesen Titel trägt[46] – sind dem Vergleich zwischen Protestantismus, Katholizismus und Judentum ausgewichen.

Die Konfrontation zwischen religiösen Vorstellungen und dem neuen Sinn für das Historische nahm in den verschiedenen westeuropäischen Religionen unterschiedliche Formen an. Die katholische Kirche vermochte ihre Distanz sowohl gegenüber dem bürgerlichen Staat als auch gegenüber der historischen Kritik aufrechtzuerhalten, weil sie seit jeher wirksame Waffen zur Verteidigung gegen die Säkularisierung besaß. Dagegen stellte die Geschichte für die protestantischen Denominationen von Beginn an einen Faktor dar, der zu Aporien führte, ein Skandalon großen Ausmaßes. Das voremanzipatorische Judentum schließlich stand der Geschichte (zumindest dem Zeitraum zwischen der Antike und dem Kommen des Messias) mit Gleichgültigkeit gegenüber.
Die katholische Kirche war bereits vor dem Aufkommen des Historismus gegenüber der historischen Relativierung gut gewappnet. Wir haben bereits verschiedentlich die Entwicklung der Idee der göttlichen Akkommodation verfolgt.[47] Die Kirchenväter antworteten auf die Frage der Heiden, weshalb die Kirche die Institutionen des Alten Testaments abgeschafft habe, obwohl sie doch von Gott verfügt worden seien, Gott habe seine Offenbarung und die von ihm gewollten Einrichtungen der Fähigkeit der Menschen verschiedener Zeiten zu ihrer Wahrnehmung und Befolgung angepaßt. Gott wisse am besten, »was in Anpassung an das jeweilige Zeitalter angemessen sei« (*quid cuique tempore accommodate adhibeatur*).[48] Im Mittelalter bildete dieser Gedanke eine unerschöpfliche Quelle historischer Beobachtungen. So etwa für Anselm von Havelberg, einen Bischof *in partibus infidelium*, als Mitglied eines neuen Ordens (der Prämonstratenser) dazu herausgefordert, die Frage zu beantworten, weshalb im Christentum so viele erst kürzlich gegründete Orden bestehen sollten. Er antwortete, gerade in seiner Gegenwart, der vierten Periode der Kirchengeschichte, in der die Kirche zwar nicht verfolgt oder von

Häretikern bedroht, aber der Gefährdung durch die Korruption der *falsi fratres* ausgesetzt sei, bekämpfe der Heilige Geist diese mit immer neuen religiösen Argumenten. Die Kirche war sich während des gesamten Mittelalters des Wandels, den sie durchmachte, bewußt und gestand sogar ein, daß die dogmatische Entwicklung durch zeitgeschichtliche Umstände beeinflußt wurde.[49]
In den Jahrhunderten der Frühmoderne entwickelte sich das Prinzip der Akkommodation noch mehr zu einem Prinzip des Opportunismus (wenn man dies ohne negative Konnotationen versteht). Als der jesuitische Missionar Ricci das Christentum der chinesischen Mentalität anzunähern versuchte, wurde dieser Ansatz, vor allem nach seinem Tode, heftig diskutiert.[50] Doch niemand beschuldigte ihn der Häresie oder bezweifelte seinen missionarischen Eifer bzw. seine Verdienste. Die Kirche lernte sogar, die neu aufkommende Bibelkritik in den Dienst ihrer Zwecke zu stellen. Richard Simon trieb seine Kritik voran, um – angesichts der protestantischen Forderung des *sola scriptura* – den Nachweis dafür zu führen, daß ein Lesen der Bibel *sine glossa*, ohne Hilfsmittel, nicht möglich sei. Sein Werk wurde schließlich verdammt, nicht jedoch das Werk von Jean Astruc, das eine ähnliche Absicht verfolgt hatte und viel schwerwiegendere Auswirkungen zeitigen sollte.[51]
Kurz gesagt, die Kirche war auf zweifache Weise ständig in die Geschichte verwickelt. Sie konnte den Vorgang der Säkularisierung im neunzehnten Jahrhundert so deuten, daß sich damit nichts wirklich Neues vollziehe, und sie verfügte über geschichtliche Kategorien, mit denen sie zu erklären vermochte, was in der neuen Zeit geschah. Sie bewahrte den Widerstand gegen weltliche Mächte seit Theodosius und, nahezu ohne Unterbrechung, seit dem Investiturstreit im Gedächtnis. Die Geschichte stellte für sie eine Quelle des Trostes und der Ermutigung dar.
Im Gegensatz dazu stellte die Geschichte für den Protestantismus, jedenfalls für seine Hauptströmungen, ein Problem dar. Luther und seine Zeitgenossen wähnten sich dem Ende der Geschichte, der Wiederkunft Christi nahe. Luther erblickte, wenn er auf das Fazit der Geschichte zumindest seit Augustin zurückschaute, eine Geschichte des Verfalls, der Sonnenfin-

sternis der Wahrheit. Die Geschichte entfaltete sich aus seiner Sicht keineswegs »wie eine große Symphonie« (*veluti magnum carmen*)⁵², wie Augustin annahm: sie stellte durchaus keine Quelle des Vertrauens dar. Später sollte Gottfried Arnold die verfolgten Häretiker der Kirchengeschichte als die wahrhaft Glaubenden darstellen; Jesus selbst sei als Häretiker verfolgt worden. Der Bereich der öffentlichen Geschichte sei jener des Verfalls: nicht einmal Luther, so glaubte er, habe es vermocht, die Kirche im Sinne der Erneuerung der Urkirche zu reformieren.⁵³

Doch der Rückzug aus der Welt (und ihrer Geschichte) stellte lediglich einen Aspekt der protestantischen Revolution dar: ein weiterer bestand in einer extremen Bejahung der Welt, einem Eintauchen in die Welt, das den *Beruf* zur *Berufung* erhob,⁵⁴ bisweilen in einem solchen Maße, daß die Kirche mit dem geschichtlichen Erfolg der Zivilisation, die sie umgab, identifiziert wurde. Der liberal-aufgeklärte Protestantismus des achtzehnten und neunzehnten Jahrhunderts neigte dazu, das Christentum mit dem kulturellen Fortschritt gleichzusetzen, in Overbecks Wendung: *Christentum und Kultur*. Im günstigsten Falle führte dies zu einer blassen Deutung des Christentums im Sinne einer rationalen Ethik, zu einem Verständnis Jesu als eines sokratischen Helden. Im schlimmsten Fall entstand daraus eine *Thron- und Altartheologie*, die Legitimation der bestehenden Machtverhältnisse. Die sogenannte Krise der protestantischen Theologie am Ende des neunzehnten Jahrhunderts war eine nahezu unvermeidliche Reaktion: den historisch orientierten protestantischen Theologen dämmerte, daß es keinen Weg zurück zur ursprünglichen Gestalt oder Verfassung des Christentums (*reformatio*) gab, da er zu einer jüdisch-apokalyptischen, weltabgewandten Sekte führen würde.⁵⁵ Dazu kam, daß ein zu eng mit dem Staat identifiziertes Christentum seine Substanz verlieren mußte, wenn es, wie es die Logik des säkularen Nationalstaates verlangte, in die »Marktsituation der Religion« (Berger) versetzt wurde.⁵⁶ Die Geschichte war im Bereich des Protestantismus eine Quelle unablässiger Selbstkritik.

Im Judentum spielte die historische Kritik eine ganz andere Rolle. Rosenzweigs berühmtes Urteil, das Judentum stehe

»außerhalb des kriegerischen Tumults der Zeitlichkeit«[57], trifft in gewisser Weise auf die traditionelle jüdische Haltung gegenüber der jüngeren Geschichte zu. Nichts an dem Geschehen zwischen dem Verlust der Eigenstaatlichkeit und ihrer zukünftigen Wiederherstellung schien »der Erinnerung würdig« zu sein. Mit den Juden, sagte Rabbi Simone Luzzato im siebzehnten Jahrhundert, verhält es sich wie mit einem Fluß, der durch verschiedene Erdböden fließt: das Wasser bleibt auch dann das gleiche, wenn es seine Farbe verändert. Juden sind fleißig, anpassungsfähig, frei von Lokalpatriotismus – eine ideale Bevölkerungsgruppe für einen auf Absolutismus und Merkantilismus orientierten Fürsten. Sie haben keine Geschichte und verlangen auch mit Blick auf die gegenwärtige Zeit nicht danach.[58]

Die treibende Kraft des Protestantismus – die Sehnsucht nach einer *reformatio*, einer Rückkehr zur ursprünglichen Gestalt – besaß in der traditionellen jüdischen Metaphorik kein wirklich entsprechendes Gegenstück. Der Glaube an das zukünftige Kommen des Messias, der »trotz aller Verzögerung gewiß kommen wird«, und der Glaube an die Wiedererrichtung des davidischen Königtums waren nicht notwendig mit der Hoffnung auf ein *besseres* Judentum, eine reinere Gemeinschaft verbunden.[59] Dem traditionellen Judentum fehlte die Vorstellung einer unschuldigen, reinen *Urgemeinschaft*, die einst wiederhergestellt werden sollte. Dies war ein hinreichender Grund dafür, daß die »Reformbewegung«, entgegen ihrer eigenen Behauptung, keineswegs auf eine »Reformation« zielte.

Es trifft zu, daß das jüdische Recht, die *Halacha*, sich aus alten Mechanismen des Wandels und der Anpassung an neue Umstände heraus entwickelte. Das berühmte Wortspiel von Rabbi Moses von Preßburg – »alles Neue (*chadasch*) ist durch das Gesetz verboten«[60] – war selbst »neu«, kennzeichnend für die Reaktion gegen die Reformbewegung. Der Begriff »Neuerung« (*chidusch*) selbst besaß, wie an früherer Stelle ausgeführt, im Rahmen der rechtlichen Gelehrsamkeit (*talmud tora*) eine höchst positive Konnotation. Doch Wandel und Anpassung mußten sich, auch wenn sie radikale Züge annahmen, in Gestalt der Bewahrung vollziehen, als ob sie lediglich »einen Zaun um das Gesetz« bildeten. Die Reformer des neunzehnten

Jahrhunderts dagegen bestritten die Souveränität des jüdischen Rechts und wollten die Religion, um es mit Karl Marx auszudrücken, aus der öffentlichen in die private Sphäre des Rechts verbannen. Beide Prämissen wären früher absolut undenkbar gewesen.

Um noch einmal zusammenzufassen: das katholische Verständnis der Zeitlichkeit war evolutionär. Das protestantische Zeitverständnis war zumindest potentiell revolutionär. Die traditionelle jüdische Haltung gegenüber Zeit und Geschichte war weder bejahend noch verneinend, sondern eher indifferent.[61]

Da die Vorstellung einer Reform dem traditionellen jüdischen Denken so fremd war, wurde sie auch von den voremanzipatorischen Aufklärern (*Maskilim*) nicht in Erwägung gezogen. Vielmehr entschieden sie sich mit Blick auf die »bürgerliche Verbesserung der Juden« (so der Titel von Dohms berühmter Abhandlung)[62] für zwei extreme mögliche Lösungen. Einige, wie David Friedländer, entwarfen die Vorstellung einer allerdings nur pro forma vollzogenen Massenkonversion der Juden. Andere, wie Mendelssohn, setzten ihre Hoffnung auf einen inneren Erziehungsprozeß der Juden und trachteten danach, sie auf das kulturelle Niveau ihrer Umwelt zu erheben, ohne ein Jota des Gesetzes zu verändern.[63] Eine dritte Möglichkeit schien es nicht zu geben.

Die Forderung nach einer Veränderung der jüdischen Religion und die Bereitschaft, sie zu vollziehen, entstanden in der jüdischen Gemeinschaft nicht von selbst, sondern waren eher eine Antwort auf den äußeren Druck. Von den Juden, die danach strebten, die bürgerlichen Rechte zu erlangen, wurde der Beweis verlangt, daß sie das Landesrecht in jeder Hinsicht als für sie gültiges Recht zu betrachten gewillt waren. Die Reformer wollten die jüdische Religion daher in erster Linie denationalisieren, »konfessionalisieren«, so daß es möglich wurde – genauso wie man ein deutscher Katholik oder Protestant sein konnte –, ein deutscher Jude zu sein. Alle Anklänge an eine nationale Erlösungshoffnung mußten aus der Liturgie entfernt werden, die zugleich vollständig in die Landessprache übersetzt werden sollte. Selbst die Bestandteile der synagogalen

Reform, die scheinbar durch rein ästhetische Überlegungen motiviert waren, etwa die Einführung der Orgel in den Gottesdienst, sollten national akzentuierte eschatologische Ziele abschwächen: Chor und musikalische Instrumente waren ursprünglich hauptsächlich deshalb ausgeschlossen worden, weil sie als Ausdruck der Freude galten, der nach der Zerstörung des Tempels unangemessen erschien. Sie sollten erst im wiedererrichteten Tempel Einzug halten. Kurz gesagt: die synagogale Reform stellte einen politischen Akt dar. Dubnow unterlag einem Irrtum, als er sie als Versuch einer »jüdischen Reformation« deutete[64] – so wie Heine irrte, als er Mendelssohn »den jüdischen Luther« nannte.

Mit dem Aufkommen der Reform kam scheinbar auch die Stunde der historischen Kritik und Bewertung des Judentums. So hofften zumindest die Gründer der Gesellschaft für die Wissenschaft des Judentums. Historische Reflexion sollte den Platz der traditionellen Formen der Legitimation einnehmen. Das historisches Wissen sollte zum Kern eines neuen Judentums werden. Wir erinnern daran, daß auch Nachman Krochmal, obgleich in seinen Zielen bei weitem traditioneller, das »Wissen vom Ende der Zeiten« (*da'at acharit hayamim*), d. h. historisches Wissen, für das angemessene Mittel zur Wiederbelebung der Religion in seiner Gegenwart hielt.[65] Jost, Zunz und Geiger brachten dies wesentlich deutlicher zur Geltung: historisches Bewußtsein sollte zum Ersatz der traditionellen religiösen Metaphorik *und* Praxis werden.

Doch wie sollte dieses Geschichtsbewußtsein aussehen? Wessen Vorstellung sollte das neue Bild der Geschichte repräsentieren? Wenn die Juden weder als ein Volk noch in irgendeinem anderen Sinne als politisches Subjekt angesprochen werden sollten, so blieb für die neue Gestalt der historischen Kritik lediglich die Konzentration auf apologetische oder antiquarische Interessen. Damit sollen nicht die enormen Leistungen der Wissenschaft des Judentums mit Blick auf die Erforschung und philologische Sicherung der vorliegenden Quellen der jüdischen Geschichte herabgewürdigt werden. Häufig begegneten die Gelehrten der Reform bei ihrem Blick in die Vergangenheit einem Spiegelbild ihrer selbst und legitimierten auf diese Weise ihr Handeln. Derenburg erschienen die Pharisäer

als Prototypen guter Republikaner.⁶⁶ Aus der Sicht seines Freundes Abraham Geiger waren sie die Prototypen wahrhafter Reformer. Zahllose Gemeindegeschichten widmeten sich dem Nachweis des Alters der jüdischen Besiedelung. Es galt, die jüdischen »Beiträge« zur Kultur der Welt hervorzuheben. Das neue Geschichtsbild war überhaupt keines. Indem sie die Wünsche und Anliegen der Gemeinschaft widerspiegelte, in der sie verwurzelt war, verhielt sich die *Wissenschaft* in Wirklichkeit genauso ahistorisch wie ihre orthodoxen Vorläufer. Dies trifft sogar für Heinrich Graetz zu. Man könnte argumentieren, dieser habe zumindest das Subjekt der jüdischen Geschichte durch die Zeiten hindurch als ein einheitliches verstanden; er gestand die Existenz eines jüdischen Volkes zu – und zwar bis in die Gegenwart hinein. Doch bei der *raison d'être* des Volkes handelte es sich um eine Idee, nämlich »die Idee des reinen Monotheismus«. Diese Idee verlangte als Konkretisierung oder Verkörperung zunächst einen politischen Staat, später eine religiöse Gemeinschaft. In der Gegenwart jedoch stelle weder der Staat noch die öffentlich organisierte Religion eine *conditio sine qua non* für das Überleben der Idee in einem »philosophischen« Zeitalter dar.⁶⁷
Sollen wir vielleicht zwischen dem unterscheiden, was die Protagonisten der Wissenschaft des Judentums vor sich wollten, und dem, was sie *in Wirklichkeit* wollten? Möglicherweise strebten sie unwillentlich nach einer deutsch-jüdischen (oder französisch-jüdischen) Kultur, die sich von der Umwelt unterschied, aber dennoch an ihr teilhatte⁶⁸, die keine politischen Ziele verfolgte, aber das Recht auf die Bewahrung der eigenen kostbaren Lebensformen und Wertvorstellungen beanspruchte. Sie orientierten sich am Paradigma des sogenannten goldenen Zeitalters der spanischen Juden zwischen dem zehnten und dem dreizehnten Jahrhundert, und zwar in der Überzeugung, daß die Judenemanzipation unwiderruflich war, daß sich das Ende der spanischen Judenheit in einem säkularisierten und kultivierten Europa nicht wiederholen könne.
Aus all diesen Gründen entfaltete die *Wissenschaft des Judentums* nicht einmal auf die Reformbewegung einen tiefgreifenden Einfluß, obgleich viele ihrer Ideologen an ihr mitwirkten. Die treibende Kraft der Reformbewegung waren vor allem

wohlhabende Gemeindemitglieder, *ba'ale bathim*, doch ihre Anstrengungen waren halbherzig und unkoordiniert. Fast das ganze neunzehnte Jahrhundert über blieben außerdem die meisten Juden, insbesondere in kleineren Städten und Dörfern, ziemlich traditionell, wenn nicht orthodox. Agnons Kurzgeschichte »Zwischen zwei Städten« entwirft ein ziemlich genaues Bild einer jüdischen Landgemeinde bis zum Ersten Weltkrieg: religiös observant und deutsch-patriotisch.[69]
Genau hier läßt sich der Wandel festmachen, den alle Juden, gleichgültig, ob liberal oder orthodox, in Wirklichkeit vollzogen: alle deutschen (oder französischen) Juden identifizierten sich jetzt ohne Vorbehalt mit dem Staat. Sie betrachteten den politischen Staat nunmehr wirklich als den ihren. Sie verloren das Bewußtsein, im Exil zu leben. Für die meisten von ihnen, einschließlich der Neo-Orthodoxie, wurde die Religion zur Privatsache. Die jüdische *kehilla* entwickelte sich zu einer liturgischen Gemeinschaft, zur *Kultusgemeinde*. Als solche richtete sich ihr Sinn nicht auf eine offene, zukunftsträchtige, sondern einzig auf die vergangene Geschichte.

6
Franz Rosenzweig und das Ende der deutsch-jüdischen Philosophie

Nur selten vermag der Historiker den Beginn und das Ende einer Bewegung mit einer solchen Genauigkeit anzugeben wie im Fall der deutsch-jüdischen Philosophie. Sie nahm ihren Anfang bei Mendelssohns *Jerusalem* (1783) und fand ihren Abschluß mit Rosenzweigs *Stern der Erlösung* (1921), dem Gegenstand des folgenden Essays. Deutsche Juden – Martin Buber, Max Brod, Julius Guttmann, Robert Weltsch oder Leo Strauss – fuhren danach noch eine Weile lang fort, über die Philosophie zu schreiben, doch selbst wenn sie auf deutsch schrieben, war ihre Leserschaft nicht länger das deutsch-jüdische Bildungsbürgertum; ihre *Wahlheimat* war unwiederbringlich verloren. Das deutsche Judentum blieb nach der Katastrophe noch eine Zeitlang in seiner Sprache sichtbar – gleich Inseln ohne Festland. Rosenzweigs ohnehin beachtliches Gedankengebäude gewinnt aufgrund seiner Entstehungszeit an Bedeutung.

Die deutsch-jüdische Philosophie des neunzehnten Jahrhunderts war reich an genialen Denkgebäuden und ertragreichen Deutungen. Trotz aller Unterschiede bestand zwischen den vielfältigen Denksystemen und der kritischen *Wissenschaft des Judentums*, der sie zugehörten, ein hohes Maß an Übereinstimmung; sie spiegelten die Überzeugungen und Ziele vieler deutscher Juden in der Zeit des Aufstiegs und des Niedergangs des Liberalismus wider. Sie trachteten danach, die Zufälligkeit ihrer Existenz als Deutsche *und* Juden aufzuheben. Sie waren überzeugt, das Beste der deutschen Kultur – die *Bildung*, der sie einen solchen Wert zumaßen – entspreche dem Besten in ihrer eigenen, jüdischen Tradition. Sie erstrebten eine Synthese von »Deutschtum und Judentum« und konstruierten eine darin wirksame *Wahlverwandtschaft*. Das mag uns heute als Paradigma einer lächerlichen und – angesichts des Endes –

gefährlichen Selbsttäuschung erscheinen. Waren die Juden nicht fähig, die verhängnisvollen Zeichen bereits während des Antisemitismusstreits 1879/80 zu verstehen? Doch wir sollten uns zurückhalten, die Wünsche und Ziele der deutschen Juden allein aus der Perspektive ihres katastrophalen Endes zu beurteilen. Bei den Idealen der deutsch-jüdischen Synthese handelte es sich nicht um leere Träume von einer nicht vorhandenen Wirklichkeit, denn sie brachten eine reiche, lebendige deutsch-jüdische Kultur hervor und spiegelten sie wider, vergleichbar der alexandrinisch-jüdischen Kultur der Antike oder der spanisch-jüdischen des Mittelalters. Diese Kultur fand ihren Ausdruck in einer eigenen Presse und Literatur, etwa in Georg Hermanns Roman *Jettchen Gebert*, der allein Juden verständlich war. Die deutschen Juden besaßen ihre eigene volkstümliche Überlieferung, ihren eigenen kulturellen Code, ihren Humor, sogar ihre eigenen, besonderen Sprachgewohnheiten. Nur ein deutsch-jüdischer *Bildungsbürger* vermochte die Beschreibung eines gutmütigen Narren als eines »Schaute mit vergnügten Sinnen« zu würdigen oder auch nur zu verstehen – eine Anspielung zugleich auf das hebräisch-jiddische Wort »Schote« (Narr) und die Anfangszeilen von Schillers Gedicht »Der Ring des Polykrates«:

»Er stand auf seines Daches Zinnen
Und schaute mit vergnügten Sinnen
Auf das beherrschte Samos hin.«[1]

Ein Kennzeichen dieser deutsch-jüdischen Kultur bestand in der ironisch oder ernst akzentuierten, unablässigen Selbstreflexion, der ständigen Beschäftigung mit sich selbst. Franz Rosenzweigs *Stern der Erlösung* war eines der letzten Beispiele dieser Selbstreflexion. Im gleichen Maße, wie er sich gegen die Selbstzufriedenheit des deutsch-jüdischen *Bildungsbürgertums* auflehnte, war Rosenzweig auch durch dessen Ziele geprägt. Seine Rebellion war – anders als das zionistische Engagement einiger Intellektueller seiner Generation – eine innerlich motivierte Rebellion, ein vielfältiger Ruf nach Neuorientierung.

Die folgenden Beobachtungen und Überlegungen bieten drei voneinander unabhängige Zugänge zu Rosenzweigs Hauptwerk, dem *Stern der Erlösung*: einen biographischen, einen architektonischen (oder systematischen) und einen politischen

Weg der Interpretation. Sie zielen alle auf einen Vergleich: Rosenzweigs wichtigste Lehren, die er bereits 1917 formulierte, sind Ausdruck seiner geistigen Biographie und lassen sich teilweise sogar auf Ausführungen vor seiner berühmten »Bekehrung« zurückführen. Außerdem weist das letztlich errichtete System, vergleicht man es mit seinem Entwurf (der »Urzelle«), einen überraschenden, starken Gebrauch der wichtigsten epistemologischen Methode Cohens, des »Prinzips des Anfangs« auf; die Art und Weise, in der Rosenzweig eine logische Figur in eine philosophische Allegorie umwandelte, sagt viel über das Buch aus. Und schließlich wird Rosenzweigs eigentümliche Anschauung über das ungeschichtliche (und apolitische) Wesen des jüdischen Volkes im Vergleich zu einigen deutsch-jüdischen Denkern, die er achtete oder ablehnte, an Profil gewinnen. Wir verfolgen demnach einen biographischen Ansatz des Verständnisses von Rosenzweigs System, indem wir den zuvor erwähnten frühen Entwurf als Ausgangspunkt nehmen, um von ihm aus rückwärts und vorwärts zu schauen. Die Stärke dieses Zugangs macht zugleich seine Schwäche aus: der stark biographisch geprägte Charakter des Denkens Rosenzweigs läßt sich nicht abstreiten, doch unsere biographischen Quellen fließen sehr spärlich.

Auf dem Weg zum System: »Urformel« und »Urzelle«

Eine geistige Biographie Rosenzweigs muß noch geschrieben werden, nicht zuletzt, um den *Stern der Erlösung*, der teilweise eine persönliche, nahezu private Sprache spricht, die sich an einen kleinen Kreis von Freunden wendet, die ähnliche prägende *Bildungserlebnisse* miteinander teilten, in angemessener Weise zu verstehen. Nun ist es eine Binsenweisheit, daß jedes philosophische System in gewissem Maße biographische Momente objektiviert. Für Rosenzweig gilt dies besonders. Er selbst fordert uns auf, seine Philosophie im Sinne einer »Erzählung« zu lesen, womit sicherlich auch eine persönliche Erzählung gemeint ist. Darüber hinaus ist jedoch auch das Gegenteil wahr. Von früh an dachte Rosenzweig so über sein Leben nach, als wäre es ein

Kunstwerk, das es zu gestalten, oder ein philosophischer Text, den es zu schreiben galt: »Ich wollte, ich wäre eine Beethovensche Symphonie oder sonst irgend etwas, was *fertig* geschrieben *ist*. Das Geschrieben-Werden tut weh«, so schrieb er als Achtzehnjähriger.² Dies war mehr als ein flüchtiger Ausbruch eines jungen Mannes, der nach seiner Identität suchte. Zu dieser Zeit und auch später machte er sich sehr bewußt daran, sein Leben so zu gestalten, daß es einen von ihm selbst verfaßten, reinen, klaren und sinnvollen Text ergab.

Doch die geistige Biographie Rosenzweigs läßt sich nicht auf der schmalen Basis seiner veröffentlichten Briefe und Tagebücher schreiben. Sie reichen bestenfalls dafür aus, uns einige Anhaltspunkte dafür zu liefern, welche Fragen wir an die vorhandenen Quellen richten dürfen. Wenn wir innerhalb des *Stern der Erlösung* zwischen primären, sekundären oder sogar tertiären Schichten unterscheiden oder wenn wir so weit wie möglich die architektonischen Teile von den grundlegend theoretischen Elementen seines Denkens trennen wollen, so sollten wir dafür die »Urzelle« und seine Korrespondenz mit Rosenstock als Ausgangspunkt wählen und mit früheren und späteren Positionen vergleichen. Was bringt darin bereits herauskristallisierte Einstellungen zum Ausdruck, und unter welchen biographischen Umständen nahmen sie Gestalt an? Was und wieviel wurde dann im *Stern* der »Urzelle« hinzugefügt?

Der oben zitierte frühe Brief legt Zeugnis für die schmerzhafte Sehnsucht nach einer klaren, authentischen, objektiven Identität ab; der Ernst, mit dem er danach strebte, machte ihn in seinen eigenen Augen zu einem »Mumelgreis von achtzehn Jahren.«³ Die Sprache ist die des klassisch-romantischen Ideals der heroischen Persönlichkeit: er redet von der Spannung zwischen seinem $εἶδος$ und der Wirklichkeit, von der Furcht und der Notwendigkeit, ersteren gegen die letztere abzuwägen und zu bewähren. Das Goethesche Ideal der heroischen, selbstgestalteten Persönlichkeit war in erster Linie eine schmerzhafte konstitutive Kraft seiner frühen Erfahrung, bevor es als mögliches Thema einer gelehrten Abhandlung⁴ und später als einer von drei »unaufgebbaren« Bestandteilen seines Systems begegnete. Es zeigt (und erklärt zum Teil) Rosenzweigs frühes

Drängen nach intellektuellem, professionellem und emotionalem Engagement.

Es ist in der Tat erstaunlich, wie früh Rosenzweig auf einige der Einstellungen stieß, die in der »Urzelle« aufgenommen sind, früher sogar als seine »Bekehrung« im Jahre 1913. Ich möchte die Wirkung seiner Auseinandersetzung mit Rosenstock, der ihr vorangehenden Krise, des folgenden monatelangen Ringens mit dem Ansinnen, zum Christentum überzutreten, und schließlich seiner – in einem Brief an den gleichen Hans Ehrenberg, den er einst zum Übertritt ermuntert hatte, begründeten – Entscheidung, diesen Schritt nicht zu vollziehen, nicht unterbewerten. Ich denke jedoch, daß er nach Beendigung dieses Ringens die Einstellungen aufnahm, die er bereits früher zu entwickeln begonnen hatte. Sein eigenes Empfinden für plötzliche Eingebungen täuscht bisweilen. In einer Diskussion mit Rosenstock sagt er, daß ihm das Verständnis für die Offenbarung als eines archimedischen Punktes der Orientierung allmählich zum Bewußtsein gelangt sei;[5] die Tatsächlichkeit der Offenbarung war also der Eckstein seiner »empirischen« Philosophie. Doch bereits 1910 schrieb er an Hans Ehrenberg:[6]

Viel Metareligiöses steckt in all diesen Fragen nach dem Ursprung des Bösen, nach Gott und der Geschichte. Das Religiöse selbst ist immer positive Religion, beginnt mit dem factum, nicht mit dem Ursprung und Wesen des Faktums. Gottes »naturas continueri« überließ Luther der Spekulation, »beneficia eius cognoscere« nahm er für sich in Anspruch.

Viel später, im *Stern*, sollte er den dritten Teil seiner Abhandlung als Rekonstruktion der »Elemente« und ihres »Laufs« in den konkreten historischen Religionen bezeichnen, d.h. ein Verständnis der Geschichte als einer Geschichte von Gottes Manifestation, »Gestalt« entwickeln. Bereits in seinem Brief deutet er das Gegenteil an:

Daher weigern wir uns auch, »Gott in der Geschichte« zu sehen, weil wir die Geschichte (in religiöser Beziehung) *nicht als Bild*, nicht als ein Sein sehen wollen: sondern wir *leugnen* Gott in ihr, um ihn in dem Prozess, durch den sie wird, zu *restaurieren*.

Offenbar hatten ihn auch 1909 und 1910 bereits Fragen der religiösen Identität beunruhigt. Sie waren noch weniger bedrängend, als er die Schule verlassen hatte und (wieder in Goethescher Stimmung) ironisch die Paganisierung seines religiösen Gefühls kommentierte: »Denn gewöhnlich werden Luft- und Wettergötter [...] allmählich zu sittlichen Melechs haolam, und nun ist's meinem umgekehrt gegangen.«[7] Ein Jahr nach seinem Studienwechsel beginnt er, grundlegende Dinge neu zu überdenken, insbesondere nach dem Übertritt seines engen Freundes Hans Ehrenberg zum Christentum. Einige sehr grundlegende Formulierungen über die Bedeutung des Jude-Seins enthalten *in nuce* seinen späteren systematischen Standpunkt. In einem Brief an seine Eltern gesteht Rosenzweig zu, er habe Ehrenberg ermutigt, diesen Weg zu gehen:[8]

> Wir sind in allen Dingen Christen, wir leben in einem christlichen Staat, gehen in christliche Schulen, lesen christliche Bücher, kurzum: unsere ganze »Cultur« ist ganz und gar auf christliche Grundlage; deshalb gehört für den, der kein hemmendes Moment in sich hat, weiter nichts als der ganz leichte Entschluß ... dazu, um das Christentum anzunehmen.

Er fährt jedoch mit Formulierungen fort, die mir als eine Versicherung an seine Eltern erscheinen, er besitze einige »hemmende Momente«: »Das Judentum kann man im häutigen Deutschland nicht ›annehmen‹, daß muß einem anbeschnitten, angegessen, angebarmitzwet sein«. Und schließlich:

> Wenn der Jude (der Jude wie ich ihn verstehe, also der Religionsjude) angegriffen wird, dann hat er die Tora nicht als Schild vor sich zu halten, sondern er gehört *vor* die Tora. Nicht die Juden sollen erhalten bleiben, sondern das Judentum.

Er nimmt das Judentum demnach bereits zu dieser Zeit als eine biologisch-kulturelle Gemeinschaft wahr, weniger als eine Reihe von Glaubenssätzen;[9] er bindet diese Einsicht bereits an die Forderung nach einer Reform der religiösen Bildung.

Ich möchte nicht den Eindruck erwecken, die Herausbildung der Einstellungen Rosenzweigs habe sich durch einen glatten, geradlinigen Prozeß ergeben. Der Übergang von der Medizin zur Geschichtswissenschaft war gewiß mit einer Identitätskrise verbunden;[10] sie fiel mit dem tiefgreifenden und anhaltenden Einfluß zusammen, den Kant auf ihn ausübte, zunächst als der angemessene Philosoph für den Naturwissenschaftler, als der Philosoph, der allem nichtempirischen Philosophieren ein Ende bereitete.[11] Kant verdankt er auch die Trichotomie der irreduziblen Elemente der »Erfahrung« in seinem späteren System. Sein Geschichtsstudium bei Meinecke, Rickert und Wölflin und der Wunsch, »ein echter Historikerkopf« zu werden (mit der gleichen Emphase sagte er einmal: »Ich bin kein Historiker!«), genügten vermutlich nicht, um seine Suche nach Identität zu befriedigen. In einem späteren Brief an Meinecke spricht er von seinem »Zusammenbruch« im Jahre 1913, von einem Gefühl der Sinnlosigkeit und von der Erkenntnis, daß er die historischen Studien benutzte, um einen unstillbaren Hunger nach »Bildern« zu befriedigen – um, vielleicht durch die Auseinandersetzung, sein Selbstbild, sein εἶδος zu pflegen.[12] Eine Bekehrung hat stattgefunden, doch weder seine Hinwendung zur Philosophie noch jene zum Judentum war so »plötzlich«, wie er sie bisweilen darstellte. Die Veränderung versetzte ihn eher in die Lage, auf bereits vorgeahnte Einstellungen zurückzugreifen und sie durchzuhalten.

Zu der Zeit, als er sich – nach Monaten des Ringens – dafür entschied, »ein Jude zu bleiben«, verfügte er auch über die grundlegende Formel, die ihm von nun an dazu dienen sollte, das Judentum vom Christentum zu unterscheiden. Wenn sein Brief vom 18. November 1917 an Rudolf Ehrenberg als »Urzelle« seines *magnum et arduum opus* bezeichnet wurde, so möchte ich die folgende Äußerung von Ende des Jahres 1913 die »Urformel« des *Stern der Erlösung* nennen:[13]
    Die Entwicklung des Judentums geht an dem Jesus zu dem die Heiden »Herr« sagen und durch den sie »zum Vater kommen«, vorbei; sie geht nicht durch ihn hindurch,
oder, eine Woche später,[14]
    Es *kommt* niemand zum Vater – anders aber wenn einer nicht mehr zum Vater zu kommen braucht, weil er schon bei ihm *ist*. Und dies ist nun der Fall des Volkes Israel. [...] Das Volk Israel, erwählt von seinem Vater, blickt starr über Welt und Geschichte hinüber auf jenen letzten fernsten Punkt, wo dieser sein Vater, dieser selbe, der Eine und Einzige – »Alles in Allem!« – sein wird.

Später sollte er Israels Existenz »ausserhalb des kriegerischen Tumults der Zeitlichkeit«[15] und die Gegenüberstellung »zum Vater kommen – beim Vater sein«, die seine grundlegende Formel bleiben sollte, bestätigen. Er lernte dies mit einem größeren sprachlichen Reichtum auszudrücken.

Diese beiden grundlegenden Themen – die Tatsächlichkeit der Offenbarung und die Zeitlosigkeit des Judentums – bestanden in Rosenzweigs Denken der folgenden vier Jahre nebeneinander. Für jedes Thema fand er genialere »Ausformulierungen«, jedem widmete er eine beträchtliche spekulative Kraft. Doch er fand noch keine Konstruktion, in der er beiden Rechnung tragen konnte, keine Argumentation wie jene im *Stern*, die zeigen konnte, daß die Offenbarung nach seinem Verständnis ihren Ausdruck in zwei unvereinbaren und dennoch wahren Formen der geschichtlichen Manifestation finden *mußte*. Obgleich er die wesentliche Differenz zwischen Judentum und Christentum zu kennen glaubte, vermochte er sich noch nicht zu entscheiden, ob und in welchem Sinne beide mit Notwendigkeit existierten.

Doch selbst ohne eine solche vermittelnde Konstruktion genügten beide Formeln, daß Rosenzweig im Jahre 1914 nachdrücklich forderte, daß das Judentum nicht auf eine nationalistisch-säkulare Renaissance reduziert werden dürfe. In seiner »Atheistischen Theologie«[16] sah Rosenzweig das Problem der jüdischen Theologie darin, daß die historisch-rationale Orientierung der *Wissenschaft vom Judentum* die jüdische Theologie in die gleiche Identitätskrise stürzte, die in der protestantischen Theologie im Gefolge der »Leben-Jesu-Forschung« entstanden war. Das Christentum muß die Relevanz der geschichtlichen Individualität Jesu für die Religion neu zur Geltung bringen; das Judentum muß eine Theologie der Offenbarung entwickeln, die der geschichtlichen Einzigartigkeit der Juden Bedeutung zu verleihen vermag und gleichzeitig für das geschichtliche Verständnis des modernen Menschen annehmbar ist. Doch wie?

Nicht einmal in den Briefen an Rosenstock (bis 1916) oder in der »Urzelle« gelang es Rosenzweig, diese *notwendige* Vermittlung zwischen seiner Philosophie der Offenbarung und seiner Gegenüberstellung von Judentum und Christentum zu schaffen. Eine solche notwendige Verknüpfung, wie sie der *Stern* herstellt, begegnet erst im Jahre 1918, verkörpert durch die Metapher des Sterns und seiner Strahlen im Sinne zweier Gestalten des Sterns der Erlösung, im Sinne einer subjektiven und einer objektiven Zeit, im Sinne einer Verneinung und einer Bejahung, die in der absoluten Ewigkeit ihre Vollendung in der »Totalität« finden sollten.[17] In der Zwischenzeit arbeitete er jedoch an beiden Enden des zukünftigen Buches. Im Verlauf seiner Korrespondenz mit Rosenstock nimmt die »Urformel« Gestalt an und läßt eine Fülle abgeleiteter Distinktionen zwischen Judentum und Christentum entstehen, die vielfach wörtlich in die Schlußfassung des dritten Buches des *Stern* Eingang fanden.[18] Parallel zu dieser Reihe von Reflexionen dachte Rosenzweig über die Möglichkeit einer Theologie der Offenbarung nach, ohne jedoch bereits eine enge Verbindung dazu herzustellen.

Im Jahre 1917, als deutscher Soldat an der Balkanfront, beschrieb Rosenzweig in einem Brief an Rudolf Ehrenberg erstmals die Konturen seines Systems, in der berühmten »Urzelle« seines Buches von 1919.[19] Die »Urzelle« war voller Begeisterung über die Entdeckung einer Antwort geschrieben. Obwohl Rosenzweig *more suo* erneut von einer plötzlichen Eingebung redet, gibt er zu, sie bestehe weniger in der Erfindung einer neuen Position denn darin, daß er bereits zuvor eingenommene Haltungen in eine Ordnung gefügt habe: »Nun erwarte Dir aber nichts Neues.«[20] Er erkannte, auf welche Weise er die verschiedenen disparaten Elemente seines Nachdenkens, Lernens und seines Engagements zusammenfügen konnte; wie sich die dominierenden Themen der unterschiedlichen Phasen seiner Entwicklung miteinander vereinen ließen. Wir haben bereits das »Ich«, die »Welt« und »Gott« als Rosenzweig auch *biographisch* prägende Aspekte identifiziert: die in Goetheschem Vokabular zum Ausdruck kommende Beschäftigung mit dem eigenen Ich, mit seinem εἶδος; die Suche nach einem Gleichgewicht zwischen dem Besonderen und dem Allgemeinen in seinen historischen Studien und die theoretische wie praktische Erfahrung der Dialektik zwischen ἔθος und κράτος; und schließlich »Gott« – die Annahme des Verständnisses von Religion als eines auf Offenbarung beruhenden Phäno-

mens seit 1913. Die Sprache, deren sich Rosenzweig in der
»Urzelle« bedient, um die Möglichkeit eines inneren Zusammenhangs zwischen diesen drei Elementen zu zeigen, ist weitgehend die Schellings. Während er den ersten Entwurf seines
Systems niederschrieb, glaubte er, er könne jenes Programm,
das Schelling in seinem »Weltalter« als bloßes Gerüst hinterlassen hatte, ausgestalten.[21]

Am Beginn der »Urzelle« steht das Bewußtsein, daß wahre
Erkenntnis nur dann zu erlangen sei, wenn die Philosophie
ihren Traum aufgebe, sie lasse sich vom Mannigfaltigen auf ein
einziges Prinzip reduzieren. Das Ideal der Identität von Sein
und Denken, das »von Ionien bis Jena« herrschte, beruht auf
der Voraussetzung der Differenz zwischen Sein und Denken;
es trägt seine Negation in sich selbst. Sobald dieses Ideal zerbricht, werden wir mit drei unausweichlichen Erfahrungsbereichen konfrontiert: Gott, Welt und Mensch. Wenn diese aufeinander bezogen werden, so sind sie miteinander nicht logisch verbunden, sondern *in actu*, im Sinne eines Geschehens,
eher historisch als begrifflich. Diese Beziehungen können
nicht durchdacht, sie können viel eher erzählt werden, denn
sie ereignen sich in der Zeit. Die Beziehung zwischen Gott
und Welt ist Ergebnis eines Schöpfungsaktes, der die Kontingenz der Welt bestimmt. Die Beziehung Gottes zum Menschen ereignet sich durch die Offenbarung, in der die tragischheroische »Isolation« des Menschen zerbrochen wird, nicht
etwa durch die Zusammenfassung der Einzigartigkeit des
Menschen unter universalen (idealen oder allgemeinen) Maximen, vielmehr im Sinne einer konkreten, individuellen, momentanen Begegnung *hic et nunc*. Von Gottes Offenbarung
läßt sich reden, weil sie sich im Medium der Sprache ereignet:
sie konstituiert Sprache. Und er unterwirft das Individuum
nicht unter ein *Gesetz*, sondern er manifestiert seinen Willen
hier und jetzt durch das *Gebot*. Sprache ist demnach das notwendige Medium der Offenbarung; da die Offenbarung sie zu
ihrem Wesen bringt, läßt sich von ihr reden.
So viel ist bereits in der »Urzelle« ausgesagt; erst zu dieser
Zeit entdeckte Rosenzweig die eigentliche Bedeutung des unverwechselbarsten Kennzeichens jüdischer Existenz: das »Joch

des Gesetzes«, wie es aus christlicher Perspektive wahrgenommen wurde, eine verzerrte Wahrnehmung; denn das Judentum stellt kein System von Gesetzen dar, sondern vielmehr eine Aufeinanderfolge von Geboten, die jeweils des Menschen volle und ausschließliche Aufmerksamkeit beanspruchen, wenn sie an ihn ergehen. Dies entwickelte sich zu Rosenzweigs archimedischem Punkt, wie der Mendelssohns in der Entdeckung, daß das Judentum sich nicht einfach in einem System von Gesetzen erschöpfe, sondern als ein System symbolischer Handlungen und wirklicher Manifestationen von Gottes Gegenwart verstanden werden müsse.

Ein *argumentum e silentio* sollte uns davon überzeugen, daß Rosenzweigs primäre Intention sich in seinem Entwurf nicht auf eine theologische Begründung für seine jüdische Bindung, sondern auf theologische Fragen überhaupt richtete. Sie wurde zur Grundlage der ersten beiden Bücher des *Stern*. Auffällig ist das Fehlen jeglicher Entgegensetzung von Christentum und Judentum in der »Urzelle« (obgleich sie eine Gegenüberstellung beider gegenüber dem »Paganismus« enthält). Rosenzweig hat seine »Urformel« nicht aufgegeben und erst im *Stern* wiederentdeckt; sie stand ihm in seiner Korrespondenz mit Rosenstock deutlich vor Augen.

In allen seinen Charakterisierungen des Christentums hat er noch keine Lösung für die biographisch und systematisch gleichermaßen entscheidende Frage: Ob und weshalb das Christentum eine legitime, notwendige Gestalt der Offenbarung darstellte.

Wie so oft bereitete ein intensiver Dialog einer »plötzlichen« Erkenntnis den Boden. Ein ausgesprochen dichter Briefwechsel mit Hans Ehrenberg im Jahre 1918 bedenkt genau dieses Problem der Vermittlung zwischen Christentum und Judentum von allen Seiten.[22] Zu Beginn ist Rosenzweig einfach über Ehrenbergs Behauptung verärgert, er sei sozusagen ein jüdischer Christ; Rosenzweig besteht darauf, entweder das eine oder das andere zu sein. Ob Christus der wahre Messias war oder nicht, wisse er nicht: dies werden wir erst in der Rückschau am Ende der Geschichte wissen. Allmählich schwindet der Ärger in Rosenzweigs Antwort, so daß mehr als eine bloße Entgegensetzung von Judentum und Christentum möglich wird. Ein Brief vom 11. Mai 1918 macht dies in besonderer Weise deutlich:²³

> Ich sehe, ich muß dir das jüdische Verhältnis zum »Zwischenreich« etwas aus größerer Nähe (also etwas dialektischer) auseinandersetzen. Daß der Christ aus dem Anfang, der Jude aus dem Ende des Zwischenreichs lebt – so habe ich dir doch wohl geschrieben – genügt nicht. Also genauer: Das christliche Verhältnis zum Zwischenreich ist bejahend, das jüdische verneinend. [...] Wie verneint man ein Zwischen? Schärfer noch: wie drückt man in der Form des Zwischen aus, daß etwas *nicht* zwischen ist? [...] Indem man den Anfang negativ, als noch nicht gewesen [das Kommen des Messias], das Ende positiv, als schon gewesen [Reich Gottes], setzt – also Anfang und Ende zwar nicht vertauscht, aber umwertet. Dies ist das Judentum.
> Hier muß ich endlich, zum ersten Mal in dieser unsrer Auseinandersetzung seit letztem Juni, »danke schön« zu dir sagen. Denn hier hast du endlich maieutisch bei mir gewirkt, und eine ganz entscheidende Formulierung bei mir ans Licht gebracht, ein Grundparadoxon, durch das sich wahrscheinlich alles Widersprechende in meinem Material ordnet [!] [...] Für dich muß die klare Formulierung der beiden jüdischen Bewußtseins-Grundakte (des nicht gekommenen Messias und des schon wirklichen Gottesreiches) und ihrer gemeinsamen und notwendigen Abhängigkeit von dem jüdischen Standpunkt der Verneinung des Zwischenreichs genügen. An der mathematischen Analogie [irrationale Zahlen] siehst du zugleich, wie das Judentum vom Christentum aus erscheint. [...]

Hier fand Rosenzweig eine neue Ausgangsstellung. Er gab der bis dahin hauptsächlich polemisch akzentuierten Antithese von Judentum und Christentum eine positive Bedeutung. Das Äußerste, was er früher zuzugestehen bereit war, war die Funktion des Christentums als eines παιδαγωγός εἰς χριστόν für die »Heiden«. Mittlerweile hatte er bereits Cohens posthumes Werk *Religion der Vernunft aus den Quellen des Judentums* gelesen, in dem Cohen, wie er ihn zitiert, »ganz nebenher« bemerkt: »Christus ist wirklich der Messias der Völker«²⁴ – in dem Sinne, daß allein das Christentum, und zwar aufgrund seiner mythisch-heidnischen Elemente, Heiden für den Monotheismus zu gewinnen vermochte. Von nun an war Rosenzweig bereit, im Christentum weit mehr als dies zu sehen: den Ausdruck einer Offenbarung *sui generis*. Dies gestattete es ihm, Judentum und Christentum zur gleichen Zeit als unvereinbar, notwendig und in gewissem Maße wechselseitig voneinander abhängig zu verstehen. These und Antithese, so sein Postulat im *Stern*, würden am Ende in der »Totalität« aufgehoben.

Unsere Rekonstruktion kann sich nur auf wenige biographische Quellen stützen. Ein weiterer Hinweis läßt sich jedoch dem »Sprachdenken« Rosenzweigs entlocken. Bis zum Zeitpunkt der (oben besprochenen) Briefe an Hans Ehrenberg gesteht Rosenzweig die Wahrheit von Judentum *und* Christentum lediglich *pro tempore* zu: die messianische Zeit wird darüber entscheiden, ob das eine oder das andere wahr ist; Rosenzweig war sicher, es werde das eine und nicht das andere sein. Die Zeit der Wahrheit wird die Zeit des Judentums *oder* des Christentums sein, »Ja« oder »Nein«.[25] Nach seiner Korrespondenz mit Ehrenberg begegnet die Formel in der Umkehrung. Unsere Zeit ist die des Judentums *oder* des Christentums; man kann nur das eine *oder* das andere sein; die messianische Zeit, das Ende des »Zwischenreichs«, wird die Zeit des Judentums *und* des Christentums sein, des in einer Wahrheit zur Vollendung geführten »Ja« und »Nein«. Es mag sein, daß damit die Bedeutung dieser Korrespondenz von 1918 übertrieben ist; in jedem Fall sandte Rosenzweig etwa vier Monate später (am 4. September) den Aufriß seines Buches an Rudolf Ehrenberg und berichtete ihm von seinem »System«.[26]

Rosenzweigs Sicht des Judentums ist auf der Grundlage seines Denkens kritisch. Von den ersten Formulierungen bis zum *Stern* wird die Einzigartigkeit und Ewigkeit Israels in einer mit christlichen Bildern und Begriffen übervollen Sprache beschrieben. Rosenzweig selbst ist sich dessen bewußt, daß er christliche Theologumena hinsichtlich der Juden auf den Kopf stellt: die *caecitas judaeorum*, die Juden als ein zerstreutes und staatenloses *testimonium aeternum*, ihren selbstzentrierten und weltfernen »Partikularismus« im Gegensatz zum christlichen, auf die Welt orientierten »Universalismus« – mit Blick auf diese und andere Beispiele werden negative jüdische Eigenschaften (aus christlicher Perspektive) als Tugenden interpretiert. Seine dualistische Historiosophie erinnert stark an Augustins *De Civitate Dei*.[27] Selbst für die messianische Zeit gesteht Rosenzweig den Juden keine politische Souveränität zu; aufgrund ihres Wesens als Juden besitzen sie keine politischen Bestrebungen.

Darüber hinaus können Juden per definitionem nicht wahrnehmen, was Rosenzweig einräumt: daß Christentum und Judentum Anteil an ein und derselben Wahrheit haben. Sie verkörpern eindeutig antithetische Wahrheiten. Das Judentum besteht nicht aus einer Reihe von Glaubenssätzen oder Gesetzen, sondern es stellt eine Form der Existenz dar, die sich selbst transzendieren müßte, um über sich selbst zu reflektieren – eine Unmöglichkeit, die es »blind« macht, weil es genau im Zentrum des lichtgebenden Sterns steht. Rosenzweigs Beschäftigung mit dem Christentum, selbst seine Fähigkeit, Christentum und Judentum als »korrelativ« zu verstehen, ist eher »christlich« als jüdisch. Rosenzweig war nicht wohl dabei. In einem Brief an Hans Ehrenberg rechtfertigt er seine Beschäftigung mit dem Christentum mit Hinweis auf seine Lebensgeschichte und folgert:[28]

Du magst ganz recht haben: ohne Christentum wäre das Judentum nicht da (ganz sicher *wissen* werden wir das ja erst, wenn – der Messias kommen wird). Soll aber dem Juden diese [...] Ansicht solche Bedeutung haben, daß sie sich mit seinem »gläubigen Bewußtsein« notwendig auseinandersetzen müßte? Dieses [...] Wichtignehmen der Welt und Welterkenntnis das du voraussetzt ist doch wiederum christlich, nicht jüdisch.

»Christlich« ist daher vieles von dem, was er im dritten Teil des *Stern* über Christentum und Judentum sagt. Das trifft vor allem auf die nahezu kirchlichen Bilder zu, mit denen Rosenzweig darstellt, inwiefern die jüdische Gemeinschaft stärker auf der Liturgie als auf dem Gesetz beruht.

In dem vorangegangenen Abschnitt haben wir zu zeigen versucht, daß Rosenzweig der erste jüdische Denker seit Mendelssohn war, der erneut die Unvereinbarkeit des Judentums mit jeder anderen Religion, der seine Selbstgenügsamkeit hervorgehoben hat. Er tat dies mit beinahe christlichen Vorstellungen und war sich seiner paradoxen Haltung bewußt.

Eine Flucht aus der Geschichte: Rosenzweig über das Schicksal des Judentums

Franz Rosenzweigs Anschauungen über die jüdische Geschichte und das jüdische Schicksal sind idiosynkratisch. Geht man von seinen Prämissen aus, so sind sie auch zwingend. Wie in anderen Bereichen seines Denkens sind biographische und systematische Impulse zu einer eindrucksvollen Struktur verschmolzen. Mit einer knappen Formel ausgedrückt – Rosenzweig war süchtig nach knappen Formeln – er bestreitet den Juden und dem Judentum eine aktive Rolle in der Geschichte, ja, er bestreitet in gewisser Weise sogar ihre Geschichtlichkeit. Sie existieren, sagt er, »außerhalb einer kriegerischen Zeitlichkeit«.[29] Ihre Ewigkeit ist kein Ziel, sondern Gegenwart.
Dies ist eine seltsame Aussage, da sie von einem Historiker stammt, und sei es auch von einem Abtrünnigen dieser Disziplin. Sie bedeutet in etwa übersetzt, das »Wesen des Judentums« sei der unerreichbare Stein der Weisen, nach dem die *Wissenschaft des Judentums* seit ihren Anfängen strebte. Rosenzweig bestreitet nicht, daß es dieses »Wesen« gibt; man solle allerdings nicht danach suchen, denn es lasse sich weder in einer besonderen Reihe von Lehren (einer *Weltanschauung*) noch in dem Corpus von Geboten finden. Das Judentum ereignet sich im Leben der Juden, in ihrer physischen Kontinuität und Gemeinschaft: eher *Erzeugung* denn *Bezeugung*.[30] Das Judentum besitzt kein historisch-politisches Ziel, das es auf Erden erfüllen möchte; es ist von Anbeginn am Ziel. Es ist deshalb weder an der Funktion eines historisch Handelnden interessiert, noch könnte es in diesem Falle den Wechselfällen der Zeit, der »Zeitlichkeit« entgehen. Das Judentum ist nicht aktiv in die Kriege, Revolutionen, Eroberungen und Niederlagen dieser Welt verwickelt. Historisch Handelnde besitzen hi-

storisch-politische Ziele: die Gründung und Ausdehnung von Staaten, die Bekehrung anderer zu ihren eigenen Überzeugungen und Lebensformen, die Schaffung einer besseren, gerechten Ordnung, die Erlangung von Freiheit. Das Judentum steht diesen Zielen und anderen weltgeschichtlichen Aufgaben gleichgültig gegenüber. Seine Existenz in der Diaspora, in der Zerstreuung entspricht vollkommen seiner Natur; verfügten die Juden über einen souveränen Staat, so müßten sie zwangsläufig wieder geschichtlich Handelnde und in den Aufruhr der Welt verwickelt werden. Die innere Wahrheit des Judentums braucht sich nicht, wie die des Christentums, innerhalb der Zeit zu entfalten. Wenn das Christentum die Strahlen des »Sterns« verkörpert, dann ist das Judentum sein Zentrum. Der Herzschlag des Judentums besteht in der Gemeinschaft, in der Zeugung, im rituellen Leben, jetzt und in der messianischen Zeit.[31] Das Judentum hat keine »Geschichte«, und es bedarf keines Kampfes um die Erlösung, denn es ist, im Prinzip, bereits erlöst.

Was waren die Quellen jener eigenartigen Anschauungen und die Kräfte, die ihn trieben? Und warum wurde seine Position sogar von denen als ein bedeutender theologischer Beitrag anerkannt, die sie heftig ablehnten? Auf den ersten Blick kehrte Rosenzweig scheinbar einfach zu dem traditionellen, voremanzipatorischen Verständnis der jüdischen Geschichte zurück, wie es etwa in Jehuda Halevis *Kusari* oder in den Schriften des Jehuda Loeb von Prag (bekannt als Maharal) seinen Ausdruck fand. Rosenzweig bewunderte Jehuda Halevi, später übersetzte er seine Poesie. Aus der Sicht der traditionellen jüdischen Selbstreflexion stellten die Einzigartigkeit und Ewigkeit Israels eine transzendente, metahistorische Prämisse und Verheißung, nicht etwa das Ergebnis der Geschichte dar. Israel war ein auserwähltes Volk – nicht aufgrund von Verdiensten oder Errungenschaften seines Wesens, sondern weil Gott es allein erwählt hatte, damit es die Tora bewahre (buchstäblich durch Überlieferung) und ihre Gebote erfülle. Jehuda Halevi postulierte sogar die Existenz eines besonderen Sinnes für das Göttliche, eine besondere Fähigkeit der Wahrnehmung des göttlichen *logos* (*al'amer 'alilahi*)[32], den einzig die Juden – und zwar nur Juden im ethnischen Sinne, nicht etwa auch

Konvertiten besitzen. Diese pseudobiologische Fundierung der jüdischen Einzigartigkeit erinnert am meisten an Rosenzweig, gerade weil sie im traditionellen und im modernen Denken gleichermaßen außergewöhnlich ist.
Unter allen Völkern wird allein Israel unmittelbar von Gott geführt. Andere Völker sind den Gesetzen der Natur unterworfen – seien es astrale, biologische (Wachstum und Niedergang, wie Halevi glaubte) oder geophysiologische, während Israel, nach Aussage der antiken Rabbiner weder einen Leitstern besitzt noch braucht (»ein mazal le-Israel«).[33] Dieser Topos begegnet bei Jehuda Halevi wieder: andere Völker gehorchen den biologischen Gesetzen von Wachstum und Niedergang, Israel jedoch nicht; seine Ewigkeit wird von Gott garantiert. Und der Maharal fügte hinzu: der Charakter eines jeden Volkes wird durch das Land gestaltet, von dem es lebt, von dem sein Leben abhängt. Ein Volk, das aus seinem Land verbannt wird, verfällt der Natur nach dem Tod, ausgenommen Israel, in dessen Fall die Existenz im Exil und die Zerstreuung ein hinausgezögertes Wunder, eine übernatürliche Erscheinung darstellen.[34]
Abgesehen davon sind Israels Entwicklung und Schicksal völlig unabhängig von weltgeschichtlichen Ursachen, von den Handlungen und Untaten der Völker, unter denen es verstreut ist. Das Exil ist als ein kathartisches Mittel zu verstehen, als eine göttliche Strafe für Sünden, die so alt sind wie das Opfer vor dem goldenen Kalb am Sinai, eine Sünde, an der alle Juden in Vergangenheit, Gegenwart und Zukunft Anteil haben, weil alle zugegen waren. Weshalb, fragte der zeitgenössische jüdische Chronist der Pogrome des Ersten Kreuzzugs, hat unsere Generation, die so reich mit wahrhaft frommen Menschen (*Chassidim*) gesegnet ist, so sehr leiden müssen? Und er antwortet: genau aufgrund dieser Frömmigkeit vermochten sie einen größeren Teil der kollektiven Strafe für die Sünde des goldenen Kalbes auf sich zu nehmen, für die jede Generation einen Teil der Sühne leisten muß.[35] Israels Schicksal wird durch Gott und Israel alleine bestimmt; andere Kräfte sind nicht am Werk. Die Existenz unter den Völkern verändert das Wesen Israels nicht. Israel, so sagte sogar der rationalistisch-nüchterne Rabbi Simone (Simcha) Luzatto im siebzehnten Jahrhundert, ist wie ein Fluß, dessen Was-

ser das gleiche bleibt und nur seine Farbe mit dem Wandel der Farbe der Erde, die es durchläuft, verändert.[36] Soweit die Ähnlichkeit zwischen Rosenzweig und dem traditionellen Bild von der jüdischen Geschichte. Rosenzweig hätte sich darauf berufen können, daß dies der traditionellen Interpretation entsprach. Betrachten wir jedoch die Unterschiede. Orthodoxe Juden beten zumindest dreimal täglich um die Wiederherstellung der jüdischen Eigenstaatlichkeit, um die Rückkehr aus dem Exil in das Land Israel, um die Wiedereinsetzung der Könige und Richter. Die meisten unter ihnen glaubten und glauben noch heute, dies alles werde sich in geschichtlicher Zeit ereignen, in einer begrenzten Zukunft, im Zusammenhang des Kommens des Messias. Die jüdische Eschatologie – sei sie apokalyptisch oder realistisch – hielt an der Rückkehr der Juden auf die Bühne der Geschichte fest. Differenzen gab es lediglich hinsichtlich der Frage, ob es erlaubt sei, »das Ende zu beschleunigen«, den Versuch zu unternehmen, die messianische Zeit durch das eigene Handeln herbeizuführen oder vorzubereiten.[37] Rosenzweig mußte die jüdische Eschatologie durch Allegorisierung bis zur Unkenntlichkeit umdeuten. Er ist im und mit dem Exil zufrieden; man kann argumentieren, in besseren Zeiten seien viele Juden verhältnismäßig zufrieden mit ihrer Stellung im Exil gewesen: es war ihnen jedoch nicht erlaubt, dies offen einzugestehen. Die Juden vor der Emanzipation betrachteten ihre Stellung nach der Zerstörung des Tempels als die von »Kriegsgefangenen« unter den Völkern.[38] Mögen sie auch im Westen leben, »ihr Herz ist doch im Osten«. Rosenzweigs Judentum war, anders als das traditionelle, zugleich überweltlich und überzeitlich.

Obwohl sich Rosenzweigs Einstellung entschieden von der traditionell jüdischen unterschied, entsprach sie weder jener der jüdisch-liberalen Theologen noch jener der Träger der Wissenschaft des Judentums im neunzehnten Jahrhundert. Im Gegenteil: gerade der Widerspruch gegen sie lieferte einen starken Impuls für Rosenzweigs Anschauungen. Während sie die jüdische Geschichte oder Geschichtlichkeit als eine *notwendige* Dimension entdeckten, bestritt er die Relevanz ihres Unterfangens für das Verständnis des Judentums.

Die *Wissenschaft des Judentums* war während des gesamten neunzehnten Jahrhunderts eine vorwiegend historisch-philologische Disziplin. Nicht zufällig wurden in der deutschen Sprache die exakten Wissenschaften und die historisch-philologische Disziplin seit Beginn des neunzehnten Jahrhunderts als »Wissenschaft« bezeichnet. Von der Warte ihrer Träger aus verkörperten diese Disziplinen – im Gegensatz zu den »spekulativen« Bestrebungen der Metaphysiker – das exakte, verifizierbare (oder falsifizierbare), empirisch gewonnene Wissen. Ähnlich wie die Physik im siebzehnten Jahrhundert zeigte die Geschichtswissenschaft nun, was in ihr steckte, und zwar aufgrund der Entdeckung sicherer methodischer Grundlagen – so nahm man jedenfalls an.

Doch das neue Interesse an der Geschichte und die Tatsache, daß die Historiker beinahe zu einer Stellung von Hohepriestern der Kultur erhoben wurden, folgten keineswegs einer sicheren Methode. Vielmehr führte das aufkommende historische Interesse im neunzehnten Jahrhundert zu neuen Ausdrucksformen. Die historische Perspektive war Teil des Diskurses des Bürgertums. Georg Lukács und Erich Auerbach haben uns gelehrt, wie historisches Interesse, literarischer Realismus und die bürgerliche Mentalität des neunzehnten Jahrhunderts unauflöslich miteinander zusammenhingen.[39] Der Einzelne, der freie und gleiche Bürger, den die Advokaten der bürgerlichen Gesellschaft rühmten, war zugleich unabhängig und abhängig, Handelnder und Objekt, einerseits gestaltete er die Gesellschaft durch seine Arbeit und seinen Einfallsreichtum, andererseits wurde er durch sie und die Institutionen, an denen er (und durch einen Stellvertreter auch die Gesellschaft) partizipierte, geprägt. Indem er seine aufgeklärten ökonomisch-sozialen Eigeninteressen verfolgte, leistete der Einzelne seinen Beitrag zum Allgemeinwohl, zum harmonischen Gleichgewicht einer Gesellschaft, in der »private Laster« wie durch eine »unsichtbare Hand« zu »öffentlichen Tugenden« wurden. Das Bürgertum verstand sich selbst als das eigentliche Rückgrat des modernen Nationalstaates, in dem alle »vor dem Gesetz gleich« waren: seine Tugend bestand eher in der *Arbeit* als in Abstammung oder Inspiration. Seine Geschichte machte die *wirkliche* Geschichte der Nation aus.

Die historische Forschung selbst wurde zur soliden, harten »Arbeit«, nicht zum *otium*, sie wurde zur ehrwürdigen Tradition, die methodisch *ad majorem civitatis gloriam* ausgeübt wurde; in dem Maße, wie sich der moderne Nationalstaat zur Ersatzreligion entwickelte, wurden die Historiker und nationalen Philologen zu ihren Hohepriestern, zu Forschern und Erziehern zugleich. Diese bürgerlich-liberale Mentalität drang mitsamt ihrem Inhalt und ihrer Methode auch in die Welt der Juden ein.[40] Inhaltlich insofern, als ihr Ziel darin bestand, Juden und Nichtjuden mittels der Geschichte über die wahre, geschichtliche Natur des Judentums aufzuklären; methodisch durch das Selbstverständnis als kritische, »wissenschaftliche« Geschichtsforschung. Auf diese Weise ließen sich die nach wie vor gültigen Aspekte des Judentums von den überwundenen und zeitgebundenen trennen: Kenntnis der Geschichte verhieß den Juden Selbstrespekt und ermöglichte es ihnen, sich als gleichberechtigte Bürger in die bürgerliche Gesellschaft zu integrieren. Während das traditionelle Verständnis der jüdischen Geschichte das Wesen des Judentums in seiner absoluten, sogar übernatürlichen Partikularität erblickte, versuchte die neue liberal-nationale Sicht zu zeigen, daß das Wesen und die Einzigartigkeit des Judentums in seiner Universalität bestanden. Selbst Heinrich Graetz verstand die jüdische Geschichte als »die Geschichte ein und derselben Idee, der Idee des reinen [d. h. ethischen] Monotheismus«. Die liberale geschichtliche Theologie wurde unter protestantischen und jüdischen Denkern gleichermaßen zu einer Thron- und Altar-Theologie, bis hin zu Hermann Cohens Behauptung der Übereinstimmung von Judentum und Deutschtum.

Rosenzweig rebellierte, ähnlich wie Gershom Scholem und andere deutsch-jüdische Intellektuelle in den ersten beiden Jahrzehnten dieses Jahrhunderts, gegen die bürgerlich-liberale jüdische Selbstzufriedenheit und die damit verbundene historistische Ideologie. Er tat dies bereits 1914 in seiner »Atheistischen Theologie«, in der er auf brillante Weise eine Parallele zwischen der Krise der protestantischen Theologie und dem aufzeigte, was er als Scheitern der jüdischen Theologie verstand.[41] Beide historisierten die Offenbarung, auf der sie jeweils gründeten, so weitgehend, daß die Religion zur Anthropologie wurde. Eine Offenbarungsreligion ist jedoch eher theozentrisch als anthropozentrisch und sollte dies auch bleiben. Gott ist weder die Projektion natürlich-kosmischer Kräfte noch die ethisch-politischer Ideale; betrachtet die Theologie Gott in dieser Weise, dann negiert sie ihn und wird buchstäblich atheistisch, vollzieht die Vergöttlichung der Menschheit. Rosenzweigs Angriff erinnert an Franz Overbecks Verurteilung der Gleichsetzung von »Christentum und Kultur«. Overbeck lieferte das erste Zeichen des Bewußtseins einer Krise des Protestantismus, einer Krise, die ihren Ursprung in einer mit liberal-rationalem Eifer verknüpften Hypertrophie historischer Studien hatte.[42] Rosenzweigs spätere theologische Position war folgerichtig der Karl Barths analog. Wenn das Wesen des Judentums nicht in der Beteiligung an der Geschichte liegt, dann kann es durch keinen Aufwand an historischer Forschung offenbar werden.

Rosenzweig hätte eine andere Form der Rebellion gegen den jüdisch-liberalen Glauben an die Geschichte und die »bürgerliche Gesellschaft« wählen können. Er hätte sich wie viele deutsch-jüdische junge Rebellen dem Zionismus zuwenden können. Der Zionismus wies viele Merkmale auf, die Rosenzweig hätten anziehen können. Ähnlich wie Rosenzweig weigerten sich viele junge zionistische Ideologen, ein »Wesen« des Judentums zu identifizieren, sei es in seinem Partikularismus oder in seinem Universalismus. Sie hatten sich gegen die Gleichsetzung des Judentums mit einer rationalen Ethik und mit bürgerlichen Werten aufgelehnt, gleichgültig, ob sie in Gestalt der anspruchsvollen Formulierungen Hermann Cohens oder Moritz Lazarus' auftrat oder in jener der lächerlichen Predigt, die den Erzvater Jakob zum »Vorbild eines Stadtverordneten« machte.[43] Einige, so der hebräische Schriftsteller Micha Josef Berdiyczewski, wollten eine angeblich ursprüngliche jüdische Mythologie wiederbeleben; andere, etwa Scholem, behaupteten, Judentum sei alles das, womit sich Juden zur jeweils gegenwärtigen Zeit beschäftigten. Das Wesen des Judentums bestehe in seinem kreativen Geist, für den die Vergangenheit eine Garantie, keine Definition darstelle. Einzig ein autonomes Territorium, die Rückkehr in das Land Israel könne die Renaissance der Gesundheit und Kreativität des

Volkes garantieren. Allein die Zukunft könne zeigen, welche Gestalt diese schöpferische Energie annehmen werde.[44]
Aus Rosenzweigs Sicht traf vieles davon den richtigen Ton, allerdings abgesehen von dem Herzstück dieser neuen guten Botschaft. Der Zionismus brachte seiner Einschätzung nach Schlimmeres als die Vergöttlichung der Menschheit mit sich, er führte zur Vergöttlichung der Nation – der letzten Stufe einer »atheistischen Theologie«. Es verwundert nicht, daß Buber sich weigerte, einen Aufsatz mit diesem Akzent in der Zeitschrift *Der Jude* zu veröffentlichen, welcher der junge Rosenzweig die Publikation angetragen hatte. Er erschien erst posthum.

Woher (wenn überhaupt) bezog Rosenzweig also die Inspiration für seine dualistische Version einer profanen Geschichte und einer sakralen Nicht-Geschichte? Eine andere, diesmal aus dem Christentum stammende Quelle drängt sich auf: das Werk *De Civitate Dei* des Augustinus von Hippo. Augustins »Gottesstaat« hat an dem »irdischen Staat« (*civitas terrenea*), in dem er lebt, nicht wesentlich teil. Der Staat Gottes besteht in der Tat aus zwei Teilen. Einer hat seinen Ort im Himmel (die *civitas Dei coelestis*), und ihre Mitglieder weilen dort in Ewigkeit. Der andere Teil ist der »auf der Erde wandelnde Gottesstaat« (*civitas Dei peregrinans in terris*). Augustins Terminologie in diesem späteren »großen und schweren Werk« ist vom Recht geprägt.[45]
Der *peregrinus* ist laut römischem Recht ein ortsansässiger Fremder. Die Christen sind, wo immer sie sich auf Erden aufhalten, Fremde. Ihr Ziel besteht darin, die nach dem Fall des Luzifer und seiner Sekte gelichteten Reihen des himmlischen Staates wieder aufzufüllen. Nicht alle Glieder des wandernden Gottesstaates – der Kirche – werden auch Mitglieder des himmlischen Staates sein; erst am Ende der Tage wird sichtbar werden, wer den ewigen Lohn verdient. Doch alle Glieder der Kirche möchten dazugehören; dieser Wille zur Zugehörigkeit macht Engel und Menschen bereits jetzt zu Mitgliedern *eines* Gottesstaates. Auch dahinter verbirgt sich ein rechtsphilosophischer Aspekt: Augustin hebt hervor, daß – auch wenn die Mitgliedschaft im wandernden Gottesstaat nicht die Zugehörigkeit zum himmlischen garantiert – nur ein Gottesstaat exi-

stiert, denn sie alle teilen miteinander den Willen, zu einem Staat zu gehören. Sie besitzen laut Ciceros berühmter Definition einer *res publica* einen Rechtskonsens und ein Gemeinschaftsinteresse.[46] Die Geschichte der beiden Staaten, des göttlichen und des irdischen, verlaufen parallel zueinander, gleichwohl ohne inneren Zusammenhang. Ihre getrennte Entwicklung wird gerade durch die Parallelität bedeutender Ereignisse betont. Der irdische Staat, getrieben von der Begierde nach Macht, läßt sich in Gestalt des Ninus (Nimrod) sehen; der Gottesstaat wird erstmals mit Abraham zu einer Gemeinschaft. Der irdische Staat erreicht sein Ziel – Weltbeherrschung und Befriedung – mit Augustus; der göttliche Staat gewinnt seine Universalität in Jesus. Der Gottesstaat steht dem *irdischen* Frieden nicht feindlich gegenüber, er hängt jedoch nicht davon ab: ob der Kaiser ein Christ ist oder nicht, ist für sein Geschick nicht von wesentlicher Bedeutung. Augustins ausgeklügelte Argumentation über die unverbundenen »zwei Staaten« reagierte auf die seit Eusebius und Konstantin vorherrschende »politische Theologie«[47], auf die Annahme, die Geschicke des Christentums und des Reiches seien unauflöslich miteinander verbunden. In seiner Gegenwart, den dunkelsten Stunden des Reiches, in denen es von barbarischen Stämmen überrannt wurde, schien es so, als sei mit seinem Ende auch das Ende des Christentums und das Ende der Welt gekommen. Dies bestritt Augustin.

Rosenzweigs Interesse an Augustins *De civitate Dei* ist gut bezeugt.[48] Die Ähnlichkeit ihrer Konzeptionen von Geschichte ist in der Tat verblüffend, wobei allerdings ein Unterschied auffällt: wo Augustin den »Gottesstaat« in zwei konstituierende Teile aufteilt, die erst am Ende der Zeit zu einem ewigen Staat zusammengefügt werden, braucht Rosenzweig keinen Himmel und keine Engel. Sein Gottesstaat besteht hier auf Erden und gewinnt seine Ewigkeit bereits dadurch, daß er immer existieren wird. Das Ende der Welt wird kommen, doch es besitzt nur für die Welt und ihre Religionen Bedeutung, auch für diejenige mit dem höchsten Maß an Wahrheit (Christentum), die in die Welt verstrickt ist. Das Judentum wird sich nicht einmal in der kommenden Welt verändern. Es verkörpert die Ewigkeit und setzt sie biologisch und liturgisch

neu in Kraft. Der politische Denker Rosenzweig legte einen weiten Weg zurück – von der hegelianisch historischen Bewunderung des Nationalstaates als Gipfelpunkt der Weltgeschichte hin zur Ablehnung der Staaten, oder zumindest der augustinischen Gleichgültigkeit ihnen gegenüber.
Zweifellos spielten persönliche Erfahrungen bei diesem Wandel eine entscheidende Rolle, Erfahrungen, die Rosenzweig mit den Intellektuellen seiner Generation, die während des Ersten Weltkriegs als Frontsoldaten kämpften, gemeinsam hatte. Viele von ihnen waren wie Rosenzweig gründlich von nationalen Bestrebungen geheilt, nachdem sie erkannt hatten, daß der Nationalismus unvermeidlich zu Tod, Elend und Zerstörung in universalem Ausmaß führte.[49] Es wurde offenbar, daß der Nationalstaat nichts anderes als die Inkarnation der *libido dominandi* darstellte. Der durch ihn mögliche Friede war im besten Falle instabil und kurzlebig. Jenseits von seiner Verachtung gegenüber Staat, Politik und Geschichte wurde Rosenzweig aufgrund seiner Erfahrung als Soldat ein Anbeter des Lebens, des Lebens an sich, des Lebens der Welt und in der Welt. Darin unterschied er sich gewiß von der christlichen Version des *contemptus mundi*. Das Judentum verkörperte nun aus seiner Sicht das reine Leben, war das Symbol des Lebens, voll geistlicher Bedeutung in seinem biologischen Charakter und ewig, da die, die ihm angehörten, starben und zugleich Leben schenkten. Die Lebensfreude erweist sich im *Stern der Erlösung* als die tiefste treibende Kraft. Sie machte zugleich das Geheimnis seiner Fähigkeit aus, während der ganzen Zeit der Krankheit, die ihn lähmte, zu arbeiten und sie zu erdulden. An diesem Punkt kann man sich kurz fassen, und dennoch ist er, so denke ich, wichtiger als alle unsere bisherigen theoretischen Überlegungen.
Rosenzweigs Sicht des Verhältnisses von Judentum und Christentum wohnt demnach eine merkwürdige Dialektik inne. Auf der einen Seite übernahm er für die Juden einige fundamentale christliche Tugenden – Weltverachtung oder die augustinische Isolation des Christentums von der Weltgeschichte. Auf der anderen Seite akzeptierte Rosenzweig bewußt viele der christlichen Charakterisierungen von Juden und Judentum, wobei er allerdings die darin enthaltenen Wer-

tungen ins Positive umkehrte. Seit Paulus betrachteten Christen die Juden als »Israel nach dem Fleisch« – (κατὰ σάρκα, secundum carnem), doch Rosenzweig deutete dies, wie wir sahen, als eine Tugend; Judentum ist Zeugung. Christliche Polemik sprach von der »Blindheit« der Juden (caecitas Iudaeorum): sie sind nicht fähig, im Alten Testament die Vorschatten des Neuen zu entdecken. Auch Rosenzweig redete von der notwendigen Blindheit des Judentums – und zwar genau deshalb, weil es sich im Zentrum, im dunklen Punkt der lichtspendenden »Flamme« oder des Sterns befindet. Das Judentum stellt, kurz gesagt, eine Form der Existenz dar, die sich, um eine Selbstreflexion zu ermöglichen, selbst transzendieren und mit christlichen Augen sehen muß. In einem Brief an Hans Ehrenberg von Juni 1918 räumt Rosenzweig ein, daß seine Fähigkeit, Judentum und Christentum in ihrer Beziehung zueinander wahrzunehmen, möglicherweise eher christlich als jüdisch sei und seine Biographie widerspiegele.[50] Er verweist auch auf die dialektischen Implikationen der jüdischen Existenz in der Welt und inmitten der Christenheit. Es mag sein, daß das Judentum ohne das Christentum nicht existieren würde. Es könnte gewiß nicht ohne die Welt existieren.

Das Judentum erscheint bei Rosenzweig gleichzeitig als ein radikal historisches und ein radikal ahistorisches Phänomen.[51] Der Gott Israels, so wußte Rosenzweig, ist kein Gott der Natur, keine kosmische Gottheit, kein »Wind- und Wettergott«. Er ist der Gott der Offenbarung, sein Volk ist das Werkzeug der Rettung in der Geschichte. Offenbarung, Erlösung und Zerstreuung waren, sind und bleiben ein eminent geschichtliches, einzigartiges Geschehen. Rosenzweig zögerte, anders als mittelalterliche Religionsphilosophen, einen wunderbaren Eingriff Gottes in die Geschichte zu behaupten; die Existenz der Naturerscheinung des Lebens, die Existenz Israels, dies stellt selbst ein Wunder auf kosmischer, menschlicher und individueller Ebene dar.[52] Wie kann man sich dann Israel als außerhalb der Zeitlichkeit befindlich vorstellen?
Rosenzweig brauchte eine Struktur, die zeitlich ist, während sie zugleich der Zeitlichkeit widerstreitet, die historisch ist und sich dennoch dem historistischen Relativismus widersetzt. Er

glaubte, er hätte in der Idee einer ständigen Schöpfung, Offenbarung und Erlösung eine derartige Struktur gefunden; wieder werden wir an Augustins *creatio perpetua* erinnert. Schöpfung, Offenbarung und Erlösung sind ein sich ständig wiederholendes Geschehen, das im liturgischen Jahreszyklus kodiert ist, in der treibenden Kraft der Natur, der Gemeinschaft und des einzelnen Juden, dessen (ideale) Erfüllung des Gebotes einen ständig neu vollzogenen Akt des Willens, nicht etwa einen mechanischen Gesetzesgehorsam darstellt (*Gebot* und nicht *Gesetz*). Die diesem beständigen Geschehen entsprechende Ausdrucksform ist daher nicht die historische Reflexion, sondern das Erzählen – der Mythos im ursprünglichen Sinn des Wortes – und das Nachvollziehen. Dies sind Stationen in der Entwicklung Gottes, also der Wahrheit, und Beispiele für das Erzählen der Wahrheit. Tatsächlich sprechen diese Ereignisse im Leben der Juden und der Christen als Gemeinschaft für sich selbst, sprechen durch Tat und Wort. Rosenzweig bezog seine Vorstellung vom Mythos von Schelling.[53] Sie erinnert an Mendelssohns Interpretation des Judentums als einer Reihe symbolischer Handlungen.[54] Es scheint, als habe die deutschjüdische Philosophie – mit Mendelssohn beginnend und mit Rosenzweig endend – einen Kreis vollendet und sei, wenn auch reicher und ihrer selbst und ihrer Schwierigkeiten wesentlich bewußter, zu ihrem Ausgangspunkt zurückgekehrt. Mit Franz Rosenzweig erreichte die jüdisch-deutsche Kultur in Selbstkritik und Selbsterkenntnis den angekündigten Augenblick höchster Erfüllung. Wenn diesem Augenblick die Auflösung folgte, so war dies keine unvermeidliche Konsequenz. Am Ende wurde die deutsch-jüdische Kultur durch Exil und Ermordung vernichtet. Dies erinnert mich an die Zeilen, die Heine am Ende seines Lebens voller Umwege schrieb:
Ob deiner Inkonsequenz, o Herr,
Erlaube, daß ich staune:
Du schufest den fröhlichsten Dichter, und raubst
Ihm jetzt seine gute Laune[55]

Ein ehrlicher Interpret Rosenzweigs wird eingestehen, daß es schwierig ist, in seine Sprachwelt einzudringen. Die Gründe mögen nun deutlicher sein. Rosenzweig verwendete ganz unterschiedliche philosophische Begriffe und Denkfiguren als Metaphern, beladen mit verschiedenen und bisweilen mehrdeutigen Konnotationen. Sein System ist »eklektisch« in dem Sinne, daß die verschiedenen Ausdrucksweisen austauschbar sind; er hätte seine Absichten mit oder ohne Hegels dialektische Sprache, Cohens Technik des Nachweises begrifflicher Kontinuitäten oder Rosenstocks grammatische Spekulationen vermitteln können. In dem *Büchlein vom gesunden und kranken Menschenverstand*, einem seiner reizvollsten philosophischen Werke, hat er dies verwirklicht.[56] Weshalb Rosenzweig die eine oder andere Position en detail aufgriff, ist häufig eher von architektonischen Impulsen oder biographischen Umständen als von der Argumentation selbst abhängig. Entspricht die Mühe der Entzifferung seines Codes – denn um einen Code handelt es sich – wirklich dem Ertrag? Ich kann mir kaum einen Rosenzweig-Interpreten vorstellen, der von solchen Augenblicken des Zweifels vollkommen frei wäre. Gewiß sind die komplizierten begrifflichen Strukturen Zeichen eines ungewöhnlichen spekulativen Genies und eines Gespürs für Ordnung. Der Reichtum an Deutungen von Institutionen, Ereignissen und Ideen legt Zeugnis ab für Rosenzweigs Originalität und Neugier. Die Bücher zeigen Humor, Einfallsreichtum und Leidenschaft. Doch was macht sein Werk zu dem, was es zu sein beansprucht, zu einem »neuen Denken«?

Was erwarten wir am Ende jeder langwierigen begrifflichen Odyssee? Wir sehen bei philosophischen Anstrengungen, die wir bewundern, mit gutem Grund über größere Fehler hinweg. Plato gestand ein, daß alle im *Parmenides* (von ihm selbst) vorgebrachten Einwände gegen seine Theorie der Ideen unwiderlegbar seien, und dennoch hielt er an seiner Theorie fest, weil sie eine reichere Sichtweise der Welt bot. Keiner der Begriffe von Descartes, nicht einmal das evidente *sum res cogitans*, stellt eine klare und eindeutige Idee dar, und man kann nachweisen, daß der erste Teil von Spinozas Ethik auf einer *petitio principii* beruht. Weder terminologische Ungenauigkeiten noch Denkfehler sind an sich Kriterien für eine schlechte Philosophie; obgleich wir gute Handwerkskunst schätzen, sind wir bereit, zuzugestehen, daß ein Telefonbuch mehr sichere Wahrheiten enthält als der beste philosophische Essay.

Was wir in der Philosophie suchen, läßt sich mit unseren Erwartungen an ein Kunstwerk vergleichen: eine frische Perspektive, eine neue Sichtweise, eine unerwartete Art des »Betrachten als«. Rosenzweigs *Der Stern der Erlösung* ist, obgleich er spärliche Argumente vorbringt, reich an unerwarteten Deutungen. Viele von ihnen haben einen gezwungenen und künstlichen Klang, und die deutende Begrifflichkeit stammt in vielen Fällen nicht von ihm selbst. Das mag seine Bewunderung für Cohens posthumes Werk erklären, dessen Sprache wirklich Cohens eigene ist. Doch Rosenzweig verkehrte seine Fehler in einer Hinsicht in philosophische Tugenden. Der *Stern* zeichnet sich durch eine ständige, bewußte Verschiebung der Perspektive aus, durch Übersetzungen von Deutungsmustern, durch den Wechsel von einer Sprachform und von einer Interpretationsebene zur anderen. Wir haben drei wesentliche Ebenen erkannt, sowohl horizontal als auch vertikal: (1) die Definition der formalen Strukturen; (2) ihre inhaltliche Füllung; und (3) die Sinnerhellung des gesamten Inhalts. Genau die gleichen Konzepte erscheinen auf jeder Ebene in der Weise, daß sie als etwas anderes betrachtet werden; und jede Übertragung wird in dem Wissen ausgeführt, daß es sich um eine Übertragung handelt, und mit dem Ziel, zu zeigen, wie dennoch jeder neue Inhalt im Alten bereits angedeutet ist oder darin entdeckt werden kann. Mit Rosenzweigs *Stern* liegt eine virtuose Übung in philosophischer Hermeneutik vor und – zumindest dies eine – eine der ersten Philosophien unseres Jahrhunderts, die ihren hermeneutischen Charakter begreift. In den späteren Jahren, als sein Bedürfnis, ein System zu schaffen, befriedigt war und nachgelassen hatte, fand Rosenzweig seine authentische Ausdrucksform in der kreativen Exegese – mit dem Höhepunkt seiner Übersetzung von Halevi und der Bibel. Seine wenigen theoretischen Aufsätze über die Kunst des Übersetzens verdienen eine besondere Untersuchung; sie gehören zu den scharfsinnigsten Reflexionen über die philosophische Hermeneutik, eine Disziplin, die erst in jüngerer Zeit zur Reife gelangte.

Die Methode des *Stern der Erlösung* lebt von ununterbrochenen Übertragungen, einer ständigen Verschiebung der Blickweisen. Rosenzweig übernimmt abwechselnd die Perspektive des Heidentums, des Christentums und des Judentums und erklärt – gewissermaßen von innen – die Art und Weise, in der sie sich die Interaktion zwischen Gott, Welt und Mensch vorstellen (oder dies unterlassen). Er betrachtet Gott aus der Perspektive des Menschen und den Menschen aus Gottes Perspektive. Er interpretiert Christentum und Islam durch Vorstellungen, die ihm als jüdisch erscheinen, und umgekehrt. Das Buch bietet einen fortschreitenden Perspektivenwechsel, es erweist sich gewissermaßen als ein Kaleidoskop. Wenn nun das Judentum, wie Rosenzweig glaubt, im Grunde genommen an keiner anderen als der eigenen Blickrichtung Interesse aufweist – so sah das traditionelle jüdische Selbstbild tatsächlich aus –, dann erweist sich diese Methode als zutiefst »unjüdisch«. Seine Behauptung »das Jüdische ist meine Methode, nicht mein Gegenstand«[57] war in diesem Fall schlicht unzutreffend, es sei denn, er irrte in seiner Einschätzung, das Judentum sei völlig selbstgenügsam.

Man kann tatsächlich darüber diskutieren, ob die ausgeprägten mimetischen Fähigkeiten, die die jüdische Kultur in verschiedenen historischen Konstellationen bewies, ihr Wesen ausmachten oder sich zufällig ergaben. Ich möchte jedoch nicht in eine derartige Auseinandersetzung mit Rosenzweig eintreten, sondern darauf hinweisen, daß seine Methode die historische Situation des deutschen Judentums widerspiegelt – unabhängig davon, ob sie in einem allgemeinen Sinne als jüdisch bezeichnet werden kann oder nicht. Rosenzweig durchschaute die illusionäre Vorstellung des Einklangs zwischen *Deutschtum* und *Judentum*, einschließlich jener Hermann Cohens. In ihrem Versuch, sich weit über die Anforderungen an einen guten Staatsbürger hinaus mit der deutschen Kultur zu identifizieren, wurden die deutschen Juden bessere Deutsche als jeder Sachse, Bayer oder Preuße; »besser« in dem Sinne, daß sie dem Ideal einer homogenen Nationalkultur mehr als alle anderen entsprachen, obgleich ihr Ideal auf ihr eigenes idealisiertes Bild von Deutschland zielte, auf eine reine deutsche Kultur ihrer Träume, die, wie einige von ihnen glaubten, auf das beste mit ihrer eigenen jüdischen Tradition übereinstimmte. Sie wollten sich unbedingt mit ihrer Umwelt identifizieren, Deutschland *von innen heraus* verstehen, so weit, daß sie ihre eigene Existenz aus der Perspektive der Umwelt beurteilten. Rosenzweig lehnte diese Identifikation ab und machte sich über die Illusion des Einklangs lustig. Doch auch er wollte die ihn umgebende nichtjüdische Kultur von innen heraus verstehen – und sei es, um die Einzigartigkeit des Judentums auszudrücken. Er bestand auf dem Recht, fremd zu bleiben, und nannte die Kluft zwischen den jüdischen und nichtjüdischen Bestandteilen seiner Welt beim Namen. Doch er mußte, um es so auszudrücken, das Recht, anders zu sein, dadurch erkaufen, daß er zeigte, wie gut er die Blickweise »des anderen« von innen heraus begriffen hatte. Er besaß auch aufgrund seiner ausgiebigen historischen Studien – die in sich eine Übung im Ändern der Blickrichtung und in ständiger Übersetzung darstellten – »ein ungeheuer helles Zeitbewusstsein«. Es scheint, als habe ihm nur ein vollständiges inneres Verständnis von »Paganismus«, »Christentum« und »Deutschtum« – bis hin zur zeitweisen Identifikation – erlaubt, der Assimilation zu widerstehen und aus eigener Wahl Jude zu bleiben. Um »er selbst« zu werden, mußte er zunächst »der andere« werden.

7
Theologische Antworten auf den Holocaust

Die Vernichtung der Juden in Europa mußte die Theologen nachhaltig erschüttern, was, insbesondere während des vergangenen Jahrzehnts, geschehen ist und nach wie vor geschieht. Doch worauf die Frage nach der theologischen »Bedeutung« des Holocaust zielt, ist alles andere als eindeutig. Für einige meint es die Sinngebung der Katastrophe mittels der ererbten theologischen Vorstellungen: einen Versuch, die Theodizee aus den Trümmern zu retten, die der Ausbruch des Bösen als einer scheinbar eigenständigen Macht hinterlassen hat. Für andere ist damit die Bedeutung der Katastrophe für die Theologie angesprochen, sei es in polemischer Absicht, wenn sie das Scheitern oder sogar die Mittäterschaft rivalisierender Theologien ansprechen, oder sei es im kritischen Sinne, wenn sie im Schatten der systematischen Zerstörung menschlichen Lebens und menschlicher Würde die Legitimität ihres eigenen theologischen Erbes in Frage stellen. Ich möchte diese Richtungen der Reihe nach als direkte, polemische und kritisch-reflexive Gestalt der Theologie des Holocaust bezeichnen. Darüber hinaus möchte ich nachweisen, daß die erste Form anstößig, die zweite heuchlerisch und die dritte nicht einmal in ihrer radikalsten Ausprägung radikal genug ist.

Der Holocaust als Strafe und Zeichen

Am Anfang soll von einem der wenigen die Rede sein, die zu behaupten wagen, der Holocaust sei mit traditionellen theologischen Vorstellungen vollständig zu begreifen. Anhand dieses extremen Beispiels läßt sich einiges über scheinbar vernünftigere Ansätze erkennen, die in die gleiche Richtung weisen. Kurz nach der Gründung des Staates Israel erschien ein Buch

mit dem typisch rabbinischen Titel *Und Mose gefiel es*
(*Vayo'el Moshe*).[1] Sein Verfasser, Rabbi Yoel Taitelbaum, war
der Führer einer ultraorthodoxen, antizionistischen, geschlossenen Bewegung, deren israelischer Zweig unter dem Namen
»Hüter der Stadt« (*neture karta*) bekannt ist. Das Buch faßt
alle bekannten Überlieferungen zusammen, die den passiven
Messianismus unterstützen, und schließt mit dem Urteil, der
Holocaust müsse als unvermeidliche Folge und als Bestrafung
einer gewaltigen Sünde verstanden werden: der Zuwiderhandlung gegen die göttliche Warnung, nicht aus eigener Macht,
mittels menschlicher Initiative, nach der Erlösung zu streben.
Seine Argumentation sieht so aus: »Um unserer Sünden willen
sind wir aus unserem Land verbannt worden.« Die Zerstreuung und Unterdrückung des jüdischen Volkes in der Diaspora
hat eine strafend-kathartische Funktion, und allein Gott vermag das Ende der Strafe zu verkünden. Jene, die »das Ende
beschleunigen« wollen und Gottes Hand durch menschliches
Handeln zwingen wollen, sind, bewußt oder unbewußt, Rebellen. Dreimal wiederholt das Hohelied eine Formel, die einem Schwur gleicht: »Ich beschwöre euch, Jerusalems Töchter,
bei den Rehen und den Gazellen auf dem Felde, stört doch die
Liebe nicht und weckt sie nicht auf, bis es ihr selbst gefällt.«
Eine alte exegetische Tradition rechtfertigte die Einbeziehung
solcher eminent säkularen Liebeslieder in den Kanon der heiligen Schriften mit der Behauptung, sie sollten lediglich allegorisch verstanden werden, als ein Zwiegespräch zwischen Gott
und dem Geist Israels (oder, im christlichen Bereich, der *ecclesia*). Die drei Schwüre, so belehrt uns der Traktat *Ketubot* im
Babylonischen Talmud, erfordern eine besondere Allegorese.[2]
Die dreifache Wiederholung der Formel steht im Zusammenhang mit den drei Schwüren, die Israel und den Völkern der
Welt nach der Zerstörung des Tempels auferlegt wurden. Israel
wurde durch einen Eid darauf verpflichtet, sich nicht gegen
die Völker aufzulehnen, unter denen es als »Kriegsgefangener«
festgehalten wurde, und keinen Versuch zu unternehmen, »das
Ende zu beschleunigen«. Umgekehrt wurden die Völker der
Welt mittels eines dritten Eides verpflichtet, Israel nicht zu
sehr zu unterdrücken.
Taitelbaum zog aus diesen Prämissen eine unerhörte Schluß-

folgerung. Weil eine wachsende Zahl von Juden im Zuge der zionistischen Bewegung den Eid gebrochen und ihr Schicksal in die eigene Hand genommen hätten – sie wollten, mit den Worten Herzls, politische Subjekte sein –, hätten sich die Völker der Welt ihrerseits von dem Schwur entbunden gefühlt, Israel nicht zu sehr zu unterdrücken, also hätten sie es bis zum Äußersten unterdrückt. Weshalb taten sie es? Taitelbaum geht selbstverständlich davon aus, daß »Esau Jakob immer haßt«, von Natur aus und unablässig. Der Holocaust stellt die unausweichliche Folge des spontanen jüdischen Strebens nach Souveränität oder sogar Autonomie dar. Dabei ist er noch nicht einmal die letzte Katastrophe: die Sünde fand mit der Gründung des Staates Israel seine Fortsetzung. Eine Katastrophe droht, nach der einzig einige wenige, der »Rest Israels«, als Zeugen der wahren Erlösung überleben werden. Tatsächlich beruht Taitelbaums ganze Argumentation auf der apokalyptischen Prämisse, die wahre Erlösung aufgrund eines göttlichen Wunders sei ganz nahe. Die ihr vorangehende Zeit ist gemäß der traditionellen Vorstellung eine Zeit furchtbarer Kriege und Leiden, eine Zeit voller falscher Hoffnungen und falscher Messiasprätendenten.
Auf merkwürdige Weise teilt Taitelbaum den Glauben seiner orthodoxen Gegner, des »Blocks der Gläubigen« (*Gush Emmunim*), an die unmittelbare Nähe der messianischen Zeit.[3] Auch sie gehen davon aus, daß der Haß gegen die Juden unter den Völkern natürlich ist, weil Gottes Wahl auf Israel gefallen ist oder weil, in der säkularen Version des Dichters Uri Zwi Greenberg, Israel »die Rasse Abrahams ist, die sich aufgemacht hat, die Herrschaft zu erringen«.[4] Sie betrachten den Holocaust, die darauf folgende Entstehung des Staates Israel und die von ihm geführten Kriege als göttliches Signal für eine aktive Vorbereitung auf die »Morgendämmerung unserer Erlösung«. Da unsere Zeit die Zeit des messianischen Krieges ist und die Erlösung bereits angehoben hat, ist es die Pflicht der Juden, das Land in den verheißenen Grenzen zu erobern, zu verteidigen und in eine *civitas dei* zu verwandeln. Aus Taitelbaums Sicht ereignete sich der Holocaust, weil die Juden zu aktiv wurden, aus der Sicht von *Gush Emmunim*, weil sie zu passiv waren; beiden erscheint er als ein Vorzeichen des Messias.

An dieser Stelle treffen zwei unterschiedliche Traditionen des jüdischen Messianismus in ihrer übersteigerten Form aufeinander: die passiv-utopische messianische Tradition im Gegensatz zum aktiv-realistischen Messianismus. Die zuerst genannte Tradition war die bei weitem vorherrschende, ein Gegenmittel des rabbinischen Establishments gegen gefährliche messianische Ausbrüche; die zuletzt genannte, obgleich eine Minderheitstradition, erfuhr eine beständige Entwicklung und wußte einige bedeutende Autoritäten auf ihrer Seite: Maimonides, Jacob Berab, Zvi Kalischer. Maimonides, nach dessen Verständnis die Weltgeschichte eine durch Gottes »List der Vernunft«, d.h. durch »Wunder in der Kategorie des Möglichen« geleitete Geschichte der kontinuierlichen monotheistischen Durchdringung der Welt darstellt, betrachtete auch die messianische Zeit als eine Periode innerhalb der Geschichte ohne einen Wandel der kosmischen oder der menschlichen Natur.[5] Er glaubte, es gebe einige Wege, sie durch menschliche Initiative zu beschleunigen, etwa durch die Wiederherstellung des alten Gerichtssystems im Lande Israel. Jacob Berab, der diesen Plan durch die Absicht durchzuführen versuchte, die einstige Ordination zu erneuern, wurde von dem Jerusalemer Oberhaupt des Gerichtshofs zurechtgewiesen, der darauf bestand, die messianische Zeit könne lediglich als Gesamterscheinung eintreten; man könne nicht ein Element aus dem Zusammenhang der wunderbaren Ereignisse herausgreifen, um es schon jetzt zu verwirklichen.[6] Kalischer widmete im neunzehnten Jahrhundert sein Leben aus dem gleichen Grund der Ansiedlung in Israel, er befürwortete sogar die Erneuerung einiger Opferriten. Dieser »aktive Messianismus« war kein Vorläufer des Zionismus. Im Gegenteil: der Zionismus begann mit einem antimessianischen Anspruch, mit der Sehnsucht nach Souveränität unabhängig von messianischen Erwartungen. Sowohl Taitelbaum als auch *Gush Emmunim* verkörpern eine vorzionistische Mentalität. Bei beiden handelt es sich auf verschiedene Weise um Fossilien der Vergangenheit, allerdings um giftige Fossilien.
Die Ideologie des passiven Messianismus, deren Erbe Taitelbaum ist, sollte nicht mit dem Mythos von der physischen Passivität des Diasporajudentums verwechselt werden. Wes-

halb haben Juden angesichts ihrer Vernichtung keinen Widerstand geleistet? Raul Hilberg spricht in der Einleitung zu seinem monumentalen Werk[7] von den angeblich zweitausend Jahren geistiger Gewöhnung an die Beschwichtigung. Seiner Auffassung nach war Passivität das wesenhafte geistige Merkmal des Diasporajudentums. Dabei handelt es sich um einen ebenso verbreiteten wie gefährlichen Mythos; gefährlich, weil er eine künstliche Kluft zwischen der passiven Mentalität der Diaspora und der aktiven, gesunden Mentalität der neuen Spezies von Juden in Israel nahelegt. Weder in der Antike noch im Mittelalter haben Juden angesichts von Verfolgung auf physischen Widerstand verzichtet, wenn er möglich war. Sie leisteten während der Kreuzzüge Widerstand, zur Zeit der Pogrome des Chmielnicki und während späterer Pogrome. Unter der nationalsozialistischen Besetzung war der Widerstand bei den Juden nicht weniger vorhanden als bei anderen besetzten Völkern. Allenfalls ließe sich fragen, weshalb die deutschen Juden in der Widerstandsbewegung vor 1939 nicht aktiver teilnahmen, oder weshalb es später mehr Kooperation als nötig gab. Sollte hier Passivität geherrscht haben, so war sie nicht das Erbe der Diaspora, sondern eher moderner Herkunft. Für den modernen europäischen Juden, der sich mit dem Staat, in dem er lebte, identifizierte, schien der Gedanke des Widerstands gegen den Staat indiskutabel zu sein, zumal er sich keinen Staat vorzustellen vermochte, der gegen die Staatsräson handelte. Der voremanzipatorische Jude betrachtete sich dagegen als Fremder, als »Kriegsgefangener«, und war entsprechend auf der Hut. Das Rechtsprinzip »Das Recht des Königreichs ist gültiges Recht«, das einige Reformer des neunzehnten Jahrhunderts anführten, um die Priorität des staatlichen Rechts auch durch jüdische Begrifflichkeit zu legitimieren, meinte ursprünglich das Gegenteil. Es bezog sich lediglich auf das Eigentum und steckte ein *Widerstandsrecht* ab: nur wenn ein Herrscher in Übereinstimmung mit dem Landesrecht handelt, gilt ihm gegenüber die Gehorsamspflicht.[8] Die Ideologie des passiven Messianismus stellt den einzigen Wahrheitskern des Mythos der Passivität dar: sie diente dazu, den Mangel an akuten politischen Bestrebungen zu akzentuieren. In gewisser Weise eröffneten die politische Emanzipation und die Akkulturation der Juden in Europa den Weg für zwei extreme neue Möglichkeiten: für die totale Passivität und das totale Selbstbewußtsein. Man kann es mit Sartre so ausdrücken, daß der postemanzipatorische Jude in einer ständigen »Situation« des *être vue* lebte.[9] Er vermied sie, indem er sich mit dem Agressor identifizierte, oder er trotzte ihr und wurde Zionist.

Der passive Messianismus stellte keine rechtlich bindende Position, sondern allenfalls eine Ideologie dar. Einst vorherrschend, ist er nun auch unter den Orthodoxen stark gemildert. Weshalb sollte man dann Taitelbaums Beleidigung des gesunden Menschenverstands und des Anstandes einer detaillierten Betrachtung würdigen? Weil man in der Theologie ähnlich wie in der Rechtswissenschaft aus extremen Grenzfällen lernen kann. Eine unübersehbare Absurdität ist besser als eine verdeckte. Jüdische Theologen, die – wie Emil Fackenheim oder Eliezer Berkovits[10] – weniger extrem als Taitelbaum oder *Gush Emmunim* sind, gestehen ein, daß sie keine theologische Begründung des Holocaust ausmachen können. Der Holocaust sei unbegreiflich und widerstehe allen Theodizeen. Doch sie finden einen theologischen Sinn im Überleben des Volkes und in der Wiedergeburt des Staates. In beidem entdecken sie eine Bestätigung der göttlichen Gegenwart und eine Verheißung, Israel zu erhalten.

Selbst diese gemilderten Versionen der Theodizee sind anstößig. Überlebt zu haben, während dies anderen – engen Familienangehörigen und Freunden – nicht vergönnt war, ist für viele Überlebende eine furchtbare Last. Von schrecklichen Erinnerungen gequält, weigerten sich viele, in den Jahren nach der Internierung zu reden oder sich zu erinnern; einige von ihnen tun es erst jetzt, weil sie fürchten, die wahren Erinnerungen könnten mit ihrer Generation verloren gehen. Es mag sein, daß der Staat Israel seine Errichtung zum Teil dem Holocaust verdankt; doch dies ist eine furchtbare Last, kein Zeichen von Erwählung oder göttlicher Gnade. Eine ähnliche Wahrnehmung hat George Steiner in einem ansonsten geschmacklosen Buch bewegt.[11] In Primo Levis Bericht über sein Überleben in Auschwitz gibt es nur ein Beispiel für ein Theologisieren. Es lautet:

Nun schabt jeder sorgfältig mit dem Löffel den Boden seines Eßnapfs nach dem letzten Restchen Suppe aus, und daraus entsteht ein lautes metallisches Geräusch; es besagt, daß der Tag zu Ende geht. Nach und nach wird es still, und da sehe und höre ich von meinem Bett im dritten Stock, wie der alte Kuhn laut betet, die Mütze auf dem Kopf, den Oberkörper heftig hin- und herwiegend. Kuhn dankt Gott, daß er nicht ausgesondert wurde.
Kuhn ist wahnsinnig. Sieht er denn nicht im Bett nebenan Beppo, den zwanzigjährigen Griechen, der übermorgen ins Gas geht und es weiß und ausgestreckt daliegt und in die Glühbirne starrt und kein Wort sagt und keinen Gedanken mehr hat? Weiß Kuhn denn nicht, daß das nächste Mal sein Mal sein wird? Begreift Kuhn denn nicht, daß heute ein Greuel geschah, das kein Sühnegebet, keine Vergebung, kein Büßen der Schuldigen, nichts Menschenmögliches also, jemals wird wiedergutmachen können?
Wäre ich Gott, ich spuckte Kuhns Gebet zu Boden.[12]

Antijudaismus und Antisemitismus

Mag die jüngste Geschichte nun eine theologische Bedeutung haben oder nicht, in jedem Fall besitzt sie eine Bedeutung für die Theologie – oder konkreter – für das Christentum. Jüdische und christliche Theologien verwandten viel Energie darauf, vergangene und gegenwärtige christliche Einstellungen gegenüber Juden und Judentum in ihrer Schuldhaftigkeit zu erkennen, wiedergutzumachen oder neu zu formulieren. In welchem Maße ist das Christentum an den Voraussetzungen für den Völkermord an den Juden beteiligt? Ist das Christentum überhaupt in der Lage, seine antijudaistische Haltung zu verändern, ohne seine ureigenen Grundlagen aufs Spiel zu setzen?
Keine ehrliche historische Interpretation bezweifelt, daß die antijüdischen Einstellungen des Christentums den wichtigsten Faktor für die Kontinuität antijüdischer Gefühle seit der Antike darstellen, daß zumindest das Schweigen der Kirchen angesichts der Entrechtung, Vertreibung und Vernichtung der

Juden teilweise durch die vorherige theologische Entfremdung ermöglicht wurde. Dieses Schweigen steht im Gegensatz zur festen und wirkungsvollen Haltung der deutschen Geistlichen gegenüber der Euthanasie. Wenn sich jedoch zeigen ließe, daß der Antagonismus zwischen Kirche und Synagoge kein eigentlicher Bestandteil des ursprünglichen Christentums war, dann – so hören wir von Theologen – ließe sich dieser auch erfolgreich vom wesentlichen Corpus der christlichen Lehre trennen.

Dabei handelt es sich logisch und historisch um einen Trugschluß. Um einen logischen Trugschluß deshalb, weil das Christentum, so sehr es dies auch versuchen mag, nicht zu den Verhältnissen der *primitiva ecclesia* zurückkehren kann: diese war eine weltabgewandte, apokalyptische jüdische Sekte. Das Programm der *reformatio* läßt sich nicht verwirklichen. Bestenfalls könnte man willkürlich einige Elemente des Urchristentums auswählen und sie zum Wesen des Christentums erklären, während man unvermeidlich andere verwerfen müßte; dann braucht man jedoch nicht die weitere Geschichte des Christentums auszuschließen und scharf zwischen »Christentum und Kultur« (Overbeck) zu unterscheiden. Genau die gleichen Argumente, die bereits ein Jahrhundert lang die Krise des Protestantismus bestimmt haben, gelten auch mit Blick auf sein Handeln gegenüber dem Judentum.

Dennoch sollten wir die verschiedenen Bestandteile und treibenden Kräfte christlicher antijüdischer Lehren differenziert betrachten. Es ist wahr, daß die antijüdische Ideologie der Kirche nicht allein von den sozialen, politischen oder wirtschaftlichen Verhältnissen abhängig war. Doch ebensowenig war sie einfach ein Ergebnis des Hasses. Die Juden sind für die christliche Kirche immer ein *mysterium tremendum et fascinosum* gewesen und werden es bleiben. Die Beschäftigung mit der Erscheinung des Judentums und der jüdischen Fortexistenz gehört geradezu zum Wesen und zur Selbstdefinition des Christentums als einer historischen Religion. Ich beeile mich jedoch, entgegen der allgemeinen Auffassung hinzuzufügen, daß die Ambivalenz von Faszination und Ablehnung auch dem Judentum eigen ist und seine Einstellung gegenüber dem Christentum stärker bestimmt als gegenüber jeder anderen Religion, einschließlich des Islam. Wir werden auch sehen, daß einige der christlichen Einstellungen religiös-theologischer Natur waren, während dies für andere nicht einmal dann gilt, wenn sie theologisch verbrämt wurden. Die zuletzt erwähnte Differenzierung kann vielleicht die gegenwärtige theologische Situation klären helfen. Die historische Entwicklung der christlichen Haltung gegenüber Juden und Judentum stellt sich mir wie folgt dar.

Die Haltung des Heidentums[13]

Der christliche Antijudaismus läßt sich viel besser beleuchten, wenn man ihn mit seinen Vorläufern vergleicht. Das Christentum hat nicht einfach die antijüdischen Argumente der heidnischen Antike übernommen: jene waren politischen und ethnischen Ursprungs, hervorgerufen teilweise durch die aggressive hasmonäische Politik gegen die griechische Bevölkerung im Lande Israel und teilweise durch den Wettstreit um Privilegien in Ägypten. Zur Zeit der Herrschaft des römischen Reiches trugen der jüdische Aufstand und die Bedrohung durch die missionarische Wirkung des Judentums gemeinsam dazu bei, daß die antijüdische Propaganda und Einstellung ständig neue Nahrung erhielt.[14]

Das Christentum mag seit dem zweiten Jahrhundert einige der heidnischen antijüdischen Gefühle geerbt haben; dennoch konnte es keinen Gebrauch von der heidnischen antijüdischen Propaganda machen. Die Christen haben zum Beispiel zu keiner Zeit bestritten, daß die Juden bis zum Aufkommen des Christentums, als die Erwählung Gottes vom »Israel nach dem Fleisch« auf das »wahre Israel« (*verus Israel*), das »Israel nach dem Geiste«, d.h. auf die »Kirche aus den Völkern« (*ecclesia ex gentibus*) überging, einen Anspruch auf das Land Israel besaßen. Die scharfsinnigeren unter den heidnischen Polemikern bedienten sich einer typischen Technik: sie manipulierten eine verdrehte Lesart biblischer Abschnitte, um ihre eigene Version der jüdischen Ursprünge zu konstruieren: sie entwarfen eine Gegengeschichte, wie es Juden später im *Sefer Toldot Yeshu* mit Blick auf das Christentum taten. Die Bibel selbst half den heidnischen Polemikern bei ihrer Konstruktion einer Gegengeschichte[15]: weder waren die Hebräer ein ehrwürdiges altes Volk noch ist ihre Verfassung authentisch und bewahrenswert. Vielmehr traten sie anfänglich als ausgeschlossene und verachtete ägyptische Leprakolonie in Erscheinung, die dann bis zur Vertreibung der Hebräer mit Hilfe der Hyksos in Ägypten eine von einem abtrünnigen ägyptischen Priester namens Osarsiph (Moses) angeführte Terrorherrschaft errichtete. Osarsiph gab ihnen eine Verfassung, die in jeder Hinsicht ein Plagiat und einen Zerrspiegel ägyptischer Sitten und Gebräuche darstellt.[16]

Die erfinderische Propaganda erinnert an das, was moderne Wissenschaftssoziologen als Begründung einer »Gegenidentität« beschreiben.[17] Diese Tradition heidnischer antijüdischer Propaganda ist in dem bemerkenswert, was ihr fehlt und was sie enthält. Es wäre vergeblich, nach einer religiösen Polemik gegen den Monotheismus zu suchen, denn die meisten heidnischen Intellektuellen waren in gewisser Weise ebenfalls »Monotheisten«. Von Xenophanes über Aristoteles bis zu Plotin entwickelte die griechische Philosophie ein immer stärker von anthropomorphen Zügen befreites und exklusives Gottesbild, eine natürliche Religion (theologia naturalis).[18] Bereits Xenophanes brachte das herausragende kritische Argument der Religionskritik bis Feuerbach und Freud zur Geltung: daß der Mensch seine Götter nach seinem eigenen Bildnis erschafft, d. h. seine Schwächen und Tugenden (und die seiner Gesellschaft) auf das Transzendente überträgt oder sie darauf projiziert. Der gebildete griechisch-römische Intellektuelle glaubte im großen und ganzen, daß die Religion jenseits des »politischen Kultes« (*theologia politica*) einen von vielen darstellt.

Augustin legte dem Porphyrius ähnliche Aussagen in den Mund;[19] und sogar unsere Weisen lassen einen heidnischen Philosophen im Gespräch mit Rabbi Akiba sagen: »Wir beide wissen in unserem Inneren, daß dem Götzendienst keine Wirklichkeit entspricht.«[20] Die Kirchenväter und die *tana'im* waren sich demnach dessen bewußt, daß ihr Glaube sich nicht als der einzig monotheistische unter lauter polytheistischen Kulten darstellen ließ. Die Auseinandersetzung zwischen der jüdisch-christlichen und der heidnischen Theologie betraf nicht die Anzahl der Götter, sondern das Wesen des einen Gottes. Für den griechischen Geist verkörperte Gott das Prinzip der kosmischen Harmonie, war passiv und selbstgenügsam: die Vorstellung Gottes als einer in der Geschichte handelnden moralischen Persönlichkeit, eines allmächtigen Wichtigtuers, war ihnen zuwider. Die Idee, Gott habe die Fürsorge für den Kosmos aufgegeben, um sich auf die Belange eines kleinen, schmutzigen Volkes in der Provinz zu konzentrieren, erschien Kelsos als eine »Frosch- und Regenwurm-Perspektive«.[21]

Dennoch stellte aus der Sicht des heidnischen Geistes der Monotheismus eines der anziehendsten Merkmale des Judentums dar. War das Judentum nicht eine wahre philosophische Religion, die eher einem philosophischen Prinzip als anthropomorphen Vorstellungen huldigte? Die erste Reaktion gebildeter Griechen auf die Begegnung mit dem Judentum war durch Bewunderung gekennzeichnet.[22] Kein heidnischer Polemiker konnte die monotheistische Idee an sich angreifen. Allerdings konnte er den Nachweis wagen, daß Juden und Judentum nichts Originelles oder Authentisches aufzuweisen hätten, daß ihren Gesetzen und Gebräuchen nichts Verehrungswürdiges und Bewahrenswertes eignete. Die missionarischen Erfolge des Judentums und später des Christentums bewiesen, wie hoffnungslos wenig Überzeugungskraft diese heidnische Propaganda entfaltete.

Die christliche Haltung

Das Christentum, sagten wir, hatte keine Verwendung für den Gedankenkomplex der heidnischen antijüdischen Propaganda. Doch der christlich-jüdische Gegensatz reicht in die Zeit zurück, als das Christentum noch eine jüdische apokalyptische Sekte war. Mit anderen sektiererischen Bewegungen – etwa der Sekte vom Toten Meer – hatten die Christen den Haß gegen das normative jüdische Establishment gemeinsam. Bereits die Sektierer von Qumran definierten sich selbst als »heilige Gemeinschaft« (*adat kodesh*) und das Establishment als »falsche Stadt« (*ir shav*) – *civitas dei* gegen *civitas terranea*.

Sie alleine stellten den Rest Israels dar, sie alleine besaßen den Schlüssel für die eschatologische »Entzifferung« (*pesher*) der Schrift; sie waren, kurz gesagt, eine Avantgarde der neuen, wunderbaren kosmischen Ordnung inmitten der alten, verdorbenen. Bisweilen deuten sie an, daß nur sie, der »ewige Stamm«, beim bevorstehenden Ende der Zeit gerettet werden. Außerdem subsumieren sie das bestehende Establishment unter der Kategorie der »Kinder der Finsternis« und werden aufgefordert, »alle Kinder des Lichts gemäß ihrem Los zu lieben und alle Kinder der Finsternis zu hassen je nach ihrer Schuld vor der Rache Gottes«.[23] In vieler Hinsicht wie sie verstanden die frühen Christen sich selbst als *verus Israel*, den Rest der Juden aber als die Verdammten. Der Glaube an Christus – wie zuvor der Glaube an den »Lehrer der Gerechtigkeit« (*moreh zedek*)[24] – wurde zum wahren Zeichen der Rettung. Wie sie legte das frühe Christentum Haß gegen das Establishment von »Pharisäern und Sadduzäern« an den Tag.

Bald rivalisierten das frühe Christentum und das jüdische Establishment um den Missionserfolg – zunächst unter den Gottesfürchtigen (*yire'ei shamayim* oder οἱ σεβόμενοι), der großen Gruppe von Bewunderern des Judentums am Rande der Diasporagemeinden, und später unter wirklichen Heiden. Das Werben um die Proselyten verstärkte den wechselseitigen Gegensatz, den die inneren Auseinandersetzungen zwischen Heidenchristen und Judenchristen vertieften. Besiegelt wurde er dann dadurch, daß die Christen sich von dem zweiten, im Gegensatz zum ersten, einmütig beschlossenen Aufstand gegen Rom (132-135 n. u. Z.) fernhielten. Nach dem zweiten Aufstand gegen Rom und den hadrianischen Verfolgungen verlor das Judentum seinen missionarischen Impetus. Schließlich wurde das Christentum zur herrschenden Religion des Reiches, »das Königreich wurde abtrünnig«[25], und die ausgeprägten judenchristlichen Elemente in der Kirche verschwanden.

Welchem Zweck mögen die christlichen antijüdischen Lehren nach dieser Zeit gedient haben? Weshalb verging keine Generation, die nicht eine Fülle antijüdischer Traktate hinterließ? Welche Logik steht hinter dieser gewaltigen Menge an Literatur, die im gleichen Maße abstoßend ist, wie sie sich ständig wiederholt? Denn sie hörte auf, Zeugnis einer lebendigen Polemik zu sein, und entwickelte sich mehr und mehr zu einer stereotypen Aufzählung von verborgenen Hinweisen des Alten Testaments auf die Wahrheit des Neuen Testaments. Die antijüdische Propaganda besaß keine äußere, auf die Bekehrung von Juden zielende, sondern eine interne Funktion. Gerade weil es der Kirche mißlang, die Juden zu bekehren, wurde ihre bloße Existenz zu einem theologischen Paradoxon ersten Ranges. Nicht so für den Islam: anders als die Kirche sieht er seinen Daseinsgrund nicht in der individuellen Bekehrung jedes einzelnen Ungläubigen. Wohl muß die Welt mittels politischer Hegemonie »verläßlich (sicher) für den Islam« gemacht werden, doch unter der Herrschaft der Moslems dürfen die Völker, die wie Juden und Christen über eine echte (monotheistische) Offenbarung verfügen – der rechtliche Begriff lautet »Volk des Buches« (*ahl al kitab*) –, ihre religiöse und politische Autonomie als eine geschützte Minderheit zweiter Klasse beibehalten (*dhimmis*).[26] Im Gegensatz dazu beweist das Christentum seine Wahrheit durch weltweite Mission: sie ist *ecclesia militans*. Doch die Bekehrung der Juden, die ursprünglich das erwählte Volk waren und nach wie vor am Alten Testament in seiner Ursprache festhielten, erwies sich weder durch Überzeugung noch durch Gewalt als möglich. Die Juden wurden »Israel nach dem Fleisch« (*Israel secundum carnem*) genannt: Christentum und Judentum gingen gemeinsam von der Fiktion aus, die Juden seien im buchstäblichen Sinne die Nachkommen Abrahams; sie unterschieden sich lediglich in der Bewertung dieser ethnischen Kontinuität. *Secundum carnem* bezieht sich auch auf die Mentalität der Juden: sie verstanden ihre Schrift und ihr Gesetz »buchstäblich« und nicht im Sinne eines geistigen Verständnisses (*spiritualis intelligentia*); sie sind daher »blind« gegenüber den vielfältigen verborgenen Hinweisen des Alten Testaments auf die Wahrheit des Neuen Testaments. Sie sind ein lebender Anachronismus – »diese Juden weigerten sich, sich mit den Zeiten zu verändern«[27] – ein Fossil. Sie haben nicht verstanden, daß das Judentum (die Beschneidung) lediglich »gut für seine Zeit« war und durch einen neuen Bund abgelöst werden mußte, dem es den Weg bereitet hat (Hugo von St. Viktor).[28] Kurz gesagt, die Juden sind ein widerspenstiger Haufen.

Doch war ihre Widerspenstigkeit nicht wiederum auch bewundernswert? Augustin war dieser Auffassung[29] und wünschte, die Christen seiner Zeit hätten angesichts von Verfolgung und Versuchung etwas davon. Mehr noch, Juden und Judentum faszinierten die Christen nach wie vor aufgrund ihrer Altertümlichkeit, genau jener Altertümlichkeit, die theoretisch verunglimpft wurde. Während ihrer gesamten Entwicklung fürchtete die Kirche »Judaisierende« (*Judaizantes*) in ihrer Mitte. Schließlich führte der bloße Anspruch der Kirche, einen neuen Bund zu verkörpern, sowohl in der klassischen Welt als auch unter den bekehrten germanischen Stämmen des Mittelalters zu einer Verschiebung der Werte. »Neu« war aus der Sicht beider Mentalitäten ein verdächtiges Attribut: nur das Alte besaß den Ruf von Wert und Authentizität. Die klassische politische Bezeichnung für einen gefährlichen Revolutionär lautete *homo rerum novarum cupidus*; im Rechtsbewußtsein des frühen Mittelalters war einzig altes Recht gutes Recht,[30] und Papst Gregor VII. schokkierte seine weltlichen Widersacher, indem er sein Recht auf die Einführung neuer Gesetze (*novas leges condere*) postulierte.[31] Auf diese Weise drang eine innere Spannung zwischen Verehrung des Alten und Glorifizierung des Neuen in die europäische Geisteswelt ein. Die Christen bedienten sich in ihrer antiheidnischen Propaganda des Hinweises auf das Alter und die bloße Existenz der Juden und des Judentums – und zwar um die Authentizität der Bibel zu verteidigen. Daß das Judentum die älteste und deshalb die authentische monotheistische Religion sei, war auch ein jüdisches Argument – ein Zeuge ist Jehuda Halevis *Kusari*; die wenigen Fälle mittelalterlicher Bekehrungen zum Judentum wurden durch solche Gefühle veranlaßt.

Schließlich entwickelten die Kirchenväter eine Lehre, um die Fortexistenz der Juden als Teil der heilsgeschichtlichen Ökonomie zu rechtfertigen,[32] und eine ihr entsprechende Praxis antijüdischer Gesetzgebung. Die Juden erfüllen danach eine dreifache Funktion. Ihre physische Existenz beweist – gegen heidnische Behauptungen – die Authentizität ihrer Schrift; sie garantieren die Bewahrung der echten Offenbarung und müssen dies auch weiter tun. Mehr noch, gerade ihre Demütigung durch die Zerstreuung stellt einen ewigen Beweis (*testimonium aeternum*) für den christlichen Anspruch dar, mit dem Kommen Christi sei »das Szepter von Juda gewichen«, Gottes Erwählung sei vom »Israel im Fleische« auf das »Israel im Geiste« übergegangen. Die gegenwärtige Stellung der Synagoge als einer »Sklavin« der Kirche bezeugt deren Superiorität. Nicht zuletzt erfüllen die Juden eine eschatologische Funktion. Am Ende der Zeit werden sich die Übriggebliebenen in Massen bekehren und vielleicht sogar das Christentum vor dem Antichrist bewahren. So lautete die Erklärung für die jüdische Existenz und für die relative Toleranz, die ihnen zugebilligt werden sollte. Sie beruhte auf der festen Annahme, daß die Juden unveränderlich waren, daß sie nach wie vor dem Buchstaben der Schrift anhingen. Vielleicht hatte sich noch nicht einmal ihre Kleidung verändert. Dem Missionar und späteren Märtyrer Anskar, so erfahren wir von seinem Biographen, erschien Christus als »von großer Statur, gekleidet wie ein Jude, von schönem Aussehen«.[33]

Neue Strukturen im zwölften Jahrhundert

Die Juden wurden also von der Kirche unter der Bedingung toleriert, daß sie die doppelte Rolle der Sklaven und Fossile spielten. Sie weigerten sich, sich einer von ihnen anzupassen. In Wirklichkeit waren sie eine privilegierte Minderheit und entwickelten ausgesprochen aristokratische Vorlieben. Rechtlich und geistig waren sie der herrschenden Macht nahe, »zum königlichen Palast gehörend«. Ein jüdischer Knabe in Deutschland konnte im elften Jahrhundert sogar davon träumen, Ritter zu werden. Viel später diagnostizierte Shlomo ibn Verga bei der Reflexion über die Vertreibung aus Spanien im Jahre 1492 das Streben, den Gipfel der Gesellschaft zu erreichen, und die Eigenschaft, sich dessen zu brüsten, als Hauptursache der Katastrophe. Während des gesamten Mittelalters wurden die Juden als »Kriegsgefangene« auf fremdem Boden wahrgenommen, doch obgleich sie sich selbst so verstanden, verhielten sie sich kaum danach. Ebensowenig willigten sie ein, ein Fossil zu bleiben. Stattdessen entwickelten sie ein eindrucksvolles, anpassungsfähiges System von Gesetzen und Institutionen und schufen einen großen Corpus kommentieren-

der und spekulativer Literatur. Die Diskrepanz zwischen Vorstellung und Realität sowie das ständig gegenwärtige Potential an volkstümlichem Haß gegen Fremde, vor allem gegen Juden, waren potentielle Spannungsherde.
Der Wendepunkt in der Geschichte der christlichen antijüdischen Lehren ergab sich in einem für das Leben der Juden in Europa entscheidenden Augenblick, im zwölften Jahrhundert. Die wachsende Unabhängigkeit und Macht der Kirche, die Kreuzzüge, das Anwachsen volkstümlicher religiöser Bewegungen und die Tatsache, daß seit der spanischen *reconquista* die Mehrheit der Juden in Europa in christlichen Staaten lebte, verschlechterte ihre Stellung. Die antijüdischen Lehren wandelten sich quantitativ und qualitativ. Sie nahmen nicht nur zu, sondern veränderten zugleich ihre Struktur. Die damals geschaffenen neuen Strukturen sollten bis zum achtzehnten Jahrhundert erhalten bleiben. Neben anderen Kategorien von Stereotypen sind auch neue Arten der Propaganda deutlich erkennbar.
Bisweilen konnte das neue Bild in Übereinstimmung mit den älteren Stereotypen gebracht werden. Das Bild der Juden als wirtschaftlicher Ausbeuter, als »Wucherer«, entstand aufgrund neuer Umstände; in der Antike wiederholte Josephus nur einen Gemeinplatz, wenn er den Mangel jüdischer wirtschaftlicher Fähigkeiten im Vergleich zu den Griechen und Phöniziern beklagte. Das neu entstandene Stereotyp fügte sich hervorragend zu den alten theologischen. Das »Israel nach dem Fleische« richte sich immer auf weltlichen Lohn aus, selbst bei der Einhaltung der Gebote, um wieviel mehr im säkularen Bereich. Manchmal kollidierten die neuen Stereotypen mit den alten oder ersetzten sie. Dieser Prozeß, der zur Entfremdung und zur Dämonisierung des Judenbildes im Spätmittelalter führte, verdient eine nähere Betrachtung.
Ein völlig neues Stereotyp tauchte mit der Vorstellung von der Bedrohung und Heimlichkeit auf; es wirkte von nun an auf allen Ebenen, von der theologischen bis zu jener volkstümlichen Denkens. Von Beginn des zwölften Jahrhunderts an machten sich zunehmend mehr Geistliche mit jüdischen Lehren und dem gewaltigen corpus der nachbiblischen Literatur vertraut. Einige von ihnen wandten sich auf der Suche nach

exegetischen Hilfen den hebräischen Studien zu;³⁴ andere verwendeten sie im Sinne einer neuen Qualität der antijüdischen Argumentation. Insbesondere der Talmud diente ihnen als Beweis dafür, daß die Juden nicht einfach, wie es früher schien, an der Bibel festhielten, sondern daß sie nun einem anderen, neuen Gesetz (*nova lex*) folgten, das an die Stelle der biblischen Gesetze getreten sei, von dem man angenommen hatte, die Juden hingen ihm »dem Buchstaben gemäß« bei. Stellte nicht ein solches neues Gesetz selbst nach jüdischen Begriffen, wie sie die Kirche verstand, eine Irrlehre dar? Hatte man ihnen nicht Toleranz einzig aufgrund der Prämisse gewährt, daß sie sich nicht veränderten? Wenn sie dem zuwiderhandelten und nach einem neuen Gesetz trachteten, müßten sie dann nicht nur nach dem wahren Gesetz streben? Doch sie schienen an die Stelle der Bibel und der *lex caritatis* ein neues, selbstgeschaffenes Gesetz zu setzen. Und sie schienen ihm heimlich anzuhängen, um nach wie vor als Anhänger des Alten Testaments zu gelten.
Der erste Traktat dieser Art wurde Mitte des zwölften Jahrhunderts von dem Abt von Cluny, Petrus Venerabilis, verfaßt. Dieser professionelle Friedensstifter versprach, die jüdischen Geheimnisse »aufzudecken«: daß sie aufgehört hatten, am göttlichen Gesetz festzuhalten und in Wirklichkeit einer teuflischen, von Menschen geschaffenen Gesetzgebung anhingen.³⁵ Aus dem Zusammenhang gerissene Fragmente und Teile des Talmud sollten nachweisen, daß der Talmud, der keineswegs eine buchstäbliche Auslegung biete, selbst zugebe, daß sogar Gott sich den Entscheidungen irdischer Gerichte zu beugen habe und an das talmudische Recht gebunden sei. Das Judentum wird nicht länger als anachronistische, vielleicht sogar lächerliche, aber in jedem Fall durchschaubare Religion betrachtet: das Bild verwandelt sich in das geheimnisvoller, teuflischer Traditionen. So waren auch die Anklagen beschaffen, die zum Prozeß und zur Verbrennung des Talmud in Paris (1240) führten.³⁶
Diese Entmenschlichung und Dämonisierung des Judenbildes blieb nicht auf einige polemische Traktate beschränkt. Sie kennzeichnet vor allen Dingen die volkstümliche Phantasie.³⁷ Das zwölfte Jahrhundert war Zeuge des erstmaligen Auftau-

chens der Blutbeschuldigung. Thomas von Monmouth' Erzählung über einen angeblichen Fall bezieht sich auf einen konvertierten Juden, der ihm Forderungen in den »alten Schriften der Juden« offenlegte, nach denen Juden verpflichtet seien, wenigstens einmal im Jahr Christenblut zu vergießen, wenn sie wirklich erlöst werden wollten. Zu diesem Zweck versammele sich regelmäßig eine geheime rabbinische Synode von Juden aus ganz Europa, um festzulegen, welche Gemeinde mit der Durchführung eines Ritualmordes an der Reihe sei.[38] Von hier führt eine klare Linie bis zu den Vorstellungen, welche die infamen *Protokolle der Weisen von Zion* heraufbeschwören.[39]

Im zwölften Jahrhundert wurden auf diese Weise – wenn auch unabsichtlich – Elemente der heidnischen antichristlichen und antijüdischen Propaganda neu belebt: der Vorwurf der Heimlichkeit und geheimer Rechtscodices und Glaubenssätze, die aus dem jüdischen »Menschenhaß« (*odium humani generis*, Tacitus) entstanden seien. Die jüdischen »Geheimnisse« (*arcanae*) richteten sich angeblich gegen die gesunde soziale Beschaffenheit ihrer Umwelt. Das Christentum war zunächst nicht in der Lage, solche Argumente zu verwenden; sie richteten sich auch gegen die Christen, und diese beanspruchten, Anteil an diesen jüdischen »Geheimnissen« zu haben. Im Hochmittelalter, seit dem zwölften Jahrhundert, wurden die Juden wieder geheimnisvoll, undurchschaubar und gefährlich. Das volkstümliche dämonische Bild von den Juden, einschließlich der Blutbeschuldigung, wurde zu keiner Zeit die offizielle theologische Stellungnahme der Kirche; die Kirche hat eigentlich jene Vorurteile weder verneint noch bejaht, doch falls es angebracht schien, bediente sie sich ihrer. Der Angriff auf den Talmud entwickelte sich auch nicht in der Weise fort, wie er begonnen hatte. Wie konnte die Kirche, die immer Häretiker fürchtete, die »allein zur Schrift« zurückkehren und die autoritative Tradition der Kirche eliminieren wollten, von den Juden verlangen, »ohne eine Erläuterung« an der Schrift festzuhalten? Nicht daß die Kirche einen solchen Mangel an Folgerichtigkeit nicht hätte rechtfertigen können, doch einige Denkfiguren werden in jedem Zeitalter tabu. Der Angriff auf den Talmud nahm seinen Fortgang z. B. mit der Begründung, er enthalte Gotteslästerungen, und zumindest diese müßten beseitigt werden.

Die neue Vertrautheit christlicher Theologen mit jüdischen Schriften brachte allerdings nicht nur Ablehnung oder das Bewußtsein polemischer Möglichkeiten hervor. Sie verstärkte auch die bereits erwähnte Faszination, die von den Juden ausging: Faszination angesichts der jüdischen Exegese (die *veritas hebraica*) und später eine noch viel stärkere Faszination angesichts der Kabbala.[40] Die Kabbala bietet ein besonders eindrucksvolles Beispiel für die auf beiden Seiten herrschende Dialektik von Ablehnung und Anziehungskraft. Sie manifestiert die jüdische Faszination angesichts emanatorischer – sogar trinitarischer – Spekulationen, so daß die frühen Kabbalisten sofort christianisierender Tendenzen bezichtigt wurden. Die Kabbalisten verliehen bis dahin als häretisch betrachteten Deutungen der Bibel den Charakter eines tiefen Geheimnisses, etwa der Deutung von »Gott« in Genesis 1,1 im Sinne eines direkten (grammatischen) Objekts anstatt im Sinne eines Subjekts des Verses. Den Humanisten und den Platonisten der Renaissance erschien es so, als sei durch die Kabbala eine alte, geheime, vorjüdische und vorchristliche Überlieferung von tiefster Wahrheit aufgedeckt worden. Die »Heimlichkeit« und die »geheimen Traditionen« der Juden beinhalteten demnach nicht nur pejorative Konnotationen, wie jene, die in mehreren europäischen Sprachen in dem Wort »Kabbale« eingefangen wurde. Einigen erschienen sie von unschätzbarem Wert und hoher Anziehungskraft. Heimlichkeit, geheime Überlieferungen und Verschwörungen mögen geeignete Attribute für die Minderheiten in jeder Gesellschaft darstellen. Im späteren christlichen mittelalterlichen Kontext mögen derartige volkstümliche Ängste auch eine Form gewesen sein, in der die Gesellschaft innere Ängste und Schuldgefühle nach außen projizierte. Die Kirche, die Mehrheit ernsthafter Theologen, haben solche Vorstellungen wohl nicht hervorgebracht, sie sind ihnen jedoch zeitweise erlegen. Und zwar so sehr, daß im spätmittelalterlichen Spanien sogar konvertierte Juden dem Mißtrauen nicht zu entgehen vermochten. Der bedeutende Zufluß von *conversos* in die spanische Gesellschaft im vierzehnten und fünfzehnten Jahrhundert, den die Kirche keineswegs als Erfüllung eines dringenden Traums betrachtete, weckte in ihr Ängste vor Überfremdung und vor geheimen Rückfällen ins Judentum. Ein präzedenzloser sozialer und rechtlicher Aufwand, um die geheimen Elemente der Gesellschaft bloßzulegen, vergiftete die Substanz des spanischen Lebens mehr als zwei Jahrhunderte lang und verwandelte Spanien in eine von Mißtrauen besessene Gesellschaft, in den ersten Staat im modernen Europa, der mittels einer Rassenpolitik regiert wurde. Im Namen der Reinheit des Blutes wurden die *marranos* aus dem öffentlichen Dienst und aus öffentlichen gesellschaftlichen Positionen entfernt. In diesen und ähnlichen Vorgängen, die ihren Anfang im zwölften Jahrhundert nahmen, erkenne ich keinen religiösen Antagonismus, sondern vielmehr durch religiöse Unterschiede verbrämte Gegensätze.

Auf dem Weg zu einer nicht-christlichen Haltung

Weshalb ließ im Bereich des Protestantismus trotz des gehässigen Angriffs Luthers die Besessenheit von Juden und Judentum nach?[41] Einmal blieben relativ wenige Juden in den protestantisch geprägten Teilen Europas; die meisten von ihnen wurden während des Spätmittelalters aus Westeuropa vertrieben. Doch die Abwesenheit von Juden an sich hatte zuvor niemals die antijüdische Propaganda verhindert: sie besaß eine nach innen gerichtete Funktion. Ein weiterer Grund für die wachsende Gleichgültigkeit gegenüber den Juden läßt sich in der protestantischen Theologie selbst ausmachen.
Die katholische Kirche betrachtete Juden und Judentum *mutatis mutandis* als lebendes Beispiel eines Lebens *sola scriptura*, des bemitleidenswerten Schicksals derer, die allein am Buchstaben der Schrift festhielten; sie wollte zeigen, wie notwendig die Mittlerschaft der Kirche war, deren Autorität Augustin einmal so beschrieb, er würde nicht einmal an die Heilige Schrift glauben, nötigte ihn nicht die Kirche dazu. Andererseits fürchtete die Kirche nicht ohne Grund mögliche Einflüsse wie den jüdischen. Dieser Zwiespalt wohnte der christlichen Einstellung gegenüber den Juden von Beginn an inne. Der Protestantismus überwand, wenn auch nicht immer er-

folgreich, diese Ambivalenz. Die protestantischen Theologien schwankten und schwanken nach wie vor zwischen zwei Polen. Je nach den Merkmalen, die sie der Urkirche zuschrieben, wollten sie entweder biblische Sitten und Institutionen wiederbeleben – so nimmt die Literatur über die »jüdische Republik« zu – oder das Neue Testament nachdrücklicher vom Alten Testament trennen. In beiden Fällen war ihre Haltung gegenüber Juden und Judentum weniger belastet, weniger unmittelbar. Es bestand keine *auctoritas sanctae ecclesiae*, welche die Juden zu untergraben drohten oder zu bestätigen versprachen. In einigen wenigen Fällen entwickelten, wie der Historiker Chaim H. Ben-Sasson gezeigt hat[42], einige sektiererische Minderheiten ein Gefühl der Identifikation mit dem jüdischen Los *in partibus infidelium*. In anderen Fällen warfen sie dem Judentum und dem Katholizismus gleichermaßen vor, das Wort Gottes zu verdunkeln, wobei der zuletzt genannte Feind selbstverständlich der gefährlichere war.

Die Rationalisten des siebzehnten und achtzehnten Jahrhunderts übernahmen so oder so diese protestantische Haltung einer grundsätzlichen Gleichgültigkeit. Ob das Judentum als Fossil galt oder nicht, es war nicht länger ein vorrangiger Gegenstand der Auseinandersetzung.[43] Bestenfalls diente das Los der Juden dazu, beispielhaft für die christliche, d.h. religiöse Intoleranz zu stehen. Schlimmstenfalls sollte das Judentum den religiösen, ethnozentrischen Partikularismus verkörpern. Bisweilen dienten Angriffe auf das Judentum als Verbrämung eines Angriffs auf das Christentum. In jedem Fall hatte, wie wir in Schudts *Jüdische Merkwürdigkeiten* lesen können,[44] die geschichtlich-religiöse Neugier Vorrang vor dem theologischen Unbehagen.

Wie sehr ist dann das Aufkommen des modernen Antisemitismus in der christlichen Tradition verwurzelt?

Die antisemitische Propaganda besitzt, extrem wie gemäßigt, ein herausragendes Merkmal.[45] Sie zielt nicht so sehr auf den traditionellen, orthodoxen Juden, der als solcher erkennbar ist. Der Antisemit bekämpft in erster Linie den seiner Wahrnehmung nach sich verstellenden Juden: den emanzipierten, assimilierten Juden, der die gesunde Beschaffenheit des neuen Volkes, zu dem er zu gehören vorgebe, zu stören beabsichtige.

Ob er nun assimiliert ist oder nicht, der Jude ist und bleibt ein Fremder, eine gefährliche, desintegrierende Macht. Beim Judesein handelt es sich um einen *character indelebilis*, der sich weder durch die Taufe noch durch andere äußere Zeichen einer veränderten Identität aufheben läßt. Das Hauptziel des Antisemiten besteht deshalb darin, die Ursünde Europas im neunzehnten Jahrhundert wieder rückgängig zu machen: die den Juden gewährte rechtliche Emanzipation aufzuheben und sie mittels Diskriminierung wieder erkennbar zu machen. Gemäßigte antisemitische Ideologen gestehen unter Umständen zu, die Juden seien in ihrem Willen zur Assimilation zwar ehrlich, in Wirklichkeit jedoch unfähig dazu. Radikalere Antisemiten bestehen darauf, die äußeren Zeichen einer jüdischen Identifikation mit der sie umgebenden Gesellschaft und die Assimilation stellten lediglich einen gefährlichen Vorwand, wenn nicht sogar eine (internationale) jüdische Verschwörung zur Übernahme der Macht dar; die extremsten Antisemiten verlangen nicht nur nach der Aufhebung der Emanzipation, sondern nach Vertreibung und Völkermord.
So sieht in groben Umrissen die Phänomenologie antisemitischer Äußerungen aus. Sie setzen die Emanzipation voraus und richten sich gegen sie, so daß sie als eine völlig neue Erscheinung in der jüdischen Geschichte gelten müssen. Es ist nicht nötig, auszuführen, daß auch die antisemitische Aversion wiederum nur eine andere Seite der Faszination darstellt. Der Antisemit spricht die Teile der Bevölkerung an, die am wenigsten an die moderne industrialisierte, kapitalistische, mobile Gesellschaft angepaßt sind. Er ist, zu Recht oder zu Unrecht, von der von ihm wahrgenommenen Anpassungsfähigkeit fasziniert und gibt ihr eine düstere Deutung. Doch wie auch immer seine Motive aussehen,[46] der Antisemitismus scheint Welten von den christlichen antijüdischen Einstellungen entfernt zu sein. Wenigstens theoretisch war ein konvertierter Jude, theologisch betrachtet, in jeder Hinsicht ein Christ. Andererseits bedurften einige Tendenzen des Protestantismus, die forderten, das Christentum müsse seine Verbindung zum Judentum, ja sogar zum Alten Testament, vollkommen abtrennen, lediglich eines gewissen Maßes an Säkularisierung, um antisemitischer als jede katholische Lehre zu werden. Von Adolf von

Harnacks Verehrung Marcions bis zu Houston Stewart Chamberlains Nachweis, Jesus sei ein Arier gewesen, ist es nur ein kleiner Schritt. Doch man mag dies als Ausnahmen betrachten. Insgesamt muß man sagen: die *ecclesia militans* bekämpft Juden und Judentum in ihrer sichtbaren Gestalt; der Antisemit bekämpft den unsichtbaren Juden in der Gesellschaft (und in sich selbst).
Allerdings lebten der theologische Antijudaismus und der ideologische Antisemitismus von dem über die Jahrhunderte angesammelten Fundus volkstümlicher Vorurteile; die christlichen theologischen Urteile stellten aufgrund ihrer bloßen Kontinuität einen Rahmen für volkstümliche Vorstellungen zur Verfügung. Einige Theologen der jüngeren Zeit, etwa R. B. Ruether und G. G. Baum, haben diese Abhängigkeit erkannt. Außerdem haben sich seit dem zwölften Jahrhundert die christlichen theologischen Lehren den volkstümlichen Vorurteilen angepaßt und sie immer stärker reflektiert: sie verstärkten das Bild des Gefährlichen und Geheimnisvollen weit über die Erfordernisse des religiösen Antagonismus hinaus. Mag der Antisemitismus tatsächlich ein Phänomen der Säkularisierung sein – hier wie auch sonst verhält sich die Säkularisierung religiösen Anschauungen gegenüber nicht nur so, als wären sie ihr reines Gegenteil. Vielmehr wächst sie, lange bevor sie ihre Unabhängigkeit erlangt, innerhalb des Rahmens des religiösen Denkens und religiöser Institutionen heran.

Theologische Konsequenzen

So stellen sich also die Konturen der Entwicklung antijüdischer Lehren, Einstellungen und Bilder dar. Es kann natürlich nicht unsere Aufgabe sein, theologische Lehren neu zu formulieren oder zu ändern. Wir können jedoch auf zwei mögliche Fehlschlüsse bei der Interpretation des historischen Ergebnisses aufmerksam machen. Der eine resultiert aus einer Überbetonung, der andere aus einer Unterschätzung der Macht der Geschichte.
Erstens könnte ein Theologe argumentieren, der Antijudaismus hafte dem Christentum in der Weise als ein Kontinuum

an, daß es einzig durch einen vollkommenen Neubeginn davor bewahrt werden könne, erneut ein Potential antijüdischer Gefühle anzuhäufen. Der Antijudaismus, so hören wir von R. B. Ruether, sei »die linke Hand der Christologie«.[47] Baums Selbstkritik weist auf die »Ideologie der Substitution« als die Quelle des Erbes der »Verachtung« hin.[48] E. Berkovits geht noch weiter: nur das Christentum sei, weil es die Rettung durch Christus allein betone, mit einer antihumanistischen Ethik verbunden; das Judentum sei solchen Mißbräuchen gegenüber immun.[49] Dabei handelt es sich um ein scheinheiliges Argument. Die jüdische Religion betrachtet den Menschen nicht weniger als Gott unterworfen denn das Christentum. Das Judentum hat immer einen *bellum deo auctore* gebilligt, einen von Gott angeführten Krieg (*milchemet chova* im Gegensatz zur *milchemet reshut*), während das Christentum über tausend Jahre brauchte, um die passende Formel zur Rechtfertigung des Krieges als einer heiligen Mission zu finden. Bis zu den Kreuzzügen erforderte selbst das gerechtfertigte Töten eines Feindes in einem gerechten Krieg (*bellum iustum*) eine Absolution. Im Falle der Amalekiter und der sieben kanaanäischen Völker reicht die biblische Forderung nahe an einen Aufruf zum Völkermord heran. Die Edomiter wurden zwangsbekehrt, die Karäer verfolgt; die Unterscheidung zwischen Israel und »den Völkern der Welt« ist nicht weniger diskriminierend als das Prinzip *nulla salus extra ecclesiam*. Berkovits' Behauptung, daß aus jüdischer Sicht auch ein Nichtjude das Heil erlangen kann, trifft nur in dem christlichen Sinne zu, daß dies mit einer Bedingung verbunden ist. »Alle, die die sieben noachitischen Gebote einhalten«, so lehrt Maimonides *ex cathedra*, »gehören zu den Frommen aus den Völkern« und können Anteil an der zukünftigen Welt bekommen. Doch er fügt hinzu: »Wann ist dies der Fall? Wenn sie diese Gebote beachten, weil sie Gottes Willen darstellen. Sollten sie sie lediglich aus Gründen rationaler Einsicht (*hechra hada'at*) einhalten, gehören sie weder zu den Frommen unter den Völkern noch zu ihren Weisen.« Maimonides geht noch weiter und besteht auf der Pflicht, alle wirklichen Heiden, die sich weigern, sich den sieben noachitischen Geboten zu unterwerfen, zu töten; dies bildet seine Entsprechung zum wahren islamischen *ahl el maut*.[50] Und diese Pflicht ist nicht so theoretisch wie die Pflicht, die Amalekiter und die »sieben Völker« auszulöschen, die einst Kanaan bewohnten, Völker, die aus seiner Sicht in der Gegenwart ausgestorben waren. Diskriminierung und Herabwürdigung ließen sich und lassen sich in die Vorstellung beider Religionen kleiden: zu behaupten, nur eine christliche Welt habe zu einem Völkermord führen können, ist zumindest scheinheilig.

Zweitens kann sich eine Unterschätzung der Geschichte genauso schädlich auswirken oder bestenfalls zu willkürlichen Urteilen führen. Franklin Littell sieht die im Christentum erst nach Paulus einsetzenden antijüdischen Einstellungen in dem starken Zustrom von Nichtjuden begründet.[51] Doch selbst wenn dies zutrifft – unsere historischen Anmerkungen widersprechen dem –, macht es kaum einen Unterschied, ob das Christentum sich vor oder nach Paulus im Gegensatz zum Judentum zu definieren begann. Der Gegensatz ist Teil seiner geschichtlichen Selbstdefinition. Es ist auch unbedeutend, ob der Ursprung des Antagonismus heidnisch war; heidnischen Ursprungs ist der Großteil der dogmatisch-philosophischen Sprache des Christentums. Doch der Gegensatz, auf dem das orthodoxe Judentum weniger besteht als das Christentum, muß nicht aufgrund seiner unkontrollierten Übertreibungen beurteilt werden. Es muß sich nicht um einen bösartigen Gegensatz handeln: mein Nachbar kann durchaus jede Musik als Kakophonie betrachten, während sie für mich das Wesen und den Sinn des Lebens ausmacht. Ich muß ihn jedoch dafür nicht hassen. Mit einiger Übung kann ich sogar lernen, ihn nicht zu verachten. Wenn unsere Analyse der Entwicklung antijudaistischer Positionen in der Geschichte zutreffend ist, dann ergab sich der Wandel aus außerreligiösen Quellen in dem Augenblick, in dem das Judentum nicht länger als anachronistische, falsche religiöse Einstellung erschien, sondern als Träger einer bedrohenden, geheimen Verschwörung betrachtet wurde. Diese Entwicklung läßt sich, obgleich sie auch einen Teil der tatsächlichen Kirchengeschichte ausmacht, theoretisch und praktisch abtrennen, nicht weil sie später kam, sondern weil sie überhaupt nicht in religiösen Vorstellungen und Bildern begründet liegt.

Es gibt einen Anspruch, der das Judentum vom Christentum (oder in diesem Punkt auch vom Islam) trennt, weil sie beide diesen Anspruch gemeinsam haben. Zumindest in ihrer geschichtlichen Manifestation beanspruchen die sogenannten drei monotheistischen Religionen für sich, über die volle, echte, absolute offenbarte Wahrheit zu verfügen. Jede erkennt in den anderen monotheistischen Religionen die unvollkommene, falsche oder sogar verfälschte Version wahrer Prinzipien. Die Juden sind – aus christlicher Sicht – an eine frühere Stufe der Offenbarung gebunden. Aus der Sicht des Islam sind Christentum und Judentum »Völker des Buches« und müssen nicht zur Konversion gezwungen werden wie die Heiden. Aus der Perspektive des Judentums erschienen Christentum und Islam als mehr oder weniger monotheistische »Völker, die durch die Wege der Religion begrenzt werden« (*'umot hagedurot bedarche hadatot*), obgleich ersteres durch einen Häretiker und letzterer, wie wir von Maimonides hören, durch einen Wahnsinnigen begründet wurde.[52] Doch die volle Wahrheit wohnt nur der eigenen Religion inne. Es ist dieser Anspruch, der sie vom klassischen griechisch-römischen Heidentum unterscheidet, der anderen Kulten gegenüber tolerant war, denn *una est religio in varietate rituum*. Ein heidnischer Intellektueller verachtete für gewöhnlich das, was Varro *theologia mythica* nannte; er bekundete Treue zur *theologia politica*, zu den Göttern des Staatswesens, und glaubte lediglich an die *theologia naturalis*, an die philosophische Wahrheit jenseits aller positiven Religion. Die religiöse Intoleranz wurde, wenn auch in verschiedenen Abstufungen, durch die monotheistischen Religionen entwickelt und zur Wirkung gebracht.

Vermag das Christentum oder das Judentum den Anspruch auf die absolute Wahrheit aufzugeben, ohne die eigene Identität vollständig preiszugeben? Ich weiß es nicht; doch ich stoße auf Vorschläge christlicher Theologen, das Christentum solle dies tun und sich in die Nähe des bewußten Synkretismus der spätheidnischen Antike begeben. Es ist merkwürdig, daß Baum, der den Verzicht auf den Anspruch des *nulla salus extra ecclesiam* empfiehlt, den Holocaust auf das Eindringen einer »heidnischen Mentalität« im zwanzigsten Jahrhundert zurückführt. In derartigen verbreiteten theologischen Vorurteilen läßt sich ein Hauch von Heuchelei entdecken. Was auch immer mit »Heidentum« gemeint sein mag, in seinen geschichtlichen

Ausprägungen war dieses gewiß nicht weniger human als das Christentum – oder das Judentum.

»Heidentum« fungiert explizit und implizit als Synonym für »Säkularismus«. Eine ganze Anzahl von Theologen führt die Schrecken unseres Jahrhunderts auf den Verlust an Religiosität und auf den Triumph der »Säkularisierung« zurück. Damit ist zugleich bewiesen, daß selbst die ehrlichsten Theologen ihre Selbstkritik nicht weit genug betreiben. Der Holocaust war nicht weniger die Konsequenz der Religiosität als die der Irreligiosität. In Wahrheit gibt es gute Gründe dafür, in der Theologie – der jüdischen, christlichen und islamischen – eine der Ursachen der ideologischen Relativierung einfacher menschlicher Werte zu vermuten. Gerade der Anspruch auf die absolute Wahrheit und das Eintreten für Werte, die höher als nur menschlich seien, stellten das Paradigma der säkular geprägten Ideologien dar. Der *honor dei*, dem der Mensch bedingungslos dienen sollte, konnte in den *honor patriae* verwandelt werden, wie es denn auch geschah. Das christliche und jüdische Bestehen auf dem Vorrang Gottes gegenüber dem Menschen konnte gegen andere Prioritäten ausgetauscht werden – gegen den Vorrang der Arbeiterklasse, der Rasse, des Fortschritts oder entsprechender abstrakter Objektivierungen. Gewiß sollte man keine religiöse Haltung für ihre Verfälschung oder Karikierung verantwortlich machen. Die Tatsache, daß Hitler häufig eine mit religiösen Vorstellungen gefüllte Sprache wählte (*Vorsehung*, um die am häufigsten gebrauchte zu benennen), ist kein Beweis dafür, daß er deshalb ein Christ war; Hermann Rauschnings *Gespräche mit Hitler* und andere Dokumente bezeugen im Gegenteil eher seine ausgeprägten antichristlichen Affekte. Doch am allerwenigsten dürfen Theologen Nichtreligiosität für Ideologien und Praktiken »schlechthinniger Abhängigkeit« von und Unterworfensein unter abstrakte Prinzipien – ein Begriff, den Schleiermacher zur Definition der Religion verwandte – verantwortlich machen. Wir werden später auf diesen Aspekt zurückkommen.

Heinrich Heine reagierte auf die Lektüre von Jacques Basnages' *Histoire de la religion des Juifs depuis Jésus Christ jusqu'à présent* (Rotterdam 1707) – dabei handelte es sich um den ersten Versuch eines christlichen Autors, die Entwicklung der

Juden und des nachbiblischen Judentums in zusammenhängender und nichtpolemischer Art darzustellen – mit einer poetischen Reflexion »An Edom« (1824). (»Edom« ist eine traditionelle jüdische Metapher für Rom und das Christentum.) Es war die Zeit kurz nach den Hep-Hep-Pogromen. Es scheint eine passende Zusammenfassung dieses Diskussionszusammenhangs zu bieten.

> AN EDOM
>
> Ein Jahrtausend schon und länger
> Dulden wir uns brüderlich;
>
> Du, du duldest, daß ich atme,
> Daß du rasest, dulde ich.
>
> Manchmal nur, in dunkeln Zeiten
> Ward dir wunderlich zu Mut.
>
> Und die liebefrommen Tätzchen
> Färbtest du mit meinem Blut!
>
> Jetzt wird unsere Freundschaft fester
> Und noch täglich nimmt sie zu;
> Denn ich selbst begann zu rasen,
> Und ich werde fast wie du!

Die dialektische Theologie der Sinnlosigkeit

Aus der Sicht der mutigsten unter den Theologen der Gegenwart konstituiert gerade die Sinnlosigkeit des Holocaust seinen theologischen Sinn. Daß Menschen den Glauben angesichts des Holocaust verloren haben, macht seine theologische Bedeutung aus. Der Verlust des Glaubens angesichts des Holocaust, so sagen sie, stellt selbst eine Form des Glaubens, einen positiven religiösen Akt dar. Als Anselm von Canterbury im elften Jahrhundert seinen ontologischen Gottesbeweis vorbrachte, verlieh er auch dem Psalmvers »Die Toren sprechen in ihren Herzen: es gibt keinen Gott« eine neue Bedeutung.

Da bereits in der Vorstellung von einem Gott Gottes Existenz notwendig impliziert ist, kann jeder, der über Gott nachdenkt und ihn dennoch leugnet, nur töricht [böse] sein. Die modernen Theologen, die ich im Sinne habe – Rahner, Baum, Rubenstein und andere –, stellten Anselm auf den Kopf. »Ein Mensch, der durch den Holocaust zutiefst aufgewühlt ist und Gottes Gegenwart nicht bejahen kann, ist von einer essentiell religiösen Frage ergriffen und auf diese Weise bereits unter dem Einfluß der Gnade Gottes. Wäre ein Mensch oberflächlich oder vollkommen pragmatisch oder egoistisch oder lediglich damit beschäftigt, seine eigenen Interessen zu wahren, wäre er überhaupt nicht aufgewühlt. Er ist aufgewühlt, weil er religiös ist.«[53] Selbst Atheisten, daran erinnert uns das Vaticanum II, können von der Gnade angerührt sein.

Das Zugeständnis, daß Gott – oder der ethische Theismus – in Auschwitz gestorben seien, weil Auschwitz sich allen Sinngebungen widersetze, verlangt, so heißt es, nach einer radikalen Veränderung der grundlegendsten Prämissen.

»Aufgrund unserer auf Karl Rahner basierenden theologischen Reflexion hat sich eine ganz andere religiöse Vorstellung ergeben. Sie versteht Gott nicht als den Herrn, der die Geschichte von oben lenkt, sondern als die lebendige Kraft im Inneren des Lebens der Menschen, die sie die wichtigen Fragen stellen läßt und sie zu ihrer echten Existenz führt. Gott wird hier als der Grund der menschlichen Existenz betrachtet, als die Aufforderung, die auf ihr Leben einwirkt, und als der Horizont, auf den sie sich zubewegen. Gott ist nicht so sehr Herr des Universums, sondern das Herz der Welt. Diese Theologie betont das, was die Theologen als die göttliche Immanenz bezeichnen, was in gewöhnlicher [!] Sprache bedeutet, daß Gott in der Welt ist und sie durchdringt. [...] Gottes Gegenwart in den Menschen verändert sie, entfernt sie von destruktiven Kräften und bewegt sie in Richtung auf eine kreativere Zukunft. [...] Doch daß Gott in der Welt ist und sie durchdringt, läßt sie nicht unverändert; sie wird dadurch gerichtet und zu einem neuen Leben gerufen.«[54]

Die Sprache Heideggers

Doch selbst an dieser Stelle, an der die Theologen den meisten Mut aufbrachten, sind falsche Töne unvermeidlich. Die angeführten Schlüsselsätze deuten unfehlbar auf eine eindeutige philosophische Quelle hin. Wenn man »Gott« gegen »Sein« austauscht, stammt der Rest des Vokabulars von Heidegger. Heidegger unterscheidet, scheinbar ohne ethisches Werturteil, zwei Formen menschlicher Existenz, die nichtauthentische und die authentische. Genauso verhält es sich bei der zitierten Passage. *Dasein* oder Existenz stellt die einzige Form dar, in der es dem schwer definierbaren *Sein* (im Gegensatz zum *Seienden*) um sich selbst geht: »Das Dasein ist ein Seiendes, dem es in seinem Sein um dieses Sein selbst geht.«[55] Doch bei seinem ersten und durchschnittlichen Sich-Ereignen entfremdet es sich von sich selbst, verliert sich in der Welt (*In-der-Welt-Sein*), indem es die Dinge der Welt benutzt (*Zuhanden-Sein*) und von ihr absorbiert wird. Mit jedem Menschen sind untrennbar andere verbunden, mit denen er die *Sorge* um das Weltliche teilt. In diesem Zustand ist das Dasein nicht authentisch, es ist »der Mensch« – jedermann –, der durch *Seinsvergessenheit* gekennzeichnet ist, d. h. durch den Mangel an Sorge um das eigene Selbst-Sein. Es weicht der *Angst* aus, anstatt sich ihr zu stellen, anstatt seinem grundlegenden Merkmal des in die Welt *Geworfen-Seins* (oder des Hineinprojiziert-Seins) ins Auge zu schauen. Einzig das authentische Ich ist – im Gegensatz zum nicht authentischen und von Furcht und Zittern bewegten »man« – dazu imstande, die *Daseinsfrage* zu stellen, jene Frage, auf die es *ipso facto* keine Antwort gibt, da die Antwort für dieses besondere Sein lautet, daß es nicht mehr ist. Auch hier konstituiert die Sinnlosigkeit der Frage ihren eigentlichen Sinn. Auch das authentische Ich ist dadurch gekennzeichnet, daß es sich nicht länger in »trivialen Sorgen« über solche Fragen verliert, auf die es keine Antwort gibt. Im Gegensatz zum *Gerede* des »man« läßt das authentische Ich das Sein, das in ihm wohnt, durch die vergebliche Frage nach dem Sein für sich selbst sprechen.

Nur wenige, die Heideggers *Sein und Zeit* gelesen haben, sind seinem Zauber nicht verfallen. Die Faszination, die von Heideggers Denken ausgeht, ist in mancherlei Hinsicht mit der von Spinozas *Ethik* vergleichbar: beiden eignet eine außergewöhnliche tröstende Kraft. Für beide liegt der letzte Sinn alles Existierenden allein in diesem selbst. Spinozas *Deus sive natura* bringt – so gut er es vermag – die Logik der Megarer zur Geltung: nur das, was ist, ist möglich; was nicht ist, ist unmöglich, ja sogar bedeutungslos. Wie Spinozas Gott drückt sich Heideggers Sein immer durch Seiendes aus, ist niemals fähig, »sich selbst« unmittelbar und ohne dieses auszudrücken. Es wirkt erhellend, ohne selbst gesehen zu werden, genauso wie (wenn ich eine Metapher Wittgensteins aufnehmen darf) ein Bild niemals auf sich selbst hindeutet. Im Gegensatz zu Spinozas *substantia* schärft Heidegger jedoch die notwendige zeitliche Struktur des Seins ein. Die Einwilligung in die völlige Immanenz des Sinns der Welt – und, bei Heidegger, in die Zeitlichkeit des Seins – bedeutet, daß es jenseits des Lebens eines Subjekts nichts anderes gibt; ihm kann kein transzendenter Sinn oder Wert zugeschrieben werden. Gelangt es an sein individuelles Ende, dann wird sein Sinn einzig und allein in dem liegen, was es gewesen ist. Vernichtung beraubt das, was ist, nicht seines Sinns; sie konstituiert vielmehr einen integralen Teil dieses Sinns.

Nach diesen Ausführungen wenden wir uns erneut der Forderung Heideggers nach Authentizität zu, auf die einige der mutigeren theologischen Reflexionen über den Holocaust zurückgegriffen haben.

Genau an diesem Punkt, nämlich bei der Unterscheidung zwischen authentischer und nicht-authentischer Existenz, muß die ethische Kritik einsetzen – eine Kritik aus der Perspektive der Ethik. Heidegger beteuert, diese Unterscheidung schließe kein moralisches Urteil ein.[56] Auf nahezu hegelianische Weise erblickt er sogar in der Entfremdung des *Seins* im *Dasein* durch die Flucht in eine nicht-authentische Existenz eine notwendige Stufe hin zu seiner *Kehre* zu sich selbst. Es gilt jedoch die weiteren Attribute der Nicht-Authentizität zu bedenken. Nur über das authentische Ich läßt sich sagen, es besitze ein Gewissen oder sogar die Fähigkeit zur »Sünde«. Das anonyme »man« lebt im Zustand eines beständigen *Verfalls des Daseins*, eines Verfallens in die Welt. »Man« ist wirklich mit jedermann austauschbar.

Ich gehe davon aus, daß wir in einem ethischen Diskurs mit einigen »konkreten absoluten Werten« beginnen sollten, wenn wir zwischen Relativierung und leeren, formalen Abstraktionen hindurchschiffen wollen. Ich setze auch voraus, daß das menschliche Leben und die menschliche Würde solche absoluten Werte darstellen – sei es im kognitiven oder axiomatischen, im beschreibenden oder normativen Sinne. Sie verlangen unseren unablässigen Respekt; bei ihnen handelt es sich um das »unendliche Recht« jedes einzelnen Subjekts. Wir mögen uns Situationen denken, in denen wir berechtigt sind, sie zu verletzen, etwa im Falle der Selbstverteidigung. Auch wenn es gerechtfertigt wäre, so wäre es dennoch eine schuldhafte Handlung.

Im Europa der nationalsozialistischen Zeit wurden das menschliche Leben und der unvergleichliche Wert jedes Individuums in unendlicher Weise vergewaltigt. Eine ethische Perspektive kann überhaupt nur extrem engstirnig und auf rigorose Weise einseitig sein. Sie vermag weder höheren Gütern und Werten Zugeständnisse zu machen noch – auf der Ebene höherer Werte – die Differenzierung der Individuen zuzulassen. Das Leben, das Leben jedes einzelnen Individuums muß jederzeit in sich selbst als sinnvoll verstanden werden. Die alltägliche Wirklichkeit des Heideggerschen »man«, des Menschen, der sich niemals der Frage des Seins stellt, sondern »an die Welt verloren ist«, muß aus der einseitigen Perspektive der Ethik mit existentialen geistigen Wahrheiten versehen werden. Der Mensch, der seinen Garten pflegt und alles so tut, wie es von ihm erwartet wird, darf nicht als nicht-authentisch bezeichnet werden – es sei denn, er selbst tut dies. Aus der Perspektive der Ethik ist jedes Leben authentisch und stellt einen Wert in sich selbst dar, ist mit keinem anderen menschlichen Leben austauschbar, eine Gestalt *sui generis*. Sobald die Diskriminierung zugelassen wird, und sei es nur durch eine Theorie, sind die Folgen nur schwer vorauszusagen. Wenn die Person des »jedermann« mit jeder anderen auswechselbar ist, geschweige denn, wenn sie als »Nichtperson« eingestuft wird, d. h. ohne Persönlichkeit, dann ist sie weniger wert. Ist sie weniger wert, so möglicherweise auch verzichtbar. Heidegger hat nach 1933 die andere Schlußfolgerung gezogen, daß die Krise,

daß Krieg und Zerstörung von Vorteil seien, weil sie den Menschen zu seinem wahren Ich »rufen«.
Doch man könnte einwenden, der mögliche oder tatsächliche Mißbrauch einer Theorie (selbst jener durch ihren Urheber) müsse ihr nicht vorgehalten werden: so habe ich z. T. selbst argumentiert. Doch meine Kritik greift tiefer. Die bloße Unterscheidung zwischen authentischer und nicht-authentischer Existenz, nicht erst ihre möglichen Folgen, stellt einen wesentlichen Angriff auf die *dignitas hominis* dar, auf die Unversehrtheit und den Wert jedes konkreten individuellen Lebens, wie es auch immer gelebt worden sein mag. Diese Haltung muß mit all ihren Schwierigkeiten und Paradoxien das absolute Zentrum humanistischer ethischer Theorien bilden, sogar um den Preis einer eindimensionalen, flachen philosophischen Anthropologie. Heideggers Unterscheidung lenkt im besten Falle von diesem Brennpunkt ab – im schlimmsten Falle untergräbt sie ihn.
Ich glaube jedoch, daß vieles von der Kraft des Heideggerschen Insistierens auf der Immanenz des Seins, von der zuvor die Rede war, ohne überflüssige Differenzierungen gerettet werden kann. Man kann sich eine ethische Monadologie vorstellen, nach der das Leben jedes Einzelnen eine einzigartige und wichtige Perspektive auf die menschlichen Möglichkeiten hin zum Besseren und zum Schlechteren bietet; jede – individuelle oder kollektive – Situation ist bedeutungsvoll, und man kann aus ihr etwas über den Menschen lernen. Sollte schließlich die gesamte Menschheitsgeschichte an ihr Ende kommen, ohne daß auch nur ein Zeichen der Erinnerung an sie zurückbleibt, so wird sie ihren Sinn in sich selbst haben, darin, daß und was sie war – so voll des Guten und Bösen, des Schönen und Häßlichen, wie sie eben dann gewesen sein wird.
Die Blindpunkte im Denken Heideggers sind *mutatis mutandis* auch die Fehler jener dialektischen Theologien, die sich des Heideggerschen Idioms bedienen. Weshalb sollte der Mensch, der »wichtige Fragen stellt«, etwa hinsichtlich der Gegenwart Gottes angesichts der Gewalt des Bösen, »authentischer« sein als der Mensch, der dies nicht tut? Und warum sollten die Fragen des *homo religiosus*, wie allgemein wir ihn auch definieren, wichtiger sein als die rein menschlichen Fragen, die andere auf dem Hintergrund ihrer Erfahrungen in den Konzentrationslagern

stellen? Man bedenke zum Beispiel Primo Levis Schrift *Se questo è un uomo* (*Ist das ein Mensch?*), die bewegendste und nachdenklichste Darstellung über die Erfahrung von Auschwitz. Sie stellt viele Fragen, doch keine davon ist theologischer Natur. Sie weigert sich, das Konzentrationslager als sinnlos zu betrachten: »Ich bin absolut davon überzeugt, daß keine menschliche Erfahrung ohne Sinn oder des Interesses nicht wert ist, und daß aus dieser besonderen Welt, die ich beschreibe, auf fundamentale Werte geschlossen werden kann, selbst wenn diese nicht positiv sind.« Religiös-theologische Fragen würden von der Kraft der Gedanken Levis ablenken, die sich um die Menschheit, nicht um Gott drehen.

Die Wirklichkeit der Konzentrationslager lehrte Levi andere Unterscheidungen als die zwischen Begnadeten und solchen, denen die Gnade nicht zuteil wird, zwischen authentischer und nicht-authentischer Existenz, nämlich Unterscheidungen, bei denen einzig die Menschen im Mittelpunkt stehen, etwa die Unterscheidung zwischen »den Untergegangenen und den Geretteten«.
Ich glaube nicht an den so augenfälligen und einfachen Schluß, daß der Mensch von Natur aus so brutal, egoistisch und töricht sei, wie er sich zeigt, wenn ihm jeder zivilisatorische Überbau entzogen wird, und daß der Häftling demzufolge nichts anderes sei als der Mensch ohne Hemmungen. Ich glaube lediglich, man kann hier schlußfolgern, daß Entbehrung und größtes körperliches Leiden viele Gewohnheiten und viele soziale Regungen zum Verstummen bringen. Bemerkenswert scheint mir allerdings dies zu sein: Es erweist sich, daß es zwei ganz besonders klar voneinander geschiedene Kategorien von Menschen gibt, Gerettete und Untergegangene. Andere gegensätzliche Arten (Gute und Böse, Weise und Törichte, Feige und Tapfere, Unglückliche und Glückliche) sind bei weitem nicht so klar voneinander geschieden, machen nicht den Eindruck, so angeboren zu sein, und lassen vor allen Dingen zahlreiche und komplexere Zwischenwertungen zu.
Diese Unterscheidung ist im normalen Leben längst nicht so augenfällig; hier kommt es nicht oft vor, daß ein Mensch

sich verliert, denn für gewöhnlich ist er nicht allein, und sein Aufstieg wie sein Abstieg ist mit dem Schicksal seiner Mitmenschen verknüpft. So stellt es eine Ausnahme dar, wenn jemand grenzenlos an Macht zunimmt oder in einem fort von Niederlage zu Niederlage bis zum Ruin absinkt. Auch verfügt jeder für gewöhnlich über so viel geistige, körperliche und auch finanzielle Reserven, daß ein Schiffbruch, ein Versagen vor dem Leben noch weniger wahrscheinlich ist. Dazu kommt noch, daß durch Gesetz und moralisches Bewußtsein, durch das innere Gesetz also, ein merklicher Ausgleich geschaffen wird; in der Tat gilt ein Land als um so zivilisierter, je umsichtiger und wirksamer seine Gesetze sind, die den Elenden daran hindern, allzu elend zu sein, und den Mächtigen, allzu mächtig.

Doch im *Lager* verhält sich dies anders: Hier wird der Kampf um das Überleben ohne Erbarmen geführt, denn jeder ist verzweifelt und grausam allein. Wenn irgendein Null Achtzehn strauchelt, findet er keinen, der ihm die Hand reicht; wohl aber findet er einen, der ihn aus dem Wege schafft, weil niemand daran interessiert ist, daß sich noch ein »Muselmann« mehr jeden Tag zur Arbeit schleppt. Und kommt jemand durch ein Wunder an grimmig entschlossener Ausdauer und Durchtriebenheit auf eine neue Kombination, um sich vor der Arbeit zu drücken, auf ein neues Verfahren, das ihm einige Gramm Brot einbringt, dann wird er das nach Möglichkeit geheimhalten, er wird darum bewundert und respektiert werden und seinen ausschließlichen persönlichen Nutzen davon haben; er wird stärker werden, und daher wird man ihn fürchten, und wer gefürchtet wird, ist schon ein Anwärter fürs Überleben. [...]

Sie bevölkern meine Erinnerung mit ihrer Gegenwart ohne Antlitz; und könnte ich in einem einzigen Bild das ganze Leid unserer Zeit einschließen, würde ich dieses nehmen, das mir vertraut ist: ein verhärmter Mann mit gebeugter Stirn und gekrümmten Schultern, von dessen Gesicht und Augen man nicht die Spur eines Gedankens zu lesen vermag. Haben die Untergegangenen keine Geschichte, und gibt es nur einen einzigen, breiten Weg des Verderbens, so gibt es doch auch viele mühselige und unvermutete Wege der Rettung.[57]

Unter den »Geretteten« befinden sich also die Vornehmen (wie sein Freund Alberto) und die weniger Vornehmen, die Listigen und weniger Listigen. Levi verwendet den theologischen Ausdruck in ironischer Absicht, als wolle er sagen, das Gerettetwerden habe nichts mit Theologie oder Transzendenz zu schaffen, sondern sei eine fundamental menschliche Eigenschaft. Auf der Grundlage der Erfahrung des Konzentrationslagers entwickelte Levi die Bausteine einer wahrhaft philosophischen Anthropologie, die aufrichtiger und genauer war als die Heideggers oder die der Theologen der Gegenwart. Die Kraft seiner Überlegungen, so wiederhole ich, liegt darin begründet, daß sie den konkreten Menschen in den Mittelpunkt stellen, nicht die Chimäre eines authentischen Ichs oder Gott.

Religiöse Fragen können den ethischen humanen Belangen in der Tat schädlich sein, und zwar im folgenden Sinne. Selbst die selbstkritischsten Theologen gehen von der Annahme aus, daß der Einsatz für Werte, die höher sind als menschliches Leben und menschliche Integrität, eine besondere Tugend sei, daß es dem Menschen, der sein Leben *veluti pecora* lebt, ohne existentiell-religiöse Fragen zu stellen, an »Gnade« fehle. Doch man kann dies auch ganz anders sehen. Der Einsatz für höhere Werte jenseits der Unantastbarkeit des Einzelnen lenkt nicht nur vom Erforschen des Menschen ab, sondern kann, wie er es immer getan hat, zu Mißbräuchen und Verbrechen von weit größerem Ausmaß führen, als sie aufgrund von egoistischem Eigeninteresse je verübt worden sind. Gewiß handelt es sich dabei nicht um eine notwendige Folge des Engagements für absolute Werte, doch oft verhielt es sich so. Dabei macht es kaum einen Unterschied, ob diese höheren Werte transzendenter oder immanenter Natur waren – Gott, Vaterland, Rasse oder die ideale Gesellschaft der Zukunft. Im Namen all dieser Werte wurden Kreuzzüge geführt, Völkermorde begangen, Menschen erniedrigt. Keine mir bekannte Religion war davor gefeit. Vielleicht sind daher die dialektischen Theologen nicht radikal genug. Möglicherweise ist die Theologie selbst eine Ursache genau der Gefahr, über die sie nachdenkt. William von Ockham, dessen ethische Theorie sehr deutlich das Bedürfnis nach einem konkreten Absoluten erkennt, wenn man zwischen der Scylla der Relativierung und der Charybdis leerer formaler Abstraktionen hindurchsegeln möchte, behauptet (wie einst Platos Euthyphro), es sei falsch, zu sagen, daß Gott das Gute wolle. Es ist lediglich gut, weil Gott es wollte. Der Gott der Bibel wollte gleichsam einen Völkermord gegen die Amalekiter, einschließlich ihrer Frauen, Kinder und ihres Viehs. Der ethisierte Gott späterer Jahrhunderte wollte, daß Häretiker »zum Eintritt gezwungen« oder vernichtet werden sollten. Ein noch stärker ethisierter Gott mag vom Gläubigen verlangen, sich selbst zu opfern, um den Namen Gottes zu heiligen. Das säkulare Zeitalter übertrug solche Forderungen in innerweltliche, d. h. auch rassische Begriffe. *Tantum religio potuit suadere malorum.*

Wiederum möchte ich nicht behaupten, religiöses Engagement führe notwendigerweise zum Mißbrauch. Doch ebensowenig sollte man argumentieren, die Konzentrations- und Vernichtungslager seien nur aufgrund des Mangels an Religiosität (sozusagen eines »Ausbruchs des Heidentums«) möglich geworden. Ich vertrete vielmehr den Standpunkt, daß die Hervorhebung religiös-theologischer Implikationen des Holocaust grundsätzlich die falsche Perspektive darstellt. Die Frage, was er uns über Gott oder andere höhere Normen und Werte lehrt, ist nebensächlich im Vergleich zur Frage, was wir daraus über den Menschen lernen können, über seine Grenzen und Möglichkeiten, seine Grausamkeit, seine Kreativität und seine Würde. Was den Menschen angeht, war der Holocaust nicht ohne Sinn. Zu sagen, daß er ohne Sinn sei, erscheint als ebenso anstößig wie die Aussage, er habe eine theologische Bedeutung, d. h. einen göttlichen Zweck.

Aus ähnlichen Gründen sollten wir auch der Kennzeichnung des Holocaust als eines »unbegreiflichen« Geschehens entgegentreten. Dabei handelt es sich um eine der häufigsten Bewertungen des Holocaust überhaupt. Im Gegenteil, Historiker, Psychologen und Soziologen sollten sich von der vernünftigen Erwartung leiten lassen, daß sie ihn verstehen können. Das von den Nazis begangene Verbrechen hatte gewaltige Ausmaße: der Schrecken und das Leiden überschreiten unsere Vorstellungskraft, und doch lassen sie sich rational erfassen. Selbst wenn die Urheber der Verbrechen Wahnsinnige gewesen wären, die jeden Bezug zur Wirklichkeit verloren hätten, wäre eine Rekonstruktion ihrer Mentalität und Denkmuster möglich. Doch sie waren keine Wahnsinnigen, jedenfalls nicht im medizinischen Sinne; wenn Wahnsinn mit Realitätsverlust einhergeht, dann läßt sich keine Gesellschaft als wahnsinnig bezeichnen, denn Realität ist ein durch und durch soziales Konstrukt. Die Vorgeschichte des Völkermords und die dafür notwendigen Voraussetzungen lassen sich immer weiter erhellen. Die geistigen Mechanismen, mittels derer die nationalsozialistische Ideologie den Massenmord rechtfertigten, lassen sich Schritt für Schritt verfolgen. Deutschland blieb standhaft bei seiner Illusion eines apokalyptischen »totalen Krieges«. Die Juden, dessen waren sie gewiß, sind nicht nur eine inferiore Rasse wie die Slaven und die Schwarzen, sie sind viel gefährlicher, denn sie sind universale destruktive Parasiten, die sich (anders als andere Rassen) auf schlaue Weise anpassen, um von der Wirtsbevölkerung ununterscheidbar zu werden und die gesunde Beschaffenheit dieser Gesellschaft von innen heraus zu zerstören. Von ihrer Vernichtung wurde in der Sprache der medizinischen Hygiene geredet: Juden waren als gefährliche Bakterien abgestempelt. Die »Entlausung« stellte die furchtbare Realisierung einer ideologischen Metapher in den Konzentrationslagern dar. Indem man die im Lager Einsitzenden erniedrigte und sie ihrer Persönlichkeit beraubte, schienen sich die Opfer in das zu verwandeln, was sie gemäß der Nazi-Ideologie immer schon waren: »Untermenschen«. Dabei handelte es sich um einen Mechanismus, der dazu diente, die Begründung für die Vernichtung zu konkretisieren und sichtbar zu machen. Es trifft nicht zu, daß die Vernichtung der Juden, wie Hilberg und andere einst meinten, auf Kosten der Kriegsbemühungen ausgeführt wurde. Wir können uns nicht der Pflicht entziehen, die Mentalität der Nazis zu verstehen, wenn wir sie verdammen wollen, und sei es nur, um in Zukunft ähnliche Verbrechen zu verhindern.

Die Theologen scheinen die »Unbegreiflichkeit« des Holocaust und den »Wahnsinn« derer, die ihn verursachten, deshalb zu betonen, weil sie in ihm keinen theologischen Sinn zu finden vermögen. Möglicherweise wagen sie es auch kaum zu sagen, daß der Holocaust, wenn man schon an transzendente

Kräfte glaubt, die Autonomie des Bösen beweist, eines Bösen, das sich nicht allein oder hauptsächlich in der Anzahl der Opfer manifestiert, sondern in dem schier unerschöpflichen Erfindungsreichtum, der nahezu unendlichen Anzahl der Methoden systematischen Tötens und Erniedrigens, die man fand. Wenn wir uns jedoch von Gott ab- und der Welt zuwenden, ist der Holocaust weder unbegreiflich noch ohne Sinn. Er war weder tierischen noch heidnischen Ursprungs. Er war vielmehr – darin, daß er jene Extreme aufzeigte, die allein der Mensch und seine Gesellschaft zuzufügen und zu erleiden imstande ist – ein eminent menschliches Ereignis. Er wies auf eine Möglichkeit der menschlichen Existenz hin, die zuvor vielleicht unbekannt war, eine Möglichkeit, die genauso menschlich ist wie die erhabensten Beispiele von Kreativität und Mitleid.

8
Jüdische Geschichtsschreibung in der Krise

Zum Schluß frage ich nach Themen und Thesen, nach dem Ort jüdischer Geschichte in der Gegenwart. Gibt es heute eine wahrnehmbare Spannung zwischen jüdischer Geschichte, das heißt Historiographie, und der »Wissenschaft des Judentums«, *chochmat jisra'el*? Diese Frage mag trivial oder tautologisch, also inhaltsleer erscheinen. Wenn wir an die *chochmat jisra'el* ohne Anführungszeichen denken – das traditionelle Studium von Gesetz, Midrasch, Kabbala und Responsa –, so hat sie natürlich den historischen Blick auf ihre jeweiligen Themengebiete mit großem Mißtrauen betrachtet und tut dies nach wie vor; denn eine historische Einstellung bedroht sie mit der Säkularisierung und Relativierung ihrer grundlegenden Werte. Haben wir jedoch die von Wolff, Jost, Zunz und Geiger gegründete *Wissenschaft des Judentums* vor Augen, so wollten sie gerade das historische Verstehen pflegen.

Die Zeiten wandeln sich. Machte während des ganzen neunzehnten Jahrhunderts die historische Perspektive das Wesen der *Wissenschaft des Judentums* aus und erhielt ihre verschiedenen Zweige am Leben, so trifft dies heute nicht mehr zu. Der Stellenwert der historisch-philologischen Methode wird zunehmend untergraben; Spannungen zwischen ihr und anderen Disziplinen innerhalb und außerhalb der Judaistik werden spürbar. Ein Anzeichen für die Spannung besteht in der Kette von jüngst auftretenden aufsehenerregenden Streitpunkten innerhalb der Judaistik – vorausgesetzt, diese Kette setzt sich nicht rein zufällig zusammen. Ich nehme in den erbitterten Diskussionen über einige der Arbeiten von Jehuda Liebes, Moshe Idel, Yisrael Yuval, Beni Morris, Tom Segev und, in geringerem Maße, Jacob Neusner mehr als bloß zufällige Kontroversen über die eine oder andere Theorie oder Methode wahr. Hierbei handelt es sich nicht nur um Beispiele für die üblichen Gezeiten des Revisionismus; der Zorn darüber läßt sich nicht allein dadurch erklären, daß gewohnte, vorgefaßte Meinungen angefochten werden. Im Hintergrund all dieser scharfen Debatten steht meiner Überzeugung nach der bohrende Zweifel, ob die historisch-philologische Methode und ihre Textbasis nicht sogar in ihrem eigenen Geltungsbereich die Vorherrschaft eingebüßt hat. Einige Historiker hatten gute Gründe dafür, den von uns allen geteilten Glauben an die Existenz einer einzigen, zusammenhängenden und harmonischen verbindlichen Erzählung zu bezweifeln, jener »masternarrative«, die eine Wirklichkeit repräsentieren soll. Tritt anstelle dieser vergleichsweise kohärenten Metadarstellung eine Disharmonie konkurrierender, einander sogar widerstreitender Stimmen, die sich nur eingeschränkt Gehör verschaffen? Müssen wir nicht zwangsläufig die Grenzen zwischen den Darstellungen und dem, was sie darstellten, zwischen Bezeichnendem und Bezeichnetem verwischen und in Frage stellen?

Einige der soeben genannten Teilnehmer an den jüngsten Debatten werden dagegen protestieren, daß ich sie *malgré eux* in Postmodernisten verwandle. Doch wie stellten sich, wenn frühere Historiker über die Notwendigkeit einer verbindlichen Erzählung übereinstimmten, deren Ort und ihr eigener Ort innerhalb der Gesellschaft, Kultur und Politik ihrer Zeit dar? Der Historiker, der immer den »Sitz im Leben« der von ihm behandelten Phänomene zu rekonstruieren versucht, sollte diese Einsicht auch auf sein eigenes Selbstverständnis anwenden.

Gelehrsamkeit und Leben in Europa

Das neunzehnte Jahrhundert war das goldene Zeitalter historischer Studien in Europa. Der Historiker fungierte als Hohepriester der Kultur und sprach ein relativ breites, treues Publikum jenseits der Grenzen der Fachwelt an. Die Geschichtswissenschaft erlangte nicht nur die institutionelle Autonomie, sondern übte gleichsam die Hegemonie über die anderen Disziplinen aus: der Historismus entwickelte sich im neunzehnten Jahrhundert zur grundlegenden Wissenschaft, zur anerkannten

Disziplin der Moderne und zur wichtigsten Gestalt sozialen Verstehens. Doch die Geschichte erlangte königlichen Rang nicht aufgrund einer neu entdeckten Methode, sondern dank ihrer neuen Funktion für die Nationalstaaten des nachrevolutionären, post-napoleonischen Europas. Selbst vor der Französischen Revolution sahen einige Theoretiker des Absolutismus im Volk den Souverän; dieser Gedanke fand sich sogar schon im römischen Recht: »quod principi placuit, legis habet vigorem utpote cum lege quae de imperio eius lata est populus ei potestatem conferat.«[1] Seit der Französischen Revolution entwickelte sich »das Volk« jedoch von der Quelle aller Souveränität zu ihrem wahren, eigentlichen und immerwährenden Träger, selbst in jenen Staaten, die auf den Strukturen des Ständestaates beharrten.

Wie war diese neue »Nation« beschaffen? Aus ihrer eigenen Sicht war es das Bürgertum selbst, der dritte Stand, der »alles« war. Nach dem Verständnis der Gegner der Revolution und der Verteidiger des Ständestaates setzte sich die Nation aus der organischen Einheit der Stände zusammen. Auf diese Weise entstanden zwei unterschiedliche verbindliche Erzählungen, die beide dem neuen Nationalstaat historische Legitimation verschaffen sollten. Der politische Romantizismus suchte die Legitimität des Staates nicht etwa in der Kontinuität der Herrscherdynastien, sondern im anonymen »Volksgeist«. Der nationalliberale Historiker versuchte dagegen zu zeigen, wie das Bürgertum durch ruhige, schöpferische Arbeit das Recht erworben hatte, zu regieren und die Gesellschaft zu repräsentieren, deren Wohlstand sie garantierte. Das historische Studium selbst wurde zur anstrengenden Arbeit, anstatt wie in früheren Jahrhunderten höfische Beschäftigung oder Frucht der Muße des gentleman zu sein. Da sich der Nationalstaat zu einem säkularen Kult entwickelte, vollzog sich das Streben des Historikers gewissermaßen *ad majorem civitatis gloriam*, wurde das geduldige Aufdecken und Rekonstruieren der Quellen zur Grundlage seiner Arbeit. Seine Forschung wurde im bürgerlichen Sinne des Wortes zur Arbeit. Er sprach sogar über das »Lebenswerk« der Könige – dabei handelt es sich fast um ein Oxymoron.

Jede dieser verbindlichen Erzählungen verwendete zahllose organologische Metaphern. Beide interpretierten die nationale

269

Geschichte im Sinne einer verborgenen organischen Einheit, in der die bedeutenden Taten der Individuen lediglich die *volonté générale* oder den *Volksgeist* ausdrückten. Hegels universale »List der Vernunft« nutzte einst das Eigeninteresse der Individuen für ihre edleren Zwecke: »Dies ist die List der Vernunft zu nennen, daß sie sich die Leidenschaften des Einzelnen zu eigen macht.«[2] An ihre Stelle trat nunmehr die auf ähnliche Weise vorgehende, besondere List des partikularen nationalen Geistes. Man betrachte Durkheims soziologische Analyse der Vorstellung vom Individuum und seiner Funktion. Während des gesamten neunzehnten Jahrhunderts galt die wechselseitige Beziehung zwischen dem Individuum und seinem *Milieu* als Schlüsselbegriff in Geschichte, Literatur und politischer Theorie. Durkheim übersetzte dies in die präzise Sprache des Gegensatzes der primitiven, mechanischen Gesellschaft – in der jedes Ich dem anderen gleicht und durch dieses ersetzt werden kann – und der entwickelten, organischen Gesellschaft; »mechanisch« und »organisch« nehmen hier, im Vergleich zu ihrem Gebrauch durch Tönnies und seiner Gegenüberstellung von »Gemeinschaft und Gesellschaft«, genau den entgegengesetzten Sinn an. Die klare Arbeitsteilung in der »organischen« Gesellschaft verlangt Freiraum für die kreative Initiative des einzelnen, den die Gesellschaft dennoch nach ihrem eigenen Bilde geschaffen hat.[3] Ähnliches setzte, wie Georg Lukács und Erich Auerbach gezeigt haben, der realistische Roman des neunzehnten Jahrhunderts voraus. In den Worten Thomas Manns: »Der Mensch lebt nicht nur sein persönliches Leben als Einzelwesen, sondern, bewußt oder unbewußt, auch das seiner Epoche und seiner Zeitgenossenschaft.«[4]

Die Krise des Ersten Weltkriegs wurde zugleich zur Krise des homogenen Nationalstaates und daher auch zur »Krise des Historismus«, die etwa Ernst Troeltsch zur Sprache brachte.[5] An die Stelle der nationalliberalen verbindlichen Erzählungen traten andere, von denen manche, wie etwa die marxistische, längst vorher entwickelte Alternativen darstellten. Erst in der zweiten Hälfte unseres Jahrhunderts verstärkte sich das Empfinden, alle verbindlichen Erzählungen seien gleichermaßen irreführend, alle gehörten auf den Müllhaufen, da sie alle Ausdruck einer manipulativen Gewalt seien, welche die Welt so gestalte, daß unliebsame – ethnische, soziale oder geschlechtliche – Minderheiten an den Rand gedrängt würden. Diese Minderheiten besitzen gemäß der Logik der verbindlichen Erzählung keine Geschichte. Vor noch nicht langer Zeit veröffentlichte Peter Burke eine Anthologie der neueren Strömungen innerhalb der Historiographie. In einem abschließenden Essay fordert er eine neue Wahrnehmung der historischen Darstellung. Der Historiker sollte von innovativen Werken der Literatur lernen, die den Bruch mit dem zeitlich-narratologischen Kontinuum vollziehen; er sollte wie sie die »Heteroglossie« (ein stillschweigend von Bachtin entlehnter Begriff) kultivieren. Seine Darstellung sollte konkurrierende, sogar einander widersprechende Stimmen zur Sprache bringen, ohne den Versuch zu unternehmen, sie zu einem harmonischen Ganzen zu vereinen; Stimmen, die bisher nicht laut zu werden vermochten, weil sie unterdrückt worden sind und weil die Erinnerung an sie ausgelöscht wurde.[6]

Diese Herausforderung an das überlieferte Vertrauen auf eine verbindliche Erzählung – ihr vielleicht brillantester Sprecher war Michel Foucault – beruht auf zwei Annahmen. Erstens, daß die Forderung, die Vergangenheit so zu erzählen, »wie es eigentlich gewesen ist«, sinnlos sei. Weder gebe es eine darstellende Geschichte, noch lasse sich die Geschichte in ihrer Darstellung von ihrem Gegenstand trennen. Die von dem Historiker erzählte Geschichte stelle bereits an sich eine der konkurrierenden Stimmen dar, sie sei in keiner Weise privilegiert, das heißt ein Teil der *res gestae* selbst. So lautet die Position von Paul Ricœur oder Hayden White.[7] Die zweite Voraussetzung betrifft die Methode. Die unterdrückten Stimmen lassen sich nicht unmittelbar den historischen Quellen entnehmen; diese seien schließlich die Produkte der Sieger, die die anderen Stimmen von der Tafel der Zeugnisse und Erinnerung ausgewischt haben. Die unterdrückten Stimmen lassen sich nur aufgrund vager und unabsichtlicher Hinweise rekonstruieren, indem mit Walter Benjamins treffendem Ausdruck »die Geschichte gegen den Strich« gebürstet werde.[8] Es gibt noch eine dritte Voraussetzung, von der sich die beiden anderen ableiten: der Glaube an die Existenz eines *historischen Subjekts*, sei es persönlich oder kollektiv, sei verlorengegangen. Nietzsche

mag als erster die Dekonstruktion des Subjekts gefordert haben: das Ich, dieser Mittelpunkt allen Philosophierens seit Descartes, ist nichts als eine »grammatische Konvention«, eine nützliche gesellschaftliche Konvention. Dies meinte Foucault, als er den »Tod des Menschen« verkündete.[9]
Diese und ähnliche Annahmen entstanden unter jenen Historikern, die eine neue Einstellung gegenüber den anderen Disziplinen suchen. Sie erhoffen sich neue Impulse und Erkenntnisse aus der Anthropologie, der vergleichenden Literaturwissenschaft, der Philosophie und der Semiotik, da sie von der traditionellen Art der Geschichtsschreibung mit ihrem Akzent auf der methodologischen Autonomie und der Überlegenheit gegenüber den anderen Geisteswissenschaften enttäuscht sind. Ein kurzer Vergleich zwischen dem *Methodenstreit* zu Beginn unseres Jahrhunderts und neueren methodologischen Kontroversen vermag dies zu erhellen. Diltheys berühmte Dichotomie von *Erklären* und *Verstehen* sollte klarstellen, daß – anders als im Bereich der exakten Wissenschaften – nur derjenige, der am historischen Subjekt partizipiert, an dem »wir«, das er beschreiben möchte, dieses wirklich vollkommen zu verstehen vermag. Nur ein Bürger einer Nation kann ihre Geschichte schreiben. Die Krise des Historismus hing eng mit der Krise des Nationalstaates zusammen. Heute dagegen wird Einfühlung oder Partizipation häufig als Faktor der Kurzsichtigkeit verstanden, aufgrund derer der Beobachter ohne sein Wissen den Gegenstand seiner Wahrnehmung verzerrt.
Doch die Erkenntnis, daß historische Ereignisse oder Texte niemals einfach sind, niemals »für sich selbst« sprechen, immer von einem Kontext abhängig, den der Beobachter zu rekonstruieren hatte, gehörte zur Revolution des historischen Denkens des sechzehnten und siebzehnten Jahrhunderts. Chladenius und Gatterer behaupteten schon im achtzehnten Jahrhundert, jede Geschichtsschreibung sei vollkommen vom Standpunkt ihrer Zeit abhängig[10], ein Begriff, der vermutlich aus Leibniz' Monadologie stammt. Was ist demnach das Neue an der postmodernen Historiographie? Doch die erwähnten Historiker und ihre Nachfolger bis ins zwanzigste Jahrhundert glaubten an die Existenz *einer* repräsentativen Perspektive, selbst wenn diese sich von Generation zu Generation wan-

delte. Die postmodernen Historiker verlangen bei jedem Versuch der Geschichtsschreibung – und sei es von der gleichen Person in der gleichen Zeit – vielfältige und sogar widersprüchliche Perspektiven. Im gleichen Maße wie die Gesellschaft den Glauben an ihre eigene Homogenität und an ihr Recht verloren hat, eine kulturelle oder politische Homogenität durchzusetzen, hat der Historiker den Glauben an die verbindliche Erzählung aufgegeben. Sowohl der Historiker als auch seine Gesellschaft haben den Glauben an das kollektive Subjekt verloren.

Die skizzierten Entwicklungen vollzogen und vollziehen sich unter den europäischen und nordamerikanischen Historikern. Wie steht es mit der jüdischen Historiographie?

Lernen und Leben in Israel

Kurze Zeit nach der Gründung der Hebräischen Universität in Jerusalem geschah etwas von großer symbolischer Bedeutung. Erstmals in den Annalen westlicher Universitäten wurden Lehrstühle für jüdische Geschichte eingerichtet. Der Inhaber des Lehrstuhls für mittelalterliche jüdische Geschichte, Yitzchaq Baer, begründete gemeinsam mit Benzion Dinur, Gershom Scholem, Simcha Assaf und anderen die sogenannte »Jerusalemer Schule« der Judaistik. Das spezifische Merkmal dieser Richtung bestand in dem Unterfangen, eine unmißverständliche verbindliche Erzählung jeder einzelnen Periode der jüdischen Geschichte und aller anderen Disziplinen der Judaistik zu entwerfen.

Baer und seine Kollegen wollten ihre Wissenschaft von den apologetischen Tendenzen befreien, die aus ihrer Sicht die *Wissenschaft des Judentums* im neunzehnten Jahrhundert bestimmt hatten. Sie forderten, die jüdische Geschichte müsse als kohärente Geschichte eines homogenen Organismus – eines *Organismus* und nicht einer bloßen *Idee* – verstanden werden. Selbst Graetz habe sich geirrt, als er die Geschichte des jüdischen Volkes als die Geschichte einer darin verkörperten Idee darstellte.[11]

»Das Judentum wird nicht von außen bedingt und beeinflußt, es stellt vielmehr eine Kraft dar, die aufwacht und sich selbst – entsprechend den Erfordernissen der Zeit und der Orte, die sie zur Welt des Handelns bringen – in mannigfachen Erscheinungen manifestiert.«[12]
Diese Kraft, so schrieb Baer mit einem deutlichen Hinweis auf die Devise *individuum est ineffabile*, den der Historismus von Goethe übernommen hatte, »ist das besondere Etwas, von dem wir nicht wissen, was es ist« (*hadavar hamiuchad asher lo noda' mahu*), »eine Kraft, welche die Geschichte des Volkes voranträgt«, dessen Erfahrungen »das organische Ergebnis innerer Kräfte« darstellen. Baer erkannte die romantische Herkunft seiner Vorstellungen und war stolz darauf.[13]
Wie sein Lehrer Meinecke erkannte er die grundlegenden Kategorien historischen Denkens in Individualität und Entwicklung.[14] Die Schlüsselbegriffe seines Werkes und jenes seiner Schüler lauten »Organismus«, »organisch«, »ursprünglich«, »souverän«, »spontan«, »kreativ«, »Kreativität«. Die Perioden der jüdischen Geschichte schienen ihnen durchsichtig und deutlich unterscheidbar, ihr Subjekt durch alle Perioden hindurch war eine kirchliche Gemeinschaft (*qehillah-knesiyah*), von einigen »ersten frommen Menschen« bis zum Zeitalter der Säkularisierung und erneuerter politischer Bestrebungen. Diese verbindliche Erzählung machte aus Baers Sicht die nationale Berufung des gegenwärtigen Historikers in Zion aus:
»Sollten wir tatsächlich die Einheit unserer Geschichte begreifen, sollten wir wirklich begreifen, daß ihr Anfang ihr Ende und ihr Ende ihren Anfang ausmacht, dann werden wir auch unseren Beitrag zur Erhellung unserer gegenwärtigen Stellung leisten; und indem wir die schöpferischen Kräfte vergangener Zeiten wecken, werden wir zugleich die schöpferischen Kräfte wecken, die – für die Zukunft – in uns verborgen sind.«[15]
Baers Wahrnehmung der jüdischen Geschichte, die klare Kriterien dafür bereitstellte, welche Erscheinungen genuin jüdisch waren und welche nicht – etwa die Qumran-Sekte –, unterschied sich beträchtlich von der Anschauung Gershom Scholems, der einschärfte: *nihil Iudaicum me alienum puto*. Alles, was von Juden im Rahmen der jüdischen Geschichte geschaf-

fen wurde, ist, so behauptete er, per definitionem jüdisch. Gemeinsam war ihnen (und anderen) jedoch der Glaube daran, es müsse eine verbindliche Erzählung geschrieben werden, der sie ihre ganze wissenschaftliche Arbeit widmeten. An anderer Stelle habe ich zu zeigen versucht, daß Scholem seine wissenschaftliche Laufbahn etwas anders begann, nämlich mit dem fehlgeschlagenen Versuch, das hohe Alter und die Wurzeln der *Kabbala* – einschließlich des *Zohar* – nachzuweisen.[16] Ende der zwanziger Jahre verlagerte er seine Forschungen, von nun an suchte er in der Kabbala nicht (wie Adolf Frank vor ihm) nach einer *philosophia perennis*, sondern nach einem geschichtlich-revolutionären Ausdruck zeitgenössischer historischer Tendenzen und Kräfte. In dieser späteren Sicht spiegelte die Kabbala gegenwärtige historische Ereignisse wider und wirkte bisweilen auf diese ein. Scholem ging daran, ihre Entwicklung in einer eindeutig verbindlichen Erzählung darzustellen. Auch seine Sprache war voller organologischer Metaphern, allerdings verwendete er daneben eine andere Reihe von Vorstellungen und Metaphern wie »dialektisch«, »paradox«, »revolutionär« und sogar »nihilistisch«. Mit ihrer Hilfe analysierte er die lurianische Kabbala und die sabbatianische Bewegung als Ausbruch messianischer Erwartungen, die sich seit der Vertreibung der Juden aus Spanien aufgestaut hatten. Scholems wissenschaftliches Charisma entsprach dabei dem Kairos, das heißt, den Sorgen und Erwartungen des *Yishuv* in den dreißiger und vierziger Jahren. Scholem versuchte zu zeigen, wie der letzte große Ausbruch des Messianismus das traditionelle Judentum von innen aushöhlte, indem es die tödlichen Gefahren des Messianismus verdeutlichte und damit den Weg zur Säkularisierung ebnete. Im Gegensatz zum unvermittelten Messianismus des siebzehnten Jahrhunderts griff die zionistische Bewegung auf messianische Kräfte zurück, ohne messianischen Phantasien anheimzufallen. Ihre realistische Haltung garantierte ihr eine echte gesellschaftliche »Chance« im Weberschen Sinne des Begriffs.

Ich kann hier keine anderen verbindlichen Erzählungen untersuchen, etwa die marxistische. Wir sind in ihrem Schatten aufgewachsen und erinnern uns an ihre starke Anziehungskraft. Alle verbindlichen Erzählungen teilten die Gewißheit der Einzigartigkeit des historischen Subjekts. Das traditionelle jüdische Denken gründete seinen Glauben an die Einzigartigkeit Israels auf transzendentale Voraussetzungen, auf eine göttliche Prämisse und Verheißung. »Israel hat keinen Leitstern« (*ein mazal le'yisra'el*) – dies bedeutete, daß Israel außerhalb der Ordnung der Naturgesetze, der allgemeinen Vorsehung stand. Seine Existenz ist ein stetiges Wunder, weil Gott selbst ohne Mittler seine Geschicke lenkt; die Einzigartigkeit Israels aber liegt in der Tora. Die westeuropäischen Juden des neunzehnten Jahrhunderts erblickten in ihrem Verlangen nach Emanzipation im Gegensatz dazu die Einzigartigkeit Israels in seinem Universalismus und seiner Universalität – in der Art und Weise, in der es am abstrakten, universalen, ethischen Monotheismus festhielt. Doch sowohl das traditionelle als auch das neue Verständnis der jüdischen Einzigartigkeit berief sich auf die Vergangenheit. Der Zionismus dagegen bezog seine Vision aus der Zukunft. Seine frühen Vertreter glaubten, daß einzig der Aufbau des Landes Israel eine Erneuerung der schöpferischen Kraft des Judentums, in welcher Gestalt auch immer, schaffen könnte. Hier lag seine »Chance« – und mehr als eine gute Chance hatten der Zionismus und der Yishuv in den dreißiger und vierziger Jahren kaum, eine Chance, die während des Zweiten Weltkriegs an einem dünnen Faden hing.

Woher und Wohin

Die detaillierten Ausführungen zur Frage der historischen verbindlichen Erzählung, ihrer Voraussetzungen und ihres »Sitzes im Leben« begründen die Auseinandersetzung mit der wichtigsten Entwicklung der neueren jüdischen Historiographie. Ich sehe in ihnen selbst eine historische Quelle.
Alle diese Kontroversen bezweifeln, absichtlich oder unabsichtlich, daß eine eindeutig verbindliche Erzählung möglich sei, und gehen von einem historischen Subjekt aus. In dieser Hinsicht ist Jacob Neusner der konservativste unter den erwähnten Forschern, da er lediglich eine verbindliche Erzählung durch eine andere ersetzt. Neusner ging von keiner Kon-

tinuität zwischen biblischem Judentum und der Welt der *Halacha* aus und setzte kein organisches Wachstum der mündlichen Tora über mehrere Jahrhunderte seit dem Zweiten Tempel voraus; das Judentum der Halacha sei vielmehr das Ergebnis einer *creatio ex nihilo* während einer relativ kurzen Zeitspanne etwa im zweiten nachchristlichen Jahrhundert.[17] Indem er die Kontinuität des Judentums bestritt, traf er einen wunden Punkt, denn gerade die Kontinuität erweist sich als *conditio sine qua non* eines historischen Subjekts. Seine Herausforderung hat uns alle irritiert, einmal weil sie unter protestantischen Theologen ein enthusiastisches Echo hervorrief, aber auch aufgrund der Schlampigkeit seines Werkes en gros und en detail und wegen seiner unverblümten, ja vulgären Sprache. Der mögliche Einwand, besonders in Israel werde er kaum noch erwähnt, weist genau auf den Punkt hin: *dum tacent, clamant*.

Jehuda Liebes wagte es, das Dienstmädchen in den Salon der Prinzessin hineinzuführen. Er befreite die Stimme des frühen Christentums von ihrem marginalen Platz innerhalb der jüdischen Darstellung der Periode des Zweiten Tempels und stellte sie in den Mittelpunkt, sah in ihr gar das Herzstück der jüdischen Liturgie. Sie wurde auf diese Weise zu einer legitimen, alternativen jüdischen Stimme.[18] Es trifft zu, daß seine Mutmaßungen über *matsmiach keren yeshua* lediglich auf indirekten Hinweisen beruhen – doch hat die Bibelkritik schon ungestraft weit größere Hypothesen aufgestellt. Der zugrundeliegende methodische Impuls kann auf anderen Gebieten bessere Ergebnisse hervorbringen. In der verbindlichen Erzählung, die wir geerbt haben, wurde das Christentum als ein Randphänomen behandelt, das bald völlig fremd, wenn nicht sogar ausgesprochen heidnisch wurde. Und wenn sich dies nicht so verhält? Vielleicht haben Juden das Christentum und christliche Theologumena zu allen Zeiten nicht nur zurückgewiesen, sondern waren von ihm auch angezogen? »Rabbi, du hast ihnen eine ausweichende Antwort gegeben, was antwortest du uns?« – so fragten die Schüler des Rabbi Simla'i nach einer Disputation mit den *minim*.[19] War nicht die Kabbala seit ihren Anfängen für christliche Lehren empfänglich – von der

Einheit innerhalb der Dreifaltigkeit der Gottheit bis zur Ursünde? Zumindest ist die Kabbala von Beginn an bis ins neunzehnte Jahrhundert christlicher Tendenzen verdächtigt worden: etwa in einigen polemischen Versen aus dem frühen dreizehnten Jahrhundert:
»ER [der Kabbalist] brachte mit Geschwafel / Unreines an die Tafel
Nichts, was er verehrt / ist einen Heller wert.
Sein Scheitern zu verdecken / ließ alles er verrecken
Das [Wort] »Alles« nun mit List / mißdeutend wie ein Christ«.[20]
Um solche Argumente aufrechtzuerhalten, müßten wir jedoch indirekte Zeugnisse heranziehen – kein mittelalterlicher jüdischer Text konnte christliche Einflüsse zugeben. Shlomo Pines bemerkte einmal, daß unsere Quellen sogar im relativ neutralen Bereich des philosophischen Diskurses unbefangen islamische Philosophen erwähnen, die Spuren der christlichen Scholastik jedoch zu verdecken suchen. Ist es denkbar, daß der Antagonismus zwischen Judentum und Christentum stärker durch historische Umstände denn durch theologische Differenzen bestimmt wird?[21]

Das Vertrauen auf vage Textstellen oder sogar auf Hinweise außerhalb von Texten charakterisiert auch viele der Thesen, die Moshe Idel in den letzten Jahren vorgelegt hat. Um die erlebte ekstatische Grundlage der Kabbala mit Hilfe von Texten zu rekonstruieren, die nur selten von mystischen Erfahrungen und von Praktiken reden, die derartige Erfahrungen hervorrufen, suchte er nach Hinweisen und Anspielungen.
Idel konnte allen Einwänden gegen die Gültigkeit und Beweiskraft seiner Texte begegnen, indem er die falsche Analogie zwischen Historiographie und einem Gerichtshof zurückwies. Der Historiker ist nicht durch die rechtlichen Kriterien des zulässigen Beweises gebunden. Seine Pflicht besteht darin, auf die Nuancen zu hören, die andere vielleicht nicht wahrzunehmen vermögen.
Viele der von Idel vorgebrachten Thesen sind – nahezu per definitionem – darauf ausgerichtet, die Kabbala von jeder denkbaren national-sozialen Funktion loszulösen und auf

diese Weise die Relevanz historischer Ereignisse für ihr Verständnis ebenso zu bestreiten wie ihre Relevanz für die historischen Ereignisse – eine Relevanz, die für Scholems späteres Verständnis so entscheidend war. Idels Analyse geht – wie er wiederholt eingesteht – eher »phänomenologisch« als historisch vor. Darüber, ob seine Anschauungen über Ekstase und *unio mystica* Scholem wirklich widersprechen oder lediglich Aspekte hervorheben, denen Scholem nur eine marginale Bedeutung zugestand, läßt sich streiten. Zweifellos unterscheidet sich die Richtung seiner Forschungen jedoch darin diametral von Scholem, daß er nicht nur dessen verbindliche Erzählung in Frage stellt, sondern zugleich – ausgesprochen oder unausgesprochen – jede historische verbindliche Erzählung anzweifelt, um die Welt der Kabbalisten vor und nach der Vertreibung der Juden aus Spanien zu verstehen.

Yisrael Yuvals Aufsatz über jüdisches Märtyrertum und Ritualmordbeschuldigungen hat Aufsehen und Zorn erregt.[22] Einige Leser waren empört, weil es ihnen so schien, als habe der Autor – und sei es indirekt – den Opfern der Ritualmordbeschuldigungen mit Schuld gegeben. Ich verstehe diesen Aufsatz nicht so, sondern eher als einen Essay über die Mentalitätsgeschichte des aschkenasischen Judentums, als einen Versuch, auf die geistige Verwandtschaft zwischen den Juden und der sie umgebenden Gesellschaft hinzuweisen – eine Verwandtschaft, die sich auch an der Besessenheit von Motiven des Blutes und der Rache ablesen läßt. Yuvals Beweis ist wiederum indirekter Natur – ein Versuch, *topoi* auf neue Art und Weise nuanciert zu beschreiben. Die These läßt sich nicht völlig ablehnen, doch per definitionem nur indirekt belegen; sie ist gewiß einer Untersuchung wert. Sollte sie zutreffen, stellt sie tatsächlich eine Herausforderung dar – gegen die Annahme eines einzigartigen moralischen Bewußtseins Israels unter den Wölfen, die es umgaben.

Neuere Versuche, die vergangenen, unterdrückten Stimmen von Frauen im Verlauf der jüdischen Geschichte zum Sprechen zu bringen und ihr Sprechen zu rekonstruieren, stehen ebenfalls vor einer methodischen Aporie. »Aufgrund der Ehre der Gemeinschaft« (*mischum kebod hazibbur*) wurden Frauen weder in der Synagoge zur Lesung der Tora aufgerufen, noch sollten sie überhaupt öffentliche Funktionen erfüllen. Sieht man von einigen wenigen Dokumenten ab, fehlen uns direkte Hinweise auf ihr Handeln und Denken in den verschiedenen Zeiten und an verschiedenen Orten. Es ist noch nicht einmal geklärt, welche *techinot* von Frauen geschrieben worden sind. Ein solches seltenes Zeugnis liegt in den autobiographischen Aufzeichnungen der Glückel von Hameln vor, in denen diese, wie Bluma Goldstein jüngst herausgearbeitet hat, von *knesset yisrael* in der Galut als von einer verlassenen Frau, einer *aguna*, sprach. Dieser *Topos* ist jedoch alt und findet sich bereits in einem der Gedichte des mittelalterlichen Dichters Eleasar Hakalir.[23]

Kurz gesagt, die Mittlerstellung der männlichen Stimme läßt sich nicht vermeiden. Die Geschichtsschreibung hat bisher angesichts dieser methodischen Schwierigkeiten resigniert und lange über die Frage nach den Frauen und ihrer Perspektive geschwiegen. Ihre Stellung wurde allenfalls erwähnt, um die Hauptrichtung der männlich bestimmten, öffentlichen historischen Darstellung zu bestätigen, etwa in solchen Anmerkungen en passant, wie sie Klausners folgende Beobachtungen bieten:

»Der Maßstab für die Kulturhöhe eines Volkes zu irgendeiner Zeit ist die Stellung der Frau. Diese war seit den Hasmonäern eine durchaus geachtete. Die *Kethuba*, der Text des Ehevertrages, stammt gewiß aus einer früheren Epoche als der des Schimon ben Schetach [...] Doch alle Veränderungen Schimon ben Schetachs im Text der Kethuba gehen zugunsten der Frau [...] Die Erzählung von *Hannah* mit ihren sieben Söhnen und die von *Judith*, in denen die Frau die denkbar wichtigste Rolle der Kämpferin für Glauben und Freiheit von Volk und Heimat spielt, weisen gleichfalls auf die hohe Stellung der Frau in dieser Epoche [...] Diese Stellung der judäischen Frauen in den Jahrhunderten vor Jesus bezeugt also das hohe Niveau der damaligen hebräischen Kultur.«[24]

Mit anderen Worten: die Bedingungen, unter denen Frauen lebten, waren nicht nur »gut«, weil sie ihrem Volk *dienten* (wie sie auch ihren Ehemännern dienten), sondern die Geschichte des Schicksals der Frauen »dient« dem Nachweis des hohen kulturellen Niveaus. Mochten die fraglichen Frauen all diese Dienste? Dies ist eine der Fragen, welche die neuere Frauengeschichtsschreibung zu beantworten versucht.

Ein weiteres Forschungsfeld, in dem der Glaube an die Möglichkeit einer verbindlichen Erzählung ausgehöhlt wurde, betrifft, auf schmerzhafte Weise, die neuere Zeit. Die etablierte Wissenschaft vermag nicht länger die vielfältigen Behauptungen – in den sechziger Jahren von Hannah Arendt, in den siebziger Jahren von Sh. Beth-Zion und nun von Tom Segev – zu ignorieren, wonach die zionistische verbindliche Erzählung je imstande war, eine gerechte und konsistente Darstellung des Holocaust und seiner Nachwirkungen zu leisten. Die Frage nach der Möglichkeit, die furchtbaren Ereignisse darzustellen, wurde jüngst auf einem von Saul Friedländer organisierten Kongreß behandelt. Wieder wäre es nicht sinnvoll, diese Debatte hier inhaltlich zu führen, zumal ich mich nicht einmal dazu imstande fühle, Fragen nach Tatsachen zu beantworten. Ich möchte lediglich eine Anregung zum Thema einiger dieser Debatten geben – der Frage, ob der Yishuv, die im damaligen Palästina lebenden Juden und die zionistische Führung mehr hätten tun können, um Leben zu retten, oder ob dies nicht möglich war. Weder Yehuda Bauer noch Dina Porat[25] oder ihre Kritiker haben auf die wichtige Unterscheidung zwischen dem geachtet, was der Yishuv hätte *tun können*, sobald die Nachrichten von der Vernichtung der europäischen Juden eintrafen und sich bestätigten, und dem, was er hätte *erreichen* können. Man muß zugeben, daß die Mittel und Möglichkeiten des Yishuv für eine Rettungsaktion nahezu nicht vorhanden waren, daß nicht mehr als das wenige, was erreicht worden ist, hätte erreicht werden können: dennoch hätte man mehr tun können, mehr an Protestaktionen, mehr Unterstützung für die Gefangenen – erinnert sei daran, wie Yitzchak Zuckerman[26] dem Yishuv voll Bitterkeit vorwarf, er habe keinen Menschen entsandt, nicht einmal irgendeine direkte Botschaft, die ihm und den Seinen hätte zeigen können, daß sie nicht von der Welt abgeschnitten waren. Doch meine Vertrautheit mit dem

Material ist begrenzt. Die aufkommenden Debatten werfen jedoch ein Licht auf die schwerwiegenden Mängel und Widersprüche in der Geschichte der *shoah utekuma*, wie wir sie in der Schule gelernt haben.

Zum Abschluß mag auch mein eigener Standpunkt zur Geltung kommen, nachdem ich mich bisher jedes Urteils über inhaltliche Fragen und den erkennbaren gemeinsamen Trend der besprochenen Arbeiten enthalten habe. In der Generation von Baer, Dinur, Scholem, Avi-Yonah und Ben-Sasson besaß der Historiker eine klare öffentlich-nationale Funktion und hatte ein zuverlässiges, allgemeines Publikum vor Augen. Sie schrieben in der Gewißheit über die Identität ihrer historischen Subjekte und der Rechtschaffenheit ihres Ziels; sie glaubten an ihre Fähigkeit und ihre Pflicht, eine verbindliche Erzählung zu konstruieren, die geeignet sei, diese Identität zu zeigen und ihr eine wissenschaftliche Basis zu verschaffen. Viele von uns haben diese Gewißheit verloren – und damit zugleich den Glauben an die Autonomie der historischen Methode.
Sollte ich übertrieben haben? Existiert womöglich der Ariadnefaden, der aus meiner Sicht alle oben erwähnten Kontroversen zusammenbindet, allein in meiner Vorstellung? Einige in jene Kontroversen verstrickte Personen könnten tatsächlich behaupten, nichts liege ihnen ferner, als die Möglichkeit einer historischen verbindlichen Erzählung als solche in Frage zu stellen. Darauf könnte ich natürlich erwidern, ihre subjektiven Absichten bräuchten nicht mit ihrer objektiven Richtung übereinzustimmen – dies wäre allerdings eine billige Antwort, eine Antwort zudem, welche die Denkformen imitiert, die die unkritische verbindliche Erzählung hervorgebracht und am Leben erhalten haben. Eine umsichtigere Antwort müßte Rechenschaft über meine eigenen methodischen Prämissen ablegen.
Entgegen allen Neigungen zur Dekonstruktion in der neueren methodologischen Literatur möchte ich geltend machen, daß jeder Versuch, die zentrale Stellung eines *Subjekts*, eines Ichs, zu zerstören oder sich ihrer zu entledigen, einer philosophischen Täuschung, einer Selbsttäuschung gleichkommt. Es gibt keinen Ersatz für das Ich – sei es in der Epistemologie, der

Geschichtswissenschaft oder im Leben; jeder Versuch, dies beiseite zu schieben, weist bereits auf ein anderes, ein verborgenes Subjekt oder Ich hin.[27] Eine kohärente Erzählung bezeugt die Identität eines Subjekts. Es *ist* sogar dieses Ich, insofern jedes Ich die Erzählung lebt, die es nicht nur mit Worten, sondern auch mit Taten gestaltet; unsere Erzählung ist unser Leben. Die Versuche, verbindliche Erzählungen aufzugeben, erweisen sich daher als irreführend. Dabei ist natürlich zuzugestehen, daß eine authentische, reflektierte Erzählung nicht versuchen darf, um des Ichs und seiner Identität willen Gegensätze und Widersprüche zu glätten. Doch eine authentische Erzählung, die der Realität entspricht, existiert auch dann, wenn die Kriterien, anhand derer man sie erkennen kann, sich nicht in einer sauberen Formel oder einem Algorithmus zusammenfassen lassen. Die Wirklichkeit und ihre Darstellung verhalten sich nicht im Sinne eines naiven Verhältnisses einer *adaequatio rei ad intellectum* zueinander, sondern im Sinne einer komplexeren, dialektischen Beziehung der gegenseitigen Verstärkung und Konstruktion.[28]

Und die moralité? Ich möchte nicht behaupten, daß Liebes, Idel, Yuval und Morries notwendigerweise ein Programm der radikalen Dekonstruktion auf unserem Gebiet verfolgen, ein Programm, das explizit oder implizit darauf zielt, Identität zu zerstören. Man kann ihre Arbeiten optimistisch als Anfang einer Suche nach einer komplexeren, interessanteren und wahrhaftigeren Identität verstehen. »Die Kinder sind reif zur Geburt«, sagt Jesaja (Jes. 37, 3). Wir wollen sehen, ob »Kraft zum Gebären« vorhanden ist.

Anmerkungen

I
Einführung

1 Zum Alter des *Alenu* vgl. Josef Heinemann, *Prayers in the Period of the Tana'im and Amorai'm: Its Nature and Patterns*, Jerusalem 1978, S. 173-175. Das *Alenu* wurde im dreizehnten Jahrhundert dem Mussaf zur Neujahrsliturgie entnommen und in das tägliche Morgengebet eingefügt. Teile oder das Ganze wurden im Westen zensiert und in der aschkenasischen Liturgie verändert. Vgl. Ismar Elbogen, *Der jüdische Gottesdienst in seiner geschichtlichen Entwicklung*, Frankfurt a. M. ³1913 (1. Aufl. Leipzig 1913), S. 63f. *Hebräische Übersetzung von Josef Heinemann und Yisrael Adler, Hatefila be-Yisra'el behitpatchutah historit*, Tel Aviv 1972.
2 Rabbi Abraham Isaak Hakohen Kook, *Iggrot ha Ra'aya*, Bd. II, Jerusalem 1965, S. 194.
3 Georg Wilhelm Friedrich Hegel, *Vorlesungen über die Philosophie der Geschichte*, hrsg. v. Herman Glockner, Stuttgart 1927, S. 97f. Vgl. im Gegensatz dazu Martin Heidegger, *Sein und Zeit*, Tübingen ⁹1960: »So ist denn auch die Herrschaft eines differenzierten historischen Interesses... an sich noch kein Beweis für die eigentliche Geschichtlichkeit einer ›Zeit‹... Ungeschichtliche Zeitalter sind als solche nicht auch schon ungeschichtlich.« Der Widerspruch zwischen den Auffassungen beruht auf unterschiedlichen Konzeptionen von Zeit und Zeitlichkeit (ebd., S. 405ff).
4 Vgl. die englische Fassung dieses Buches, S. 22-29.
5 Z. B. Ibn Roshd und die Averroisten des Mittelalters (*unitas intellectus*) sowie die etwas andere Annahme von de Malebranche und Spinoza im siebzehnten Jahrhundert; vgl. Amos Funkenstein, *Theology and the Scientific Imagination from the Middle Ages to the Seventeenth Century*, Princeton 1986, S. 290, 296. In gewissem Sinne ist dies die Voraussetzung aller, die – wie Kant – ein »allgemeines Bewußtsein« konstruieren.
6 G. F. W. Hegel, *Phänomenologie des Geistes*, hrsg. v. J. Hofmeister, *Sämtliche Werke* VI, Hamburg 1952, S. 141-150, Zitat S. 141.
7 Vgl. Manfred Frank, *Die Unhintergehbarkeit von Individualität: Reflexionen über Subjekt, Person und Individuum aus Anlaß ihrer ›postmodernen‹ Toterklärung*, Frankfurt a. M. 1986.
8 Ferdinand de Saussure, *Cours de linguistique générale*, Paris 1916, 4. Aufl. 1949, hrsg. v. Charles Bally und Albert Sechehaye; engl. Übers. v. Wade Baskin, *Course in General Linguistics*, New York 1959.
9 Vgl. z. B. Ex. 13,9; 13,17; Jos. 2,7. In Dtn. 24,22 *ist* das erinnernde Handeln »Erinnerung.«

10 Vgl. etwa Ex. 19,15.
11 Vgl. z.B. Viktor Klemperer, »*LTI*«. *Die Unbewältigte Sprache; aus dem Notizbuch eines Philologen*, Darmstadt 1966.
12 Peter Loewenberg, »The Psychohistorical Origins of the Nazi Youth Cohort«, in: *American Historical Review*, Bd. 76 (1971), Heft 5, S. 1457-1502; Karl Mannheim, *Ideologie und Utopie*, Frankfurt a. M. ⁴1965.
13 Aurelius Augustinus, *Confessiones*, X, 10,17; X, 16,14.
14 Maurice Halbwachs, *La mémoire collective*, Paris 1950, S. 35-79, bes. S. 74; vgl. auch Jan Assmann, »Kollektives Gedächtnis und kulturelle Identität«, in: ders./Tonio Hölscher (Hg.), *Kultur und Gedächtnis*, Frankfurt a. M. 1988, S. 9-19.
15 Vgl. Friedrich Nietzsches Essay »Vom Nutzen und Nachteil der Historie für das Leben« (1874), in: ders., *Werke* Bd.1, hrsg. v. Karl Schlechta, München 1960.
16 Vgl. Amos Funkenstein, *Theology and the Scientific Imagination*, S. 202-289.
17 Cicero, *De oratore* II, S. 153. Zuvor formulierte Aristarchus von Samothrake die grundlegende Interpretationsregel, wonach Homer allein durch Homer gedeutet werden sollte. Vgl. Rudolf Pfeiffer, *History of Classical Scholarship from the Beginnings to the End of the Hellenistic Age*, Oxford 1968, S. 225-230.
18 Yosef Hayim Yerushalmi, *Zachor: Erinnere Dich! Jüdische Geschichte und jüdisches Gedächtnis*, Berlin 1982. Zum Gebot des Gedenkens, das er mit Recht betont, vgl. Arnaldo Momigliano, *Essays in Ancient and Modern Historiography*, Middletown 1977, S. 179-204.
19 Charles N. Cochrane, *Christianity and Classical Culture: A Study of Thought and Action from Augustus to Augustin*, New York ²1957, bes. Kap. 12.
20 Polybius, *Historiae*, II, 4.1-2 (hrsg. v. F. Hultsch). Vgl. Kurt von Fritz, *The Theory of the Mixed Constitution in Antiquity: A Critical Analysis of Polybius' Political Ideas*, New York 1954, S. 184-219; Frank W. Walbank, *Polybius* (Sather Lectures 42), Berkeley/Los Angeles 1972, S. 130-156, bes. S. 131-137.
21 Tertullian, *Apologeticus* 19, 7 CCSLI, 121; Loeb Classical Library 250, S. 98: *peregrinandum est in historias et litteras orbis*.
22 Augustin, *De civitate Dei* XII, 21 CCSL 48, S. 376. Vgl. Origenes, *Contra Celsum* II, 3, 4, hrsg. v. Kötzschau, Bd. 1, S. 338; *De principiis* IV, S. 68f., hrsg. v. Klostermann, GCS Orig. V, S. 119. Augustin hat die Auffassungen des Origenes eindeutig leicht verzerrt.
23 Augustinus, *Epistulae* 138 I, 5, hrsg. v. Goldbacher, CSEL 44, S. 130 (*veluti magnum carmen [...] excurrat*).
24 Vgl. Anm. 13.
25 H. Y. Yerushalmi, *Zachor*, S. 35f., 45ff., 112, Anm. 5.
26 Nur Kirchenhistoriker hoben die ungebrochene Kontinuität der Geschichtsschreibung hervor.

27 In der Einführung zu seinem Kommentar zum *Buch der Chroniken* erklärt er, weshalb diese eine kontinuierliche Erwähnung der israelitischen Könige unterläßt. Vgl. Sara Japhet, *The Ideology of the Book of Chronicles and its Place in Biblical Thought*, Jerusalem 1977, S. 264-277, bes. Anm. 169.

28 Dies tut auch Jacob Neusner, *Judaism and Christianity in the Age of Constantine*, Chicago/London 1987, S. 29-58. Neusner behauptet, daß Genesis Rabba als typologischer Entwurf für die gesamte nachfolgende Geschichte betrachtet wurde, führt dafür jedoch keinen Beweis.

29 Amos Funkenstein, »Nachmanides' Typological Reading of History«, in: *Zion* 45, 1 (1980), S. 35-39; S. 102-119.

30 Zum Prinzip der Akkommodation vgl. Kap. 3 (Akkommodation in der Geschichte).

31 Siehe Anm. 19. Vgl. z. B. Talmud Yerushalmi, *Kiddushin*, Kap. 1, 5.

32 Yerushalmi, Zachor, S. 116, Anm. 21. (*Genesis Rabba* 46,4; 63,7). Die Neigung, die gesamte Geschichte vom Ausgangspunkt der Schule her zu betrachten, findet sich nirgendwo stärker ausgeprägt als in der Bemerkung in *Echa Rabbati* 2: »Bar Kochba sprach: Ich bin der messianische König. Die Weisen sandten [einen Boten zu ihm], um zu sehen, ob er nach dem Geruch urteilen konnte [*morcach veda'in*; eine Verwirklichung der Metapher in Jesaja 11,3]. Als sie feststellten, daß er es nicht vermochte, töteten sie ihn.«

33 Mischna, *Seder Toharot, Yadayim*, Kap. 4.

34 Ebd., *Seder Nezikin, Eduyot*, Kapitel 8,3 (*almanat ha'issa*).

35 Dilthey entwickelte vor dem Ersten Weltkrieg die wesentlichen Aspekte dieser Anschauung. Troeltsch veröffentlichte sein Buch nach dem Krieg: Ernst Troeltsch, *Der Historismus und seine Probleme*, Tübingen 1922.

36 Amos Funkenstein, »Hermann Cohen: Philosophie, Deutschtum und Judentum«, in: *Jahrbuch des Instituts für Deutsche Geschichte*, Beiheft 6, S. 355-365, Tel Aviv 1984; Zur Entwicklung einer deutsch-jüdischen »Subkultur« vgl. David Sorkin, *The Transformation of German Jewry*, 1780-1840, New York 1987.

37 Saul Friedländer, »Die Shoah als Element in der Konstruktion israelischer Erinnerung«, in: *Babylon* 2 (1987), S. 10-22.

38 Jacob Burckhardt, *Briefe*, hrsg. v. Max Burckhardt, IV, 1960, S. 130 (Brief von 1863 an Wilhelm Vischer). Burckhardt spielt offensichtlich auf Quintilian, *Institutio Oratoria* X,1 an (31. Aufl., Leipzig 1959, hrsg. v. L. Rademacher, Bd. II, S. 239).

39 In seinem Buch *Metahistory: The Historical Imagination in Nineteenth-Century Europe*, Baltimore 1973 argumentierte Hayden White noch nicht in dieser Weise, erst in seinem Buch *The Content and the Form: Narrative Discourse and Historical Representation*, Baltimore/London 1987. Vgl. Anm. 45.

40 Karl Marx, »Economic and Philosophic Manuscripts of 1844«, in: L.

D. Easton/K. H. Guddat (Hg.), *Writings of the Young Marx on Philosophy and Society*, Garden City, N.Y. 1967, S. 335.
41 Franz Rosenzweig, *Briefe*, hrsg. v. Edith Rosenzweig, Berlin 1935, S. 19.
42 Oliver Sacks, *The Man Who Mistook his Wife For a Hat and other Clinical Tales*, New York 1985, S. 110; vgl. die dort angeführte Literatur (Luria).
43 Ernst Troeltsch, *Der Historismus und seine Probleme*, Tübingen 1922, S. 36; Friedrich Meinecke, »Klassizismus, Romantizismus und historisches Denken im 18. Jahrhundert«, in: *Werke* IV, hrsg. v. Eberhard Kessel, Stuttgart 1965, S. 264.
44 White, *Metahistory*, S. 2, Anm. 5. White hielt diese Position später für nicht länger haltbar. Eine »Vierfaltigkeit«, die noch grundlegender ist als die »Tropen«, besteht in der »Vierfaltigkeit« der logischen Bindewörter »und« ($\wedge$) »oder« ($\vee$) »wenn .. dann« ($\supset$) »wenn und nur wenn« ($\leftrightarrow$). Weshalb sollte man die Formen der geschichtlichen Kategorienbildung nicht so charakterisieren, daß sie der Synchronie (»und«), dem Argument (»oder«), der Kausalität (»wenn..dann«) und der Kontextualität (»wenn und nur wenn«) Gewicht verleihen? Ich weise auf diese Möglichkeit hin, um zu zeigen, daß es unendlich viele »Vierfaltigkeiten« gibt, obgleich ich ihren heuristischen Wert nicht bezweifle.
45 Vgl. meinen Aufsatz »The Persecution of Absolutes: On the Kantian and Neo-Kantian Theories of Science«, in: *The Kaleidoscope of Science: The Israel Colloquium for the History and Philosophy of Science* 1 (1986), S. 329-348. Viele der grundlegenden Erkenntnisse Ludwig Flecks oder Karl Poppers verdanken sich ursprünglich dem neo-kantianischen Erbe.
46 Der Begriff begegnet bei David Biale, *Kabbala and Counterhistory*, Cambridge, Mass. 1979; in etwas anderer Weise wird er hier sowie in meinem Aufsatz »Anti-Jewish Propaganda: Pagan, Medieval and Modern«, in: *The Jerusalem Quarterly* 19 (1981), S. 56-72 benutzt.
47 Mit W. Benjamins treffender Formulierung. Walter Benjamin, *Gesammelte Schriften I. 2*, Frankfurt a. M. 1974, S. 697 (VII. geschichtsphilosophische These).
48 Manetho, *Aegyptiaca*, Fragment 54 (aus Josephus, *Contra Apionem* I, Abschn. 26-31, 227-287), Loeb Classical Library Cambridge, Mass. 1940, S. 118-146, S. 62-86 (Manetho). Vgl. auch bei Menachem Stern, *Greek and Roman Authors on Jews and Judaism*, Bd. 1, Jerusalem 1976, S. 389-416. Im Gegensatz dazu wiederholt Josephus in seinen Widerlegungen, was Manetho im Sinne eines malgré lui »zugesteht«, z. B. in: *Contra Apionem* I, 252.
49 Ebd. Vgl. Tacitus, *Historiae* V, 4, hrsg. v. Kenneth Wesley: »Moyses quo sibi in posterum gentem firmaret, nouos ritus contrariosque ceteris mortalibus indidit. Profana illic omnia quae apud nos sacra, rursum concessa apud illos quae nobis incesta.« Vgl. Jochanan Levy, *Studies in Jewish Hellenism*, Jerusalem 1960 (hebr.), S. 60-196.

50 *Religio licita* war zu keiner Zeit ein Rechtsbegriff; er wurde erstmals von Tertullian verwendet. Doch die jüdischen religiösen Rechte wurden toleriert, sei es aufgrund ihrer Existenz als *natio* (λαός) oder ihres Status als erlaubtes *collegium*. Vgl. Theodor Mommsen, in: *Historische Zeitschrift* 64 (1890), S. 389-419; Tertullian, *Apologeticus*, hrsg. v. Jean-Pierre Waltzing, Louvain 1910, S. 125 (vgl. den Kommentar des Herausgebers); Jean Juster, *Les Juifs dans L'empire Romain: leur condition juridique, économique et sociale*, Paris 1914, Bd. 1, S. 413-424 bestreitet, daß die Synagogen *collegia* waren.

51 John Spencer, *De legibus Hebraeorum ritualibus*, Cambridge 1685, z.B. S. 223. Vgl. Julius Guttmann, »John Spencers Erklärung der biblischen Gesetze in ihrer Beziehung zu Maimonides«, in: *Festskrift i anleding af Professor David Simonsen 70-årige fødelsodag*, Kopenhagen 1923, S. 258-276. Shmuel Ettinger, »Jews and Judaism as Seen by English Deists of the Eighteenth Century«, in: *Zion* 29 (1964), S. 182.

52 Peter L. Berger/Thomas Luckmann, *The Social Construction of Reality*, New York 1966, S. 166f.

53 Tacitus, *Agricola* 30. Vgl. Harald Fuchs, *Der geistige Widerstand gegen Rom in der antiken Welt* (ND Berlin 1964), bes. S. 17, 47 (Anm. 53).

54 Augustin, *De Civitate Dei* II, 21; IV, 4. CSEL 47, S. 52.

55 Vgl. A. Funkenstein, *Heilsplan und natürliche Entwicklung*, S. 43-50; kürzer: ders., *Theology and the Scientific Imagination*, S. 256-261; etwa gegen Alois Wachtel, *Beiträge zur Geschichtstheologie des Aurelius Augustinus*, Bonn 1960. Zu den von Augustin verwendeten Quellen vgl. Heinrich Scholz, *Glaube und Unglaube in der Weltgeschichte. Ein Kommentar zu Augustins De civitate Dei*, Leipzig 1911. Vgl. auch Kap. 7 (Rosenzweig und Augustin).

56 Sie wurde herausgegeben von Samuel Krauss, *Das Leben Jesu nach jüdischen Quellen*, Berlin 1902. Vgl. Joseph Dan, *Hasipur ha'ivri biyme habenayim*, Jerusalem 1974, S. 122-132. Morton Smith, *Jesus the Magician*, San Francisco 1978 führte eines der Hauptthemen der Erzählung aus. In gewisser Weise schrieb auch er eine Gegengeschichte (gegen alle *Leben-Jesu*-Darstellungen der protestantischen Theologie). Es lohnt sich, die Differenz zwischen dieser oder vergleichbaren Stellungnahmen zu Jesus in der jüdisch-orthodoxen Literatur und der Beschäftigung mit Jesus festzuhalten, wie sie im neunzehnten Jahrhundert – im postemanzipatorischen Klima der Akkulturation – von der *Wissenschaft des Judentums* ausging. Die orthodoxe, traditionelle Darstellung stimmt mit dem Christentum in den Tatsachenfragen überein, unterscheidet sich jedoch von diesem in der Bewertung: es ist wahr, wir haben Jesus getötet, aber als Häretiker und Magier hat er es verdient. Die Historiker oder Theologen des 19. Jahrhunderts – z.B. Geiger oder Baeck – legen hinsichtlich der Fakten Widerspruch ein: Jesus war ein guter Jude (obendrein ein Pharisäer!), und wir können ihn nicht getötet haben. Doch sie stim-

men mit den liberalen protestantischen Theologen bei der Bewertung Jesu überein: er war die Verkörperung der Ethik.

57 Herodot, *Historiae* II, 34-35; Tacitus, *Germania*.
58 Vgl. A. Funkenstein, *Heilsplan und natürliche Entwicklung*, S. 205-210 sowie die englische Ausgabe dieses Buches, S. 22-32.
59 Die beste Untersuchung dazu ist nach wie vor die von Erich Seeberg, *Gottfried Arnold: Die Wissenschaft und die Mystik seiner Zeit* (1923, ND Darmstadt 1964). Vgl. auch Biale, *Gershom Scholem: Kabbala and Counterhistory*, S. 199-201.
60 H. Grundmann, »Oportet ut haereses esse: Das Problem der Ketzerei im Spiegel der Mittelalterlichen Bibelexegese«, in: *Archiv für Kulturgeschichte* 45 (1963), S. 129-164.
61 Gottfried Arnold, *Unparteyische Kirchen und Ketzerhistorie*, Schaffhausen 1740, I., Abteilung 9, S. 24; vgl. Seeberg, *Gottfried Arnold*, S. 24, 224, 219ff.
62 Zum Ursprung und zu den wechselnden Schicksalen dieses Ausspruchs Mandevilles vgl. Walter Euchner, *Egoismus und Gemeinwohl: Studien zur Geschichte der bürgerlichen Philosophie*, Frankfurt a. M. 1973 und Funkenstein, *Theology and the Scientific Imagination*, S. 202-205.
63 Das Folgende nach Karl Marx, »Zur Judenfrage«, in: Karl Marx/Friedrich Engels, *Werke* Bd. I, Berlin 1956, S. 247-377. Siehe auch unten Kap. 5 (Marx).
64 Karl Marx, *Das Kapital* I, 1, Hamburg 1890-1894. Es handelt sich um eine Variante (Marx würde sagen: um eine Konkretisierung oder Umkehrung) der idealistischen Formel für die Identität in der Verschiedenheit von I und Nicht-I, A = B, Identität und Differenz in der *Wesenslogik*. Der »metaphorische« Charakter der Ware, auf den White, *Metahistory* (vgl. die nächste Anmerkung) aufmerksam macht, hat hier seinen Ursprung.
65 G. F. W. Hegel, *Wissenschaft der Logik*, Nürnberg 1812-1816. Die erhellendste Erläuterung ihrer Gedankenschritte bietet Dieter Henrich, »Hegels Logik der Reflexion«, in: *Hegel im Kontext*, Frankfurt a. M. 1971, S. 95-156. Ich hoffe, diese Interpretation von Marx später weiterentwickeln zu können. Vgl. auch White, *Metahistory*, S. 285-330, der tatsächlich diese Dialektik aufzeigt (jedoch ohne Hinweis auf Hegels *Wesenslogik* oder *Reflexionslogik*). Der einzige Fehler dieses Kapitels liegt in der Annahme, daß die »gesellschaftlich notwendige Arbeitszeit« den Gebrauchswert bemißt. Letztere besitzt kein Maß: »Als Gebrauchswerte sind Waren vor allem verschiedener Qualität, als Tauschwerte können sie nur verschiedener Quantität sein, enthalten also kein Atom Gebrauchswert« (Marx, Das Kapital, ebd.).
66 Franz Kafka, »Die Verwandlung«, in: *Kafkas Erzählungen*, hrsg. v. Brigitte Flach, Bonn 1967.
67 Zu einer minimalen Konstruktion der Bedeutung des »Kollektivgedächtnisses« vgl. Kap. 1.

68 Die folgenden Überlegungen beruhen auf Pierre Vidal-Naquet, »Theses on Revisionism«, in: François Furet (Hg.), *Unanswered Questions: Nazi Germany and the Genocide of the Jews*, New York 1989, S. 304-320.
69 Vgl. die Ausführungen zur antitalmudischen Polemik in der englischen Ausgabe dieses Buches, S. 189-196.
70 Zu den *Protokollen* vgl. Norman Cohn, *Warrant for Genocide*, London 1967 und unten die Kapitel 4 und 7.
71 George Steiner, *The Portage of A. H. to San Cristobal*, New York 1982. Wir können über ihn mit dem mittelalterlichen Archipoeta sagen: »Quaero mihi similis / et adjungor pravis«.
72 Ich habe mich im Kapitel über »Theologische Antworten auf den Holocaust« gegen die These von der »Unbegreiflichkeit« gewandt.
73 G. F. W. Hegel, *Phänomenologie des Geistes*. Die Bedeutung dieser berühmten Seiten besteht unter anderem darin, daß es sich dabei um die erste *philosophische* Auseinandersetzung mit dem Selbstbewußtsein als einem durch und durch sozialen Phänomen handelt, vgl. Kap. 1 (Kollektivgedächtnis).

2
Biblische und nachbiblische Wahrnehmung von Geschichte

1 IV. Q. bietet anstatt *lemispar bene yisrael* die Lesart *lemispar bene el*, desgleichen die LXX (κατὰ ἀριθμὸν ἀγγέλων θεοῦ). Daß dies die richtige Lesart sei, hat u. a. Gerhard von Rad, *Das fünfte Buch Mose. Deuteronomium*, Göttingen 1964, S. 140f. zu begründen versucht. Dies würde auf einen kunstvollen Mythos von der Zuwendung eines Wächterengels zu jedem Volk (außer Israel) hindeuten. Ich ziehe es vor, den Ausdruck mit Hilfe des masoretischen Textes, also ohne einen solchen kunstvollen Mythos zu verstehen. Vgl. M. Grinz, »Ben Ugarit lekummran«, in: *Eshkolot* IV (1962), S. 146-161; eine andere Interpretation bietet S. A. Loewenstamm, »Nahalat hashem«, in: *Studies in the Bible dedicated to the Memory of U. Cassuto*, hrsg. v. S. A. Loewenstamm, Jerusalem 1977, S. 149-172. Das Lied selbst ist gelegentlich früher datiert worden - so daß das »böse Volk«, das Israel bestrafen soll, weil es Gott verlassen hat, mit den Philistern identifiziert wurde, vgl. O. Eissfeldt, *Einführung in das Alte Testament unter Einschluß der Apokryphen und Pseudepigraphen. Entstehungsgeschichte des Alten Testaments*, Tübingen 1934, S. 251ff. Aus meiner Sicht steht es eher in der Linie der prophetischen Theodizee (vgl. unten), denn die Dimension der vorhergesagten Katastrophe paßt besser in die Assyrerzeit. G. v. Rad, ebd., beobachtete auch Elemente der Weisheitsliteratur.

2 Es gilt festzuhalten, daß auch eine andere biblische Überlieferung existierte, die den Exodus weniger akzentuierte oder sogar vernachlässigte. Nach dieser Tradition lebte Israel seit der Zeit der Patriarchen kontinuierlich und ohne Unterbrechung in seinem Land: Israel ureingesessen. Spuren dieser Überlieferung von Israels Autochthonie finden sich in den Chronikbüchern. Vgl. Sara Japhet, *The Ideology of the Book of Chronicles*, S. 228-338, bes. S. 309-327. Wie alt jedoch diese Überlieferung auch sein mag, die Rekonstruktion des Chronisten ist jungen Datums. Zur Zahl 430 (480 minus 50) in 1. Könige 6 vgl. Yair Zakovitch, »*And You Shall Tell Your Son...«: The Concept of the Exodus in the Bible*, Jerusalem 1991, S. 35f.

3 J. B. Pritchard (Hg.), *Ancient Near Eastern Texts Relating to the Old Testament*, Princeton ²1955, S. 68, Z. 47 bis S. 69, Z. 73. Das Bewußtsein der Jugendlichkeit ist vermutlich ein Merkmal einwandernder Bevölkerungen, die die Erinnerung an ihre nomadische Existenz bewahren. Zu älteren Formen des historischen Erinnerns vgl. Jan Assmann, »Guilt and Remembrance: On the Theologization of History in the Ancient Near East«, in: *History and Memory* 2 (1990), Heft 1, S. 5-33.

4 Die Nähe und die Entfernung der Menschen von den *bene elohim* ist das immer wiederkehrende Anliegen der letzteren (und Gottes) in allen diesen Geschichten, vgl. Gen. 3,22; Gen. 6,3f; Gen. 11,6f.
5 Censorinus, *De die natali* c. 21, hrsg. v. F. Hulfsch, Leipzig 1897, S. 44f. hält fest, Varro habe drei Zeitalter unterschieden (*tria discrimina temporum*), nämlich »primum ab hominum principio ad cataclysmum priorem, quod propter ignorantiam vocatur adelon, secundum a cataclysmo priore ad olympiadem primam, quod multa in eo fabulosa referentus mythica nominatur, tertium a prima olympiade ad nos, quod dicitur historicon quia res in eo gestae veris historiis continentur.« Zur Beziehung zu anderen Schemata der Periodisierung vgl. A. Funkenstein, *Theology and the Scientific Imagination*, S. 205, Anm. 11.
6 A. Alt, »Die Ursprünge des israelitischen Rechts«, in: ders., *Kleine Schriften*, München 1953, Bd. I, S. 291-294; R. de Vaux, *Ancient Israel*, New York/Toronto 1965, Bd. I, S. 83; Art. »Ivrim«, in: *Encyclopedia Mikrait*.
7 Vgl. Hosea 11,1: *ki na'ar yisra'el va'ohavehu 'umimitsrayim karati livni*.
8 Richter 9,23: *vayishlach elohim ruach ra'ah* usw. Dabei handelt es sich um ein Gegenstück zum »Herabsteigen« des Geistes Gottes, das von Weber als Kennzeichen der charismatischen Führung erkannt worden ist.
9 G. v. Rad, »Die Anfänge der Geschichtsschreibung im alten Israel«, in: *Archiv für Kulturgeschichte* 32 (1944), S. 1-42. Obgleich es zutrifft, daß die Struktur einer »zweifachen Verursachung« der gleichen Handlung, der menschlichen und göttlichen, überall in der biblischen Darstellung begegnet – vgl. I. L. Seligmann, *Studies in Biblical Literature*, Jerusalem 1992, S. 62-81, bes. S. 66 – werden in diesem Fall beide Ursachen zusammengeschaut, nämlich im *Denken* Absaloms. Man bemerke das Erscheinungsdatum des Aufsatzes von G. v. Rad. Auch in den übrigen Bänden des AKuG werden an vielen Stellen implizit und explizit rassische Theorien zurückgewiesen. Offensichtlich haben die Nationalsozialisten Gelehrte nicht gezwungen, Lippenbekenntnisse zu ihrer Ideologie abzugeben. Man konnte zumindest schweigen, bisweilen sogar – wie hier – seine Distanz zum Ausdruck bringen.
10 Vgl. die Kapitel 3 und 5 sowie mein Buch *Theology and the Scientific Imagination*, S. 202-213.
11 Vgl. den formelhaften Aufruf zur Rebellion in 2. Samuel 20,1 und 1. Könige 12,16: *ma lanu chelek bedavid velo nachala beven yishai*. Bei *chelek* und *nachala* handelt es sich um Rechtsbegriffe.
12 Wenn die angeführten Verse aus dem Buch der Könige sagen wollen, daß während der gesamten Königszeit kein angemessenes Passafest gefeiert wurde, dann spielt er vermutlich (wie Neh. 8,17) auf Josua 5,9f. an. Der König Joshiyahu mag dann als jemand verstanden worden sein, der »die Schande von Ägypten« von dem Volk nahm. Die

Parallele zu Josua 5 legt jedoch ein viel plausibleres Verständnis nahe: daß die Zeit des vereinigten Königsreichs (der Könige, die über Juda und Israel herrschten) ein goldenes Zeitalter darstellte, in dem Israel wirklich frei und in dem das Passafest noch ein lebendiges Symbol dieser Freiheit war. Die Zeit des vereinigten Königreiches wurde, wie jene der Richter, gewissermaßen als *aurea aetas* betrachtet. Vgl. Anm. 14.

13 S. A. Loewenstamm, *Massoret yetsi'at mitsrayim behishtalsheluta*, Jerusalem 1968/1972, S. 16, 103. Jüngst hat M. Fishbane, *Biblical Interpretation in Ancient Israel*, Oxford 1985, S. 350-379 eine Menge anderer Beispiele für typologische Strukturen in der biblischen Darstellung angeführt, von denen viele bereits vom frühen *Midrasch* erkannt worden seien (vgl. Kap. 3, »Nachmanides«). Ohne ihre Existenz und Bedeutung leugnen zu wollen, gilt es doch zu bedenken, daß sie (a) zum größten Teil literarische Kunstgriffe und (b) nicht – wie im Christentum – Ergebnis einer bewußten und beständigen Suche sind. Vgl. jetzt auch Yair Zakovitch, »*And You Shall Tell Your Son [...]*«, bes. S. 15-45.

14 Wie man nicht nur aus den assyrischen und babylonischen Praktiken schließen könnte, die lediglich auf die Verbannung der oberen Gesellschaftsschichten in rebellischen Gebieten zielten, sondern auch aus inneren biblischen Zeugnissen, z. B. 2. Chron. 30, 1-9, bes. V. 5.

15 2. Kön. 17,6; 24-41; 28,26.

16 Esra 9,1f.

17 Vgl. Kap. 1, Anm. 27. Nach wie vor unverzichtbar ist G. v. Rad, *Das Geschichtsbild des Chronistischen Werkes*, Stuttgart 1930.

18 1. Chron. 29,29; 2. Chron. 9,29; 12,15; 13,22; 20,34; 26,22; 32,32; 33,19. Japhet, ebd., S. 429, Anm. 19, die Anspielungen darauf gesammelt hat, erkannte nicht, daß sie ein Zeugnis für die Kontinuität der Geschichtsschreibung ablegen. Sie bezieht sich auf die Stellen im Midrasch, in denen davon die Rede ist, die Propheten hätten die Geschichtswerke der Bibel verfaßt. Das Buch der Chroniken behauptet dies jedoch nicht.

19 Yair Zakovitch, *Sefer Ruth*, Tel Aviv 1990.

20 Vgl. Kap. 1, Anm. 33-34.

21 Wie wir aus *Megillat Ta'anit* wissen. Wenn diese (höchst spekulative) Deutung zutrifft, muß das Buch tatsächlich sehr spät verfaßt worden sein. Das Fasziniertsein vom persischen Hof und die Kenntnis der Einzelheiten darüber – vor allem, wenn sie mit Fehlinformationen und Übertreibungen vermischt begegnen – bieten keinen Hinweis für Abfassungszeit und -ort, wie man an Herodot ablesen kann.

22 Vgl. S. 58-64 der englischen Fassung dieses Buches.

23 Es würde weniger grotesk erscheinen, wenn wir davon ausgingen, daß nach der biblischen Wahrnehmung ein Zusammenhang zwischen der sozialen Ordnung und jener des Tierreichs besteht, so daß die eine die

andere widerspiegelt; diese Voraussetzung ist von H. Eilberg-Schwartz, *The Savage in Judaism: An Anthropology of Israelite Religion and Ancient Judaism*, Bloomington 1990, S. 115-217 geschickt verteidigt worden. Darüber, ob der Esel immer den Fremden verkörpert, läßt sich streiten: vgl. Gen. 49,14: *yissachar chamor garem*.

24 Edwin M. Good, *Irony in the Old Testament*, Philadelphia 1965, S. 38ff; Arnold Band, »Swallowing Jonah: The Eclipse of Parody«, in: *Prooftexts* 10 (1990), S. 177-195.

25 Vgl. oben Anm. 13. Einen guten Überblick über die Anspielungen im Jonabuch sowie über ihre vielfältigen Ausdeutungen bietet K. Simon, *Jonah: Introduction and Commentary*, Tel Aviv 1992.

26 Zur Bedeutung dieses Topos in der mittelalterlichen Literatur vgl. Wilhelm Berges, »Land und Unland in der mittelalterlichen Welt«, in: *Festschrift für Hermann Heimpel zum 70. Geburtstag*, Göttingen 1972, Bd. 3, S. 399-439.

27 Hermann Melville, *Moby Dick*, Düsseldorf 1984 (Kap. 9). Zu einer anderen Deutung des Gebets im Sinne der Ironie vgl. A. Band, ebd.

28 Jerusalemer Talmud, *Makkot* 6,2. Es fällt auf, daß jeder Abschnitt der Bibel in seiner eigenen Sprache »antwortet«.

29 4. Esra 4,26, vgl. bei Bruno Violet (Hg.), *Die Esra-Apokalypse*, Bd. 1: *Die Überlieferung*, Leipzig 1910, S. 36; Bd. 2: *Die kritische Ausgabe*, Leipzig 1927, S. 17. Zu weiteren Bezugnahmen auf 4. Esra oder die Esra-Apokalypse vgl. Violet, »Die Esra-Apokalypse« oder George Herbert Box, »4. Ezra«, in: R. H. Charles (Hg.), *The Apocrypha and Pseudepigrapha of the Old Testament* (2 Bde., Oxford 1968), Bd. 2, S. 542-624. Zum apokalyptischen »Pessimismus« vgl. Rudolf Bultmann, *Das Urchristentum im Rahmen der antiken Religionen*, Zürich ²1954, S. 79 und Wilhelm Bousset, *Die Religion des Judentums im späthellenistischen Zeitalter*, hrsg. v. H. Greßmann, 3. rev. Aufl. Tübingen 1926, S. 11-15.

30 Mt. 24,3-51; 2. Petr. 3,10; 4. Esra 4,34ff.; vgl. Funkenstein, *Heilsplan und natürliche Entwicklung*, S. 11-15.

31 Äthiopischer Henoch 81,2; 93,2; Jubiläenbuch 1,29; Funkenstein, ebd., S. 123, Anm. 2. Zu weiteren Bezugnahmen auf Äthiopischer Henoch oder die äthiopische Fassung des Buches Henoch vgl. Charles (Hg.), *The Apocrypha and Pseudepigrapha of the Old Testament*, Bd. 2, S. 163ff; zum Jubiläenbuch oder zur äthiopischen Version des hebräischen Jubiläenbuchs vgl. ebd., Bd. 1, S. 1-82.

32 Vgl. Aage Bentzen, *Handbuch zum Alten Testament*, hrsg. v. Otto Eissfeldt, Tübingen ²1952, S. 33. Zu den Ausnahmen von dieser passiven Ideologie vgl. Funkenstein, ebd., S. 124, Anm. 6; zu den Hasmonäern vgl. Joshua Efron, *Studies of the Hasmonean Period*, Tel Aviv 1960, S. 30-34, 41-125.

33 Mircea Eliade, »Cosmic and Eschatological Renewal«, in: ders., *The Two and the One*, Chicago 1962, S. 125-159, und ders., *Cosmos and*

History: The Myth of the Eternal Return, New York 1959. Daß die Apokalyptik sich seit dem 2. Jahrtausend v. u. Z. im Sinne einer »Weisheit ohne einen königlichen Patron« aus der Schriftkultur entwickelt habe, hat Jonathan Z. Smith, *Map is not a Territory*, Chicago 1978, Kap. 3, bes. S. 81f. behauptet.

34 Jesaja 11,15f. Vgl. S. A. Loewenstamm, *Massoret yetsi'at mitsrayim behistalsheluta* (wie Anm. 13), S. 16 und 103. Zu anderen Typologien der Wiederinkraftsetzung in der Bibel vgl. A. Funkenstein, »Nachmanides's Typological Reading of History«, in: *Zion* 45 (1980), Heft 1, S. 37 sowie Kap. 3 (Geschichte und Typologie).

35 Vgl. G. v. Rad, *Die Botschaft der Propheten* (München 1957/60), Gütersloh ⁴1981, S. 93-97.

36 Vgl. oben die Ausführungen zu Theologie und Verhängnis.

37 Peter L. Berger/Thomas Luckmann, *The Social Construction of Reality*, Garden City, N. Y. 1966, S. 116f.

38 Vgl. Jacob Licht, »Mata'at olam ve'am pedut el«, in: *Mechkarim bemagilot hagnuzot, Sefer zikaron le A. L. Sukenik*, Jerusalem 1951, S. 49-75 und David Flusser, *Judaism and the Origins of Christianity*, Tel Aviv 1979, S. 324-332, 335ff.

39 William W. Tarn, *Hellenistic Civilisation*, London ³1959, S. 327ff.

40 Gilbert Murray, *Five Stages of Greek Religion*, 3. Aufl. [Boston 1951] N.D. Garden City, N. Y. 1955, S. 119ff, bes. 154ff; Hans Jonas, *Gnostic Religion*, Boston ²1963.

41 Babylonischer Talmud, *Gittin* 55b-56a.

42 Vgl. Efraim E. Urbach, »When Did Prophecy Cease?«, in: *Tarbiz* 17 (1947), S. 1-11, und ders., *The Sages*, Jerusalem ²1978, S. 502-513.

43 Vgl. jetzt auch Jacob Licht, »The Attitude to Past Events in the Bible and in Apocalyptic Literature«, in: *Tarbiz* LX (1990), Heft 1, S. 1-18.

44 *Pesher Habakuk* 7,1-5 (der Prophet verstand die Bedeutung seiner eigenen Weissagung nicht; Gott offenbarte dem »Lehrer der Gerechtigkeit« *et kol razey avadav hanevi'im*. Vgl. Mt. 13,35 (wie in Ps. 98,2): κεκρυμμένα ἀπὸ καταβολῆς.

45 Babylonischer Talmud, *Sanhedrin* 90b: *hincha shochev 'im avotecha vekam. Vedilma: [hincha shochev 'im avotecha] vekam ha'am haze vezana?* Zur apokalyptischen Auslegungsmethode vgl. auch F. M. Gross, »The Apocalyptic Commentary at Qumran«, *Cana'anite Myth and Hebrew Epic*, Cambridge, Mass. 1973, S. 73f.

46 Äthiopischer Henoch 93,3-10; 91,12-17; W. Bousset, *Die Religion des Judentums*, S. 281; neuerdings Devorah Dimant, »Election and Laws of History in Apocalyptic Literature«, in: Sh. Almog/M. Heyd (Hg.), *Chosen People, Elect Nation and Universal Mission*, Jerusalem 1991, S. 59-70 und J. Licht (wie in Anm. 43).

47 Babylonischer Talmud, *Sanhedrin* 97a, *Avoda Sara* 9a. Zu vergleichbaren christlichen Überlieferungen (*ante legem, sub lege, sub gratia*) vgl. Funkenstein, *Heilsplan und natürliche Entwicklung*, S. 129, Anm. 27-29.

48 Vgl. etwa M. Eliade, *Cosmos and History*, S. 112-137 oder Max Pohlenz, *Die Stoa*, 2 Bde. Göttingen 1959, Bd. 1, S. 79ff und Bd. 2, S. 47ff.
49 Vgl. Kap. 1, Anm. 33-34.
50 Michael Avi-Yonah, *Biyme Roma u-Bizantion*, Jerusalem 1946, S. 1-4.
51 Karl Mannheim, *Ideologie und Utopie*, Frankfurt a. M. ⁴1965.
52 Babylonischer Talmud, *Ketubot* 3a; Hoheslied 2,7; 5,8; 8,4; vgl. Kap. 7 zu Yoel Taitelbaum.
53 Babylonischer Talmud, *Berachot* 34.
54 Babylonischer Talmud, *Sanhedrin* 97a.
55 *Genesis Rabba* 52.
56 Jehuda Eben Shmuel, *Midreshe Geula*, Jerusalem 1952, S. 79. Zu den christlichen Merkmalen dieser jüdischen Figur des Antichrist, verbunden mit Merkmalen Jesu selbst, wie ihn einige jüdische Überlieferungen sahen, vgl. z.B. »Das Buch der Geschichte Jesu« bei Samuel Krauss, *Das Leben Jesu nach jüdischen Quellen*, Berlin 1902.
57 I. Baer, »Eine jüdische Messias-Apokalypse aus dem Jahre 1186«, in: *Monatsschrift für Geschichte und Wissenschaft des Judentums* (MGWJ) 70 (1926), S. 113ff.
58 Jacob Sassportas, *Sefer Tsitsat Novel Tsvi*, hrsg. v. J. Tishbi, Jerusalem 1956; abgedruckt in: Gershom Scholem, *Sabbatai Zwi. Der mystische Messias*, Frankfurt a. M. 1992, S. 292-296.
59 Zum Gleichgewicht zwischen apokalyptischen Erwartungen und dem Leben in der Gegenwart mit seinen Verpflichtungen sowie zur Gefahr der Übergewichtung des einen gegenüber dem anderen Aspekt vgl. David Flusser, *Judaism and the Origins of Christianity*, Tel Aviv 1979.
60 Amos Funkenstein, »Anti-Jewish Propaganda: Ancient, Medieval and Modern«, in: *Jerusalem Quarterly* 19 (1981), S. 60f.; siehe Kap. 7 den Abschnitt über »Die christliche Haltung«.
61 Ders., »Nachmanides's Typological Reading of History«, S. 35-39 und S. 102–119.
62 Ders., *Heilsplan und natürliche Entwicklung*, S. 45f. (siehe Kap. 7 den Abschnitt über Rosenzweig und Augustin).
63 Ebd., S. 27.
64 Vgl. Herbert Grundmann, *Studien über Joachim von Fiore*, Leipzig 1927.
65 Zu den mannigfaltigen Apokalypsen vgl. Norman Cohn, *The Pursuit of the Millenium*, London 1957.
66 Rainer Maria Rilke, *Die Gedichte*, Frankfurt a. M. 1990, S. 293.

3
Exegese, Recht und Geschichtsbewußtsein im Mittelalter

1 Z. B. Thomas von Aquin, *Summa Theologiae*, 1-2, 1 u. 98, a 3: secundum opinionem populi loquitur Scriptura; Nicole Oresme, *Le livre du ciel et du monde*, II. 25, hrsg. v. A. D. Menut und A. J. Denomy, Madison 1968, S. 530: »L'en diroit que elle se conforme en ceste partie à la manière de commun parler humain.«
2 Art. *dibra tora*, in: *Encyclopedia Talmudica* (hebr.), Jerusalem 1968. Isaak Hirsch Weiss, *Dor dor vedorshav*, Wilna ⁶1911, Bd. 1, S. 203 bedient sich eines Hinweises bei Eusebius, *Praeparatio Evangelica*, 8,10, um nachzuweisen, daß das Prinzip bereits von den Tana'im in einem weiteren Sinne gebraucht wurde; doch dabei handelt es sich um einen Zeugen von außerhalb. Ein ähnliches Prinzip wurde bisweilen in der klassischen Literatur bei der Interpretation älterer Texte, z.B. von Homer, ins Feld geführt, so etwa bei Strabo I. 2,33 ($\sigma\chi\eta\mu\alpha\tau\iota$ $\sigma\upsilon\nu\eta\theta\epsilon\iota$ $\chi\rho\tilde{\eta}\tau\alpha\iota$).
3 Zwi Lauterbach, »The Sadducees and Pharisees«, in: ders., *Rabbinic Essays*, Cincinnati 1951, S. 31ff, Anm. 11. Mein Vorschlag (der Ursprung der Formel ist in der Schule Hillels zu suchen) mag auch durch eine umgekehrte Analogie unterstützt werden: Hillel verwendete, so heißt es, auch mit Blick auf säkulare Texte hermeneutische Prinzipien: *haya doresh leshon hedyot*.
4 Siehe oben Kap. 1, Anm. 29.
5 Abraham Ibn Ezra, *Perush hatora* (hebr.), hrsg. v. A. Weiser, Jerusalem 1976, Bd. 1, S. 1ff (Text).
6 Ebd., Bd. 1, S. 18 (zu *Gen.* 1,26).
7 Ebd., S. 13 (Text).
8 Vgl. Anm. 6.
9 Shmuel Sambursky, »Three Aspects of the Historical Significance of Galileo«, in: *Proceedings of the Israel Academy of Sciences and Humanities* 2 (1964); Robert Westman, »The Copernicans and the Church«, in: D. C. Lindberg/R. L. Numbers (Hg.), *God and Nature: Historical Essays on the Encounter of Christianity and Science*, Berkeley/Los Angeles 1986, S. 76-113.
10 Ibn Ezra, ebd., S. 14.
11 Ebd., S. 18.
12 Man sollte daher Ibn Ezra nicht mißverstehen, so als sei er ein Vertreter der Bibelkritik im Stile des siebzehnten Jahrhunderts. Er griff zwar kritische Argumente oder Vorschläge radikaler Rationalisten auf (vgl. Ibn Ezra zu Gen. 36,11), jedoch nur, um sie zurückzuweisen. Viele Fragen, die zum Ausgangspunkt der Bibelkritik werden sollten (siehe unten), wurden bereits von traditionellen Exegeten aufgewor-

fen, etwa jene nach den verschiedenen Gottesnamen in den beiden Schöpfungserzählungen. Lediglich die Antworten unterschieden sich voneinander.

13 Ebd., S. 14.
14 So akzeptiert er z. B. Raschis Deutung von Gen. 1,1 (*bereshit*) als einer constructus-Form, bestreitet jedoch Raschis Behauptung, es handele sich dabei immer um eine constructus-Form: der Kontext müsse darüber entscheiden.
15 Beryl Smalley, *The Study of the Bible in the Middle Ages*, Notre Dame 1964, S. 281-355.
16 *Ep.* 138, I, 5, in: Goldbacher (Hg.), CSEL 44, 130; A. Funkenstein, *Heilsplan und natürliche Entwicklung*, S. 40f. und Anm. 210; vgl. auch S. D. Benin, »Thou Shalt Have No Other God Before Me: Sacrifice in Jewish and Christian Thought«, Ph. D. diss., University of California, Berkeley 1980; ders., »The Cunning of God and Divine Accommodation: The History of an Idea«, in: *The Journal for the History of Ideas* 45 (1984), S. 179-191.
17 Babylonischer Talmud, Traktat *Avoda Sara*, 55a; *Hulin*, 13b.
18 Origenes, *Contra Celsum*, IV, 23, hrsg. v. Kötzschau, GCS 30, Orig. I, S. 281; Carl Andresen, Logos und Nomos, in: *Arbeiten zur Kirchengeschichte* 30, hrsg. v. K. Aland et al., Berlin 1955, S. 226.
19 Augustin, *De div. quaest.*, XLIV, Migne, PL 40, 28 (*Habet autem decorem suum [...] singula quaeque aetas*); *Adv. Jud.*, III, r, Migne, PL 42, 53 (*ut rerum signa suis quaeque temporibus conveniant*).
20 A. Funkenstein, ebd. (Anm. 16), S. 17-22.
21 Ebd., S. 25f.
22 *Leviticus Rabba*, 22,6, hrsg. v. Margulies, Jerusalem 1956, Bd. 3, S. 517ff.
23 A. Funkenstein, »Gesetz und Geschichte. Zur historisierenden Hermeneutik bei Moses Maimonides und Thomas von Aquin«, in: *Viator* 1 (1970), S. 147-178.
24 Die heidnische Kritik der Bibel, wie sie etwa von Celsus oder Porphyrius ausging, bot einen guten Ausgangspunkt für die Kritik des siebzehnten und achtzehnten Jahrhunderts. Vgl. z. B. Milton V. Anastos, »Porphyry's Attack on the Bible«, in: I. Wallach (Hg.), *The Classical Tradition: Literary and Historical Studies in Honor of Harry Kaplan*, Ithaca, N. Y. 1966, S. 421-450. Ihre Argumente blieben in der mittelalterlichen jüdischen Polemik lebendig: vgl. Joel Rembaum, *The New Testament in Medieval Jewish Anti-Christian Polemics* (Ph. D. diss., UCLA, 1975). Zur islamischen Argumentation mit Blick auf die Bibel (die Schrift als Fälschung, Esra als Verfasser des Alten Testaments) vgl. Hava Lazarus-Yafeh, »Ezra-'uzayr: Metamorphosis of a Polemical Motif«, in: *Zion* LV 3 (1986), S. 359-380.
25 Spinoza, *Tractatus Theologico-Politicus*, hrsg. v. C. Gebhardt, Bd. III, Heidelberg 1926, S. 45-47. *Auxilium Dei externum* ist die Ursachen-

kette, welche das eigentliche innere Gleichgewicht der Bewegung (mv) oder, bei einfachen Gebilden, das Gesetz der Trägheit bestimmt. So verhält es sich auch mit Blick auf Staaten: das *auxilium externum* bestimmt ihr konkretes Schicksal, das *auxilium internum* ihre Verfassung. Vgl. auch A. Funkenstein, »Natural Science and Political Theory: Hobbes, Spinoza, and Vico«, in: G. Tagliacozzo (Hg.), *Giambattista Vico's Science of the Humanity*, John Hopkins University Press 1976, S. 196ff.

26 Spinoza, TTP, S. 77-79, S. 263.
27 Ebd., Bd. VII, S. 98-102.
28 Spinoza, Ethik, S. 2, Lehrsatz 7.
29 A. Funkenstein, »Periodization and Self-Understanding in the Middle Ages and Early Modern Times«, in: *Medievalia et Humanistica*, NS V (1974), S. 3-23.
30 Vgl. G. Horning, Art. »Akkommodation«, in: *Wörterbuch der Philosophie*, hrsg. v. G. Ritter et al., Bd. 1, Darmstadt 1971. Bemerkenswert ist, daß dieser Artikel erst im siebzehnten Jahrhundert mit der Geschichte dieses Konzepts beginnt. Zum protestantischen Gebrauch der Akkommodation im sechzehnten Jahrhundert vgl. William J. Bousma, *John Calvin: A Sixteenth Century Portrait*, New York/Oxford 1988, S. 124f. Zu den Jesuiten in China vgl. Arnold H. Rowbotham, *Missionary and Mandarin in China: The Jesuits at the Court of China*, Berkeley 1942.
31 Alois Dempf, *Sacrum Imperium*, München 1929, S. 229-268. Die Bezeichnung wurde aus der literarischen Bewegung gleichen Namens entlehnt. Vgl. auch Marie D. Chenu, *Nature, Man and Society in the Twelfth Century*, Chicago 1957, S. 99-145. Eine ausgezeichnete Erklärung des figurativen Denkens findet sich bei Erich Auerbach, »*Figura*«, *Scenes from the Drama of European Literature*, New York 1959, S. 11-76.
32 Reinhold Seeberg, *Lehrbuch der Dogmengeschichte*, 5 Bde., Berlin 1930, Bd. 2, S. 184. Dies ist ein weit treffenderer Begriff.
33 Ernst Benz, *Ecclesia Spiritualis*, Stuttgart 1934, S. 244-255.
34 Z. B. Mt. 13,35, wo Jesus über sich selbst sagt, er sei gekommen, alte Rätsel zu lösen (*kekrymena apo katabolés*). Zur Methode des *pesher* in Qumran vgl. Kurt Elliger, *Studien zum Habakuk-Kommentar vom Toten Meer*, Tübingen 1953, S. 150; Frank M. Cross, *The Ancient Library of Qumran*, New York 1961, S. 111. Das Wort *pesher* ist die hebräische Form des aramäischen Begriffs *pishra* und entspricht dem biblischen *patar* (Gen. 41,12; Dan. 2,26), »einen Traum entschlüsseln«. Die Entschlüsselung alter Weissagungen in der apokalyptischen Literatur beruht auf der Annahme, daß die wahre Bedeutung einer Weissagung erst in unmittelbarer Nähe des Endes dieser Welt offenbart werden kann, da sich diese Weissagungen (Habakuk, Nahum usw.) nicht unmittelbar auf die Zeit bezogen, die auf diese Propheten folgte, son-

dern die letzten Tage des alten, bösen Äons meinten. Sie sollten einzig durch den *'adat qodesh* verstanden werden, denjenigen, der an den *moreh zedek* glaubte, und die Tatsache, daß die Sekte die Weissagung wirklich »verstand«, d. h. »entschlüsselte«, bezeugte, daß die Gegenwart das Ende der Kümmernisse darstellte, daß die Sekte die Avantgarde des neuen Äons war, der kleine auserwählte Rest Israels. Der *pesher* erhebt die Technik der Apokalypsen auf ein höheres Niveau. Eine Apokalypse legt für sich selbst und die Nähe des Endes bereits durch die bloße Tatsache Zeugnis ab, daß nun »wiederentdeckt« wurde, was gemeint war, als sie einst »versiegelt« worden war. Die apokalyptische Literatur in all ihrer Vielfalt, d. h. im Sinne alter, »entdeckter« Weissagungen oder im Sinne der Erklärung bekannter Weissagungen, teilt mit dem normativen Judentum die Erkenntnis, daß seit der ersten Tempelzerstörung die spontane Prophetie in Israel erloschen sei.

35 Vgl. Gerhart Ladner, *The Idea of Reform*, New York 1967, S. 55-59. Zur Typologie im Neuen Testament vgl. Jean Daniélou, »The New Testament and the Theology of History«, in: *Studia Evangelica* 1 (1959), S. 25-34; K. J. Woolcombe, »Biblical Origins and Patristic Development of Typology«, in: G. W. Hugo/K. J. Woolcombe (Hg.), *Essays on Typology*, London 1957, S. 39-75. Beide betonen mit guten Gründen die Differenz zwischen Allegorie und Typologie. Besonders mit Blick auf den Hebräerbrief, der voller typologischer Hinweise ist, dient diese Unterscheidung dazu, den Verfasser von der alexandrinischen Tradition abzusetzen.

36 Niemals jedoch in einem streng figurativen Sinne, so daß Erlösung die »Vollendung« irgendeines früheren Ereignisses wäre. Es handelt sich vielmehr um eine Vollendung des Bundes.

37 Vgl. E. Auerbach, »Figura«, S. 49.

38 Wilhelm Kamlah, *Christentum und Geschichtlichkeit*, Stuttgart 1951, S. 113.

39 »Renovat hominem et recapitulans in se omnia [...] elevans et pennigerans homines in caeleste regnum«. Irenäus von Lyon, *Libri quinque adversus haereses*, 3.2.2 (8), hrsg. v. W. W. Harvey, 2 Bde. Cambridge 1857, Bd. 2, S. 50. Vgl. A. Funkenstein, *Heilsplan und natürliche Entwicklung*, S. 22.

40 »Illa ergo prima significatio qua voces significant res, pertinet ad primum sensum, qui est sensus historicus vel litteralis. Illa vero significatio, qua res significatae per voces iterum res alias significant, dicitur sensus spiritualis, qui super litteralem fundatur et eum supponit.« Thomas von Aquin, *Summa Theologiae*, 1-1.9. Vgl. Henri de Lubac, *Exégèse médiévale* (4 Bde. Lyons 1959-1964), Bd. 2, Teil 2, S. 272-302. Zur typologischen Überlieferung seit der Schule von Antiochia vgl. Herbert Grundmann, *Studien über Joachim von Fiore*, S. 34.

41 Andererseits dominiert in vielen Definitionen ebenfalls das Gespür für

eine verborgene Übereinstimmung zwischen Symbol und Symbolisiertem (»participation mystique«). Andere befürworten negative Bestimmungen: ein Symbol entspricht nicht Punkt für Punkt seinem *significandum*; es steht für etwas Unklares, das »durch es hindurchscheint« und immer nur angedeutet bleibt. In anderen Definitionen wird die Differenz zwischen Metapher und Symbol quantitativ bestimmt, so als wären Symbole lediglich gefestigte Metaphern, die durch den wiederholten Gebrauch sanktioniert sind. Zu diesen und anderen Distinktionen vgl. René Wellek und Austin Warren, *Theory and Literature*, New York 1956, S. 188ff; Angus Fletcher, *Allegory: The Theory of a Symbolic Mode*, Ithaca 1964, S. 17. Ich glaube, daß die Unklarheit, die bei der Unterscheidung zwischen Symbolen und Metaphern herrscht, auf die Ungleichheit der beiden Begriffe zurückzuführen ist. Die außerordentliche Weite der Konnotationen des Begriffs »Symbol«, ja sogar das Wort selbst, stammt aus relativ neuer Zeit, während eine eindeutige Definition des Begriffs der Metapher so alt ist wie die Poesie selbst.

42 »Prophetia in rebus, in quantum res esse noscuntur.« *Instituta regularia divinae legis*, 2.22, *Pl* 68, S. 34; H. Grundmann, *Studien*, S. 37. Die Zahlensymbolik hat hier natürlich ebenfalls ihren Ort, doch nur in dem Sinne, daß sie sich auf den Inhalt bezieht.

43 *De Genesis contra Manichaeos*, 1, 23, in: *PL* 34, S. 190ff; *De diversis quaestionibus*, 83, in: *PL* 40, S. 43 und an vielen anderen Stellen. Vgl. Alois Wachtel, *Beiträge zur Geschichtstheologie des Aurelius Augustinus*, Bonn 1960, S. 57-60.

44 *Ki elef shanim be'enächa keyom etmol ki ya'avor veke'ashmura balaila* (Ps. 90,4); Babylonischer Talmud, *Sanhedrin* 99. Sowohl der Tanna de-vei 'Eliyahu als auch die paulinische Einteilung der Geschichte *ante legem, sub lege, sub gratia* sind z.B. in Äthiopischer Henoch 93,3-10 und 91,12-17 vorweggenommen. Dieselbe talmudische Überlieferung ermöglichte es später den Christen, zu behaupten, die *tannaim* und *amoraim* glaubten an die Messianität Christi. Vgl. A. Funkenstein, »Ha-Temurot ba-vikkuach she-bein yehudim le-nozrim ba-me'ah ha-yod-bet«, in: *Zion* 33 (1968), S. 142.

45 Wilhelm Kamlah, *Apokalypse und Geschichtstheologie*, Berlin 1935; Peter Classen, *Gerhoch von Reichersberg*, Wiesbaden 1960; noch immer wertvoll ist Karl Hauck, *Kirchengeschichte Deutschlands* (5 Bde. Berlin 1958), Bd. 4, S. 428-470.

46 H. Grundmann, *Studien*, S. 108.

47 Ibn Ezra macht sehr deutlich, daß sich Genesis 1, 2 - weit davon entfernt, eine umfassende wissenschaftliche Kosmogonie zu bieten - lediglich auf die sublunare Welt und die natürlichen Vorgänge bezieht, die zu einem Trocknen des Landes führten: *vabohu [...] ki lo diber Moshe 'al ha'olam haba shehu 'olam hamal'achim ki 'im 'al 'olam hahavaya vehahashchata*. Mit anderen Worten, er verwendet das Prin-

zip *dibra tora kilshon bene 'adam* in einem minimalistischen Sinn. Eine detaillierte Besprechung der Geschichte dieses Prinzips bietet mein Aufsatz »The Scriptures speaks in the Language of Man: On the Uses and Abuses of the Principle of Accommodation«, in: *Festschrift Mircea Eliade*. Vgl. auch David Biale, »Exegesis and Philosophy in the Writings of Abraham Ibn Ezra«, in: *Comitatus* 5 (1974), S. 43-62.
48 Zu Gen. 1, 1. C. B. Chavel, (Hg.), *Perushei ha-torah le-rabbenu Mosheh ben Nachman* (2 Bde. Jerusalem 1956-60), Bd. 1, S. 10. In seiner Deutung der *petichta* (Gen. Rabba 1,3): *koach ma'assav higid le'amo* usw. wirft er Rashi vor, er deute auf der Grundlage eines falschen Textes den Midrasch falsch. Sein eigener Text war besser, dennoch hatte Rashi recht, wenn er ihn nicht im historiosophischen, sondern im polemischen Sinne auslegte.
49 Gen. 46,16; C. B. Chavel (Hg.), ebd. Bd. 1, S. 253ff; Torat ha-shem temimah, in: C. B. Chavel (Hg.), *Kitvei ha-Ramban* (2 Bde. Jerusalem 1964), Bd. 1, S. 155; Gershom Scholem, *Ha-Qabbalah be-Gerona*, Jerusalem 1964. Ein möglicher Vorläufer aus dem Midrasch findet sich in Avot de-Rabbi Natan 35, 1, doch Nachmanides nahm darauf keinen Bezug.
50 Nachmanides entwickelte seine Lehre von den *ta'amei ha-mitsvot*, vor allem aber seine Opfertheorie, im Gegensatz zu Maimonides. Wo dieser lediglich eine pädagogisch-historische Funktion erkennt (vgl. unten Anm. 81), erblickt er tiefe Geheimnisse. Die Opfer stellen zugleich theurgische Handlungen, höchste Symbole und eine bewahrende Kraft der Schöpfung (Gen. 2,8) dar. Vgl. ausführlich G. Scholem, *Ha-Qabbalah*; Ephraim Gottlieb, *Mechkarim be-sifrut ha-qabbalah*, hrsg. v. Joseph Hacker, Tel Aviv 1976, S. 93ff (Gottlieb erkennt den magischen Charakter des Satzes *veda' ki kol gezerot irin vegomer*, behandelt jedoch nicht den typologisch-figurativen Kontext.)
51 *Vekatevu lo 'elohim bara bereshit*. Das gleiche trifft auf *na'aseh adam* zu, das die Kabbala als Zusammenwirken aller *sefirot* interpretiert. Doch die traditionelle Exegese verbot solche Verstehensversuche, weil sie eine Spur von trinitarischen Implikationen aufwiesen.
52 Dabei handelt es sich meiner Auffassung nach um einen der interessantesten und am wenigsten behandelten Züge z.B. der kabbalistischen Symbole: sehr leicht verwandeln sie sich in Symbole für Symbole usw., d.h., sie verhalten sich in hohem Maße reflexiv. Im Zohar 2,239a z.B. symbolisiert der Aufstieg des Duftes den Aufstieg der sieben niedrigeren *sefirot*, während diese wiederum den Aufstieg der drei höheren *sefirot* symbolisch darstellen, d.h. ihren Drang, sich mit ihrem Ursprung zu vereinigen.
53 Seine Logik ist wie folgt. Wenn $a_1, a_2, \ldots, a_n$ allein aufgrund ihrer »Partizipation an« und der »Imitation von« A (*methexis und mimesis*) A zugeschrieben werden kann, aufgrund welcher Tatsache läßt sich dann A A zurechnen? Notwendigerweise schauen wir nach einigen

As [a₁... aₙ, A], die partizipieren und imitieren usw. *ad infinitum.* Vgl. R. E. Allen, »Participation and Prediction in Plato's Middle Dialogues«, in: *Plato I: Metaphysics and Epistemology,* hrsg. v. Gregory Vlastos, Garden City 1971, S. 167-183.

54 *Perushei ha-torah,* Nachmanides' Vorwort: Torat ha-shem temimah, in: C. B. Chavel (Hg.), *Kitvei ha-Ramban,* S. 167; G. Scholem, *Haqabbalah shel sefer ha-temunah ve-shel 'Avraham Abulafia,* Jerusalem 1968, S. 49; ders., *On the Kabbalah and its Symbolism,* New York 1965, S. 38 betont den noch magischen Charakter dieses Diktums bei Nachmanides (im Gegensatz etwa zum *Sefer ha-temunah*).

55 Zum Topos der vier Königreiche vgl. Harold Fuchs, *Der geistige Widerstand gegen Rom in der antiken Welt,* Berlin ²1964; Gerson Cohen, *The Book of Tradition by Abraham Ibn Daud,* Philadelphia 1967, S. 223-262; Joseph W. Swain, »The Theory of the Four Monarchies: Opposition History under the Roman Empire«, in: *Classical Philology* 35 (1940), S. 1-3; vgl. unten die Anm. 56 und 57. Zu Nachmanides' Sicht der Sukzession (gegen Ibn Ezra) in Num. 24,20 vgl. C. B. Chavel (Hg.), Bd. 2, S. 302.

56 *'Eima chashecha gedolah nofelet alav.* Vgl. C. B. Chavel (Hg.), Bd. 1, S. 92. Typen für die vier Monarchien kommen insbesondere im Midrasch reichlich vor. Ein Beispiel, das Nachmanides nicht aufgriff, bezieht sich auf die vier paradiesischen Flüsse (Gen. Rabbah 16,7). Hierbei handelt es sich um einen der seltenen Fälle, in denen die christliche Exegese eine historische Typologie bis zum Mittelalter verschob. Ambrosius (*De paradiso,* 3, 19-21, in: *CSEL* 32, S. 277), der darin Philo folgt (*legis allegoriae,* 1, 19-21) deutet sie so, daß sie die vier Kardinaltugenden repräsentieren. Der erste, der den vier Flüssen und Tugenden eine historische Bedeutung verlieh (*pace* Ambrosius), war Radulfus Glaber, *Historiarum sui temporis libri quinque* 1.1-3, hrsg. v. Marcel Prou, Paris 1896, S. 4f.

57 C. B. Chavel (Hg.), Bd. 1, S. 180. Zur Tradition der Gleichsetzung von Edom und Rom vgl. H. Fuchs, *Der geistige Widerstand,* bes. Anm. 77, S. 68-73; G. Cohen, »Esau as Symbol in Early Medieval Thought«, in: *Jewish Medieval and Renaissance Studies,* hrsg. v. A. Altmann, Cambridge, Mass. 1967, S. 19-48. Vgl. Nachmanides zu Num. 24,17, C. B. Chavel (Hg.), Bd. 2, S. 301.

58 *Ve'al da'ati* etc. Mit *sefarim* meint er vermutlich Josippon. Bezieht sich Nachmanides auf den Vertrag der Hasmonäer mit Rom? Vgl. *Josephon Hebraicus,* hrsg. v. J. F. Breithaupt, Gotha/Leipzig 1710, S. 226. Oder meint er die Aufforderung des Hyrkanus an Pompejus, einzugreifen?

59 C. B. Chavel (Hg.), Bd. 2, S. 220.

60 Vorwort zu Exodus, in: C. B. Chavel (Hg.), Bd. 1, S. 279.

61 C. B. Chavel (Hg.), Bd. 1, S. 77. Vgl. auch Nachmanides Predigt *Torat ha-shem temimah, Kitvei rabbenu Moshe Ben Nachman,* in: C. B. Chavel (Hg.), Bd. 1, S. 304.

62 Vgl. oben Anm. 50.
63 G. Scholem, *Major Trends*, S. 117f.; ders., *Von der mystischen Gestalt der Gottheit*, Zürich 1962, S. 249-273; ders., *Pirqei yesod ha-havanat ha-qabbalah u-semaleha*, Jerusalem 1976, S. 367; Isaiah Tishbi, *Mishnat ha-zohar* (2 Bde. Jerusalem 1957), Bd. 2, S. 90-93. Scholem hebt hervor, daß sich diese Lehre erst später mit Lehren über die »Astralkörper« vermischten. Die ausführlichste Untersuchung des Begriffes *zelem* im aschkenasischen Chassidismus stammt von Joseph Dan, *Torat ha-sod shel chasidut 'Ashkenaz*, Jerusalem 1968, S. 224-229.
64 *Beyom hero 'elohim 'adam gazar 'al demut*. Eleazar von Worms, *Sefer chochmat ha-nefesh*, ND Jerusalem 1967, S. 16b.
65 Ebd., S. 18a-d.
66 Ebd.
67 Gen. Rabbah 40,8 (hrsg. v. Theodor-Albeck); Tanchuma, *Lech lecha* 10 (hrsg. v. Buber). Vgl. auch Gen. Rabbah 84,6: hier liegt der Akzent auf den Ereignissen, nicht auf der Sprache, doch ohne philosophisch-historische Implikationen. Die »korporative Einheit« der Patriarchen läßt sich auf biblische Wurzeln und Erklärungen des Midrasch zurückführen, die bekanntermaßen Thomas Mann ausführlich herangezogen hat.
68 Abraham bar Chiyya, *Megillat ha-megalleh*, hrsg. v. Adolph Poznanski und Julius Guttmann, Berlin 1924, S. XIII-XIV; Julius Guttmann, *Philosophie des Judentums*, München 1933, S. 128-131. Außer bei Nachmanides (mit Spuren im Zohar) wurde die Figur auch von Abrabanel verwendet, vgl. *Perush ha-torah*, Warschau 1862, S. 146 und von Isaac ibn Latif. (Vgl. S. O. Heller-Wilensky, »Isaac ibn Latif«, in: A. Altmann [Hg.], *Jewish Medieval and Renaissance Studies*, Cambridge, Mass. 1967, S. 218.)
69 Meir Wachsmann, »Ha-machshavah ha-filosofit ve-ha-datit shel 'Avraham bar Chiyya ha-nasi«, in: *Sefer ha-yovel le-H. A. Wolfson*, 3 Bde. Jerusalem 1965, hebr. Teil, S. 143-147; Gerhard Ladner, *The Idea of Reform*, S. 203-206.
70 Augustinus, *De Genesi secundum litteram*, 5,1-4, in: CSEL 28.1, S. 137-150; vgl. G. Ladner, ebd., S. 459-462.
71 C. B. Chavel (Hg.), *Kitvei ha-Ramban*, Bd. 1, S. 31.
72 Shlomo Pines, »Ha sekholastiqa she-'acharei Thomas Aquinas u-mishnatam shel Chasdai Qresqas ve-shel qodemav«, in: *Proceedings of the Israel National Academy of Sciences* 1 (1966), Nr. 11, S. 38.
73 Midrasch Tanchuma, *Va-yehi* 10. Zu Joseph als »figura Christi« vgl. z. B. Augustinus, *Contra Faustum* 12, 28.
74 *Sefer nizzaychon yashan*, in: Johann Ch. Wagenseil, *Tela Ignea Satanae*, Altdorf 1631, Bd. 1, S. 10-11 (Melchizedek), 19-27, bes. S. 20; vgl. auch S. 46f. et passim.
75 Yair ben Shabbetai da Corregio, *Cherev pifiyyot*, hrsg. v. Judah Rosenthal, Jerusalem 1958, S. 78ff.

76 Gershom Scholem, *Reshit ha-qabbalah*, Jerusalem 1948, S. 176-193; ders., *Ursprung und Anfänge der Kabbala*, Berlin 1962.
77 Fulgentius, *De aetatibus mundi et hominis*, in: Rudolf Helm (Hg.), *Fulgentii Opera*, Leipzig 1898, S. 127ff; R. Helm, »Fulgentius, de aetatibus mundi«, in: *Philologus* 56 (1897), S. 253-289; Ernst Robert Curtius, *Europäische Literatur und Lateinisches Mittelalter*, Bern 1956, S. 73.
78 Chaim Wirszubski, *Shelosha peraqim be-toledot ha-qabbalah ha-nozerit*, Jerusalem 1975, S. 24; ders., *Mequbbal nozri kore batorah*, Jerusalem 1975, S. 22-25.
79 Gerson Cohen hebt in seiner Studie zu Abraham ibn Daud die wichtige Rolle gezwungener Symmetrien im *Sefer ha-qabbalah* hervor. Solche Symmetrien sind auch mit einer Begründung für parallele numerische Beziehungen zwischen den Perioden verbunden, die darauf zielt, die Struktur und das Ende der Geschichte zu entdecken, vgl. Gerson Cohen, *The Book of Tradition by Abraham ibn Daud*. Zugegebenermaßen macht Ibn Daud seine Methode nicht explizit, sie muß entschlüsselt werden. Außerdem stellen numerische Korrespondenzen nicht Typologien im eigentlichen Sinne, obgleich die Grenze fließend ist. Schließlich bestand, wenn wir diese Deutung akzeptieren, »die Funktion im *chishuv ha-qez*. Vgl. auch Chaim H. Ben-Sasson, »Limegamot ha-khronografyah ha-yehudit shel yemei ha-beinayim u-ve'ayoteha«, in: *Historyah ve'askolot historiyyot*, Jerusalem 1962. (Mit »Typologie« meint G. Cohen natürlich etwas völlig anderes als das von uns Behandelte, eine Systematisierung sozio-psychologischer »Typen«, d. h. Charakterologie.)
80 Eine der frühesten Debatten der entstehenden Scholastik betraf die Frage, »an secundum mutationes temporum mutata sit fides«, z. B. bei Hugo von St. Viktor, *De Sacramentis Christianae fidei* 1.10.6; *PL* 176, S. 135. Vgl. Johannes Beumer, »Der theoretische Beitrag der Frühscholastik zu dem Problem des Dogmenfortschritts«, in: *Zeitschrift für katholische Theologie* 74 (1952), S. 205. Vgl. auch A. Funkenstein, *Heilsplan*, S. 55-67.
81 A. Funkenstein, »Maimonides: Political Theory and Realistic Messianism«, in: *Miscellanea Medievalia* 11 (1977), S. 81-103.
82 Franz Rosenzweig, *Stern der Erlösung*, Frankfurt a. M. 1921, S. 416. Rosenzweig war sich bewußt, daß die jüdischen religiösen Vorstellungen ihren Grund in der Geschichte hatten. Judah Halevi war in der Tat sein wichtigster kultureller Held. Er wollte vielmehr zum Ausdruck bringen, daß das jüdisch-orthodoxe, traditionelle Geschichtsverständnis – im Vergleich mit dem Christentum – die Zeit nicht als eine zu erfüllende Aufgabe betrachtete.
83 Fritz Kern, *Gottesgnadentum und Widerstandsrecht im frühen Mittelalter*, Darmstadt ²1954, S. 23ff.; ders., *Recht und Verfassung im Mittelalter*, ND Darmstadt 1958, S. 23ff.

84 Erich Caspar (Hg.), *Das Register Gregors VII*, MGH, *Epistulae selectae in usu scholarum* II, 1, Berlin 1920, ND 1967, S. 202ff, bes. S. 203.
85 Inst. I. 2. 6; G I. 5; Dig. I. 4. 31: »Sed quod principi placuit, legis habet vigorem, cum lege regia, quae de imperio eius lata est, populus ei et in eum omne suum imperium et potestatem concessit.« Zu Ulpians ursprünglicher Formulierung vgl. F. Schulz, »Bracton on Kingship«, in: *English Historical Review* 60 (1945), S. 136-176. Es scheint auch, als sei der Begriff *lex regia* (und nicht *imperatoris*) nicht vor dem dritten Jahrhundert aufgetaucht; auch gab es ursprünglich keinen Zusammenhang zwischen ihm und der – aus dem Osten stammenden – Vorstellung des Königs als νόμος ἔμπσυχός. Vgl. Chayim Wirszubski, *Libertas as a Political Idea at Rome During the Late Republic and Early Principate*, Cambridge 1968, S. 130-136. Zur mittelalterlichen Entwicklung vgl. F. Kern, *Gottesgnadentum*, S. 213-216; Michael J. Wilkes, *The Problem of Sovereignty in the Later Middle Ages*, Cambridge, Mass., 1964, S. 154 und Anm. 1; Brian Tierney, »The Prince Is Not Bound by the Laws«, in: *Comparative Studies in Society and History* 5 (1963), S. 388ff; vgl. unten Anm. 103 (Manegold von Lauterbach).
86 F. Kern, *Gottesgnadentum*, passim; Heinrich Mitteis, *Der Staat des hohen Mittelalters*, Weimar ⁵1955, S. 79, 323f., 400, 422; Otto Brunner, *Land und Herrschaft. Grundfragen der territorialen Verfassungsgeschichte Österreichs im Mittelalter*, Wien 1959; Marc Bloch, *La Société Féodale*, Paris 1939, Kap. IV, 3.
87 S. Shilo, *Dina demalkhuta dina*, Jerusalem 1975. Vgl. auch Leo Landman, *Jewish Law in the Diaspora: Confrontation and Accommodation*, Philadelphia 1968.
88 Babylonischer Talmud, *Nedarim* 28a; *Gittin* 10b; *Baba Kama* 111a-b; *Baba batra* 54b-55a.
89 Vgl. Lea Dassberg, *Untersuchungen über die Entwertung des Judenstatus im 11. Jahrhundert*, Paris/La Haye 1965, S. 60ff; 73-87.
90 Diesem Diskussionszusammenhang liegt bereits die Annahme zugrunde, daß ein Jude sich, wenn es irgendwie vermeidbar war, nicht an ein nichtjüdisches Gericht wenden sollte: *Eyn ponim le'archa'oteheyhem shel goyyim*.
91 Zum Folgenden vgl. Sh. Shilo, *DMD*, S. 70ff. Aviezer Ravitzky, *Al da'at hamaqom: Studies in the History of Jewish Philosophy*, Jerusalem 1991, S. 118ff. Diese Abhandlung (»Das Recht des Königs« usw.) entstand, wie der Verfasser bemerkt (S. 106, Anm. 4), als Antwort auf meinen Aufsatz von 1986. Er erscheint hier relativ unverändert, ich werde jedoch anmerken, wo ich seinen Kommentaren zustimme bzw. nicht zustimme.
92 Sh. Shilo, *DMD*, S. 74ff.
93 Maimonides, *Mishne tora* (= MT), *hilchot melachim* XIX, 4. A. Ravitzky, *Al da'at hamaqom*, S. 109 findet den wahren Ursprung der Unterscheidung zwischen einem verfassungsgebundenen König und

einem nicht durch das Gesetz gebundenen König (im jüdischen Recht) bei Rabbi Nisim Gerundi, und er scheint Maimonides Unterscheidung zwischen einem davidischen und einem israelitischen König, die meiner Auffassung nach die Inspirationsquelle vieler späterer Ausführungen darstellt, geringer zu gewichten. Vgl. auch J. Bildstein, »On Political Structures – Four Medieval Comments«, in: *The Jewish Journal of Sociology* 22 (1980). Daß Gerundi auf eine Trennung von Staat und sakral-religiösen Funktionen zielte, ist sicherlich zutreffend, es spiegelt eine antike Wahrnehmung der Streitigkeiten der Pharisäer mit den hasmonäischen Königen wider (*dai lecha beketer melucha, hine keter kehuna lesar'o shel aharon*).

94 Maimonides, MT, ebd., III, 8; 10.
95 Vgl. Kap. 2 zum *Sefer Toledot Jeshu*.
96 Zur älteren Literatur vgl. I. Baer, »Don Yitschak Abravanel veyachasso el be'ayot hahistoria vehamedina«, in: *Tarbiz* 5 (1937), S. 241-259; E. E. Urbach, »Die Staatsauffassung des Don Isaak Abrabanel«, in: *MGWJ* 81 (1937); Leo Strauss, »On Abravanel's Philosophical Tendency and Political Teaching«, in: J. B. Trend/H. Loewe (Hg.), *Isaac Abravanel: Six Lectures,* Cambridge 1937; Benjamin Z. Netanyahu, *Don Isaac Abrabanel: Statesman and Philosopher*, Philadelphia 1953.
97 A. Funkenstein, *Theology and Scientific Imagination*, S. 117-201.
98 Johannes Duns Scotus, *Ordinatio* I:d. 44 q. u. *Opera Omnia*, hrsg. v. P. C. Balic et al. (17 Bde., Vatikanstadt 1950ff), Bd. VI, S. 363ff. Vgl. Jürgen Miethke, *Ockhams Weg zur Sozialphilosophie*, Berlin 1969, S. 145-149; zur Bedeutung dieser Dialektik in der spätmittelalterlichen und frühmodernen politischen Theorie vgl. Francis Oakley, *Omnipotence, Covenant and Order: An Excursion in the History of Ideas from Abelard to Leibniz*, Ithaca/London 1984.
99 Isaac Abrabanel, *Perush hatora*, Warschau 1862, zu Dtn. 17,14ff; 1. Sam. 8,4ff; Paulus Burgensis, *Additiones ad Nicolai de Lyra Posillas*, zu Dtn. 17,14f. A. Ravitzky, ebd., S. 107ff leitet die Unterscheidung des Paulus von Burgos von Aristoteles Distinktion zwischen Königen mit begrenzter Macht, Königen, die durch kein Gesetz begrenzt werden, und Tyrannen ab (Aristoteles, *Politeia* III, 14-6, 1285*a* 4-5; 1287*a* 10). Dies ist teilweise richtig, zum Teil jedoch nicht, denn die Formel *a legibus solutus* stammt aus dem römischen Recht. Wichtig ist der Hinweis auf Gerundi.
100 A. Ravitzky, ebd. verweist auch auf Abrabanels theologische Verwendung der Unterscheidung *potentia absoluta-ordinata* in *Mifalot elohim* 53a hin, irrt jedoch, wenn er annimmt, diese Unterscheidung sei allein den Theologen vorbehalten; bereits Scotus verband sie mit der politischen Theorie; vgl. auch F. Oakley, *Omnipotence*, passim. Außerdem lautete mein Argument (und bleibt bestehen), daß Abrabanel direkt oder indirekt von Scotus lernte, daß *potentia ordinata et absoluta* lediglich zwei Aspekte einer deckungsgleichen Reihe von göttlichen

oder königlichen Handlungen darstellen, bei denen sich das Recht *in potestate agentis* befindet. Weder Paulus von Burgos noch Gerundi lehrten ihn dies.

101 Indem sie sein Königtum ablehnten. Interessant ist der Vergleich zwischen Abrabanels Verständnis der Monarchie und jener des Azaria de Rossi, aus dessen Sicht sie ein stabilisierendes, harmoniestiftendes Prinzip unter den Völkern darstellt, das sich der Natur verdankt: nur die Juden brauchten sie nicht, solange sie unter der unmittelbaren Führung Gottes standen; einen König zu haben, bedeutet daher, »wie alle anderen Völker« zu sein. *Meor eynayyim imre bina* 4, hrsg. v. Bonfil, Jerusalem 1991, S. 264-267.

102 Vgl. A. Ravitzky, ebd., S. 116, Anm. 41.

103 Eine weitere mittelalterliche Tradition – ausgehend von Manegold von Lauterbach – zog aus der *lex regia* eine entgegengesetzte Schlußfolgerung, daß nämlich die Menschen, die dem König die Macht verliehen haben, ihn, wenn er ungerecht handelt, absetzen dürfen: Libelli de lite, I, S. 365, 391 (Kap. 30, 67); vgl. F. Kern, *Gottesgnadentum*, S. 216-221. Manegold und andere beschworen häufig die biblische Erzählung der Konfrontation zwischen Samuel und Saul; vgl. die Dissertation meines Vaters, Josef Funkenstein, *Das Alte Testament im Kampf zwischen Regnum und Sacerdotium während des Investiturstreits*, Dortmund 1937; ders., »Samuel und Saul in der Staatslehre des Mittelalters«, in: *Archiv für Rechts- und Staatsphilosophie* XL/1 (1952), S. 129-140.

104 Werner Goez, *Translatio Imperii. Ein Beitrag zur Geschichte des Geschichtsdenkens und der politischen Theorien des Mittelalters und der frühen Neuzeit*, Tübingen 1938. Ein weiterer Hinweis auf die translatio-Lehre in der jüdischen Literatur findet sich bei Ibn Verga, *Shevet Yehuda*, S. 14.

105 Yeshayahu Leibowitz, *Emuna, historia, ve'arakhim*, Jerusalem 1982, S. 108ff; A. Ravitzky, *Al da'at hamaqom*, S. 123 hat mich davon überzeugt, daß Abrabanels Konzeption der *yemot hamashiach* – anders als bei Maimonides – übergeschichtlich zu verstehen ist. Tatsächlich erblickte er, wie die Stoa oder Augustin, den Ursprung der politischen Macht in der Habgier, der *luxuria* und der Sünde.

106 Jacob Sasportas, *Sefer tsitsat novel tsvi*, hrsg. v. I. Tishby, Jerusalem 1954, S. 18ff, 41f. usw.

107 G. Scholem, *Sabbatai Zwi*, S. 242.

108 Aaron Z. Eshkoli (Hg.), *Sipur David Hareuveni*, Jerusalem 1940.

109 Vgl. Kap. 1, den Abschnitt über »Jüdisches Geschichtsbewußtsein«.

110 H. H. Ben Sasson, *Millon le munachei ha-politika*, Jerusalem 1941.

111 Y. Leibowitz, *Dat umedina*; Gerschon Weiler, *Theokratia Jehudit*, Tel Aviv 1971.

4
Polemik, Apologetik und Selbstreflexion

1 Isaak Heinemann, »Antiker Antisemitismus«, in: Pauli-Wissowa, *Realenzyklopädie der Altertumswissenschaften*, Suppl. V, Sp. 389-416.
2 Vgl. Shulamith Volkov, *Jüdisches Leben und Antisemitismus im 19ten und 20ten Jahrhundert*, München 1990, S. 54-75.
3 Gerson Cohen, »Esau as Symbol in Medieval Jewish Thought«, in: *Jewish Medieval and Renaissance Studies*, hrsg. v. A. Altmann, Cambridge, Mass. 1967. Die Tendenz, die Geschichte noch mehr zu typisieren, als es der Text ohnehin tut, zeigt sich darin, daß Onkelos die Charakterisierung Jakobs übersetzt: *yoshev ohalim-meshamesh bet ulpana*.
4 *Halacha beyadua she'essav sone le'ya'akov*. Sifre zu Numeri 9, 10.
5 Vgl. neuerdings David Rokéah, »Early Christian-Jewish Polemics on Divine Election«, in: Shmuel Almog/Michael Heyd (Hg.), *Chosen People, Elect Nation and Universal Mission* (hebr.), Jerusalem 1991, S. 71-98.
6 I. Baer, *Galut*, Berlin 1934; Arnold Eisen, *Galut*, Bloomington/Indianapolis 1986 (vorwiegend zum neueren jüdischen Denken). Eine ausführlichere Klassifizierung der Reaktionen bietet Shalom Rosenberg, »Land and Exile in Sixteenth Century Jewish Thought«, in: Moshe Challamish/Aviezer Ravitzky (Hg.), *The Land of Israel in Medieval Jewish Thought* (hebr.), Jerusalem 1991, S. 166-192, bes. S. 169-183.
7 Babylonischer Talmud, *Gittin 55b-57a*. Unter den drei Geschichten dieses berühmten Erzählkreises ist die erste (über die Zerstörung Jerusalems zweifellos die reichste sowie das Paradigma der anderen. In allen Geschichten verursacht ein scheinbar unbedeutendes Ereignis Aufstand und Zerstörung. In allen wird der Herrscher als eher wohlwollend beschrieben, jedenfalls nicht als den Juden gegenüber besonders feindlich eingestellt; dies steht in scharfem Gegensatz zu allen anderen rabbinischen Geschichten über die Zerstörungen, die nie darauf verzichten, den bösen Titus oder Hadrian zu verfluchen (*shachiq tame*). Ich glaube daher, daß diese drei Geschichten in der einzigen Zeit entstanden, in der es einen *modus vivendi* zwischen römischer Verwaltung und den Juden Palästinas gab, nämlich in der Zeit der severianischen Kaiser.
8 Babylonischer Talmud, *Sanhedrin* 102a (zu Ex. 32,34).
9 A. Haberman, *Sefer gezerot ashkenaz vetsorfat*, Jerusalem 1945, S. 24ff.
10 Chayim Vital, *Ets Chayim*, Tel Aviv 1960, Bd. 1, S. 27. Zu diesem Thema vgl. G. Scholem, *Major Trends*, S. 244-286; Isaia Tishby, The Doctrine of Evil and »Kelippah« in Lurianic Kabbala (hebr.), Jerusa-

lem 1943, Kap. 1; Hinweise auf die (esoterische) Lehre, daß die Wurzeln der Strenge innerhalb der ursprünglichen Gottheit selbst lagen, finden sich nicht nur bei Ibn Tabul, sondern auch bei Vital, *Ets Chayim*, Bd. 1, S. 28a (*injan hazimzum haze legalot shoresh hadinim*). Zu früheren Anschauungen über eine Unreinheit innerhalb des ursprünglichen göttlichen Bereichs (dreizehntes Jahrhundert) vgl. Haviva Pedaya, »The Spiritual Versus the Concrete Land of Israel in the Geronese School of Kabbala«, in: *The Land of Israel in Medieval Jewish Thought*, S. 233-289.

11 Jehuda Halevi, *Kusari* IV, 23. Halevis positive Wertung des Christentums und des Islams als einer *praeparatio messianica* verwandelte sich bei Maimonides in eine negative Art der praeparatio. Zur späteren apologetischen Literatur vgl. z.B. Yshac Cardoso, *Las Excelencias de los Hebreos* I, 10, Amsterdam 1679.

12 Maimonides, *Iggeret hashemad*.

13 Siehe Kap. 7 die Ausführungen zum aktiven und passiven Messianismus.

14 Chaim Hillel Ben Sasson, »Yichud am Yisra'el leda'at bene hame'a hashtem esre«, in: *Perakim, The Schocken Institute at the HUC* 2 (1971), S. 145-218.

15 Hans Blumenberg, *Die Legitimität der Neuzeit*, Frankfurt a. M. 1966, S. 90ff, 174ff, 359ff. Doch viele seiner Charakterisierungen lassen sich auch auf die mittelalterliche Philosophie anwenden. Als eine der meinen ähnlichen Bewertung der jüdischen Humanisten, zumindest Azaria de Rossis, vgl. Salo W. Baron, *History and Jewish Historians*, S. 201ff.

16 Giovanni Pico della Mirandola, *Oratio de hominis dignitate* 3-6, in: E. Garin (Hg.), *De hominis dignitate, Heptaplus De ente et uno e scritti vari*, Florenz 1946-52. Übersetzung nach G. Pico della Mirandola, *Ausgewählte Schriften*, übers. und eingel. von Arthur Liebert, Jena/Leipzig 1905.

17 Zu Mirandola, seiner Vorstellung von der Wiedergeburt und ihrem religiösen und humanistischen Kontext vgl. Konrad Burdach, *Reformation, Renaissance, Humanismus. Zwei Abhandlungen über die Grundlage moderner Bildung und Sprachkunst*, Berlin ²1926, ND Darmstadt 1963, S. 168.

18 Lediglich in einigen kabbalistischen Überlieferungen. Vgl. G. Scholem, *Elements of the Kabbalah and its Symbolism* (hebr.), Jerusalem 1976, S. 308-357. Zu Picos kabbalistischen Spekulationen und Kenntnissen vgl. Chaim Wirzubski, *Three Studies in Christian Kabbala*, Jerusalem 1975.

19 Vgl. A. Funkenstein, »The Revival of Aristotle's Nature«, in: N. Cartright (Hg.), *Idealization and Capacities*, im Druck.

20 Interessant ist, wie Ibn Verga, *Shevet Yehudah* (hrsg. v. Wiener) das Erzählen von Geschichten – *aggadot* – als jüdische Analogie zur Instrumentalmusik verstand. Zu Verga siehe unten.

21 Shlomo Ibn Verga, *Shevet Yehudah*, hrsg. v. M. Wiener, Hannover 1924. Zu diesen Quellen vgl. I. Baer, *Untersuchungen über Quellen und Kompositionen des Schebet Jehuda*, Berlin 1923; ders., »He'arot chadashot lesefer shevet yehudah«, in: *Tarbiz* 6 (1933), S. 152-179, Wiederabdruck in: I. Baer, *Mechkarim* II, S. 417-452.

22 Martin Kohn, »Jewish Historiography and Jewish-Self-Understanding in the Period of Renaissance and Reformation«, Ph. D. diss., UCLA 1979, S. 23ff.

23 Eliyahu Capsali, *Seder Eliyahu Zuta* C. 54 (2 Bde. Jerusalem 1975), Bd. 1, S. 174f. Vgl. M. Kohn, »Jewish Historiography«, S. 20.

24 Vgl. Ibn Verga, *Shevet Yehuda*, S. 79.

25 Ebd., S. 16. Vgl. S. 64 (*po'al hadimyon*). Der Kontext dieser häufig zitierten Passage ist bemerkenswert. Thematisiert werden die für Juden bindenden Speisegesetze, die Abrabanel, laut Thomas, auf den höheren physischen Status der Juden (*lema'ala mimadreget ha'adam*) bezog, der für sie eine andere Ernährung notwendig machte. Thomas, der an anderen Stellen Kenntnis der jüdischen Riten beweist, wird zornig bis hin zum »Haß«, und der König antwortet ihm mit den oben zitierten Zeilen. Darin liegt zweifellos eine implizite Argumentation Ibn Vergas gegen eine Interpretationslinie, die auf Yehuda Halevi zurückgeht. Indem sie dem Thomas in den Mund gelegt wird, wird Ibn Verga vor übermäßiger Kritik bewahrt. In unserem Zusammenhang ist der Akzent auf der gemeinsamen, gleichen Partizipation an der Humanität wichtig. Vgl. I. Baer, »He'arot«, S. 174; dabei handelt es sich m. E. um mehr als um eine Parodie, um ein beherrschendes Thema. Zum Unglauben allgemein vgl. Lucien Febvre, *Le problème de l'incroyance au XVe siècle: la religion de Rabelais*, Paris 1968.

26 Die neuere Monographie von Friedrich Niewöhner, *Veritas sine Varietas: Lessings Toleranzparabel und das Buch Von dess drei Betrügen*, Heidelberg 1988 ist übermäßig spekulativ und voller Irrtümer. Zur westlichen Tradition vgl. S. 251ff. Vgl. L. Febvre, *The Problem of Unbelief*, S. 107ff.

27 Vgl. M. Kohn, »Jewish Historiography«, S. 52ff zu einer ausgewogenen Kritik gegen Josef Yerushalmi, »The Lisbon Massacre and the Royal Image in the Shevet Yehuda«, in: *HUCA Supplement*, Cincinnati 1976. I. Baer, »He'arot chadashot«, S. 154 redet von dem Überfluß an »parabolischem Witz und religiöser Kritik«, den er dem Einfluß der italienischen Novelle zuschreibt.

28 Ibn Verga, *Shevet Yehudah*, S. 13.

29 Ebd., S. 17, 19, 57 (*sidre ha'olam vehateva*), 79, 95.

30 Ebd., S. 7-24. Man bemerke, daß der Dialog unter der Überschrift »die siebte Bedrängnis« (*hashemad ha'shevii*) erscheint. Die Vernachlässigung der Kriegskunst hatte bereits Maimonides als eine Ursache für den Verlust der Souveränität genannt.

31 Ebd., S. 79. Während die Lehre von den vier Elementen natürlich ari-

stotelischer und mittelalterlicher Herkunft ist, paßt der Gedanke, es gebe sowohl Zwietracht als auch ein Streben nach Homogenität, eher in die Naturphilosophien der Renaissance.

32 Ebd., S. 11. Vgl. S. 95 (Ibn Vergas eigene Reflexion).
33 Ebd., S. 68.
34 Simone Luzzatto, *Discorso circa il stato degl' Hebrei*, Venedig 1638, S. 52b. Vgl. M. Kohn, »Jewish Historiography«, S. 179.
35 Ebd., S. 152b ff. Erinnern wir uns, wie Ibn Verga die Feigheit der Juden und ihre Hartnäckigkeit beklagte.
36 Reuven Bonfil (Hg.), *Azaria de Rossi, Selected Chapters from Sefer Me'or Einayim and Matsref lakessef*, Jerusalem 1991 (eine ausführliche Bibliographie auf dem neuesten Stand S. 131ff).
37 H. Blumenberg, *Die Legitimität der Neuzeit*, S. 203ff.
38 Vgl. M. Kohn, »Jewish Historiography«, S. 2 (Zacutos programmatische pädagogische und apologetische Ziele), S. 42 (Capsalis eschatologische Lehren), S. 65ff (Josef Hakohens Darstellung der Geschichte der Völker als einer Rache), S. 126 (Gedaliah Ibn Yahya), S. 140 (David Gans möchte Gottes besondere Vorsehung zeigen).
39 Selbst bei Ibn Verga, *Shevet Yehudah*, S. 57ff. Wiederum spiegelt das, was Baer als Parodie erschien, eher Vorstellungen der Renaissance über Liebe und Haß als kosmische Faktoren wider (in bewußter Erinnerung an Empedokles). Es war die Zeit, in der Leone Hebreo seinen Dialog über die Liebe verfaßte. Zu Telesio vgl. A. Funkenstein, *Theology and the Scientific Imagination*.
40 Vgl. etwa André Neher, »Copernicus in the Hebraic Literature from the Sixteenth to the Eighteenth Century«, in: *Journal for the History of Ideas* 38 (1977), S. 211-226; ders., *David Gans (1541-1613) and his Time*, übers. v. D. Maisel, Oxford 1986; B. Goldstein, »The Hebrew Astronomical Tradition: New Sources«, in: *Isis* 72 (1981), S. 237-251; David B. Rudermann, *Kabbalah, Magic and Science: The Cultural Universe of a Sixteenth Century Jewish Physician*, Cambridge 1988.
41 Robert K. Merton, *Science, Technology and Society in Seventeenth Century England*, New York 1970. Zur Diskussion über die Thesen Mertons vgl. Bernard I. Cohen (Hg.), *Puritanism and the Rise of Modern Science*, New Brunswick 1990; John L. Heilbron, »Science in the Church«, in: *Science in Context*, und zur gleichen Fragestellung die Essays von Steven J. Harris, Rivka Feldhay und Michael Heyd sowie Mertons Antwort (S. 291ff).
42 Azaria de Rossi, *Me'or Einayim*, Jerusalem 1970, Bd. 1, S. 160ff.
43 Zu Luzzato und seiner Argumentation von der *raison d'état* her vgl. M. Kohn, »Jewish Historiography«, S. 144-186. Sehr wertvoll ist auch seine Analyse der atomistischen Psychologie Luzzatos.
44 Gary A. Remer, »Christ as Peitho: Classical Rhetoric and the Humanist Defense of Religious Toleration«, Ph. D. diss, UCLA 1989.
45 A. Klempt, *Die Säkularisierung der universalhistorischen Auffassung*,

Göttingen 1956; Hans Baron, *The Crisis of the Early Italian Renaissance*, Princeton 1966, bes. die Zusammenfassung S. 447ff (Enttheologisierung).
46 Azaria de Rossi, *Me'or Einayim, Kol Elohim*, S. 187ff.

5
Die Schwelle zur Moderne

1 Moses Mendelssohn, »Jerusalem oder über religiöse Macht und Judentum«, in: *Gesammelte Schriften*, hrsg. v. G. B. Mendelssohn (Leipzig 1843-1845), Bd. 3, S. 255-362. Zum Hintergrund und zur Veranlassung dieser Schrift vgl. Jacob Katz, in: *Zion* 29 (1964), S. 112-132 und Alexander Altmann, *Moses Mendelssohn. A Biographical Study*, Philadelphia 1973, S. 502ff.
2 Aegidius Colonna zit. n. O. V. Gierke, *Johannes Althusius und die Entwicklung der naturrechtlichen Staatstheorien*, Breslau 1913, S. 95, Anm. 52.
3 J. W. N. Watkins, *Hobbes' System of Ideas*, London 1965, S. 138ff. Eine neuere analytische Diskussion über symbolische Handlung und symbolischen Wert findet sich bei Robert Nozick, *The Nature of Rationality*, Princeton 1993, S. 26-35.
4 »Si enim Kirchero Hieroglyphicorum interpreti non vulgari, credendum sit: Aegyptii Hieroglyphica sua, non ad temporum historias, regum laudes, aut philosophiae arcana; sed res sacras, naturae divinae proprietates, Geniorum et Angelorum ordinem, expiationum rationem, spectantes, posteritati consecrandas adhibuerunt. Cherubinos etiam, ad dei providentiam et potentiam, Angelorum sapientiam, in sacris praesentiam, obsequium Deo paratissimum, et alia similia, significanda, divinitus institutos fuisse, res est apud plerosque extra controversiam posita. Utraque e commistis variorum animalium formis componebantur; nam Cherubini vultu quidem hominem, humeris leonum, alis aquilam, referebant, partibus inferioribus in formam vitulinam vergentibus: Aegyptii etiam sacris animalibus aut eorum formis commistis, tanquam rerum sacratiorum symbolis et hieroglyphicis, utebantur.« Johannes Spencer, *De legibus hebraeorum ritualibus et earum rationibus libri tres*, Cambridge 1685, S. 789.
5 Franz Rosenzweig, *Briefe*, hrsg. v. E. Rosenzweig, Berlin 1935, S. 276-281 (an Helene Sommer, 16. 1. 1918). Ders., *Kleinere Schriften*, Berlin 1937, S. 357-72 (18. 11. 1917). Vgl. Kap. 6.
6 Karl Marx, »Zur Judenfrage«, in: Karl Marx/Friedrich Engels, *Werke*, Berlin 1957, Bd. 1, S. 247-377. Zu einem möglichen Wandel in Marx' späteren Anschauungen vgl. Daniel Gutwein, »Marx on the Relationship Between Jews and Capitalism: From Sombart to Weber«, in: *Zion* LV, 4 (1990), S. 419-447.
7 Theodor Herzl, *Der Judenstaat*, Wien 1934.
8 Pierre Gassendi, *Exercitationes paradoxicae adversus Aristoteleos* I, 14, hrsg. v. B. Rochot, Paris 1959, S. 45f. Zur weiteren zeitgenössischen Verwendung dieses Zitats von Seneca vgl. A. Grafton, *Defenders of*

the Text: The Tradition of Scholarship in an Age of Science, 1450-1800, Cambridge, Mass. 1991, S. 39f.

9 E. Ruth Hervey, *The Inward Wits: Psychological Theory in the Middle Ages and the Renaissance*, Warburg Institute Surveys 6, London 1975, bes. S. 43f. (Avicenna). Ich folge hier im einzelnen meiner Argumentation in *Theology and the Scientific Imagination*, S. 357-360.

10 Peter Gay, *The Enlightenment: A Reinterpretation*, Bd. 1: *The Rise of Modern Paganism*, New York 1960.

11 Carl L. Becker, *The Heavenly City of the Eighteenth Century Philosophers*, New Haven/London 1932. Diese Argumentation wurde später auf die Vertreter der Revolution ausgedehnt, vgl. Jacob L. Talmon, *The Origins of Totalitarian Democracy*, London 1952.

12 Vor allem A. D. Nock, *Conversion: The Old and the New in Religion from Alexander the Great to Augustine of Hippo*, Oxford 1933, hat den Standpunkt vertreten, daß die Theorien und Praktiken philosophischer Schulen in der Antike die christliche Theorie und Praxis der Konversion vorweggenommen und beeinflußt haben. Selbst wenn dies zutrifft, so war doch keine von ihnen »missionarisch« im christlichen Sinne, d.h. in der Weise, daß sie danach strebte, alle Seelen in allen Schichten zu retten.

13 Garnerius von Rochefort (?), *Contra Amaurianos*, hrsg. v. C. Bäumker, Münster 1926, S. 2, 8f., 16ff. Zu David von Dinant, der sogar behauptete, Gott sei die *materia mundi*, vgl. A. Funkenstein, *Theology*, S. 46.

14 Ich habe dieses Thema gemeinsam mit Adin Steinsalz in unserem Buch *Sociology of Ignorance*, Tel Aviv 1987 näher ausgeführt. Vgl. auch G. E. R. Lloyd, *Magic, Reason, and Experience: Studies in the Origins and Development of Greek Science*, Cambridge 1979, bes. S. 246-264, und ders., *The Revolution of Wisdom: Studies in the Claims and Practice of Ancient Greek Science*, Berkeley/Los Angeles 1987.

15 Moses Mendelssohn, *Jerusalem*, Schriften, Bd. II, S. 317ff (gegen Lessing).

16 Aristoteles, *De Caelo*, IV, 1; 308a 24.

17 Zu diesem Prinzip vgl. S. Pines, »omne quod movetur necesse est ab alio movetur«, in: *Isis* 52 (1961), S. 21-54 (zum Unterschied zwischen *ab alio* und *ab aliquo*); R. R. Effler, »John Duns Scotus and the Principle omne quod movetur ab alio movetur«, in: *Franciscan Institute Publications, Philosophy Series* 15, 1965, S. 120ff; A. Funkenstein, *Theology*, S. 161-171.

18 Anneliese Maier, *Metaphysische Hintergründe der spätscholastischen Philosophie*, Rom 1955, S. 405. Eine Geschichte der Vorstellung und der Anwendung von »Präzision« muß noch geschrieben werden. Das Wort *praecise*, allerdings in einem stärker logisch-begrifflichen Sinne, fand erstmals im vierzehnten Jahrhundert Eingang in die philosophische Literatur.

19 A. Funkenstein, *Theology*, S. 161-171.
20 So verhielt es sich in der Antike mit den Atomen: doch es war genau diese ihre Unerreichbarkeit für die Wahrnehmung, gegen die Aristoteles – und die philosophische Tradition nach ihm – schwerwiegende methodologische Einwände aufgrund der Nichtfalsifizierbarkeit erhob. Lucretius, *De rerum natura* II, S. 114ff mag seinen indirekten Beweis entwickelt haben, um ihnen entgegenzutreten.
21 Pinchas Lachover, *Toledot hasifrut ha'ivrit hachadascha*, Tel Aviv 1927, Bd. 1, S. 85, 90, 132 usw. Meine Aufzählung ist keineswegs erschöpfend.
22 R. Jacob Emden, *Mitpachat Sefarim*, Lemberg 1870, bes. S. 37-40. Zu seiner Kritik des Zohar vgl. Isaiah Tishby, *Mishnat ha-Zohar*, Jerusalem 1957, Bd. I, S. 52-56. Man wird an Morgensterns berühmte Zeilen erinnert: »Und er kam zu dem Ergebnis / Daß nur Traum war dies Erlebnis / Denn, so schloß er messerscharf, / Nichts kann sein, was nicht sein darf.«
23 Hermann Reuter, *Geschichte der religiösen Aufklärung im Mittelalter vom Ende des 8ten bis zum Anfang des 14ten Jahrhunderts*, Berlin 1875. Vgl. neuerdings Kurt Flasch, *Aufklärung im Mittelalter? Die Verurteilung von 1277*, Mainz 1989, S. 19ff.
24 Ernst R. Curtius, *Europäische Literatur und lateinisches Mittelalter*, 3. Aufl. Bern/München 1948, S. 38f.; A. Funkenstein, *Heilsplan*, S. 219, Anm. 270.
25 Salomon Maimon, *Giv'at hamore*, hrsg. v. Shmuel Hugo Bergmann und Nathan Rotenstreich, Jerusalem 1965, S. 9. Hier ist der Ort für eine Bemerkung zu Maimons autobiographischer *Geschichte des eigenen Lebens* (Berlin 1934). Sie beschreibt eine fortschreitende persönliche Aufklärungsgeschichte, dank derer seine »guten Naturanlagen« letztlich das Übergewicht über die widrige Atmosphäre der Ignoranz und des Aberglaubens gewannen, in der er aufgewachsen war. Maimon orientierte sich – abgesehen natürlich von Rousseaus *Confessions*, die er durchgehend imitiert – an Flavius Josephus *vita*; wie dieser durchlief Maimon alle »drei Schulen« der Religion seiner Zeit.
26 Zur Bedeutung des Begriffes »Anschaulichkeit« zu jener Zeit vgl. A. Funkenstein, *Theology and the Scientific Imagination*, S. 107f.
27 Siehe oben Kap. 3.
28 Salomon Maimon, *Giv'at hamore*, S. 46.
29 Nachman Krochmal, »More nebuche hazman«, in: *The Writings of Nachman Krochmal* (hebr.), hrsg. v. Simon Rawidowicz, Waltham, Mass., 1961, S. 37ff. Zur Übertragung des eschatologischen Begriffs (*omek acharit hayamim*) in ein historisches Idiom vgl. Jacob Taubes, »Nachman Krochmal and Modern Historicism«, in: *Judaism* 12 (1961), S. 150-164, bes. S. 160. Der Aufsatz ist auch dann wertvoll, wenn wir seine Interpretation von Krochmals Sicht des Endes der Geschichte nicht übernehmen. In diesem Kontext lohnt es sich, festzu-

halten, daß Azaria di Rossi's *Me'or eynayyim* – Ranaks Vorläufer mit Blick auf die Philologie und Paradigma des sechzehnten Jahrhunderts – zum großen Teil einen Versuch darstellt, eschatologische »Endzeitberechnungen« zu entlarven.

30 Ebd., Kapitel 1. Vgl. auch Roland Goetschel, »Philon et le judaisme héllenistique au miroir de Nachman Krochmal«, in: *Hellenica et judaica*, hrsg. v. A. Laquot et al., Paris 1986, S. 371-383.

31 Vgl. die Einführung von Rawidowicz zu seiner Ausgabe (s. o. Anm. 29) und seinen Essay »War Nachman Krochmal Hegelianer?«, in: *HUC Annual* V (1928), S. 535-583; Julius Guttmann, *Philosophie des Judentums*, Berlin 1933; Nathan Rothenstreich, *Jewish Thought in Modern Times* (hebr.), Tel Aviv 1945. Das Ausmaß des »Hegelianismus« Krochmals hängt von den zugrundeliegenden Definitionen ab. Natürlich ist sein Schema der Periodisierung eher evolutionär denn dialektisch; doch es gab noch weit mehr merkwürdige selbsternannte »Hegelianer«. Vgl. John. E. Toews, *Hegelianism. The Path Toward Dialectical Humanism*, 1805-1841, Cambridge 1980. Krochmals Abhängigkeit von de Rossi bedarf noch einer eingehenden Analyse. Zur Deutung der Periodisierung Krochmals vgl. auch Ismar Schorsch, »The Philosophy of History of Nachman Krochmal«, in: *Judaism* 10 (1961), S. 237-245.

32 A. Funkenstein, *Theology*, S. 12-18.

33 N. Krochmal, *MNH*, S. 37; vgl. Kapitel 6 (Rosenzweig).

34 Vgl. Anm. 27.

35 N. Krochmal, *MNH*, S. 29; Babylonischer Talmud, *Chullin*, 40b.

36 N. Krochmal, *MNH*, S. 35ff. Vgl. David Biale, »The Kabbala in Nachman Krochmal's Philosophy of History«, in: *Journal of Jewish Studies* 32 (1981), S. 85-97.

37 N. Krochmal, *MNH*, S. 234-394 und J. Guttmann, *Philosophies of Judaism*, New York 1973, S. 374f.

38 Dan Miron, *Beyn Chazon le'emet: nitsane ha'ivri vehayiddi bame'a ha-19*, Jerusalem 1979, S. 147-157; Abraham Katsh, »The Impact of Nachman Krochmal on the Development of the Zionist Movement«, in: *Proceedings of the Ninth Congress of Jewish Studies* (1986), S. 233-237.

39 Vgl. W. Freund, *Modernus und andere Zeitbegriffe des Mittelalters*, Köln 1957.

40 Rabbi Moses von Preßburg, in: *Ele divre habrith*, Altona 1819, S. 26.

41 Hegel, *Phänomenologie des Geistes*, hrsg. v. Hofmeister, Einführung, S. 18. Zu Hegels Neuinterpretation und Anwendung von Spinozas Lehre der Substanz vgl. Klaus Düsing, *Hegel und die Geschichte der Philosophie*, Darmstadt 1983, S. 170-193.

42 Émile Durkheim, »L'individualisme et les intellectuelles«, in: *Revue bleue* 4, 10 (1898), S. 12f. Vgl. S. Lukes, *Émile Durkheim: His Life and Works*, New York 1972, S. 332-349.

43 Georg Lukács, *Der historische Roman*, Berlin 1955; Erich Auerbach,

Mimesis. Dargestellte Wirklichkeit in der abendländischen Literatur,
2. Aufl. Bern 1959, S. 202-287.
44 Abraham Geiger, *Nachgelassene Schriften*, Berlin 1875-78.
45 Vgl. Perrine Simon-Nahum, *La cité investie*, Paris 1991. Zur Charakteristik und institutionellen Entwicklung der Wissenschaft des Judentums vgl. Julius Carlebach (Hg.), *Wissenschaft des Judentums (chochmat yisrael). Anfänge der Judaistik in Europa*, Darmstadt 1992.
46 Max Wiener, *Jüdische Religion im Zeitalter der Emanzipation*, Berlin 1933. Das gleiche gilt für die moderneren Studien, z.B. Michael A. Meyer, *Response to Modernity. A History of the Reform-Movement in Judaism*, Oxford 1988.
47 Vgl. Kap. 3 (Akkommodation in der Geschichte) und oben (Salomon Maimon und Ranak).
48 Vgl. ebd.
49 Zur *quaestio scholastica*, ob sich der Glaube gemeinsam mit dem Wandel der Zeit verändert habe (*an secundum mutationes temporum mutata sit fides*), vgl. J. Beumer, »Der theoretische Beitrag der Frühscholastik zum Problem des Dogmenfortschritts«, in: *Zeitschrift für katholische Theologie* 74 (1952), S. 105ff.
50 Zur Chinamission vgl. Arnold H. Rowbotham, *Missionary and Mandarin in China: The Jesuits at the Court of China*, Berkeley 1942.
51 A. Lods, *Jean Astruck et la critique biblique au XVIIIe siècle*, Straßburg/Paris 1924. Astruck wollte gegen Spinoza die Verfasserschaft Moses verteidigen, indem er seine »Quellen« identifizierte. Auf diese Weise wurde die Dokumentenhypothese geboren.
52 Vgl. oben Kap. 3 (Akkommodation in der Geschichte – Augustin).
53 Vgl. Kap. 1 (Arnold).
54 Max Weber, *Die Protestantische Ethik und der Geist des Kapitalismus*, in: ders., *Gesammelte Aufsätze zur Religionssoziologie* (3 Bde., Tübingen 1920), Bd. 1, S. 17-206, bes. S. 24ff.
55 Franz Overbeck, *Christentum und Kultur*, hrsg. v. C. A. Bernouli, Basel 1919 erhob Zweifel über das gesamte Unterfangen einer »Theologie«. Vgl. Karl Löwith, *Von Hegel zu Nietzsche,* Stuttgart ⁵1964, S. 402-415.
56 Peter L. Berger, *The Sacred Canopy. Elements of a Sociological Theory of Religion*, Garden City, N.Y. 1967, S. 105ff; ders./Thomas Luckmann, »Secularization and Pluralism«, in: *International Yearbook for the Sociology of Religion*, 1966.
57 Siehe Kap. 7.
58 Vgl. die Ausführungen zum jüdischen Geschichtsbewußtsein in Kap. 1.
59 Selbst das Zeitalter der Patriarchen erschien nicht immer als besser. Andererseits erschien die Zeit der Richter, in der »jeder tat, was recht in seinen Augen ist«, bisweilen als goldenes Zeitalter. Maimonides dachte sich das messianische Zeitalter lediglich insofern als besser, als dann die ganze Welt monotheistisch gesinnt sein werde.

60 Jacob Katz, *Ben halacha lekabbala*, Jerusalem 1987.
61 Dies bedeutet jedoch nicht, daß ihre Geschichtsschreibung weiter von dem »Kollektivgedächtnis« der jüdischen Gemeinschaft entfernt war, in der sie lebten, als andere Darstellungen zu anderen Zeiten und an anderen Orten. Zu sagen, wie es Yerushalmi (*pace* Halbwachs) tut, der Beginn der wissenschaftlichen Historiographie markiere eine wachsende Kluft zwischen Erinnerung und Geschichtsschreibung, heißt an der eigentlichen Frage vorbeigehen, von *wessen* Erinnerung die Rede ist. Wenn es sich um die Erinnerung der deutschen Juden handelt, dann wurde sie sicherlich gut von Jost, Geiger und Graetz zum Ausdruck gebracht. Vgl. Kap. 1 »Jüdisches Geschichtsbewußtsein«.
62 Christian Wilhelm Dohm, *Über die bürgerliche Verbesserung der Juden*, 1781.
63 Siehe oben zu Mendelssohns »Jerusalem«.
64 Simon Dubnow, *World History of the Jewish People* (hebr.), Tel Aviv 1958, Bd. IX, S. 41-67.
65 Siehe oben zu Nachman Krochmal.
66 Vgl. P. Simon-Nahum, *La cité investie*.
67 Heinrich Graetz, *Die Konstruktion der jüdischen Geschichte. Eine Skizze*, Berlin 1936, S. 95f.
68 Shulamit Volkov, *Die Dynamik der Dissimilation: Deutsche Juden und die ostjüdischen Einwanderer*, in: dies., *Jüdisches Leben und Antisemitismus im 19. und 20. Jahrhundert*, München 1990, S. 166-180.
69 Shmuel Yosef Agnon, *Ben shtey arim, Collected Stories*, Bd. VI (Samuch venir'e), S. 78-91. Agnons *Erzählungen* erscheinen im Jüdischen Verlag.

6
Franz Rosenzweig und das Ende der deutsch-jüdischen Philosophie

1 Friedrich Schiller, »Der Ring des Polykrates«, in: *Werke*. Zum Begriff einer deutsch-jüdischen Subkultur vgl. D. Sorkin, *The Transformation of German Jewry, 1780-1840*, New York 1987 und meinen Aufsatz »Hermann Cohen: Philosophie, Deutschtum und Judentum«, in: *Jahrbuch des Instituts für deutsche Geschichte*, Beiheft 6 (1984), S. 355-365, bes. S. 356.
2 Franz Rosenzweig, *Briefe*, hrsg. v. E. Rosenzweig, Berlin 1935, S. 19 (12. 11. 1905). Nachfolgend als *Briefe* nachgewiesen. Dieser Abschnitt lehnt sich eng an meinen Aufsatz »The Genesis of Rosenzweig's ›Stern der Erlösung‹: ›Urformel‹ and ›Urzelle‹« an, in: *Jahrbuch des Instituts für deutsche Geschichte*, Beiheft 4 (1983), S. 17-29.
3 *Briefe*, S. 16 (22. 10. 1905).
4 *Briefe*, S. 60 (28. 9. 1911).
5 *Briefe*, S. 71-73 (31. 10. 1913).
6 *Briefe*, S. 53 (26. 9. 1910).
7 *Briefe*, S. 14 (3. 4. 1905).
8 *Briefe*, S. 45 (6. 11. 1909).
9 »Zeugung« anstatt »Überzeugung« – so lautet schließlich die Formulierung im *Stern der Erlösung*.
10 *Briefe*, S. 35 (4. 3. 1908).
11 *Briefe*, S. 30 (4. 11. 1906) im Gegensatz zu S. 33f. (18. 11. 1907).
12 *Briefe*, S. 32 (Sylvesternacht 1907/08).
13 *Briefe*, S. 68 (23. 10. 1913).
14 *Briefe*, S. 71 (31. 10. 1913).
15 *Briefe*, S. 276-281; F. Rosenzweig, *Der Stern der Erlösung*, Frankfurt a. M. 1921 (The Hague 1979; der Text wird zitiert nach der Ausgabe von 1921), S. 59: »Das jüdische Volk ist für sich schon am Ziel, dem die Völker der Welt erst zuschreiten.«
16 F. Rosenzweig, in: *Kleinere Schriften*, Berlin 1937, S. 278-290. Buber weigerte sich, den Artikel in die Zeitschrift *Der Jude* aufzunehmen, siehe unten.
17 Zur Struktur der Argumentation des *Stern* vgl. G. Scholem, »Zur Neuauflage des *Stern der Erlösung*« (1931), in: ders., *Judaica 1*, Frankfurt a. M. 1963, S. 226-234; Else Freund, *Die Existenzphilosophie Franz Rosenzweigs*, Berlin 1959.
18 *Briefe*, Anhang, S. 64ff.
19 F. Rosenzweig, in: *Kleinere Schriften*, S. 357-372 (Brief vom 18. 11. 1917).
20 *Kleinere Schriften*, S. 358.
21 Zur Anknüpfung an Schelling vgl. E. Freund, ebd., S.12-42.

22 *Briefe*, S. 302, 304, 309-312, 313-318, 243-332.
23 *Briefe*, S. 316.
24 *Briefe*, S. 317 (11. 5. 1918). Rosenzweig las Cohens Religion der Vernunft im Ms. im Februar 1918 (*Briefe*, S. 281 – 5. 3. 1918; vgl. S. 286 – Brief vom 9. 3. 1918 an Cohen). Erst später wandte sich Rosenzweig der Lektüre der (früher entstandenen) *Logik der reinen Erkenntnis* zu, vgl. *Briefe*, S. 299 (16. 4. 1918).
25 Zur Sättigung mit christlichen Vorstellungen siehe unten und G. Scholem, ebd.
26 *Briefe*, S. 345ff.
27 Siehe unten (Rosenzweig über das Schicksal des Judentums).
28 *Briefe*, S. 331 (12. 6. 1918).
29 F. Rosenzweig, *Der Stern der Erlösung*, S. 368, vgl. S. 332 (das jüdische Volk braucht kein Land), S. 450 (das Judentum existiert »per Substraktion«). Das Christentum existiert im Gegensatz dazu »in der Spirale der Weltgeschichte« (S. 417) – es gibt keine Weltgeschichte ohne die Staaten (S. 450) – und ist daher essentiell in die Welt und in den Tumult der Geschichte verstrickt. Man bemerke, daß Rosenzweig, indem er anstatt dem Christentum dem Judentum einen *contemptus mundi* (S. 453: *Weltverachtung*) zuschreibt, eine ansonsten vom Christentum beanspruchte Tugend aufgreift.
30 Ebd., S. 331 (»Das Bezeugen geschieht im Erzeugen«); S. 379ff: »Sein Glaube ist nicht Inhalt eines Zeugnisses, sondern Erzeugnis einer Zeugung.« Zu den früheren, tatsächlich sehr frühen Ausformulierungen dieses Gedankens siehe oben. Das gleiche gilt für frühe Formulierungen des Gedankens, das Judentum sei bereits an dem Ziel angelangt, dem das Christentum noch zustrebe (*Der Stern*, S. 368; vgl. die vorhergehende Anm.). Zum Wandel des Verhältnisses Rosenzweigs zu Meinecke und zum Historismus vgl. Paul Mendes-Flohr, »Franz Rosenzweig and the Crisis of Historism«, in: ders. (Hg.), *The Philosophy of Franz Rosenzweig*, Hanover/London 1988, S. 138-161.
31 F. Rosenzweig, *Der Stern*, S. 342-372.
32 Jehuda Halevi, *Sefer ha-Kuzzari* 1, S. 4, 42, 95f.; in der Übers. v. Yehudah Even-Shmuel, Tel Aviv 1973, S. 6, 15, 31ff. Zu den Ursprüngen der Vorstellung vgl. Julius Guttmann, *Philosophie des Judentums*, S. 385, Anm. 334; Herbert Davidson, »The Active Intellect in the *Cuzari* and Halevi's Theory of Causality«, in: *Revue des études Juives* 131 (1972).
33 Z. B. Babylonischer Talmud, *Nedarim* 32a; vgl. *Shabbat* 156a: »Es heißt: Und er führte ihn hinaus ins Freie. Abraham sprach nämlich vor dem Heiligen, gepriesen sei Er: Herr der Welt, ein Leibeigener meines Hauses wird mich beerben: Da sprach er zu ihm: Nein, sondern einer, der von deinem Leib kommen wird. Darauf sprach jener: Herr der Welt, ich habe durch meine Astrologie geschaut, daß ich einen Sohn zu zeugen nicht geeignet bin. Alsdann sprach er: Fort mit

deiner Astrologie, Israel unterliegt nicht dem Leitstern.« Zum historischen Hintergrund vgl. Isaia M. Gafni, *The Jews in the Talmudic Era: A Social and Cultural History* (hebr.), Jerusalem 1990, S. 166 und Anm. 84. Jehuda Halevi, der dieses Diktum nicht anführt, zieht für den gleichen Gedanken biologische Metaphern vor: *Kuzzari* 2, S. 32-44. Zu einer interessanten Verwendung der astrologischen Idee durch Rabbi Levi ben Gershon (Ralbag) Kap. 4 der englischen Ausgabe dieses Buches, S. 121ff. Sogar Jean Bodin kannte dies: vgl. *Heptaplomeres*, hrsg. v. L. Noack, Hildesheim 1970, S. 199.

34 Fritz A. Kleinberger, *The Educational Theory of the Maharal of Prague* (hebr.), Jerusalem 1962, S. 37-42; Martin Buber, *Bein Am Le-artzo*, Jerusalem 1952 lenkte die Aufmerksamkeit auf die Verwandtschaft zur Lehre des (späteren) Bodin.

35 A. Habermann (Hg.), *Sefer Gezerot Ashkenaz ve-Tzarfat*, Jerusalem 1945, S. 25 (Shlomo ben R. Shimshon). Weniger als ein Jahrhundert später sollte der sogenannte »deutsche Pietismus« *(Hassidut ashkenaz)* eine Märtyrerideologie selbst für die private, alltägliche Sphäre entwikkeln. Shlomo ben R. Shimshon redet bereits von *Chassidim*.

36 Simone Luzzatto, *Ma'amar al Yehudei Venetziah* (hebr. Übers.) Jerusalem 1951, S. 106.

37 A. Funkenstein, *Hapassiviut kesimanah shel yahadut hagolah: Mitos umeziut*, Tel Aviv 1982.

38 Diese Formel verwendeten noch die Anti-Reform-Erklärungen des neunzehnten Jahrhunderts, z.B. die Sammlung von Pamphleten unter dem Titel *Eleh divrei habrit*, Altona 5679.

39 Vgl. oben Kap. 5 (Reform und Geschichte).

40 Perrine Simon-Nahum, *La cité investie*, Kap 1.

41 F. Rosenzweig, in: *Kleinere Schriften*, S. 278-290.

42 Diese Herleitung der Enttäuschung Rosenzweigs über den Historismus fehlt in Mendes-Flohrs hervorragendem Aufsatz »Franz Rosenzweig and the Crisis of Historism«, in: ders., *The Philosophy of Franz Rosenzweig*.

43 G. Scholem, in: *Devarim Bego*, hrsg. v. A. Shapira, Tel Aviv 1976, S. 398. Zu Rosenzweigs Verhältnis zum Zionismus vgl. Y. Fleishman, »Franz Rosenzweig kimevaker hatzionut«, in: Ernst Simon et al. (Hg.), *On Franz Rosenzweig on the Occasion of the Twenty-Fifth Anniversary of His Death* (hebr.), Jerusalem 1956, S. 54-73.

44 Vgl. D. Biale, *Gershom Scholem: Kabbala and Counter-History*, Kap. 1; A. Funkenstein, *Tzionut umada: shlosha hebetim*, Rehovot 1985.

45 Dies tritt offensichtlich zutage, wenn man sein frühes Werk *De vera religione* vergleicht, wo er von »zwei menschlichen Rassen« *(duo genera)* redet, nicht von »zwei Staaten«: *De vera religione* 27.50, *Corpus Christianorum Series Latina* 32, S. 219. Vgl. E. E. Cranz, »The Development of Augustine's Ideas on Society Before the Donatist Controversy«, in: *Harvard Theological Review* 58 (1954), S. 255ff.

46 Augustin macht deutlich, daß er von zwei, nicht von vier Staaten spricht (*De Civitate Dei* 12.1, CCSL 48, S. 355). Dieses scheinbare Paradox hat viele Interpretationen hervorgebracht, seit Wilhelm Kamlah, *Christentum und Geschichtlichkeit*, Stuttgart ²1951 es eschatologisch auflöste: am Ende der Geschichte werden die *civitas Dei coelestis* und die *civitas Dei peregrinans* (und entsprechend die *civitas terrenea* und *civitas diaboli*) eins sein. Meine Lösung (vgl. *Heilsplan und natürliche Entwicklung*, S. 45-48) ist rechtlich orientiert: nicht ihr letzliches Schicksal, sondern der Wille der Einwohner, ihr zuzugehören, konstituiert eine *civitas*; sie brauchen nicht darin zu bleiben. Cicero redete vom Staat im Sinne von *consensus iuris* und *communis utilitatis* (*De republica* 1. 25, hrsg. v. Ziegler, S. 24ff). Zu Augustin und Cicero vgl. F. G. Maier, *Augustin und das antike Rom*, Stuttgart 1955, S. 189ff.

47 Erik Peterson, »Der Monotheismus als politisches Problem. Ein Beitrag zur Geschichte der politischen Theologie im Imperium Romanum«, in: ders., *Theologische Traktate*, München 1951, S. 44ff. Der Begriff »politische Theologie«, erneuert durch Carl Schmitt, war eine antike Wortprägung: Varro, der von Augustin zitiert wird, unterschied zwischen vulgärer (mythischer), politischer und natürlicher Theologie.

48 F. Rosenzweig, *Der Stern*, S. 366.

49 Vgl. Stéphane Mosès, *System und Offenbarung: Die Philosophie Franz Rosenzweigs*. Aus dem Französischen von Rainer Rochlitz, München 1985. Während er (und andere) diesen Wandel mit der Enttäuschung über den Hegelianismus und Etatismus interpretieren, würde ich lieber die Lebensbejahung als solche hervorheben.

50 F. Rosenzweig, *Briefe*, S. 331.

51 Anders als Stéphane Mosès glaube ich nicht, daß es sich hierbei um eine Dichotomie zwischen einer »realistischen« und einer »idealistischen« Wahrnehmung handelt. Vielleicht kommt hier die Spannung zwischen der biblischen und der nachbiblischem Geschichtswahrnehmung zum Ausdruck: wirkliche Verwicklung in die Geschichte in biblischer Zeit (von den Zionisten aufs neue ersehnt), begleitet von einem Gespür für den Wandel und die einzigartigen und wichtigen Ereignisse, im Gegensatz zur Enthaltung von der Geschichte, begleitet von dem Empfinden, daß keines der Ereignisse der Gegenwart besonders wichtig ist und daß die vergangenen Ereignisse eher paradigmatisch und typologisch als geschichtlich zu verstehen sind. Vgl. Yosef Hayim Yerushalmi, *Zachor* und meine davon abweichende Interpretation in Kap. 1.

52 Zu seiner Vorstellung von den Wundern vgl. R. Wiehl, »Experience in Rosenzweig's New Thinking«, in: P. Mendes-Flohr (Hg.), *The Philosophy of Franz Rosenzweig*, S. 42-68, bes. S. 62-68.

53 Rosenzweigs Beziehung zu Schelling ist von E. Freund, *Die Existenzphilosophie Franz Rosenzweigs* in eingehender Weise geklärt worden. Von Schelling übernahm er auch die Vorstellung von den »Perioden«

der Kirchengeschichte (Mendes-Flohr, »Franz Rosenzweig and the Crisis of Historism«). Der Begriff der Externalisierung (*sich äußern*), den Z. Levi von Hegels »Entäußerung« ableitet, stammt ebenfalls von Schelling. Vgl. Zeev Levi, *Precursor of Jewish Existentialism. The Philosophy of Franz Rosenzweig and Its Relationship to Hegel's System* (hebr.), Tel Aviv 1969, S. 68.

54 Siehe oben Kap. 5 (Mendelssohns »Jerusalem«).
55 Heinrich Heine, *Sämtliche Werke*, hrsg. v. O. F. Lachmann, Bd. 1, Leipzig 1887, S. 611.
56 F. Rosenzweig, *Das Büchlein vom gesunden und kranken Menschenverstand*, hrsg. v. Nahum Glatzer, Düsseldorf 1964. Zum Problem der Vorstellung der Erfahrung, die Rosenzweig hier entwickelt, vgl. Nathan Rotenstreich, *Sugiot befilosofia*, Tel Aviv 1962, S. 290-298; P. Mendes-Flohr (Hg.), *The Philosophy of Franz Rosenzweig*, S. 69-98.
57 F. Rosenzweig, *Briefe*, S. 407.

7
Theologische Antworten auf den Holocaust

1 Yoel Taitelbaum, *Vayo'el Moshe*, New York 1952, 2. Aufl. 1957.
2 Babylonischer Talmud, *Ketubot* 3a; Cant. Rabba 2, 7. Im wörtlichen Sinne handelt es sich bei der Formel nicht um einen Eid, sondern um eine spielerische Imitation eines solchen: deshalb wird die Anrufung Gottes (*el shaddai, el tseva'ot*) durch das phonetische Gleichnis (*aylot ha'sade, tsviot*) ersetzt. Vgl. R. Gordis, »The Song of Songs«, in: *Mordechai M. Kaplan Jubilee Volume*, New York 1953, S. 281-397, bes. S. 308f.
3 Menachem M. Kasher, *Hatekufa hagdola*, Jerusalem 1969; das Buch enthält explizite Polemik auch gegen Taitelbaum.
4 U. Z. Greenberg, *Rehovot hanahar, Sefer ha'iliot veha'koah*, Tel Aviv 1957, S. 7; »Vater der überlegenen Rasse«, S. 31 passim. *Geza* ist der anerkannte moderne hebräische Begriff für »Rasse«; eine rassistische Ideologie nennt man *torat geza*. 1957 hatte dies andere Konnotationen als 1920, als Jabotinski versprach: »Mit Blut und mit Schweiß / wird uns eine Rasse geboren / stolz, großmütig und grausam.«
5 Vgl. die Ausführungen zu »Messianismus und Geschichte« in der englischen Ausgabe dieses Buches, S. 147ff.
6 Levi ben Habib, *Responsa*, Venedig 1565, Anhang (*kuntres hasmicha*); zum ideengeschichtlichen Hintergrund vgl. Jacob Katz, »Machloket hasmicha ben Jacob Berav veha Ralbach«, in: *Zion* 17 (1951), S. 34ff.
7 Raul Hilberg, *Die Vernichtung der europäischen Juden*, 3 Bde., Frankfurt a. M. 1990. Ich habe Teile der folgenden Überlegungen an anderer Stelle entwickelt, vgl. A. Funkenstein, *The Passivity of Diaspora Jewry: Myth and Reality* (Aran Lecture 11), Tel Aviv 1982.
8 Babylonischer Talmud, *Nedarim* 18a; *Gittin* 10b; *Baba Kama* 111; *Baba Batra* 54b-55a; vgl. Sh. Shilo, *Dina demalchuta dina*, Jerusalem 1974.
9 Jean Paul Sartre, *Réflexions sur la question juive*, Paris 1947.
10 Emil Fackenheim, *God's Presence in History*, New York 1970; ders., *The Jewish Return into History*, New York 1978; Eliezer Berkovits, *Faith After the Holocaust*, New York 1973.
11 George Steiner, *The Portage to St. Cristoval of A. H.*, New York 1982.
12 Primo Levi, *Ist das ein Mensch?* (ursprünglicher Titel *Se questo è un uomo*), übers. v. M. Kahn, München/Wien 1988, S. 135.
13 Der folgende Abschnitt vertieft meine Anmerkungen in: *Jerusalem Quarterly* 19 (1981), S. 56-72.
14 Jochanan H. Levy, *Olamot Nifgashim*, Jerusalem 1960, S. 115-189; Avigdor Tcherikover, *Hellenistic Civilization and the Jews*, übers. v. S. Appelbaum, Philadelphia 1959.

15 Siehe oben Kap. 1 und Isaak Heinemann, *Antiker Antisemitismus*, in: Pauli-Wissowa, *Realenzyklopädie*, Suppl. V, Sp. 3-43; J. H. Levy, ebd., S. 60-196.
16 Tacitus, *Historiarum Libri* V, 4, in: *Werke*, (Bibliotheca Scriptorum Graecorum et Romanorum Teubneriana), Stuttgart 1978.
17 Siehe Kap. 1 (Gegengeschichte von der Antike bis zur Moderne).
18 W. W. Jaeger, *Die Theologie der frühen griechischen Denker*, Stuttgart 1964, S. 1ff; 50ff (Xenophanes).
19 Augustinus, *De civitate Dei*, X, 9ff. 9 (in: Corpus Christianorum: Series Latina Bd. 47, S. 281ff).
20 Babylonischer Talmud, *Avodah Sara* 55ª.
21 Vgl. Henry Chadwick, *Origenes: Contra Celsum*, übers. und mit einer Einführung und Anmerkungen versehen v. H. Chadwick, Cambridge 1965, S. 199. Vgl. Carl Andresen, *Logos und Nomos. Die Polemik des Kelsos wider das Christentum*, Arbeiten zur Kirchengeschichte 30 (1955), S. 266ff.
22 J. H. Levy, ebd.; Menachem Stern, *Greek and Roman Authors on Jews and Judaism*, Jerusalem 1976.
23 Vgl. den Sektenkanon von Qumran (1QS) I, 10-11; vgl. Joshua Licht, *The Rule Scroll* (1QS, 1QSA und 1QSb), Text, Einführung und Kommentar (hebr.), Jerusalem 1965, S. 61. Vgl. G. Vermes, *The Dead Sea Scrolls in English*, Harmondsworth 1962, S. 72; deutscher Text in: Johann Maier/Kurt Schubert, *Die Qumran-Essener. Texte der Schriftrollen und das Lebensbild der Gemeinde*, München 1982, S. 143ff.
24 IQPHab VII, 1-5 (J. Maier/K. Schubert, ebd., S. 274f.).
25 Mischna *Sotah* IX, 15, in: H. Danby, The Mishna, London 1933, S. 306. Vgl. Michael Avi-Yonah, *The Jews of Palestine: A Political History from the Bar Kokhba War to the Arab Conquest*, London/New York 1976, S. 137-157, bes. S. 145-150.
26 E. G. von Grunebaum, *Medieval Islam*, Chicago 1953, S. 174-185.
27 »Noluerunt [...] ipsi Judaei mutari cum tempore«, vgl. Joachim von Fiore, *Super quattuor Evangeliarum*, 105, zit. n. Henri de Lubac, *Exégèse médiévale. Les quatre sens de l'écriture*, Lyon/Fournier 1961, Bd. 3 (II, 1), S. 144, Anm. 2. Dabei handelt es sich um eine deutliche literarische Anspielung an Ovid: »*tempora mutant et nos in eis.*«
28 Hugo de Sancto Victore, *De sacramentis Christianae fidei* II, 6, 4, in: Migne, *Patrologia Latina* Bd. 176, Sp. 450A; ders., *De vanitate mundi et rerum transeuntium usu* IV, in: Migne, PL, Bd. 176, Sp. 740C. Vgl. A. Funkenstein, *Heilsplan*, S. 52 und S. 165, Anm. 5. Hugo ist vermutlich von Rashis Deutung zu Genesis 6,9 beeinflußt worden.
29 Bernhard Blumenkranz, *Die Judenpredigt Augustins*, Basel 1946.
30 F. Kern, *Gottesgnadentum und Widerstandsrecht*.
31 Vgl. Kap. 3, Anm. 84.
32 Dazu und zum Folgenden vgl. Kap. 4 (Polemik und Apologetik).
33 Rimbertus, *Vita Anskari* 4, hrsg. v. G. Waitz, *M. G. in usu Schol.*,

Hannover 1884, S. 24: »cumque ab oratione surrexit, ecce vir per ostium veniebat, statura procerus, Iudaico more vestitus, vultu decorus.« Luther war nicht der erste europäische Theologe, der entdeckte, »daß Jesus Christus ein geborener Jude sei.«

34 Beryl Smalley, *The Study of the Bible in the Middle Ages*, Oxford 1952; H. Heilperin, *Rashi and the Christian Scholar*, Pittsburgh 1963.

35 Petrus Venerabilis, *Tractatus adversus Iudaeorum inveteratam duritiem*, V, Migne, PL 189, Sp. 602.

36 Vgl. u. a. J. Rosenthal, »The Talmud on Trial: The Disputation at Paris in the Year 1240«, in: *Jewish Quarterly Review* 47 (1956/57), S. 58ff, 145ff; Jacob Katz, *Exclusiveness and Tolerance*, S. 106-133.

37 Die theologische Polemik unterschied sich von der volkstümlichen Polemik in der Begrifflichkeit und im Niveau, sofern diese zur Dämonisierung und Entmenschlichung der Juden beitrug, vgl. Joshua Trachtenberg, *The Devil and the Jew: The Medieval Conception of the Jews and Its Relation to Modern Antisemitism*, New York 1961.

38 Thomas von Monmouth, *De vita et passione Sancti Willelmi martyris Norwicensis*, II, 9, hrsg. v. A. Jessop und M. R. James, Cambridge 1896; vgl. Gavin I. Langmuir, *Towards a Definition of Antisemitism*, Berkeley/Los Angeles/Oxford 1990, S. 209-236.

39 N. Cohn, *Warrant for Genocide* spürt den literarischen Zusammenhängen der Protokolle nach, nicht jedoch der Entstehung ihrer *topoi*.

40 Ch. Wirzubski, *Three Studies in Christian Kabbala* (hebr.), Jerusalem 1975; ders., *A Christian Kabbalist Reads the Law* (hebr.), Jerusalem 1977.

41 Vgl. zum Folgenden Shmuel Ettinger, *Modern Anti-Semitism: Studies and Essays* (hebr.), Tel Aviv 1978, bes. S. 29ff; ders., in: *Dispersion and Unity* 9 (1970), S. 17-37.

42 Chaim H. Ben-Sasson, »Jews and Christian Sectarians«, in: *Viator* 4 (1973), S. 369-385.

43 Vgl. S. Ettinger, ebd.; Arthur Hertzberg, *The French Enligthenment and the Jews: The Origin of Modern Anti-Semitism*, New York 1968, erkannte nicht die längere Entstehungsgeschichte der von ihm behandelten Motive.

44 Vgl. Jacob Katz, *Vom Vorurteil bis zur Vernichtung. Der Antisemitismus 1700-1933*, München 1989; J. J. Schudt, *Jüdische Merkwürdigkeiten*, Frankfurt a. M./Leipzig 1714.

45 Vgl. zum Folgenden Uriel Tal, *Judaism and Christianity in the Second Reich*, Ithaca/London 1975.

46 Zu Sartres Deutung in seinen berühmten *Réflexions sur la question juive* vgl. Menachem Brinker, »Sartre on the Jewish Question: Thirty Years Later«, in: *Jerusalem Quarterly Review* 10 (1979), S. 117-132. Sartre stellte auf anschauliche Weise den Antisemiten und den Juden einander als dialektisch miteinander verbundene Formen der nichtauthentischen Existenz gegenüber. Seine Beschreibung der antisemi-

tischen Mentalität gehört zu dem Besten, was ich je gelesen habe. Seine Annahme, daß die Juden fortexistieren, weil sie als solche betrachtet werden, greift Spinozas Behauptung in seinem *Tractatus Theologico-Politicus* (III) neu auf. Sie überträgt zugleich eine psychoanalytische Kategorie des *Sein und des Nichts* in die Begrifflichkeit einer historischen Analyse: die grundlegende Situation des »être vue«. Allerdings kannte Sartre aus seiner biographischen Erfahrung her lediglich den postemanzipatorischen und auf die Assimilation orientierten Juden.

47 Eva Fleischner (Hg.), *Auschwitz: Beginning of a New Era?*, New York 1974, S. 75. Ich verdanke den Hinweis meiner früheren Studentin Priscilla D. Jones, mit der ich wiederholt die Thematik dieses Kapitels besprochen habe.
48 Gregory G. Baum, *Christian Theology After Auschwitz* (Robert Waley Cohen Memorial Lecture), London 1976, bes. S. 7-15.
49 E. Berkovits, ebd.
50 Maimonides, *Mishne Tora*, Hilchot Shoftim.
51 Franklin H. Littell, *The Crucifixion of the Jews*, New York 1975.
52 Siehe oben Anm. 5. Der Ausdruck »durch die Wege der Religion begrenzte Völker«, den J. Katz, *Exclusiveness and Tolerance*, S. 115 Ha-Meiri zuschreibt, stammt in Wirklichkeit aus Maimonides »Führer der Verwirrten«, III, 50.
53 G. G. Baum, *Christian Theology after Auschwitz*.
54 Ebd., S. 19.
55 Martin Heidegger, *Sein und Zeit*, Tübingen ^{9}1960, S. 12.
56 Ebd., S. 175: »Der Titel (Das Verfallen usw.), der keine negative Bewertung ausdrückt [...]«
57 Primo Levi, *Ist das ein Mensch?*, S. 94-97.

8
Jüdische Geschichtsschreibung in der Krise

1 Gaius, *Instit.* I, 5; Ulpian, *Dig.* 1, 4, 31. Vgl. Michael J. Wilkes, *The Problem of Sovereignty in the Later Middle Ages*, Cambridge 1964, S. 154 (und Anm. 1); F. Schultz, »Bracton on Kingship«, in: *English Historical Review* 60 (1945), S. 136-176.
2 Hegel, *Philosophie der Geschichte*, hrsg. v. F. Brunstädt, Leipzig 1961, S. 61-69, 78; vgl. A. Funkenstein, *Theology and the Scientific Imagination*, S. 203ff.
3 Emile Durkheim, »L'Individualisme et les intellectuels«, in: *Revue bleue* 4 (1898), Nr. 10, S. 12ff; vgl. Steven Lukes, *Emile Durkheim: His Life and Work*, New York 1972, S. 332-349.
4 Thomas Mann, *Der Zauberberg*, Werke (13 Bde., Stuttgart 1974), Bd. 3. Georg Lukács, *Der historische Roman*, Berlin 1955; Erich Auerbach, *Mimesis*, S. 202-287.
5 Ernst Troeltsch, *Der Historismus und seine Probleme*, Tübingen 1922.
6 Peter Burke, »History of Events and the Revival of Narrative«, in: ders. (Hg.), *New Perspectives on Historical Writing*, University Park, Pa., 1991, S. 233-248.
7 Hayden White, *Metahistory. The Historical Imagination in Nineteenth Century Europe*, Baltimore/London 1973.
8 Walter Benjamin, *Gesammelte Schriften I. 2.*, Frankfurt a. M. 1974, S. 697: »Er [der historische Materialist] betrachtet es als seine Aufgabe, die Geschichte gegen den Strich zu bürsten« (*VII. geschichtsphilosophische These*).
9 Michel Foucault, *Les mots et les choses*, Paris 1966 (Schlußwort).
10 Reinhart Koselleck, *Vergangene Zukunft. Zur Semantik geschichtlicher Zeiten*, Frankfurt a. M., S. 176-207; Peter Reill, *The German Enligthenment and the Rise of Historicism*, Berkeley/Los Angeles 1975, S. 125-136 (Gesichtskreis) und A. Funkenstein, *Theology*, S. 205-210.
11 Heinrich Graetz, *Die Konstruktion der jüdischen Geschichte*, Berlin 1936, S. 5-19.
12 Yitzhaq F. Baer, *Studies in the History of the Jewish People* (hebr.), 2 Bde., Jerusalem 1987, Bd. 2, S. 12.
13 Ebd., S. 35.
14 Siehe Anm. 3 und F. Meinecke »Klassizismus, Romantizismus und historisches Denken im 18ten Jahrhundert«, in: ders., *Zur Theorie und Philosophie der Geschichte*, hrsg. v. E. Kessel, Stuttgart 1965, S. 264-278.
15 Y. Baer, ebd., Bd. 1, S. 38.
16 A. Funkenstein, »Gershom Scholem: Charisma, Kairos and the Messianic Dialectic«, in: *History and Memory* 4, 1 (1992), S. 123-140.

17 Jacob Neusner, *From Politics to Piety. The Emergence of Pharisaic Judaism*, New York 1979, bietet eine Zusammenfassung der Argumentation von ders., *The Rabbinic Traditions about the Pharisees before 70*, 3 Bde., Leiden 1970. Zu anderen Aspekten seiner Deutung vgl. auch ders., *Judaism and Christianity in the Age of Constantine*, Chicago 1987.

18 Jehuda Liebes, »Matsmiach keren yeshua«, in: *Mechkeve yerushalayim bemachshevet yisrael* 3 (1984), Nr. 3, S. 313-348.

19 *Exod. Rabbu* 29,1 (R. Simlai). Vgl. *Numeri Rabba* 19,4 (R. Johanan ben Zakkai).

20 G. Scholem, *Reshit ha-Kabbala*, Jerusalem 1948, S. 154 (in deutschen oder englischen Übersetzungen des Buches werden die Verse nicht angeführt; deutsche Übersetzung vom Autor).

21 Moshe Idel, *Kabbalah: New Perspectives*, New Haven 1988, S. 21f. Vgl. auch sein Buch *Abraham Abulafia und die mystische Erfahrung*. Ins Deutsche übertragen von Eva-Maria Thimme, Frankfurt a. M. 1994.

22 Yisrael Yuval, »Vengeance and Damnation. Blood and Defamation: From Jewish Martyrdom to Blood-Libel Accusations« (hebr.), in: *Zion* 58 (1993), Nr. 1, S. 33-90. Das nächste Heft des *Zion* wird den Reaktionen großen Raum widmen.

23 H. Brady (Hg.), *Anthologia Hebraica*, Leipzig 1922, S. 42.

24 Joseph Klausner, *Jesus von Nazareth. Seine Zeit, sein Leben und seine Lehre*, 2. erw. Aufl., Berlin 1935, S. 261f.

25 Dina Porat, *Hanhaga bemilkud. Hayishuv nochach hashoa*, Tel Aviv 1986.

26 Yitzchak Zuckerman (Antek), *Those Seven Years 1939-1946*, Tel Aviv 1990.

27 Vgl. auch Manfred Frank, *Die Unhintergehbarkeit von Individualität*, Frankfurt a. M. 1986.

28 Vgl. auch Kapitel 1 (Geschichte, Gegengeschichte und Erzählung).

Bibliographie

Abelard, Petrus, *Dialogus inter philosophum, Judaeum et Christianum* (Migne, PL 178).
Abrabanel, Yitschak, *Perush hatora*, Warschau 1862.
Abraham bar Chiyya, *Sefer megillat hamegalleh*, hrsg. v. Adolph Poznanski und Julius Guttmann, Berlin 1924.
Abraham ben David, *A Critical Edition with a Translation and Notes of the Book of Tradition (Sefer haqabbalah)*, hrsg. v. Gerson David Cohen, Philadelphia 1967.
Abraham ben ha-Rambam, *Milhamot hashem*, hrsg. v. R. Margoliot, Jerusalem 1953.
Abraham Ibn Ezra, *Perush hatora*, 3 Bde., hrsg. v. Asher Vayser, Jerusalem 1976.
Abraham Yosef Hakohen, *Iggrot ha-Ra'aya*, Jerusalem 1965.
Achad Ha'am, »Shinui Arachim«, in: ders., *Gesammelte Werke*, Tel Aviv/ Jerusalem 1965.
Agnon, Shmuel Yosef, »Ben shtey 'arim«, in: *Samukh venir'e*, Jerusalem/ Tel Aviv 1979.
Agobard, *Epistola de Judaicis superstitionibus* (Migne, PL 104).
Alanus ab Insulis, *De fide catholica contra haereticos* (Migne, PL 210).
Albo, Josef, *Sefer ha'iqarim*, hrsg. v. J. Husik, Philadelphia 1946.
Alexander von Hales, *Summa theologiae*, 4 Bde, hrsg. v. Quaracchi, Florenz 1924-1948.
Alfunsi, Petrus, *Dialogi* (Migne, PL 157).
Allen, R. E., »Participation and Prediction in Plato's Middle Dialogues«, in: Gregory Vlastos (Hg.), *Plato: A Collection of Critical Essays*, New York 1971.
Allers, R., *Anselm von Canterbury. Leben, Lehre, Werke*, Wien 1936.
Alt, Albrecht, »Die Ursprünge des Israelitischen Rechts«, in: ders., *Kleine Schriften* Bd. 1, München 1953, S. 278-332.
Altmann, Alexander, *Moses Mendelssohn. A Biographical Study*, Philadelphia 1973.
Ambrosius von Mailand, *De Jacobo* (CSEL 32).
–, *De Paradiso*, hrsg. v. C. Schenkel (CSEL 32).
–, *Hexameron*, hrsg. v. C. Schenkel (CSEL 32).
Anastos, Milton V., »Porphyry's Attack on the Bible«, in: I. Wallach (Hg.), *The Classical Tradition: Literary and Historical Studies in Honor of Harry Kaplan*, Ithaca, N.Y. 1966.
Andresen, Carl, »Logos und Nomos: Die Polemik des Kelsos wider das Christentum«, in: K. Aland et al. (Hg.), *Arbeiten zur Kirchengeschichte* 30, Berlin 1955.
Anselm von Havelberg, *Dialogi* (Migne, PL 188).

Aristoteles, *De caelo*, in: *Werke* (griechisch und deutsch, ND der Ausgabe Leipzig 1854-1879), Bd. 2, Aalen 1978.
–, *De generatione animalium*, in: *Werke* Bd. 13.
–, *Politeia*, in: *Werke* Bd. 6/7.
Arnold, Gottfried, *Unparteyische Kirchen und Kezerhistorie*, Schaffhausen 1740.
Ashtor, A., *The History of the Jews in Moslem Spain*, Jerusalem 1966.
Assmann, Jan, »Kollektives Gedächtnis und kulturelle Identität«, in: J. Assmann/T.Hölscher (Hg.), Kultur und Gedächtnis, Frankfurt a. M. 1988.
–, »Guilt and Remembrance: On the Theologization of History in the Ancient Near East«, in: *History and Memory* 2, 1 (1990), S. 5-33.
Auerbach, Erich, *Scenes from the Drama of European Literature*, New York 1959.
–, *Mimesis. Dargestellte Wirklichkeit in der abendländischen Literatur*, Bern ²1959.
Augustinus von Hippo, *Augustini (Sancti Aurelii) opera omnia*, hrsg. v. J. P. Migne, *Patrologia Latina cursus completus series Latina*, Bd. 32-47, Paris 1841-49.
–, *Augustini opera*, in: Corpus scriptorum ecclesiasticorum Latinorum, Wien 1887ff.
–, *Augustini (Aurelii) opera*, in: *Corpus Christianorum, Series Latina*, Turnbout 1954ff.
Avi-Yonah, Michael, *Biyme Roma u-Bizantion*, Jerusalem 1946.
–, *The Jews of Palestine. A Political History from the Bar-Kokhba War to the Arab Conquest*, London/New York 1976.
Azaria di Rossi, *Me'or eynayyim*, 3 Bde., Jerusalem 1970.
–, *Azaria di Rossi, Selected Chapters from Sefer Me'or Einayim and Matsref lakessef*, hrsg. v. Reuven Bonfil, Jerusalem 1991.
Baer, Yitzchak F. A., *A History of the Jews in Christian Spain*, Tel Aviv 1959.
–, »Lebikoret havikuchim shel rabbi Yechiel mi-Paris veshel rabbi Moshe ben Nachman«, in: *Tarbiz* 2 (1971), S. 172-177; abgedruckt in: ders., *Mechkarim 'umassot betoledot am yisrael* (2 Bde., Jerusalem 1986), Bd. 2, S. 128-142.
–, »Don Yitschak Abravanel veyachasso el be'ayat hahistoria vehamedinah«, in: *Tarbiz* 5 (1937), S. 241-259, abgedruckt in: *Mechkarim*, S. 398-416.
–, *Galut*, Berlin 1936 (englische Übersetzung New York 1947).
–, »He'arot chadashot lesefer shevet yehuda«, in: *Tarbiz* 6 (1933), S. 152-179.
–, »Eine jüdische Messias-Apokalypse aus dem Jahre 1186«, in: *Monatsschrift für Geschichte und Wissenschaft des Judentums* 70 (1926), S. 113ff.
–, *Studies in the History of the Jewish People* (hebr.), 2 Bde., Jerusalem 1987.

Bamberger, Bernard Jacob, *Proselytization in the Talmud Period*, Cincinnati 1939.
Band, Arnold, »Swallowing Jonah: The Eclipse of Parody«, in: *Prooftexts* 10 (1990), S. 177-195.
Baron, Hans, *The Crisis of the Early Italian Renaissance*, Princeton 1966.
Baron, Salo Wittmayer, »The Historical Outlook of Maimonides«, in: *History and Jewish Historians*, Philadelphia 1964.
–, *A Social and Religious History of the Jews*, New York 1952ff.
Baum, Gregory G., *Christian Theology after Auschwitz* (Robert Waley Cohen Memorial Lecture), London 1976.
Becker, Carl L., *The Heavenly City of the Eighteenth Century Philosophers*, New Haven/London 1932.
Benin, S. D., »The Cunning of God and Divine Accomodation: The History of an Idea«, in: *The Journal for the History of Ideas* 45 (1984), S. 179-191.
–, »Thou Shalt Have No Other God Before Me: Sacrifice in Jewish and Christian Thought«, Ph. D. diss., University of California, Berkeley 1980.
Benjamin, Walter, *Gesammelte Schriften I. 2.*, Frankfurt a. M. 1974.
Ben Sasson, Chaim Hillel, »Jews and Christian Sectarians«, in: *Viator* 4 (1973), S. 369-385.
–, »Limeagamot hachronografyah hayehudit shel yemei habeinayim uve'-ayoteha«, in: *Historyah veaskolot historiyot*, Jerusalem 1962.
–, *Perakim betoldot yisrael biyme habenayyim*, Tel Aviv 1962.
–, »Yichud yisrael leda'at bne hamea hashtemesre«, in: *Peraqim lecheqer toldot yisrael*, Bd. 2, Schocken Institute at the HUC (1971), S. 145-218.
Bentzen, Aage, *Handbuch zum Alten Testament*, 2. Aufl., hrsg. v. Otto Eissfeld, Tübingen 1952.
Benz, Ernst, *Ecclesia Spiritualis*, Stuttgart 1934.
Berger, Peter L., *The Sacred Canopy. Elements of a Sociological Theory of Religion*, Garden City, N.Y. 1967.
–/Luckmann, Thomas, *The Social Construction of Reality*, New York 1966.
–/Luckmann, Thomas, »Secularization and Pluralism«, in: *International Yearbook for the Society of Religion* 1966.
Berges, Wilhelm, »Anselm von Havelberg in der Geistesgeschichte des 12. Jahrhunderts«, in: *Jahrbuch für die Geschichte Mittel- und Ostdeutschlands* 5 (1956), S. 38ff.
–, »Land und Unland in der mittelalterlichen Welt«, in: *Festschrift für H. Heimpel zum 70ten Geburtstag*, Göttingen 1972, S. 399-439.
Berkovits, Eliezer, *Faith After the Holocaust*, New York 1973.
Beumer, Johannes, »Der theoretische Beitrag der Frühscholastik zu dem Problem des Dogmenfortschritts«, in: *Zeitschrift für katholische Theologie* 74 (1952), S. 105ff.
Biale, David, *Gershom Scholem: Kabbala and Counterhistory*, Cambridge, Mass. 1979.

–, »The Kabbala in Nachman Krochmal's Philosophy of History«, in: *Journal of Jewish Studies* 32 (1981), S. 85-97.

Bildstein, J., »On Political Structures: Four Medieval Comments«, in: *The Jewish Jöurnal of Sociology* 22 (1980).

Bloch, Marc, *La Société Feodale*, Paris 1939.

Blumenberg, Hans, *Die Legitimität der Neuzeit*, Frankfurt a. M. 1966.

Blumenkranz, Bernhard, *Les auteurs Chretiens latins du moyen age sur les Juifs et le Judaisme*, Paris 1963.

–, *Die Judenpredigt Augustins*, Basel 1946.

Bock, Gisela, *Thomas Campanella: politisches Interesse und philosophische Spekulation*, Tübingen 1974.

Bodin, Jean, *Methodus ad facilem historiarum cognitionem*, Straßburg 1907.

–, *Heptaplomeres*, hrsg. v. L. Noack, Hildesheim 1970.

Bohr, Niels, »Discussion with Einstein on Epistemological Problems in Atomic Physics«, in: Paul Arthur Schlipp (Hg.), *Albert Einstein: Philosopher-Scientist*, London ³1949.

Bousma, William J., *John Calvin: A Sixteenth Century Portrait*, New York/Oxford 1988.

Bousset, Wilhelm, *Die Religion des Judentums im späthellenistischen Zeitalter*, 3. rev. Aufl., hrsg. v. Hugo Greßmann, Berlin 1926.

Box, George Herbert, »4. Ezra«, in: Robert Henry Charles (Hg.), *The Apocrypha and Pseudepigrapha of the Old Testament*, 2 Bde., Oxford 1968.

Brady, H. (Hg.), *Anthologia Hebraica*, Leipzig 1922.

Brinker, Menachem, »Sartre on the Jewish Question: Thirty Years Later«, in: *Jerusalem Quarterly* 10 (1979), S. 117-132.

Brunner, Otto, *Land und Herrschaft. Grundfragen der territorialen Verfassungsgeschichte Österreichs im Mittelalter*, Wien 1959.

Buber, Martin, *Bein am leartzo*, Jerusalem 1952.

–, *Zwei Glaubensweisen*, Heidelberg 1950.

Budde, Franz, *Historia Ecclesiastica*, 3. Aufl. Jena 1726.

Bultmann, Rudolf, *Das Urchristentum im Rahmen der antiken Religionen*, Zürich ²1954.

Burckhardt, Jakob, *Briefe*, hrsg. v. Max Burckhardt, Bremen 1965.

Burdach, Conrad, *Reformation, Renaissance, Humanismus. Zwei Abhandlungen über die Grundlage moderner Bildung und Sprachkunst*, Berlin ²1926, ND Darmstadt 1963.

Burke, Peter, »History of Events and the Revival of Narrative«, in: ders. (Hg.), *New Perspectives on Historical Writing*, University Park, Pa. 1991, S. 233-248.

Campanella, Tommaso, *Atheismus triumphatus*, Paris 1636.

–, *Metafisica*, hrsg. v. Giovani di Napoli, Bologna 1967.

–, »Rationalis philosophiae, pars 5: Historiographia liber unus iuxta propria principia«, in: L. Firpo (Hg.), *Tutte le opere di Tommaso Campanella*, Turin 1954.

Capsali, Eliyahu, *Seder Eliyahu Zuta*, 2 Bde., Jerusalem 1979.
Cardoso, Yitshac, *Las Excelensias de los Hebreos*, Amsterdam 1679.
Carlebach, Julius (Hg.), *Wissenschaft des Judentums (chochmat yisrael). Anfänge der Judaistik in Europa*, Darmstadt 1992.
Caspar, Erich (Hg.), *Das Register Gregors VII*, 2 Bde., MG Epistualae selectae in usu scholarum, Berlin 1920 (Nd 1967).
Cassuto, Umberto, *From Adam to Noah. A Commentary on the First Chapters of Genesis*, Jerusalem 1944.
Censorinus, *De die natali*, hrsg. v. F. Huftsch, Leipzig 1897.
Chadwick, Henry, *Origenes: Contra Celsum*, übers. v. H. Chadwick, Cambridge 1965.
Charles, Robert Henry (Hg.), *The Apocrypha and Pseudepigrapha of the Old Testament*, 2 Bde., Oxford 1968.
Chenu, Marie Dominique, *Nature, Man and Society in the Twelfth Century*, Chicago 1957.
Cicero, *De Oratore* (Über den Redner, lat. und dt., übers., kommentiert und mit einer Einl. versehen v. Harald Merklin), Stuttgart 1976.
–, *De republica*, hrsg. v. K. Ziegler, Leipzig 1929.
Claasen, Peter, *Gerhoch von Reichersberg*, Wiesbaden 1960.
Cochrane, Charles Norris, *Christianity and Classical Culture: A Study of Thought and Action from Augustus to Augustine*, New York ²1957.
Cohen, Bernard I. (Hg.), *Puritanism and the Rise of Modern Science*, New Brunswick 1990.
Cohen, Hermann, *Die Religion der Vernunft aus den Quellen des Judentums*, Berlin 1921.
Cohen, Gerson, »Esau as Symbol in Early Medieval Thought«, in: Alexander Altmann (Hg.), *Jewish Medieval and Renaissance Studies*, Cambridge, Mass. 1967.
–, *The Book of Tradition by Abraham Ibn Daud*, Philadelphia 1967.
Cohen J., *The Friars and the Jews: The Evolution of Medieval Anti-Judaism*, Ithaca, N.Y./London 1982.
Cohn, Norman Rufus Colin, *The Pursuit of the Millenium*, London 1957.
–, *Warrant for Genocide*, London 1967.
Corpus scriptorum ecclesiasticorum latinorum (CSEL), hrsg. v. der Wiener Akademie der Wissenschaften, 1886ff.
Courtenay, W., »Necessity and Freedom in Anselm's Conception of God«, in: *Analecta Anselmiana* 4 (1975), Nr. 2, S. 39-64.
Cranz, E. E., »The Development of Augustine's Ideas on Society Before the Donatist Controversy«, in: *Harvard Theological Review* 58 (1954), S. 255ff.
Cross, Frank Moore, *The Ancient Library of Qumran and Modern Biblical Studies*, rev. Aufl. New York 1961.
Curtius, Ernst Robert, *Europäische Literatur und Lateinisches Mittelalter*, Bern 1956.
Damiani, Petrus, »De divina omnipotenzia«, in: *Edizione Nationale dei*

Classici del pensiero Italiano, hrsg. v. P. Brezzi und B. Nardi, Florenz 1943.

Dan, Joseph, *Hasipur ha'ivri biyme habenayim*, Jerusalem 1974.

–, *Torat hasod shel chassidut Ashkenaz*, Jerusalem 1968.

Danby, H. (Übers.), *The Mishnah*, London 1933.

Daniel, N., *Islam and the West: The Making of an Image*, Edinburgh 1960.

Daniélou, Jean, »The New Testament and the Theology of History«, in: *Studia Evangelica* 1 (1959), S. 25-34.

Dante Alighieri, »De vulgari eloquentia«, in: *Opera Omnia* (2 Bde., Leipzig 1921), Bd. 2.

Dassberg, Lea, *Untersuchungen über die Entwertung des Judenstatus im 11. Jahrhundert*, Paris/La Haye 1965.

Davidson, Herbert, »The Active Intellect in the Cuzari and Halevi's Theory of Causality«, in: *Revue des études juives* 131 (1972), S. 351-396.

–, »Arguments from the Concept of Particularization«, in: *Philosophy East and West* 18 (1968), S. 299ff.

–, *Proofs for Eternity, Creation and the Existence of God in Medieval Islamic and Jewish Philosophy*, New York 1987.

Dempf, Alois, *Sacrum Imperium. Geschichts- und Staatsphilosophie des Mittelalters und der politischen Renaissance*, München/Berlin 1929.

Descartes, René, *Meditations*, hrsg. v. A. Tannery, Paris 1904.

Die griechischen christlichen Schriftsteller der ersten 3 Jahrhunderte (GCS), hrsg. v. d. Berliner Akademie der Wissenschaften, Kirchenväterkommission, 1897ff.

Diestel, Ludwig, *Geschichte des Alten Testaments in der christlichen Kirche*, Jena 1869.

Dilthey, Wilhelm, »Weltanschauung und Analyse des Menschen seit Renaisssance und Reformation«, in: *Gesammelte Schriften*, Stuttgart 1960.

Dimant, Devorah, »Election and Laws of History in Apocalyptic Literature«, in: Shmuel Almog/Michael Heyd (Hg.), *Chosen People, Elect Nation and Universal Mission*, Jerusalem 1991.

Dimitrowski, H. Z., »New Documents Regarding the Semikha Controversy in Safed«, in: *Sefunot* 10 (1966), S. 115-192.

Dinur, Benzion, *Yisrael bagola*, Jerusalem 1967.

Dubnow, Simon, *Weltgeschichte des jüdischen Volkes*, 10 Bde., Berlin 1925-29.

Durkheim, Émile, »L'Individualisme et les intellectuels«, in: *Revue bleue* 4 (1898), Nr. 10, S. 7-13.

Düsing, Klaus, *Hegel und die Geschichte der Philosophie*, Darmstadt 1983.

Eben-Shmuel, Yehuda, *Midreshe Geula*, Jerusalem 1952.

Effler, R. R., »John Duns Scotus and the Principle omne quod movetur ab alio movetur«, in: *Franciscan Institute Publications, Philosophy Series* 15 (1962), S. 120ff.

Efron, Joshua, *Studies of the Hasmonean Period* (hebr.), Tel Aviv 1960.

Eilberg-Schwartz, Howard, *The Savage in Judaism: An Anthropolgy of Israelite Religion and Ancient Judaism*, Bloomington, Ind. 1990.

Eisen, Arnold, *Galut*, Bloomington/Indianapolis, Ind. 1986.

Eissfeldt, Otto, *Einleitung in das Alte Testament unter Einschluß der Apokryphen und Pseudepigraphen. Entstehungsgeschichte des Alten Testaments*, Tübingen 1934.

Elbogen, Ismar, *Der jüdische Gottesdienst in seiner geschichtlichen Entwicklung*, Leipzig 1913 (3. Aufl. Frankfurt a. M. 1931).

Eleazar von Worms, *Sefer chokhmat hanefesh*, ND Jerusalem 1967.

Eliade, Mircea, »Cosmic and Eschatological Renewal«, in: *The Two and the One*, Chicago 1962.

–, *Cosmos and History: The Myth of the Eternal Return*, New York 1959.

Elliger, Karl, *Studien zum Habakuk-Kommentar vom Toten Meer*, Tübingen 1953.

Emden, Rabbi Jacob, *Mitpachat sefarim*, Lemberg 1870.

Enders, A., *Petrus Damiani und die Weltliche Wissenschaft, Beiträge zur Geschichte der Philosophie des Mittelalters*, hrsg. v. C. Bäumker, Münster 1910.

Entsiklopediah Mikrait, Jerusalem 1950-76.

Entsiklopediah Talmudit le'inyane halakha [Encyclopedia Talmudica], hrsg. v. Meir Berlin und Shlomo Yosef Zevin, Jerusalem 1947.

Epiphanius Panarios (Migne, PG 41, PG 42).

Epstein, Isidore (Hg.), *The Babylonian Talmud*, London 1935.

Erdman, Carl, *Die Entstehung des Kreuzzugsgedankens*, 1935 (ND Stuttgart 1955).

Eshkoli, Aaron Ze'ev, *Hatenu'ot hameshici'yot be-Yisrael*, Jerusalem 1956.

–, (Hg.), *Sipur David Hareuveni*, Jerusalem 1940.

Ettinger, Shmuel, »Jews and Judaism as Seen by English Deists of the Eighteenth Century«, in: *Zion* 29 (1964).

–, *Modern Anti-Semitism: Studies and Essays*, Tel Aviv 1978.

Euchner, Walter, *Egoismus und Gemeinwohl: Studien zur Geschichte der bürgerlichen Philosophie*, Frankfurt a. M. 1973.

Eusebius von Caesarea, *Historia ecclesiastica*, hrsg. v. Eduard Schwartz, Berlin ⁵1952.

–, *Praeparatio Evangelica*, hrsg. v. E. H. Gifford, 4 Bde., Oxford 1903.

Fackenheim, Emil, *God's Presence in History*, New York 1970.

–, *The Jewish Return into History*, New York 1978.

Febvre, Lucien Paul Victor, *Le problème de l'incroyance au XVIième siècle: la religion de Rabelais*, Paris 1942.

Fishbane, Michael A., *Biblical Interpretation in Ancient Israel*, Oxford 1985.

Fishman, Talya, »New Light on the Dating and Provenance of Kol Sachal and Its Timeless Critique of Rabbinical Culture«, in: *Tarbiz* 59 (1989/90), S. 178ff.

Flasch, Kurt, *Aufklärung im Mittelalter? Die Verurteilung von 1277*, Mainz 1989.

Fleischner, Eva (Hg.), *Auschwitz; Beginning of a New Era?*, New York 1974.

Fleishman, Y., »Franz Rosenzweig kimevaker hatsiyonut«, in: Ernst Simon et al. (Hg.), *On Franz Rosenzweig on the Occasion of the Twenty-Fifth Anniversary of His Death*, Jerusalem 1956.

Fletcher, Angus John Stuart, *Allegory: The Theory of Symbolic Mode*, Ithaca, N.Y. 1964.

Flusser, David, *Judaism and the Origins of Christianity*, Tel Aviv 1979.

Foucault, Michel, *Les mots et les choses*, Paris 1966.

Frank, Manfred, *Die Unhintergehbarkeit von Individualität: Reflexionen über Subjekt, Person und Individuum aus Anlaß ihrer ›postmodernen‹ Toterklärung*, Frankfurt a. M. 1986.

Franklin, Julian H., *Jean Bodin and the Sixteenth-Century Revolution in the Methodology of Law and History*, New York 1963.

Freudenthal, Gad, »Cosmogonie et physique chez Gersonides«, in: *REJ* 145 (1986), S. 295-314.

Freund, Else, *Die Existenzphilosophie Franz Rosenzweigs*, Berlin 1959.

Freund, W., *Modernus und andere Zeitbegriffe des Mittelalters*, Köln 1957.

Friedländer, Saul, »Die Shoah als Element in der Konstruktion israelischer Erinnerung«, in: *Babylon* 2 (1987), S. 10-22.

Friedrich, Hugo, *Montaigne*, Bern/München ²1967.

Fritz, Kurt von, *The Theory of the Mixed Constitution in Antiquity: A Critical Analysis of Polybius' Political Ideas*, New York 1954.

Fuchs, Harald, *Der geistige Widerstand gegen Rom in der antiken Welt*, Berlin ²1964.

Fulgentius, Fabius Planciades, »De aetatibus mundi et hominis«, in: *Fulgentii opera*, hrsg. v. Rudolf Helm, Leipzig 1898.

Funkenstein, Amos, »Anti-Jewish Propaganda: Pagan, Medieval and Modern«, In: *The Jerusalem Quarterly* 19 (1981), S. 56-72.

–, »Descartes and the Method of Annihilation«, in: D. Katz/J. Israel (Hg.), *Sceptics, Millenarians and Jews*, Leiden 1990.

–, »Gershom Scholem: Charism, Kairos and the Messianic Dialectic«, in: *History and Memory* 4 (1992), Nr. 1, S. 123-140.

–, »Gesetz und Geschichte: Zur historisierenden Hermeneutik bei Moses Maimonides und Thomas von Aquin«, in: *Viator* 1 (1970), S. 147-178.

–, *Heilsplan und natürliche Entwicklung: Formen der Gegenwartsbestimmung im Geschichtsdenken des hohen Mittelalters*, München 1965.

–, »Hermann Cohen: Philosophie, Deutschtum und Judentum«, in: *Jahrbuch des Instituts für Deutsche Geschichte* 6 (1984), S. 355-365.

–, »Natural Science and Political Theory: Hobbes, Spinoza and Vico«, in: Giorgio Tagliacozzo/D. F. Verne (Hg.), *Giambattista Vico's Science of Humanity*, Baltimore 1976.

–, *Hapassiviut kesimanah shel yahadut hagola: Mitos umezi'ut*, Tel Aviv 1982.

–, »Patterns of Christian Jewish Polemics in the Middle Ages«, in: *Viator* 2 (1971), S. 373-382.

–, Periodization and Self-Understanding in the Middle Ages and Early Modern Times«, in: *Medievalia et Humanistica* 5 (1974), S. 3-23.

–, *Signonot befarshanut hamikra biyeme habenayim*, Tel Aviv 1990.

–, *Theology and the Scientific Imagination: From the Middle Ages to the Seventeenth Century*, Princeton 1986.

–/Steinsatz, Adin, *Sociology of Ignorance*, Tel Aviv 1987.

Funkenstein, Josef, »Das alte Testament im Kampf zwischen Regnum und Sacerdotium während des Investiturstreits«, Ph. D. diss. Dortmund 1937.

–, »Samuel und Saul in der Staatslehre des Mittelalters«, in: *Archiv für Rechts- und Sozialphilosophie* XL/1 (1952), S. 129-140.

Gafni, Isaia M., *The Jews in the Talmudic Era: A Social and Cultural History*, Jerusalem 1990.

Garnerius von Rochefort, *Contra Amaurianos*, hrsg. v. C. Bäumker, Münster 1926.

Gassendi, Pierre, *Exercitationes paradoxicae adversus Aristoteleos*, hrsg. v. B. Rochot, Paris 1959.

Gay, Peter, »The Enlightenment: A Reinterpretation«, in: *The Rise of Modern Paganism*, New York 1960.

Geiger, Abraham, *Nachgelassene Schriften*, Berlin 1875-1878.

Gibbon, Edward, *The Decline and Fall of the Roman Empire*, Modern Library, New York o. J.

Gierke, Otto von, *Johannes Althusius und die Entwicklung der naturrechtlichen Staatstheorien*, Breslau 1913.

Gilson, Étienne, *Jeans Duns Scot: Introduction à ses positions fondamentales*, Paris 1952, dt. Übersetzung Düsseldorf 1959.

Glaber, Radulfus, »Historiarum sui temporis libri quinque«, in: *Raoul Glaber, les cinq livres de ses Histoires*, hrsg. v. M. Prou, Paris 1896.

Glatzer, Nahum N., *Franz Rosenzweig: His Life and Thought*, New York ²1961.

Goetschel, Roland, »Philon et le judaisme hellenistique au miroir de Nachman Krochmal«, in: A. Laquot et al. (Hg.), *Hellenica et judaica*, Paris 1986.

Goez, Werner, *Translatio imperii: Ein Beitrag zur Geschichte des Geschichtsdenkens und der politischen Theorien im Mittelalter und der frühen Neuzeit*, Tübingen 1958.

Goldstein, B., »The Hebrew Astronomical Tradition: New Sources«, in: *Isis* 72 (1981), S. 237-251.

Goldzieher, Ignaz, *Vorlesungen über den Islam*, Heidelberg 1910.

Good, Edwin Marshall, *Irony in the Old Testament*, Philadelphia 1965.

Gordis, R., »The Song of Songs«, in: Moshe Davis (Hg.), *Mordechai M. Kaplan Jubilee Volume on the Occasion of his Seventieth Birthday*, New York 1953.

Gottleib, Ephraim, *Mechkarim besifrut haqabbalah*, hrsg. v. Joseph Hacker, Tel Aviv 1976.

Graetz, Heinrich, *Die Konstruktion der jüdischen Geschichte*, Berlin 1936.

Grafton, A., *Defenders of the Text: The Traditions of Scholarship in the Age of Science*, 1450-1800, Cambridge, Mass. 1991.

Grayzel, S., *The Church and the Jews in the XIIIth Century*, Philadelphia 1933.

Greenberg, U. Z., *Rechovot hanahar, sefer ha'iliot vehakoach*, Tel Aviv 1957.

Greene, Thomas M., »History and Anachronism«, in: Gary Saul Morson (Hg.), *Literature and History: Theoretical Problems and Russian Case Studies*, Stanford 1986.

–, *In the Light of Troy: Imitation and Discovery in Renaissance Poetry*, New Haven 1982.

Gregor von Rimini, *Lectura super primum et secundum sententiarum*, 6 Bde., hrsg. v. A. D. Trapp und V. Marcolino, Berlin/New York 1979-1984.

Grinz, J. M., »Ben Ugarit lekummran«, in: *Eshkolot* IV (1962), S. 146-161.

Grundmann, Herbert, »Oportet ut haereses esse: Das Problem der Ketzerei im Spiegel der mittelalterlichen Bibelexegese«, in: *Archiv für Kulturgeschichte* 45 (1963), S. 129-164.

–, *Studien über Joachim von Fiore*, Leipzig 1927.

Grunebaum, E. G. von, *Medieval Islam*, Chicago 1953.

Guttmann, Jacob, *Das Verhältnis des Thomas v. Aquin zum Judentum und zur jüdischen Literatur*, Göttingen 1892.

Guttmann, Julius, »John Spencers Erklärung der biblischen Gesetze in ihrer Beziehung zu Maimonides«, in: *Festkrift i anleding af Professor David Simonsen 70-arige fødelsodag*, Kopenhagen 1923, S. 258-276.

–, *Die Philosophie des Judentums*, München 1933, ND Wiesbaden 1985 (*Philosophies of Judaism*, übers. v. David W. Silverman, New York 1964, ND 1973).

–, »Das Problem der Kontingenz in der Philosophie des Maimonides«, in: *Monatsschrift für Geschichte und Wissenschaft des Judentums* 83 (1939), S. 406ff.

Gutwein, Daniel, »Marx on the Relationship Between Jews and Capitalism: From Sombart to Weber«, in: *Zion* IV (1990), Nr. 4, S. 419-447.

Haberman, A., *Sefer gezerot ashkenaz vetsarfat*, Jerusalem 1945.

Halbwachs, Maurice, *La Mémoire collective*, Paris 1950.

Harnack, Adolf von, *Marcion. Das Evangelium vom fremden Gott*, Leipzig 1924, ND Darmstadt 1960.

Hauck, Karl, *Kirchengeschichte Deutschlands*, 5 Bde., Berlin 1958.

Häussler, A., »Vom Ursprung und Wandel des Lebensaltersvergleiches«, in: *Hermes* 92 (1964), S. 313ff.

Hegel, Georg Friedrich Wilhelm, *Phänomenologie des Geistes*, in: *Sämtliche Werke*, hrsg. v. J. Hofmeister, Hamburg 1952.

–, *Vorlesungen über die Philosophie der Geschichte*, hrsg. v. Friedrich Brunstädt, Stuttgart 1961.
–, *Wissenschaft der Logik*, Nürnberg 1812-16.
Heidegger, Martin, *Sein und Zeit*, Tübingen ⁹1960.
Heilborn, John L., »Science in the Church«, in: *Science in Context* 3 (1989), Nr. 1, S. 9-28.
Heilperin, H., *Rashi and the Christian Scholars*, Pittsburgh 1963.
Heinemann, Isaak, »Antiker Antisemitismus«, in: Pauli-Wissowa, *Realenzyklopädie der Altertumswissenschaften*, Suppl. V, Sp. 389-416.
–, *Darche hahaggada*, Jerusalem ²1954.
–, *Ta'ame hamitsvot besifrut Yisrael*, Jerusalem 1959.
Heinemann, Joseph, *Prayers in the Period of the Tana'im and Amora'im: Its Nature and Patterns*, Jerusalem 1978.
Heller-Wilensky, S. O., »Isaac ibn Latif«, in: Alexander Altmann (Hg.), *Jewish Medieval and Renaissance Studies*, Cambridge, Mass. 1967.
Helm, Rudolf, »Fulgentius, de aetatibus mundi«, in: *Philologus* 56 (1897), S. 253-289.
Henrich, Dieter, »Hegels Logik der Reflexion«, in: *Hegel im Kontext*, Frankfurt a. M. 1971.
–, *Der ontologische Gottesbeweis, sein Problem und seine Geschichte in der Neuzeit*, Tübingen 1960.
Hermann von Reichenau, *Chronicon*, hrsg. v. G. H. Hertz, MG Script, 1844.
Hermannus quondam Judaeus, »Opusculum de conversione sua«, in: *Quellen zur Geschichte des Mittelalters*, hrsg. v. G. Niemayr, Weimar 1963.
Herodotus, *Historiae*, Bd. 1, hrsg. v. H. B. Rosén, Leipzig 1987.
Hertzberg Arthur, *The French Enlightenment and the Jews: The Origin of Modern Anti-Semitism*, New York 1968.
Hervey, Ruth E., »The Inward Wits: Psychological Theory in the Middle Ages and the Renaissance«, in: *Warburg Institute Surveys* 6 (1975).
Herzl, Theodor, *Der Judenstaat*, Wien 1934.
Hieronymus, *Chronicon Eusebii*, hrsg. v. R. Helms, GCS 24, 1913.
–, *Epistulae*, hrsg. v. I. Heidberg (CSEL 61/3, 1918).
Hilberg, Raul, *Die Vernichtung der europäischen Juden*, Berlin 1982.
Hildebertus Cenomanensis, *Sermo in septuagesima* (Migne, PL 177).
Hintikka, Jaakko, *Time and Necessity: Studies in Aristotle's Theory of Modality*, Oxford 1973.
Horning, G., »Akkomodation«, in: *Wörterbuch der Philosophie*, hrsg. v. G. Ritter et al., Darmstadt 1971.
Hugo von St. Viktor, *De sacramentis Christianae fidei* (Migne, PL 176).
–, *De scripturis* (Migne, PL 175).
–, *De vanitate mundi et rerum transeuntium usu* (Migne, PL 176).
–, *Didascalicon de studi legendi* (Migne, PL 176).
Ibn Verga, Shlomo, *Shevet Yehuda*, hrsg. v. M. Wiener, Hannover 1924.

Idel, Moshe, »Hahitbodedut kerikuz bafilosofia hayehudit«, in: *Mechkare Yerushalayim bemachshevet Yisrael* 7 (1988), S. 39-60.
–, *Kabbalah: New Perspectives*, New Haven 1988.
Irenäus von Lyon, *Libri quinque adversus haereses*, 2 Bde., hrsg. v. W. Wigan Harvey, Cambridge 1857.
Isidor von Sevilla, *De fide catholica contra Iudaeos* (Migne, PL 83).
–, *De ordo creaturarum* (Migne, PL 83).
–, *Etymologiarum sive originum libri XX*, hrsg. v. W. M. Lindsay 1911, ND Oxford 1957.
Jaeger, W. W., *Die Theologie der frühen griechischen Denker*, Stuttgart 1964.
Japhet Sara, *Emunot vede'ot besefer Divre ha-Yamim umekomam be'olam hamachshava hamikrait*, Jerusalem 1977.
Jehuda Halevi, *Sefer hakuzzari*, hrsg. v. Avraham Tsifroni, Tel Aviv 1964.
Jellineck, Adolph (Hg.), *Beth hamidrasch*, Jerusalem ³1967.
John of Salesbury, *The Historia pontificalis of John of Salisbury*, hrsg. u. übers. v. Marjorie Chibnall, London 1956 (Oxford/New York 1986).
Jonas, Hans, *The Gnostic Religion: The Message of the Alien God and the Beginnings of Christianity*, 2. rev. Aufl. Boston 1963.
Josephon Hebraicus, hrsg. v. J. F. Breithaupt, Gotha/Leipzig 1710.
Josephus, Flavius, *De Iudaeorum vetustate sive contra Apionem*, in: *Flavii Opera* Bd. 5, hrsg. v. B. Niese, 1889, ND Berlin 1955.
Juster, Jean, *Les Juifs dans l'empire Romain: leur condition juridique, économique et sociale*, Paris 1914.
Kafka, Franz, *Die Verwandlung*, in: *Kafkas Erzählungen*, hrsg. v. Brigitte Flach, Bonn 1967.
Kamin, Sarah, *Rashi: Peshuto shel mikra u-midrasho shel mikra*, Jerusalem 1986.
Dies., *Jews and Christians Interpret the Bible*, Jerusalem 1991.
Kamlah, Wilhelm, »Apokalypse und Geschichtstheologie. Die mittelalterliche Auslegung der Apokalypse vor Joachim von Fiore«, in: W. Andreas et al. (Hg.), *Historische Studien* 285, Berlin 1935.
–, *Christentum und Geschichtlichkeit*, Stuttgart 1951.
Kant, Immanuel, *Kritik der reinen Vernunft*, in: *Werke*, hrsg. v. Wilhelm Weischedel, Wiesbaden 1956.
Kasher, Menachem M., *Hatekufa hagdola*, Jerusalem 1969.
Katsh, Abraham, »The Impact of Nachman Krochmal on the Development of the Zionist Movement«, in: *Proceedings of the Ninth Congress of Jewish Studies*, 1986.
Katz, Jacob, *Exclusiveness and Tolerance*, London 1961.
–, *Ben halakha lekabbala*, Jerusalem 1987.
–, *Ben Yehudim legoyim*, Jerusalem 1960.
–, »Machloqet hasemikah ben Rabbi Jacob Berav veha-Ralbah«, in: *Zion* 17 (1951), S. 34ff.
–, *Vom Vorurteil bis zur Vernichtung. Der Antisemitismus 1700-1933*, München 1989.

Kaufmann, David, *Geschichte der Attributenlehre in der jüdischen religiösen Philosophie des Mittelalters von Saadya bis Maimuni*, Gotha 1877.

Kaufmann, Yechezkel, *Gola venekhar*, Tel Aviv 1961.

Kedar, B., »Canon Law and the Burning of the Talmud«, in: *Bulletin of Medieval Canon Law* 9 (1979), S. 79-82.

Kelley, Donald R., *Foundations of Modern Historical Scholarship: Language, Law and History in the French Renaissance*, New York 1970.

–, »Klio and the Lawyers«, in: *Medievalia et humanistica* 5 (1975), S. 24-49.

Kern, Fritz, *Gottesgnadentum und Widerstandsrecht im frühen Mittelalter*, Darmstadt ²1954.

–, *Recht und Verfassung im Mittelalter*, ND Darmstadt 1958.

Klausner, Joseph, *Jesus von Nazareth, seine Zeit, sein Leben und seine Lehre*, 2. erw. Aufl. Berlin 1934.

Klein-Braslawy, Sara, *Perush ha-Ramban liberi'at haolam*, Jerusalem 1978.

Kleinberger, Fritz A., *The Educational Theory of the Maharal of Prague*, Jerusalem 1962.

Klemperer, Viktor, »*LTI*«. *Die unbewältigte Sprache: aus dem Notizbuch eines Philologen*, Darmstadt 1966.

Klempt, A., *Die Säkularisierung der universalhistorischen Auffassung*, Göttingen 1960.

Kluxen, W., »Literaturgeschichtliches zum lateinischen Moses Maimonides«, in: *Rech. theol. anc. et med. XXI* (1954), S. 23-50.

Kohn, Martin, »Jewish Historiography and Jewish Self-Understanding in the Period of Renaissance and Reformation«, Ph. D. diss, UCLA 1979.

Kook, Rabbi Abraham Yosef Hakohen, *Ig'grot ha-Ra'aya*, 4 Bde., Jerusalem 1965.

Koselleck, Reinhart, *Vergangene Zukunft. Zur Semantik geschichtlicher Zeiten*, Frankfurt a. M. 1970.

Krauss, Samuel (Hg.), *Das Leben Jesu nach jüdischen Quellen*, Berlin 1902.

Kritzeck, P., *Peter the Venerable and Islam*, Princeton 1964.

Krochmal, Nachman, »More nebuche hazman«, in: Simon Rawidowicz (Hg.), *The Writings of Nachman Krochmal*, Waltham, Mass., 1961.

Kurzweil, Baruch, *Bama'avak al erkhey hayahadut*, Tel Aviv 1956.

Lachover, Pinchas, *Toldot hasifrut ha'ivrit hachadasha*, Tel Aviv 1927.

Ladner, Gerhart, *The Idea of Reform*, New York 1967.

Lampert von Hersfeld, *Annales*, hrsg. v. Oswald Holder-Egger, MG script. in usu Schol., Hannover 1894.

Landman, Leo, *Jewish Law in the Diaspora: Confrontation and Accommodation*, Philadelphia 1968.

Langmuir, Gavin I., *Towards a Definition of Antisemitism*, Berkeley/Los Angeles/Oxford 1990.

Lauterbach, Jakob Zallel, »The Sadducees and Pharisees«, in: *Rabbinic Essays*, Cincinnati 1951.

Lazarus-Yafeh, Chava, »Ezra-'uzayr: Metamorphosis of a Polemical Motif«, in: *Zion* LV 3 (1986), S. 359-380.

Lehmann, P., »Die Heilige Einfalt«, in: *Historisches Jahrbuch* 58 (1938).
Leibovitz, Yeshayahu, *Yahadut, 'am yehudi 'umedinat yisrael*, Jerusalem/ Tel Aviv 1979.
–, *Emuna, historia ve-arakhim*, Jerusalem 1982.
Leschnitzer, Adolf, *Die Juden im Weltbild des Mittelalters*, Berlin 1934.
–, »Der Gestaltwandel Ahasvers«, in: *Zwei Welten. Siegfried Moses zum fünfundsiebzigsten Geburtstag*, Tel Aviv 1962, S. 470-505.
–, »Der Wandernde Jude«, in: *Festschrift H. Herzfeld*, Berlin 1964.
Levi, Primo, *Ist das ein Mensch? Die Atempause*, München/Wien 1988.
Levi, Zeev, *Precursor of Jewish Existentialism. The Philosophy of Franz Rosenzweig and Its Relation to Hegel's System* (hebr.), Tel Aviv 1969.
Levi ben Habib, *Responsa*, Venedig 1565.
Levinger, Jacob, *Maimonides' Techniques of Codification* (hebr.), Jerusalem 1965.
–, »Hamachshava hahalkhatit shel ha-Rambam«, in: *Tarbiz* 37 (1968), Nr. 3, S. 282ff.
Levi ben Gershon (Gersonides), *Perush al hatora al derekh habe'ur*, Venedig 1546.
–, *Sefer milchamot hashem*, Leipzig 1866.
Levy, Jochanan, *Olamot nifgashim*, Jerusalem 1960.
–, *Studies in Jewish Hellenism*, Jerusalem 1960.
Licht, Jacob, »The Attitude to Past Events in the Bible and in Apocalyptic Literature«, in: *Tarbiz* LX (1990), Nr. 1, S. 1-18.
–, »Mata'at olam ve'am pedut el«, in: *Mechkarim bamegilot hagnuzot: sefer zikaron le-Eliezer Lipa Sukenik*, Jerusalem 1961.
–, *Hanissayon bamikra ubayahadut shel tekufat habayit hasheni*, Jerusalem 1973.
–, *The Rule Scroll*, Jerusalem 1965.
Lieberman, Saul, *Sheki'in. Midreshe Teman*, Jerusalem 1970.
Liebeschütz, Hans, »Die Stellung des Judentums im Dialog des Peter Abaelard«, in: *Monatsschrift für Geschichte und Wissenschaft des Judentums* 83 (1939), S. 390ff.
Limor, Ora, »The Disputation of Maiorca«, Ph. D. diss. Jerusalem 1986.
Littell, Franklin H., *The Crucifixion of the Jews*, New York 1975.
Lloyd, G. E. R., *Magic, Reason and Experience: Studies in the Origins and Development of Greek Science*, Cambridge 1979.
–, *The Revolution of Wisdom: Studies in the Claims and Practice of Ancient Greek Science*, Berkeley/Los Angeles/London 1987.
Lods, A., *Jean Astruck et la critique biblique au XVIIIe siècle*, Straßburg/ Paris 1924.
Loewenberg, Peter, »The Psychohistorical Origins of the Nazi Youth Cohort«, in: *American Historical Review* Bd. 76 (1971), Nr. 5, S. 1457-1502.
Loewenstamm, Shlomo A., *Massoret yetsi'at Mitsrayim behishtalsheluta*, Jerusalem 1968/1972.

–, »Nachalat ha-Shem«, in: ders. (Hg.), *Studies in the Bible Dedicated to the Memory of U. Cassuto*, Jerusalem 1977, S. 149-172.
–/Licht, J. S. (Hg.), »Nissayon«, in: *Entsiklopedia Mikra'it* V, Jerusalem 1095-76, S. 879-883.

Löwith, Karl, *Von Hegel zu Nietzsche: Der revolutionäre Bruch im Denken des neunzehnten Jahrhunderts, Marx und Kierkegaard*, Stuttgart ⁵1964.

Lubac, Henri de, *Exégèse médiévale: les quatres sens de l'écriture*, 4 Bde., Lyon 1964.

Luce, T. J., »Ancient Views on the Causes of Bias in Historical Writing«, in: *Classical Philology* LXXXIV (1989), S. 16-31.

Lucretius, *De rerum natura*, 2. Aufl., hrsg. v. Cyrill Bailey, Oxford 1922.

Lukács, Georg, *Der historische Roman*, Berlin 1955.

Lukes, Steven, *Emil Durkheim: His Life and Works*, New York 1972.

Luzzatto, Simone, *Discorso circa il stato degl' Hebrei*, Venedig 1638.

Maier, Anneliese, *Metaphysische Hintergründe der spätscholastischen Philosophie*, Rom 1955.

–, »Das Problem der Evidenz in der Scholastik des 14. Jahrhunderts«, in: *Ausgehendes Mittelalter*, Bd. 2, Rom 1967, S. 367-418, 519-522.

Maier, Johann/Schubert, Kurt, *Die Qumran-Essener. Texte der Schriftrollen und Lebensbilder der Gemeinde*, München 1982.

Maimon, Salomon, *Giv'at hamore*, hrsg. v. Shmuel Hugo Bergmann und Nathan Rotenstreich, Jerusalem 1965.

–, *Geschichte des eigenen Lebens*, Berlin 1934.

Maimonides, Moses [Moshe ben Maimon], *Le guide des égares* (Dalalat al ha'irim), 3 Bde., hrsg. v. S. Munk, Paris 1856-1866.

–, *The Guide of the Perplexed*, übers. v. S. Pines, Chicago 1963.

–, *Igeret Teman*. in: *Iggrot harambam*, hrsg. v. Josef Kafiah, Jerusalem 1952, S. 15-60.

–, *Ma'amar Techiat hametim*, ebd., S. 63-101.

–, *Mishne tora*, Jerusalem 1921.

–, *Perush hamishnayot*, hrsg. v. Josef Kafiah, Jerusalem 1963.

–, *Teshuvot harambam (Responsa)*, 2 Bde., hrsg. v. Jehoshua Blau, Jerusalem 1960.

Malcom, N., »Anselm's Ontological Arguments«, in: *Philosophical Review* 69 (1960), S. 41-62.

Manetho, »Aegyptiaca«, in: Josephus Flavius, *Contra Apionem*, Cambridge, Mass 1940.

Mannheim, Karl, *Ideologie und Utopie*, Frankfurt a. M. ⁴1965.

Marchavja, H., *Ha-Talmud bir'ei ha-natsrut*, Jerusalem 1970.

Margaliot, Mordechai (Hg.), *Midrash Rabbah. Leviticus*, Jerusalem 1953-56.

Martini, Reymundus, *Pugio fidei adversus Mauros et Judaeos*, Lipsia 1687.

Marx, Karl, »Economic and Philosophic Manuscripts of 1844«, in: *Writings of the Young Marx on Philosophy and Society*, hrsg. und übers. v. Lloyd D. Easton und Kurt H. Guddat, New York 1967.

–, »Zur Judenfrage«, in: Karl Marx/Friedrich Engels, *Werke*, Bd. 1, Berlin 1957, S. 247-377.
–, *Das Kapital*, Hamburg 1890-1894.
Marx, Werner, *Transzendentale Logik als Wissenschaftstheorie*, Frankfurt a. M. 1977.
Mendelssohn, Moses, *Jerusalem oder über religiöse Macht und Judentum*, in: *Gesammelte Schriften*, hrsg. v. G. B. Mendelssohn, Leipzig 1843-1845.
Meinecke, Friedrich, »Die Idee der Staatsraison in der neueren Geschichte«, in: *Werke*, München ²1960.
–, »Klassizismus, Romantizismus und historisches Denken im 18. Jahrhundert«, in: *Werke*, hrsg. v. Eberhard Kessel, München 1959.
Melanchthon, Philipp, »Chronicon Carionis«, in: *Corpus Reformatorum* 12, hrsg. v. Carl Gottlieb Bretschneider, Halle a. d. S. 1844.
Melville, Hermann, *Moby-Dick*, Düsseldorf 1984.
Mendes-Flohr, Paul (Hg.), *The Philosophy of Franz Rosenzweig*, Hannover/London 1988.
Merton, Robert K., *Science, Technology and Society in Seventeenth Century England*, New York 1970.
Meyer, Michael A., *Response to Modernity. A History of the Reform Movement in Judaism*, Oxford 1988.
Miethke, Jürgen, *Ockhams Weg zur Sozialphilosophie*, Berlin 1969.
–, »Papst, Ortsbischof und Universität in den Pariser Theologenprozessen des 13. Jahrhunderts«, in: *Miscellanea Medievalia* 10 (1978), S. 52-94.
Migne, J. P., *Patrologia latina* (221 Bde., 1844-64; Migne, PL).
–, *Patrologia graeca* (161 Bde., 1857-66; Migne, PG).
Mirandola, Giovanni Pico della, *Oratio de hominis dignitate, Heptaplus, De ente et uno, e scriti vari*, hrsg. v. E. Garin, Florenz 1946-52.
–, *Ausgewählte Schriften*, übers. und eingel. v. Arthur Liebert, Jena/Leipzig 1905.
Miron, Dan, *Beyn chazon le'emet: nitsane haroman ha'ivri vehayiddi bamea ha-19*, Jerusalem 1979.
Mitteis, Heinrich, *Der Staat des hohen Mittelalters*, Weimar ⁵1955.
Momigliano, Arnaldo, *Essays in Ancient and Modern Historiography*, Middletown, Connect. 1977.
–, »A Medieval Jewish Autobiography«, in: H. Lloyd-Jones (Hg.), *Essays in Honor of H. R. Trevor-Roper*, Oxford 1981.
Montaigne, Michel de, *Essais*, hrsg. v. Maurice Rat, Paris ²1962.
Mosès Stéphane, *System und Offenbarung: Die Philosophie Franz Rosenzweigs*. Aus dem Französischen von Rainer Rochlitz, München 1985.
Moznayim, 1988/89.
Murray, Gilbert, *Five Stages of Greek Religion*, Boston ³1951; ND Garden City, N.Y. 1955.
Nachmanides [Moshe ben Nachman], *Torat ha-Shem temima, Kitve rabenu Mosheh ben Nachman*, hrsg. v. Chaim Dov Chavel.

–, *Perush ha-Ramban al hatora*, hrsg. v. Chaim Dov Chavel, Jerusalem 1959.

–, »Vikuach ha-Ramban«, in: J. P. Eisenberg (Hg.), *Otsar ha-vikuchim*, New York 1928.

Neher, André, »Copernicus in the Hebraic Literature from the Sixteenth to the Eighteenth Century«, in: *Journal for the History of Ideas* 38 (1977), S. 211-226.

–, *David Gans (1541-1613) and His Times*, übers. v. D. Maisel, Oxford 1986.

Netanyahu, Benjamin Z., *Don Isaac Abrabanel: Statesman and Philosopher*, Philadelphia 1953.

Neusner, Jacob, *From Politics to Piety. The Emergence of Pharisaic Judaism*, New York 1979.

–, *Judaism and Christianity in the Age of Constantine*, Chicago/London 1987.

–, *The Rabbinic Traditions about the Pharisees before 70*, 3 Bde., Leiden 1970.

Nietzsche, Friedrich, »Vom Nutzen und Nachteil der Historie für das Leben«, in: *Werke*, hrsg. v. K. Schlechta (1874), München 1960.

Niewöhner, Friedrich, *Veritas Sine Varietas: Lessings Toleranzparabel und das Buch von dess Drei Betrügen*, Heidelberg 1988.

Nock, A. D., *Conversion: The Old and the New in Religion From Alexander the Great to Augustine of Hippo*, Oxford 1933.

–, (Hg.), *Sallustius Concerning the Gods and the Universe*, Cambridge, Mass. 1926.

Nordau, Max, *Entartung*, Berlin 1893.

Norden, Eduard, *Die antike Kunstprosa: Vom VI. Jahrhundert v. Chr. bis in die Zeit der Renaissance*, Leipzig 1915-18, ND. Darmstadt 1958.

Oakley, Francis, *Omnipotence, Covenant and Order: An Excursion in the History of Ideas from Abelard to Leibniz*, Ithaca, N.Y./London 1984.

Oberman, Heiko Augustinus, *The Harvest of Medieval Theologie: Gabriel Biel and Late Medieval Nominalism*, Cambridge, Mass. 1963.

Odo de Cambray, *Disputatio cum Judaeo* (Migne, PL 160).

Oresme, Nicole, *Le Livre du ciel et du monde*, hrsg. v. A. D. Menut und A. J. Denomy, Madison, Wis. 1968.

Origenes, *Contra Celsum*, hrsg. v. P. Kötzschau (GCS 30), Leipzig 1899; übers. v. Henry Chadwick, Cambridge 1965.

–, *De Principiis*, hrsg. v. Herwig Görgemanns und Heinrich Karpp, Darmstadt 1976.

–, *Prologus in Canticum* (Migne, PG 13).

Overbeck, Franz, *Christentum und Kultur*, hrsg. v. C. A. Bernoulli, Basel 1919.

Oz, Amos, *Im Lande Israel*, Frankfurt a. M. 1984.

Parkes, James William, *The Conflict of the Church and the Synagogue: A Study in the Origins of Anti-Semitism*, London 1934.

Pedaya, Haviva, »The Spiritual Versus the Concrete Land of Israel in the

Geronese School of Kabbala«, in: Moshe Challamish/Aviezer Ravitzky (Hg.), *The Land of Israel in Medieval Jewish Thought*, Jerusalem 1991.

Penslar, Derek J., *Zionism and Technocracy*, Bloomington and Indianapolis 1991.

Perlman, M., *Ibn Kammua's Examination of the Three Faiths*, Berkeley 1971.

Pertz, Georgius Heinricus (Hg.), *Cnutonis regis gestae: sive, Encomium Emmae reginae auctore Monacho Sancti Bertini. In usum scholarum ex Monumentis Germaniae historicis recudi fecit*, Leipzig 1955.

Peterson, Erik, *Theologische Traktate*, München 1951.

Pfeiffer, Rudolf, *History of Classical Scholarship from the Beginnings to the End of the Hellenistic Age*, Oxford 1968.

Philo von Alexandrien, *Legum allegoriae*, hrsg. v. G. H. Whitacker und R. Marcus, Cambridge/London 1962.

Pines, Shlomo, »Joseph Ibn Kaspi's and Spinoza's Opinions on the Probability of a Restoration of the Jewish State«, in: *Iyyun* 14-15 (1963/64), S. 289ff.

–, »Al hamunach ruchanit ve'al mishnato shel Yehuda Halevi«, in: *Zion* 57 (1990), Nr. 4, S. 511-540.

–, Hasekholastiqah she-acharei Thomas Aquinas umishnatam shel Chasdai Qresqas veshel kodmav«, in: *Proceedings of the Israel Academy of Sciences* 1/11 (1966), S. 38.

Pinsker, Leon, *Autoemanzipation*, Berlin 1882.

Pocock, John Graville Agard, *The Ancient Constitution and Feudal Law: A Study of English Historical Thought in the Seventeenth Century*, Cambridge 1957.

Pohlenz, Max, Die Stoa: Geschichte einer geistigen Bewegung, 2 Bde. Göttingen 1959.

Pohlmann, Robert von, *Geschichte der sozialen Fragen und des Sozialismus in der antiken Welt*, München 1912.

Polybius, *Historiae*, hrsg. v. F. Hultsch, Berlin 1870-1892.

Prawer, J., *A History of the Crusaders Kingdom*, Jerusalem 1963.

Porat, Dina, *Hanhaga bemilkud. Hayishuv nochach hashoa*, Tel Aviv 1986.

Pritchard, James Bennet, *Ancient Near Eastern Texts Relating to the Old Testament*, Princeton ²1955.

Quintillian, *Institutio Oratoria*, hrsg. v. L. Radmacher, Leipzig 1959.

Rad, Gerhard von, »Die Anfänge der Geschichtsschreibung im alten Israel«, in: *Archiv für Kulturgeschichte* XXXII (1944), S. 1-42.

–, *Das fünfte Buch Mose. Deuteronomium*, Göttingen 1964.

–, *Das Geschichtsbild des Chronistischen Werkes*, Stuttgart 1930.

–, *Die Botschaft der Propheten* (München 1957/60), Gütersloh ⁴1981.

Ravitzky, Aviezer, *Al da'at hamaqom: Studies in the History of Jewish Philosophy*, Jerusalem 1991.

–, »Aristotle's *Meteorologica* and the Maimonidean Exegesis of Creation«, in: *Jerusalem Studies in Jewish Thought* IX (1990), S. 225-250.

Rawidowicz, Simon, »War Nachman Krochmal Hegelianer?«, in: *HUC Annual V* (1928), S. 535-583.
Reill, Peter Hans, *The German Enlightenment and the Rise of Historicism*, Berkeley 1975.
–, »History and the Hermeneutics in the Aufklärung: The Thought of Johann Christoph Gatterer«, in: *Journal of Modern History* 45 (1973), S. 24-51.
Reinharz, Jehuda, *Chaim Weizmann: The Making of a Zionist Leader*, New York/Oxford 1985.
Rembaum, Joel, »The New Testament in Medieval Jewish Anti-Christian Polemics«, Ph. D. diss., Universitiy of California, Los Angeles 1989.
Remer, Gary A., »Christ as Peitho: Classical Rhetoric and the Humanist Defence of Religious Toleration«, Ph. D. diss., University of California, Los Angeles 1975.
Reuchlin, Johanus, *Augenspiegel*, Tübingen 1511.
Reuter, Hermann, *Geschichte der religiösen Aufklärung im Mittelalter vom Ende des 8ten bis zum Anfang des 14ten Jahrhunderts*, Berlin 1876, ND Aalen 1963.
Rimbertus, *Vita Anskari*, hrsg. v. G. Waitz, MG in usu schol., Hannover 1884.
Röhr, Günter, *Platons Stellung zur Geschichte: eine methodologische Interpretationsstudie*, Berlin 1932.
Rokéah, David, »Early Christian-Jewish Polemics on Divine Election«, in: Shmuel Almog/Michael Heyd (Hg.), *Chosen People, Elect Nation and Universal Mission*, Jerusalem 1991.
–, *Jews, Pagans and Christians in Conflict*, Jerusalem/Leiden 1982.
Rosenberg, Shalom, »Land and Exile in Sixteenth-Century Jewish Thought«, in: Moshe Challamish/Aviezer Ravitzky (Hg.), *The Land of Israel in Medieval Jewish Thought*, Jerusalem 1991.
Rosenthal, J., »The Talmud on Trial: The Disputation at Paris in the Year 1240«, in: *Jewish Quarterly Review* 47 (1956/57), S. 58ff.
– (Hg.), *Milchamot haShem*, Jerusalem 1963.
Rosenzweig, Franz, *Briefe*, hrsg. v. Edith Rosenzweig, Berlin 1935.
–, *Kleinere Schriften*, Berlin 1937.
–, *Der Stern der Erlösung*, Frankfurt a. M. 1921.
–, *Briefe und Tagebücher*, unter Mitwirkung von Bernhard Casper hrsg. v. Rachel Rosenzweig und Edith Rosenzweig-Scheinmann, The Hague 1979.
Rotenstreich, Nathan, *Jewish Thought in Modern Times* (hebr.), Tel Aviv 1945, ND 1966.
–, *Sugiot befilosofiah*, Tel Aviv 1962.
Rowbotham, Arnold H., *Missionary and Mandarin in China: The Jesuits at the Court of China*, Berkeley 1942.
Ruderman, David B., *Kabbalah, Magic and Science: The Cultural Universe of a Sixteenth Century Jewish Physician*, Cambridge 1988.

Sa'adia Gaon, *Sefer haemunot vede'ot* (Übersetzung von Ibn Tibbon), New York 1956.

Sacks, Oliver, *The Man Who Mistook His Wife For a Hat and Other Clinical Tales*, New York 1985.

Saltman, Avrom, »Hermann's Opusculum de Conversione sua: Truth and Fiction«, in: *REJ* 147 (1988), Nr. 1-2, S. 31-56.

Sambursky, Shmuel, »The Notion of Time in the Late Newplatonic School«, in: *Proceedings of the Israel Academy of Sciences and Humanities* II (1964).

–, »Three Aspects of the Historical Significance of Galileo«, in: *Proceedings of the Israel Academy of Sciences and Humanities* II (1964).

Sartre, Jean Paul, *Réflexions sur la question juive*, Paris 1947.

Sassportas, Jacob, *Sefer Tsitsat Novel Tsvi*, hrsg. v. I. Tishbi, Jerusalem 1954.

Saussure, Ferdinand de, *Cours de linguistique générale*, Paris 1916; 4. Aufl., hrsg. v. C. Bally und A. Sechehaye, Paris 1949.

–, *Course in General Linguistics*, übers. v. W. Baskin, New York 1959.

Scholem, Gershom Gerhard, »Zur Neuauflage des *Stern der Erlösung*« (1931), in: ders., Judaica 1, Frankfurt a. M. 1963, S. 226-234.

–, *Major Trends in Jewish Mysticism*, New York 1976.

–, *The Messianic Idea in Judaism and Other Essays on Jewish Spirituality*, New York 1971.

–, *Jewish Gnosticism, Merkabah Mysticism and Talmudic Tradition*, New York 1960.

–, *Haqabbalah be-Geronah*, Jerusalem 1964.

–, *Haqabbalah shel sefer hatemunah veshel Avraham Abulafia*, Jerusalem 1968.

–, *Pirke yesod behavanat haqabbalah usemaleha*, Jerusalem 1976.

–, *Reshit haqabbalah vesefer habahir*, Jerusalem 1968.

–, *Sabbatai Zwi. Der mystische Messias*, Frankfurt a. M. 1992.

–, *Ursprung und Anfänge der Kabbala*, Berlin 1962.

–, *Von der mystischen Gestalt der Gottheit*, Zürich 1962.

Scholz, Heinrich, *Glaube und Unglaube in der Weltgeschichte: Ein Kommentar zu Augustinus De civitate Dei*, Leipzig 1911.

Schorsch, Ismar, »The Philosophy of History of Nachman Krochmal«, in: *Judaism* 10 (1961), S. 237-245.

Schreckenberg, Heinz, *Die christlichen Adversus-Judaeos Texte und ihr literarisches und historisches Umfeld (1. - 11. Jahrhundert)*, Frankfurt/Bern 1982.

–, *Die christlichen Adversus-Judaeos Texte (11. - 13. Jahrhundert). Mit einer Ikonographie des Judenthemas bis zum 4. Laterankonzil*, Frankfurt/Bern 1988. .

Schröder, R., »Studien zur varronischen Etymologie«, in: *Abhandlungen der Akademie der Wissenschaften u. Literatur Mainz, Geistes- u. Sozialwiss. Klasse* 12 (1959).

Schudt, J. J., *Jüdische Merkwürdigkeiten*, Frankfurt a. M./Leipzig 1714.

Schulz, F., »Bracton on Kingship«, in: *English Historical Review* 60 (1945), S. 136-176.

Schulz, Marie, *Die Lehre von der historischen Methode bei den Geschichtsschreibern des Mittelalters*, Berlin/Leipzig 1909.

Scotus, Johannes Duns, *Opera omnia*, hrsg. v. P. C. Balic et al., 17 Bde., Vatikanstadt 1950ff.

Seeberg, Erich, *Gottfried Arnold: Die Wissenschaft und die Mystik seiner Zeit* (1923), ND Darmstadt 1964.

Seeberg, Reinhold, *Lehrbuch der Dogmengeschichte*, 5 Bde., Berlin 1930.

Shilo, S., *Dina demalchuta dina*, Jerusalem 1975.

Silver, Daniel Jeremy, *Maimonides Criticism and the Maimonidean Controversy*, Leiden 1965.

Simon, G., »Untersuchungen zur Topik der Widmungsbriefe mittelalterlicher Geschichtsschreibung bis zum Ende des 12. Jahrhunderts«, in: *Archiv für Diplomatik* 4-6 (1958-60), S. 52ff.

Simon, Marcel, *Verus Israel: étude sur les relations entre Chrétiens et Juifs dans l'empire Romain (135-425)*, Paris 1964.

Simon-Nahum, Perrine, *La cité investie*, Paris 1991.

Smalley, Beryl, *The Study of the Bible in the Middle Ages*, Notre Dame, Ind. 1964.

Smith, Morton, *Jesus the Magician*, San Francisco 1978.

Sorkin, David, *The Transformation of German Jewry*, 1780-1840, New York 1987.

Spencer, John, *De legibus hebraeorum ritualibus et earum rationibus libri tres*, Cambridge 1685.

Spinoza, *Opera quotquod reperta sunt*, hrsg. v. J. van Vloten und J. P. N. Land, The Hague ³1914.

Steiner, George, *The Portage of A. H. to San Cristobal*, New York 1982.

Steinschneider, Moritz, *Polemische und apologetische Literatur in arabischer Sprache zwischen Muslimen, Christen und Juden*, Leipzig 1877.

Stern, Menachem, *Greek and Roman Authors on Jews and Judaism*, Jerusalem 1976.

Strauss, Leo, »On Abravanel's Philosophical Tendency and Political Teaching«, in: J. B. Trend/H. Loewe (Hg.), *Isaac Abravanel: Six Lectures*, Cambridge 1937.

Stump, Eleanore, »Obligations«, in: Norman Kretzman et al. (Hg.), *The Cambridge History of Later Medieval Philosophy: From the Rediscovery of Aristotle to the Desintegration of Scholasticism, 1100-1600*, Cambridge/New York 1982.

Swain, Joseph Ward, »The Theorie of the Four Monarchies: Opposition History under the Roman Empire«, in: *Classical Philology* 35 (1940), S. 1ff.

Tacitus, Publius Cornelius, *Historiarum libri*, in: *Werke* (Bibliotheca scriptorum Graecorum et Romanorum Teubneriana), Stuttgart 1978.

–, *Opera minora*, hrsg. v. H. Turneaux und J. G. C. Anderson, Oxford 1939.
Taitelbaum, Joel, *Vayoel Moshe*, New York 1952.
Tal, Uriel, *Judaism and Christianity in the Second Reich*, Ithaca, N.Y./London 1975.
Talmon, Jacob L., *The Origins of Totalitarian Democracy*, London 1952.
Tarn, William Woodthorpe, *Hellenistic Civilization*, London ³1959.
Taubes, Jacob, »Nachman Krochmal and Modern Historicism«, in: *Judaism* 12 (1961), S. 150-164.
Tcherikover, Avigdor, *Hellenistic Civilization and the Jews*, übers. v. S. Appelbaum, Philadelphia 1959.
Tertullian, *Adversus Iudaeos*, in: *Tertulliani Opera Omnia*, hrsg. v. A. Kroymann, CSEL 70 (1942).
–, *Apologeticus*, hrsg. v. Jean Pierre Waltzing, Louvain 1910.
Theodoret von Kyros, *Quaestiones in Leviticum* (Migne, PG LXXX).
Thomas Aquinas, *Opera omnia*. Iussu impensaque Leonis XIII, PM edita, Rom 1882ff.
–, *Opera omnia* (Vives-edition), 34 Bde., Paris 1872-1880.
Thomas von Monmouth, *De vita et passione Sancti Wilhelmi Martyris Norwicensis*, hrsg. v. A. Jessop und M. R. James, Cambridge 1896.
Thorndike, L., *A History of Magic and Experimental Science during the First Thirteen Centuries of Our Era*, New York 1958.
Tierney, Brian, »The Prince is not Bound by the Laws«, in: *Comparative Studies in Society and History* 5 (1963), S. 388ff.
Tishbi, Isaiah, *The Doctrine of Evil and Kelippah in Lurianic Kabbalah*, Jerusalem 1943.
–, *Mishnat hazohar*, 2 Bde., Jerusalem 1957.
Toews, John Edward, *Hegelianism. The Path Toward Dialectical Humanism, 1805-1841*, Cambridge 1980.
Trachtenberg, Joshua, *The Devil and the Jews. The Medieval Conception of the Jews and Its Relation to Modern Anti-Semitism*, New York 1961.
Troeltsch, Ernst, *Der Historismus und seine Probleme*, Tübingen 1922.
Zwersky, Isadore, »Josef ibn Kaspi: Portrait of a Medieval Jewish Intellectual«, in: ders. (Hg.), *Studies in Medieval Jewish History and Literature*, Cambridge, Mass. 1979.
Überweg-Geyer, Friedrich Bernhard, *Grundriß der Geschichte der Philosophie*, Basel/Stuttgart 1960.
Urbach, Efraim Elimelech, *Ba'ale hatosafot: toldotehem, chiburehem veshitatam*, Jerusalem 1955.
–, *Chazal: pirke emunot vedeot*, Jerusalem 1978.
–, *The Sages, Their Concepts and Beliefs*, Jerusalem ²1978.
–, »Die Staatsauffassung des Don Isaak Abrabanel«, in: *Monatsschrift für Geschichte und Wissenschaft des Judentums* 81 (1937).
–, »When did Prophecy cease?«, in: *Tarbiz* 17 (1947), S. 1-11.
Vaux, Ronald de, *Ancient Israel*, 2 Bde., New York/Toronto 1965.

Venerabilis, Petrus, *Epistulae Petri Venerabilis* (RHFG 15).

–, *Tractatus adversus Judaeorum invetertam duritiem* (Migne, PL 189).

Vermes, G., *The Dead Sea Scrolls in English*, Harmonsworth 1962.

Vico, Giambattista, *The Autobiography of Giambattista Vico*, übers. v. Max Harold Fish und Thomas Goddard Bergin, Ithaca, N.Y., 1944.

–, *La Scienza Nuova*, in: Opere, hrsg. v. Fausto Nicolini, Bari 1928.

–, *De universo iuris uno principio et fine mo liber unus*, in: Opere, hrsg. v. Fausto Nicolini, Bari 1928.

Vidal-Naquet, Pierre, »Thesis on Revisionism«, in: François Furet (Hg.), *Unanswered Questions: Nazi Germany and the Genocide of the Jews*, New York 1989, S. 304-320.

Violet, Bruno, *Die Esra-Apokalypse*, 2 Bde., Leipzig 1910.

Vital, Chayim, *Ets Chayim*, Tel Aviv 1960.

Volkov, Shulamit, *Jüdisches Leben und Antisemitismus im 19. und 20. Jahrhundert*, München 1990.

–, »The Dynamics of Dissimilation: ›Ostjuden‹ and the German Jews«, in: Jehuda Reinharz (Hg.), *The Jewish Response to German Culture*, London 1985, S. 195-211.

Wachsmann, Meir, »Hamahshava hafilosofit vehadatit shel Avraham bar Chiyya hanassi«, in: *Sefer ha-yovel le-H. A. Wolfson*, 3 Bde., Jerusalem 1965.

Wachtel, Alois, *Beiträge zur Geschichtstheologie des Aurelius Augustinus*, Bonn 1960.

Wagenseil, Johann Christoph, *Tela ignea Satanae*, Altdorf 1681.

Walbank, Frank William, *Polybius* (Sather Classical Lectures 42), Berkeley 1972.

Watkins, J. W. N., *Hobbes' System of Ideas*, London 1965.

Weber, Max, »Die Protestantische Ethik und der Geist des Kapitalismus«, in: *Gesammelte Aufsätze zur Religionssoziologie*, 3 Bde., Tübingen 1920.

Weiler, Gerschon, *Theokratia yehudit*, Tel Aviv 1971.

Weiss, Isaak Hirsch, *Dor dor vedorshav*, Wilna ⁶1911.

Weizmann, Chaim, *Devarim*, Tel Aviv 1937.

Wellek, René/Warren, Austin, *Theory and Literature*, New York 1956.

Wendland, Heinz Dietrich, *Geschichtsanschauung und Geschichtsbewußtsein im Neuen Testament*, Göttingen 1938.

Werner, Martin, *Die Entstehung des christlichen Dogmas*, Bern/Tübingen 1953.

Westman, Robert, »The Copernicans and the Church«, in: David C. Lindberg/Ronald L. Numbers (Hg.), *God and Nature: Historical Essays on the Encounter Between Christianity and Science*, Berkeley/Los Angeles/London 1986.

White, Hayden, *Metahistory: The Historical Imagination in Nineteenth-Century Europe*, Baltimore 1973.

–, *The Content and the Form: Narrative Discourse and Historical Representation*, Baltimore/London 1987.

Wieder, N., »The Law Interpreter of the Sect of the Dead Sea Scrolls: The Second Moses«, in: *Journal of Jewish Studies* 4 (1953), S. 158ff.

Wiehl, R., »Experience in Rosenzweig's New Thinking«, in: Paul Mendes-Flohr (Hg.), *The Philosophy of Franz Rosenzweig*, Hannover/London 1988.

Wiener, Max, *Jüdische Religion im Zeitalter der Emanzipation*, Berlin 1933.

Wieseltier, Meir, *Davar optimi assiyat shirim*, Tel Aviv 1976.

Wilkes, Michael J., *The Problem of Sovereignty in the Later Middle Ages*, Cambridge, Mass. 1964.

William von Champeau, *Dialogus inter Judaeum et Christianum* (Migne, PL 163).

Williams, A. L., *Adversus Judaeos: A Bird's-Eye View of Christian Apologiae until the Renaissance*, Cambridge 1935.

Wippo, *Gesta Chuonradi*, hrsg. v. H. Bresslau, MG Script. in usu Schol., 1915.

Wirzubski, Chaim, *Mequbbal notseri kore batora*, Jerusalem 1975.

–, *Shelosha perakim betoldot haqabbalah hanotserit*, Jerusalem 1975.

–, *Libertas as a Political Idea at Rome During the Late Republic and Early Principate*, Cambridge 1968.

Woolcombe, K. J., »Biblical Origins and Patristic Development of Typology«, in: Geoffrey William Hugo/K. J. Woolcombe (Hg.), *Essays on Typology*, London 1957.

Yadin, Yigael, »Megilot Yam-ha-Melach veha'iggeret el ha'Ivrim«, in: *Mechkarim bamegilot hagnuzot: sefer zikaron le-Eliezer Lipa Sukenik*, Jerusalem 1961.

Yair ben Shabbetai da Corregio, *Herev pifiyyot*, hrsg. v. Judah Rosenthal, Jerusalem 1958.

Yerushalmi, Yosef Hayim, *Zachor: Erinnere Dich! Jüdische Geschichte und jüdisches Gedächtnis*, Berlin 1988.

–, »The Lisbon Massacre of 1506 and the Royal Image in the Shevet Yehuda«, in: *HUCA Supplement*, Cincinnati 1976.

Yuval, Israel J., »Vengeance and Damnation, Blood and Defamation: From Jewish Martyrdom to Blood Libel Accusations« (hebr.), *Zion* 58 (1993), Nr. 1, S. 33-90.

Zakovitch, Yair, *Sefer Ruth*, Tel Aviv 1990.

–, »*And You Shall Tell Your Son...*«: *The Concept of the Exodus in the Bible*, Jerusalem 1991.

Zuckerman, Yitzchak, *Those Seven Years 1939-1946*, Hakibbutz hameuchad 1990.